本书系教育部人文社科青年项目"二十世纪通俗史学研
（编号10YJC770127）研究成果

兰州大学文库
A LIBRARY OF LANZHOU UNIVERSITY

兰州大学史学理论及史学史研究所

赵梅春　屈直敏　主编

中国史学史研究丛书

中国史学史论丛

张孟伦　著

兰州大学出版社
LANZHOU UNIVERSITY PRESS

图书在版编目（ＣＩＰ）数据

中国史学史论丛 / 张孟伦著. －－ 兰州 : 兰州大学
出版社，2015.1
　（中国史学史研究丛书）
　ISBN 978-7-311-04393-3

　Ⅰ．①中… Ⅱ．①张… Ⅲ．①史学史－中国－文集
Ⅳ．①K092-53

　中国版本图书馆CIP数据核字(2015)第010999号

策划编辑　王永强
责任编辑　张宏发　刘爱华
封面设计　郇　海

书　　名　中国史学史论丛
作　　者　张孟伦　著
出版发行　兰州大学出版社　（地址：兰州市天水南路222号　730000）
电　　话　0931-8912613(总编办公室)　0931-8617156(营销中心)
　　　　　0931-8914298(读者服务部)
网　　址　http://www.onbook.com.cn
电子信箱　press@lzu.edu.cn
印　　刷　甘肃澳翔印业有限公司
开　　本　710 mm×1020 mm　1/16
印　　张　21
字　　数　376千
版　　次　2016年12月第1版
印　　次　2016年12月第1次印刷
书　　号　ISBN 978-7-311-04393-3
定　　价　62.00元

前　言

　　20 世纪 20 年代梁启超在《中国历史研究法补编》中提出："史学,若严格的分类,应是社会科学的一种。但在中国,史学的发达,比其他学问更利(厉)害,有如附庸蔚为大国,很有独立做史的资格。""中国史书既然这么多,几千年的成绩,应该有专史去叙述。"并就如何研究与撰写中国史学史提出了具体的、系统的意见,指出史官、史家、史学之成立及发展、最近史学的趋势是中国史学史应特别注意的内容。在他的影响下,中国史学史的研究引起了学者们极大的关注,姚名达、何炳松、周谷城、蒙文通、姚从吾、卫聚贤、郑鹤声、陆懋德、傅振伦、魏应麒、王玉璋、朱谦之、金毓黻、白寿彝等学者都从事过这方面的研究与教学,从而使中国史学史逐渐发展为一门独立的专史。20 世纪 40 年代出版了魏应麒《中国史学史》、王玉璋《中国史学概论》、朱希祖《中国史学通论》、金毓黻《中国史学史》等著作。其中,金毓黻的《中国史学史》被学者誉为中国史学史学科草创时期的代表著作。对此书,白寿彝曾评价道:"金毓黻的书,是在梁启超设计的蓝图上写出来的……这部书带有浓厚的史部目录学的气味。"(白寿彝:《中国史学史》第 1 册,上海人民出版社 1986 年,第 166 页)这一评价也反映了草创期中国史学史研究与撰述的特点。

　　20 世纪 60 年代召开的全国文科教材会议将史学史列入文科教材之一。配合教材的编写,史学界对中国史学史研究及学科建设进行了热烈的讨论,探索的问题主要集中在中国史学史研究的内容、对象、任务、目的、分期,以及中国史学史教材的撰写原则与方法等方面。经过讨论,中国史学史的研究开始脱离梁启超设计的蓝图,关注历史理论、史学思想、史学发展规律、史学与时代等问题。这一研究风格的变化对 20 世纪 80—90 年代的中国史学史科学的发展产生了深刻的影响。

　　20 世纪 60 年代有不少高校开设了中国史学史课程,张孟伦先生也在兰州大学历史系开设此课,并从事相关研究。20世纪70年代末高考制度恢复,1978年一些高校招收中国史学史专业的硕士、博士研究生。张孟伦先生被批准为"文革"后第一批硕士研究生导师,招收中国史学史专业研究生。年逾古稀的张先生再次焕发出学术青春,出版了《中国史学史论丛》(兰州大学历史系印行)、《中国史学史》(上下册)等著作,发表了多篇中国史学史方面的论文,培养了10余名史学史专业的硕士研究生。1985年北京师范大学史学研究所举办第一届全国史学史座谈会,旨在交流学术,切磋问题,促进史学史学科的健康发展。此时张先生已年届八旬,应邀赴京,与白寿彝、陈千钧、张芝联、郭圣铭、高国抗等著名学者共同商讨史学史学科的教学与研究工作。座谈会上,张先生提出的研究生要读经书的主张,得到了与会学者的共鸣。张孟伦先生去世之后,由汪受宽先生继续主持硕士点的工作。经过张孟伦先生、汪受宽先生两代学者的努力,兰州大学的史学史研究和学科建设取得了一定的成就。现有从事史学史研究的教师多人,主要从事中国史学史、中国少数民族史学、四库学,以及西方史学史与史学理论研究。

本丛书收录了张孟伦《中国史学史论丛》、汪受宽《史学史论文自选集》和《历史学基础》,以及朱慈恩《二十世纪中国通俗史学研究》四部著作,是兰州大学史学理论及史学史学科点三代学人在中国史学史研究方面重要成果的一次阶段性汇集。《中国史学史论丛》在20世纪80年代兰州大学历史系印行的《中国史学史论丛》的基础上,增加了发表在报纸杂志上的若干篇论文,为张孟伦先生中国史学史研究论文的结集,反映了其在中国史学史研究领域中的创建与成就。张先生治学贵自得之学,独到之见,这部论文集体现了这一治学特点,其中关于孔子史学、《左传》、《汉书》、《三国志》裴注、隋代史学、唐代史学、《史通》、宋代国史撰述、《资治通鉴》、《续资治通鉴长编》、《文献通考》、《日知录》、王夫之史论、《廿二史札记》、章学诚史学等诸多论说,资料丰富,观点独特。汪受宽先生从事史学研究30余年,在中国史学史、历史文献学、西北地方史等研究领域辛勤耕耘,《史学史论文自选集》是其中国史学史研究成果之荟萃。汪受宽先生在从事史学研究的同时,还关注史学人才的培养。其在总结自己治史经验并吸收学界有关成果基础上所撰写的《历史学基础》一书,系统地阐述了史学研究与论文撰写的规律、技巧与方法,为史学新人进入史学殿堂之指南、门径。求真是史学的学术品格,致用则是史学的社会要求,历史知识的普及是史学发挥社会作用的重要途径。朱慈恩撰写的《二十世纪中国通俗史学研究》对20世纪中国通俗史学的发展历程进行较为全面和系统的梳理,并对其基本特征、主要功能以及发展趋势进行探讨,还选择有代表性的历史学家进行个案研究,全面分析其编撰特征、流通传播以及社会影响等因素,反映了中国史学史在脱离史部目录解题后研究的深入与发展,对当前的历史知识普及工作有着诸多的借鉴和启示。这套丛书的出版,对促进兰州大学史学理论及史学史学科点史学史研究的发展与人才的培养,将具有重要的意义。

赵梅春

2015 年 1 月 4 日于兰州大学一分部陋室

目　录

张孟伦先生的史学成就与治学特点

赵梅春

张孟伦先生(1905—1988年),江西万年县人。1933年毕业于武汉大学历史系,曾受业于著名历史学家李剑农、雷海宗、朱东润等。大学毕业后,先后在江西萍乡中学、省立樟树中学、国立十三中学、中正大学、南昌大学任教。1950年,响应党和国家的号召,投身建设大西北事业,从江西南昌来到地处西北、条件艰苦的兰州大学任教授。1958年被错划为右派分子,随即被调往条件更为艰苦的张掖师专。1962年,由时任兰州大学历史系主任的李天祜先生请回兰大从事教学工作。"文革"期间,先生遭受批斗,历经磨难。"文革"结束后,先生的生活得到妥善的安置,再度焕发出学术青春。1978年被批准为"文革"后第一批硕士研究生导师,招收中国史学史专业研究生,从此积极从事中国史学史学科建设与硕士研究生的培养工作,先后开出中国史学史等四五门研究生课程,为兰州大学中国史学史学科建设殚精竭虑。1985年北京师范大学史学研究所举办第一届全国史学史座谈会,旨在交流学术,切磋问题,促进史学史学科的健康发展。此时先生已年届八旬应邀赴京,与白寿彝、陈千钧、张芝联、郭圣铭、高国抗等著名学者共同商讨史学史学科的教学与研究工作。座谈会上,先生提出的研究生要读经书的主张,得到了与会学者的共鸣。今天当我们回望兰州大学史学理论及史学史学科发展历程时,深为先生为学科建设做出的艰辛努力而感动。

先生任教樟树中学时,就开始从事学术研究,在《大公报·史地周刊》《中南日报》等报刊上发表有关古代饮食文化方面的研究成果,撰有《汉魏饮食考》《汉魏人名考》两部专著。在抗日战争与内战时期动荡不安的岁月中,先生坚持学术研究,撰写了《宋代兴亡史》一书,"以明一代之成败安危存亡之理",借古喻今,抒发书生报国情怀。到兰州大学任教后,先生主要担任中国古代史、秦汉史、历史文选、中国史学史等课程的教学,学术研究的范围也从社会史、饮食文

1

化史、宋史扩展到历史文献学、中国史学史等领域,出版了《中国史学史论丛》《中国史学史》(上、下)等著作。在半个多世纪的治学生涯中,先生凭借渊博的学识,深厚的史学功底,严谨求实的治学态度,在社会文化史、宋史、中国史学史等领域,取得了令人瞩目的成就。

一、社会文化史的研究

先生的学术研究是从探讨古代的饮食文化开始的,1937 年发表在《大公报·史地周刊》上的论文为《豆豉考略》,1940 年 2 月又在《中南日报》上连载《于定国饮酒数石不乱考》一文。《汉魏饮食考》一书,则是先生研究饮食文化的代表作。此书是 20 世纪 30 年代先生任教樟树中学时所撰写的,半个世纪后,经整理修订由兰州大学出版社于 1988 年出版。此书通过仔细爬梳散见于各种史籍中的有关资料,旁征博引,详细地阐述了汉魏间各种饭食、饼饵的用途、制作原料与方法;猪、牛、羊、狗、兔、鹿、鸡、鹅等各种肉类食品的产区、烹调方法、用途;各种鱼类的养殖及鱼类食品的制作方法;蔬菜的种类及其功用;酱、豆豉等调味品在汉魏饮食中的地位、酿造方法;姜、椒、蒜、葱等调味品的产地、性能;酒的创制、功用、酿造技术、原料、种类;茶的起源与制作方法;栗、枣、梨、桃、李、梅、柰、橘、瓜、甘蔗等各种果品的产区、功用、质量、吃法。虽然只有 15 万余字,内容却十分丰富,涉及到汉魏饮食问题的方方面面,是了解汉魏饮食文化,乃至中国古代的饮食文化不可或缺的一部参考书。

本书还注意考察与饮食有关的经济、制度、习俗,尤其是其中所记载的典故、逸闻轶事,读起来饶有兴味。例如,在叙述饼的种类、制作时,特意讨论了"卖饼者"这一称号,说明在汉代重农轻商的政策下,商人尤其是做小买卖者地位低下,卖饼者被视为无赖、小人的代名词。故凡社会地位低下,被人看不起的人,便被骂为"卖饼家"。从而喜好《左传》,不好《公羊传》的钟繇,"谓《公羊》为卖饼家。"[①]说到蔬菜时,则指出汉魏时期有些人以种菜为名却别有用心。如刘备种菜旨在避祸。吴将陆逊在曹魏大军压境之时催人种菜,意在示人从容闲暇以退敌兵。而汉献帝时李孚种植薤不为食用,而"欲以成计。有从索者,亦不与一,茎亦不自食。"[②]这些人名为种菜,实则另有所图。汉魏时期以蔬菜为食者多是平民百姓,达官贵人之饮食则是美味佳肴,而以蔬菜为恶食。倘若食之,则常为人耻笑。因而

---

①张孟伦:《汉魏饮食考》,兰州大学出版社,1988,第 33 页。
②张孟伦:《汉魏饮食考》,兰州大学出版社,1988,第 88 页。

甘于蔬食,就成为文人、官吏情趣高尚、清正廉明的象征。如汉明帝时临淮太守朱晖离职后,"屏居野泽,布衣蔬食,不与邑里通。乡党讥其介。"①而朱穆为官几十年,布衣蔬食,两袖清风,家无长物,公卿们请汉桓帝表彰他。汉魏时期的社会风气,在菜食方面可略见一斑。其述脍鱼之美,则兼及《世说新语》所载张翰故事。张翰在洛阳,见西风起,思念故乡吴郡菰菜羹、鲈鱼脍,说:"人生贵得适意,何能羁宦数千里以要名爵?"因而辞官归家。读之令人垂涎向往。酒在中国具有悠久的历史,逐渐形成了一种独特的酒文化。本书除了考证酒的起源、功用、种类、酿造方法,还以大量的篇幅叙述了汉魏时期与酒有关的社会生活,如酒家、酒价、禁酒、榷酒、酒令、酒量、酒徒、酒狂、使酒骂坐、名士旷达嗜酒、沉湎于酒色的社会习气以及当时人与后代人对此的箴规、寄政于酒、备酒求学、借酒劝善等,不啻是一部汉魏酒文化简史。其论及酒家时指出,汉代有卖酒的专市,酒家门前往往高悬着酒星旗以招揽顾客,有美人或胡姬当垆,也有豪杰之士隐身酒肆为酒保的。卓文君当垆曾被传为千古美谈,汉初名将栾布穷困时曾卖佣于齐,为酒家保。赊酒之风在汉魏时,颇为盛行,亦有典衣卖马以换酒者,汉晋名士则嗜酒以示旷达。可以说,《汉魏饮食考》填补了饮食文化研究的空白,对发扬中华传统饮食文化具有重要意义,对魏晋史的研究也有重要的参考价值。

《汉魏人名考》是先生另一部研究社会文化史的专著,也是早年任教于樟树中学时所撰写的,1988 年由兰州大学出版社重新出版。此书在当时曾获江西省教育厅学术审议会奖金,时任南昌中正大学文学院教授的王易先生和中正大学校长、著名学者王星拱曾为其作序。此书共十三章,对人名的起因及其与字的关系、汉魏时期命名取字的缘由,尤其是对汉魏时期以古朝代名、古圣先贤之名、天干地支、禽兽鱼虫、福禄寿喜等命名取字,以及改名换字的情形和原因、兄弟长幼排行、避讳等问题,进行了细致入微的考证研究。同时还对汉魏人名中常带有"阿"字这一特殊现象,以及汉代著名的隐者商山"四皓"的称号、姓名进行了讨论。其"第十二章同姓名"以表的形式列举出汉朝宗室同名者及同名者之关系,说明汉代纲常伦理、避讳制度并非如后世之严格,以致有父子、叔侄、兄弟,甚至祖孙同名者,并指出历代学者从名教观念出发认为《汉书》所记父子同名必有一误之说,是想当然的错误认识。本书涉及汉魏时期人名问题的各个方面,内容丰富充实,是姓名学的一部力作。

值得注意的是,《汉魏人名考》对汉魏人命名取字、改名背后所反映的时代风尚、政治情状,所体现的社会心理诉求,也进行了深入的分析探讨。对中国人来

①张孟伦:《汉魏饮食考》,兰州大学出版社,1988,第 91 页。

说,名字不仅仅是一个称呼、符号,而且具有丰富的内涵,其中寄托着命名取字者的意愿、期望,体现了其性情、信仰,包含着其对社会的认识。在某种程度上可以说命名取字是社会的一面镜子,颇能折射出人间百态。本书正是透过汉魏时期命名取字之趋势,揭示出其社会风貌、时代特点。如指出,汉魏人喜欢以唐、虞、夏商周三代之名,古圣人尧、舜、禹之名,先贤如孔门弟子、管仲、子产、孟尝君、蔺相如等命名取字,反映了一种浓厚的慕古社会风气。而这种社会风气与汉代尊崇孔子,尤其是汉武帝罢黜百家,专尊孔子密切相关。孔子推崇古圣王贤能之人。随着孔子定于一尊,其地位与日俱增,"相应地,他崇古慕古的思想意识,也就逐渐渗透到社会的各个角落,蔚然成风。在汉魏人的命名取字中,就充分体现了这一点。"①本书还通过对汉魏时期的人们多以福、禄、君、臣、公、卿、寿、延年、延寿、益寿、千秋、万岁等命名取字这一习俗的考察,指出汉魏时期普遍存在着一种期望吉祥万福,希冀高官厚禄、延年益寿的社会心理。嫖、嬛、开明、合欢、娥等字,含有邪淫、轻佻之意。如嫖是邪淫狎妓之意,嬛为淫嬛之意,开明、合欢有狎嬛亵渎之意。而貌美轻佻为娥。然两汉时期女子却多以此取名,如汉文帝长公主名嫖,外戚梁竦的女儿名嬛,东平王之婢名合欢,王莽的侍者名开明,名娥者则更多。书中指出,这种以妖冶之字为女子命名的现象,是汉代淫逸社会风气的反映。"秦代统治天下,防民正俗,严禁淫泆,男女一律(《史记·始皇纪》);汉则不然。'其时宫廷淫逸之习,固已毫无忌讳。《东方朔传》谓自董偃后,公主贵人,多逾礼制。盖上行下效,势所必至'(《廿二史札记·汉公主不讳私夫》)。而女子命名,也都诲奸诲淫,充满了邪妖娇娆的意味。"②在这种社会风气下,女子以妖艳之字命名,习以为常。这种对汉魏时期命名取字所包含的丰富社会内容的探究,使本书脱离了单纯的人名考证,进而从日常生活层面深刻地揭示了魏晋时期的社会风貌。诚如评论者所指出的:《汉魏人名考》主要是考证,但又不仅限于考证,它也注重'义理';它论述的主题是人名,但又不仅限于人名,它还论述了其他内容。作者说:本书'说来虽是人名考,实际上却是上及政治,下涉社会,包罗万象'(第二章),这不属自夸;序者说:本书'探究人名,而隐赜所及,上自政制,下至风尚,莫不囊括包举',这并非溢美。"③因而《汉魏人名考》不仅是一部文化史研究专著,也是一部研究汉魏史的重要著作。

20世纪初,在梁启超"史学革命"的倡导下,史学界形成了一股新史学思潮。批判"君史",撰写"民史",是新史学的一个重要内容。"夫所贵夫史者,贵

---

①张孟伦:《汉魏人名考》,兰州大学出版社,1988,第18页。
②张孟伦:《汉魏人名考》,兰州大学出版社,1988,第68页。
③张兴杰:《汉魏史研究的重要成果——张孟伦〈汉魏人名考〉评介》,《兰州大学学报》1989年第3期。

其能叙一群人相交涉、相竞争、相团结之道,能叙一群人所以休息、同体进化之状,使后之读者,爱其群,善其群之心,油然生焉。"①与国家、社会、民众生活密切相关的制度、经济、学术、风俗、艺术、婚姻、民族、交通等文化史、社会史,受到学者的重视。先生所撰《汉魏人名考》《汉魏饮食考》,是新史学思潮影响下的产物,同时也是对这一思潮的积极回应。20世纪六七十年代由于极"左"思潮的影响,一部丰富多彩的中国历史日益被简化为阶级斗争史。为了改变这种局面,80年代的史学研究者积极倡导文化史的研究和社会史的复兴。1987年《历史研究》第1期发表评论员文章《把历史的内容还给历史》,将复兴和加强社会史的研究作为开拓史学领域、改革史学研究的契机。此后,社会史的研究蓬勃发展,成为中国史学研究的重心之一。《汉魏人名考》《汉魏饮食考》的出版适逢其时,无疑有助于社会文化史研究的发展。

二、宋史研究

先生有关宋史研究的成果主要反映在《宋代兴亡史》(1948年商务印书馆出版)一书中。此书分宋代开国、宋治兴盛、宋治衰亡三章,着重探讨了赵宋王朝建国之由及其兴衰盛亡之故。其中,对赵宋王朝内部的政治纠纷与外部的民族矛盾的分析,深入且独到,给人以深刻的启迪。

先生探讨宋代之兴亡,特别重视社会风俗、教育、人才培养、士人风操等因素的影响。先生指出,重视人才、讲求气节和良好的社会风气,是宋代兴隆之根本所在。宋代对待人才,朝廷精于遴选,人主慎于接待,大臣乐于延誉,故而人才辈出,国家日盛。自太祖尊崇节义、敦励名实、褒奖韩通,范仲淹厉风节,胡瑗、孙复明正学,欧阳修等倡直言于朝,宋代社会风气为之一变。士存正气,以名节、廉耻相砥砺。国家危难之时,忠义蜂起。尤其是程门弟子,以国事为己任,忠君忧国,为反抗恶势力的领袖,抗击外族入侵的急先锋。在这种风气之下,人民亦怀抱忠义,既有誓志恢复国土的义士,亦有义愤起兵除奸之匹夫,故宋朝能危而复安。

至于宋代之衰亡,则主要缘于姑息苟安、内部纷争不断,以及在处理敌对国家问题上的软弱无能。先生指出,宋以文立国,其君贤者则仁慈,柔懦者则姑息苟安,优柔守文则有余,拨乱反正则不足,英达奋发之君,不可多得。其臣莫不墨守成规,不达权变,求其果毅驰骋之士,亦不易见。朝廷上下不思进取,暮气

①梁启超:《新史学》,载《饮冰室合集·文集之九》,中华书局,1989,第3页。

沉沉。这种因循苟且之风,表现为在内安土重迁、姑息弛刑,对外则是偷安苟幸,不图远略。北宋立都于无险可据的开封,南宋苟安于偏于一隅之杭州,高唱国之安危在德不在险的陈腐论调,苟且偷安而不愿迁都以应敌。太祖曾欲留洛阳,最终都长安,终为大臣所阻扰。南渡后张浚建议都建康(南京),以为建康可以北望中原,使人常怀愤惕,不敢暇逸,而临安(杭州)僻于一隅,内则易生安逸,外则不足号召远近。又有人倡议立都于建业(武昌)。皆不为一意求和的宋高宗所采纳。孝宗时,陈亮又建议迁都建业,孝宗欲用之,亦为大臣所阻。先生指出,都城有关一代盛衰,其自然形势实与政治人文相表里。宋若不是苟安,以洛阳为都城,则中原不至于沦陷。若都关中,则金兵南来,犹有形势可据,不像汴(开封)之一无所倚,致敌长驱直入。而南宋以临安为都城,僻处海隅,更加苟安而无恢复中原之志。宋朝不诛违命败军之将,不斩祸国殃民之奸人,甚至赏罚倒置。先生认为,不能明典正刑,无国法纪律,姑息违命败军之将,则将领难以统帅,无望将士出兵御敌。姑息像张邦昌那样的僭叛之人,无以激励天下以图恢复。保全、褒奖黄潜善、汪伯彦、秦桧、贾似道那样的奸臣,则丧失民心。

宋人好意气用事,以疾忌排挤为能事。不仅小人陷害君子,君子之间亦相互倾轧。真宗时,王钦若、丁谓嫉恨排挤守正疾恶的宰相寇准,使之一贬再贬。宁宗时,韩侂胄引用群小,排挤贤者,斥朱子之学为伪学。理宗时,权臣史弥远的亲信陷害程朱学者魏了翁、真德秀。宋末当权的贾似道更是嫉贤妒能,必陷之而后快。所谓君子也以议论攻击为尽职,好持高论,不肯舍己从人。一遇不合,就动气相攻,攻之不已,就罢官而去,不以国事为意。王安石变法,援引面谀之人,硕德重望被罢斥。而元老重臣也不肯考察新法之恰当与否,一切指为不善。元祐年间司马光秉政,彻底罢去新法,排斥新党。不久吕夏卿执政,元祐党人被斥。徽宗时立党人碑,称之为奸党。新旧党人相互意气用事,纷争不已,直至北宋灭亡。司马光、欧阳修、吕海、范纯仁、吕大防等皆是正人君子,却因议论不合,势同水火。胡瑗与孙复争名,遂不相见。范镇攻击陈执中,以为其无学术,非宰相之器。苏轼与程颐门人相互攻击,遂成洛、蜀、朔三党。张浚与赵鼎同时为相,偶以意见不合,就反目。张浚因岳飞与己意相忤,遂不复相容。先生对宋人热衷于内讧这种做派进行了详尽的揭露,并沉痛地指出宋代就是在这样的内耗中日益衰亡的。"宋之名臣,往往如此,国家又几何不衰而且灭也。"[1]

在对外问题上,宋朝只知一味地退缩,纳币割地以求苟安。在处理与辽朝关系上,谨守修德以来远人之陈说,武备松弛。大臣多以弭战息民、修好为言。

---

[1]张孟伦:《宋代兴亡史》,台湾商务印书馆,1972年第二版,第100页。

太祖时议伐北汉而取幽燕为赵普所阻,太宗欲亲征幽州,亦为大臣所阻。岐沟之战后,像曹彬那样的良将,也苟安言和了。澶渊之盟后,辽人步步逼进,宋则以增纳岁币、割地求苟安。对此,先生不禁悲愤地责问道:"何宋代之苟且优柔,畏惮契丹之至于此也。"①对待西夏,则企图以爵禄予以羁縻,以恩惠予以笼络。举措失当,坐失良机,养痈遗患。至元昊时,西夏势力强大,宋疲于应付。对此,先生叹息道:"何宋代君臣之一味优柔仁懦,力行姑息而无远略也。"②在对待金与蒙古的问题上,宋人亦复如此。金人第一次南下时,以割地求得苟且,朝廷上下弹冠相庆,不知防范。当金人再次南下,唯有惶恐,不知计之所出,而归罪于抗敌将领李纲,自坏长城。南渡后,高宗以秦桧用事,一意求和,迫害抗金志士,使岳飞抗金事业毁于一旦。孝宗曾锐意北伐,失败后,亦狃于苟安之习,不思进取。当蒙古南下时,当权的贾似道昧于攻战,只知享乐,割地求和以图苟延残喘。而在朝大臣则平日空谈心性,自命甚高,临危则逃遁。先生指出,正是这种以苟且偷安为上策的做法,导致宋代之衰亡。"辽人入寇,则增岁币;夏人讲和,则增岁币。至金师来犯,割地避敌;蒙古南下,称臣纳贡。故曰宋之衰亡,姑息苟幸之弊也!"③

先生寄情宋代之兴亡,绝非发思古之幽情,而是藉宋人之杯酒,浇心中之块垒。中国自19世纪后期以来内忧外患,与宋代的情形颇为相似。先生探究宋代之兴亡,"以明一代之成败安危存亡之理",旨在以史为鉴,对抗战建国有所裨益。

赵宋一代在中国历史上的地位,近年来日益为学界所关注,内藤湖南、陈寅恪等所提出的宋代近世说,也为学者所熟知。殊不知先生亦是此说的倡导者。先生指出:"昔人每言秦为中国史中之上古与中古之一大关键,愚尤以宋为近古与近代之一大关键。举凡中古之政治思想,社会伦理,风俗教化,莫不经赵宋廓而清之,矫而正之,而另示近代以规范,近代诚受其影响特深,而奉其一切为圭臬者也。"④认为赵宋一代是中国从古代转向近代之关键时代,要了解近代中国之思想、政治、风俗,须溯源于宋代。在先生看来,赵宋王朝虽富强声威不及秦汉隋唐,但其风俗文物之盛,道德仁义之风则超越汉唐,媲美三代。

20世纪上叶,从事宋史研究的虽有张荫麟、邓广铭、蒙文通、陈乐素、张家驹、聂崇岐等诸多学者,但先生的《宋代兴亡史》却是有关宋代历史较早的一部系统的断代史专著,筚路蓝缕,嘉惠后学。此书在海内外颇有影响,台湾商务印

---

①张孟伦:《宋代兴亡史》,台湾商务印书馆,1972年第二版,第74页。
②张孟伦:《宋代兴亡史》,台湾商务印书馆,1972年第二版,第76页。
③张孟伦:《宋代兴亡史》,台湾商务印书馆,1972年第二版,第72页。
④张孟伦:《宋代兴亡史·自序》,台湾商务印书馆,1972年第二版,第2页。

书馆曾多次予以重印,20 世纪 90 年代中华书局出版的《民国丛书》也将其收入其中。也正是这部著作奠定了先生在宋史研究领域的地位。

三、中国史学史的研究

"文革"结束后,先生迎来了学术研究的又一春天。在生命的最后 10 年(1978—1988 年),整理、撰写了《中国史学史论丛》《中国史学史》(上、下)两部著作,发表了若干中国史学史研究论文,对孔子、李焘、马端临、顾炎武、章学诚等史家,隋代史学、宋代重修《唐书》、宋代统治阶级在撰修国史上的斗争、《汉书·地理志》、小说的史料价值等中国史学史上的重要问题,进行了深入的探讨,取得了令人瞩目的学术成就。

先生对所研究的史学问题,多有创见。即便有所偏颇,亦不失为一家之言。孔子是私人修史的开创者,其所删订的《尚书》、述作的《春秋》对中国史学产生了巨大的影响。先生所撰写的《孔子与中国古代史学》(《史学史研究》1987 年第 1 期)一文,纵览中国史学发展历程,旁征博引,从体裁体例、历史思想、史学观念、撰述方法等方面,详细地阐述了孔子的史学对中国古代史学发展的深远影响,并以司马迁撰《史记》、班固修《汉书》为例,说明中国古代史学是如何师承孔子史学的,从而使孔子为中国史学祖师一说落到实处。此文是研究孔子史学的代表作。从 20 世纪 20 年代开始,章学诚的史学日益受到学者的重视,评价也愈来愈高。先生《章学诚的史学》(《华南师范大学学报》1984 年第 3 期)一文,辨析了章学诚对待考据的态度、所提出的"六经皆史"观点,还着重分析了其史学为清政权巩固统治服务的实质。在章学诚史学研究日益兴盛,章学诚学术地位日隆的今天,重读此文,不啻是一副清醒剂。在《宋代统治阶级在撰修国史上的斗争》(《兰州大学学报》1981 年第 4 期)一文中,先生详细地阐述了宋太祖与太宗帝位之争、王安石变法新旧党人之争对宋代实录、起居注、时政记、国史撰修的影响,秦桧、韩侂胄、史嵩之、贾似道等权臣对史家的迫害,对史书的篡改,及其对修史活动的干扰、摧残。这是将史学发展置于一定的政治环境中予以考察,揭示了政治斗争对史学的深刻影响,说明良好的社会环境对史学发展的重要性。在《关于宋代重修〈唐书〉》(《兰州大学学报》1984 年第 3 期)一文中,先生从政治和学术两个层面探讨了宋代重修《唐书》的原因,以及宋代在重修《唐书》过程中所出现的纠纷,并对宋人所夸耀的《新唐书》的特点"其事增于前,其文省于旧"进行了辨析,指出这正是《新唐书》的缺点所在,其所增之事,多无根据,所省之文,则有关军国大事。其以文省事增为能事,则违背了当初重修

《唐书》的宗旨。在《关于马端临〈文献通考〉人民性的问题》(《兰州大学学报》1980年第1期)一文中,先生对学者提出的马端临《文献通考》具有人民性、民族正义感、敢于对现实作抗议的观点,进行了商榷。首先,提出了评价一部史学著作是否具有人民性、民族正义感的原则。先生指出:"评论一部历史著作是否有人民性,有民族正义感,就得:第一,必须把它放在一定的历史情况下,一定的环境中去考虑。第二,必须从它本身的总的倾向性,全部的主要意旨去分析。"如果研究者不从作者所处的时代、其著作撰写的背景,不从其著作总的精神实质出发,所得出的结论难以使人信服。其次,分析了马端临所处的时代及其对时代的回应,《文献通考》对史实的处理及其思想倾向,认为马端临的史学思想很难说具有人民性、民族正义感。先生指出,马端临身处国家民族危难之时,面对广大人民群众如火如荼的反抗民族压迫斗争,却躲进书斋,逃避现实。宋亡后,又以元顺民自居,称宋为宋朝,不敢称国朝或我朝,并出任元的书院山长。这与胡三省以宋遗民自居,以文天祥守节伏死自励,在《通鉴》注中抒发民族爱国情感,且不许子孙仕元,截然不同。马端临所撰《文献通考》成书于元成宗大德十一年,本应写到宋亡,使宋朝一代典章制度首尾完整。但因害怕元代统治者的猜忌而影响自己的身家性命,却止于宋宁宗嘉定五年(1212),不敢记载宋朝亡国痛史,更不敢歌颂民族斗争的悲壮事迹。与此同时,许多宋遗民所著之书与诗文,多忠愤激烈,黍离麦秀之悲,溢于言表,不顾祸患。马端临对南宋的抗金名将岳飞、韩世忠、刘琦"一遇女真,非败即遁"的评价,不合乎历史真实。在江南人民反抗民族压迫之时,马端临不歌颂岳飞等抗金英雄,以鼓舞人民的反抗斗争,反而不顾事实进行污蔑,这是他顺民心理的反映。因此,很难说马端临具有民族正义感、敢于对现实进行抗议。同时,马端临在《文献通考》中极力散布消极因素,如鼓吹遵循三年之丧的礼制、宣扬落后于时代的车战、要求在征战中讲求堂堂正正之举。在广大人民处于反侵略斗争的关键时刻,这些主张无疑是有害的。马端临在《文献通考》中否定、诋毁王安石变法,逐条指斥王安石所变之法。因此,很难说马端临史学思想具有人民性。

《中国史学史论丛》(1980年兰州大学历史系印行),是先生研究中国史学史的论文集。《中国史学史》(甘肃人民出版社1983、1986年出版),则是先生自20世纪60年代以来从事中国史学史研究的心血的结晶,也是一部史学史研究力作,阐述了自先秦至鸦片战争前的中国史学发生、发展、繁荣至嬗变的历程,反映了先生对中国史学史的系统认识,至今仍被研究者视为学习、研究中国史学史的一部重要参考书。在众多中国史学史著作中,此书特色最为鲜明①。一,将各个历史时期史学发展概况的阐述与专题研究有机地结合起来。书中的各部分,分之则可独自成篇,合之亦为一部完整的著作。既展示了中国古代史学发展的历程,又对重要问题进行了深入阐述。既是一部中国史学史教材,又可视为中国史学史专题讨论集。二,详人所略,略人所详,不求面面俱到。如有关司马光及其《资治通鉴》的论述,着重分析了《资治通鉴》编撰成功的原因,并将宋代重修《唐书》的情形与《通鉴》的撰修进行比较,说明众人修史须有一负责任、善于领导史局的主裁,以及志同道合的专家相互配合,精诚合作,才能取得成功。而对《通鉴》及其学术价值则基本上没有进行评论。三,旁征博引,立论独到。据学者不完全统计,全书所引用的文献达近七百种之多,大凡与中国史学有关的资料,莫不加以搜罗。并在丰富的资料基础上提炼出独到的认识,无论是对一代史学的评价,还是对一部史著、一个史家的认识,皆新见迭出。可以说,在已出版的众多中国史学史论著中,此书资料最为丰富,识见也最为独特。如对裴松之、刘知几、马端临、章学诚等史学家的评价多不同于其他学者。四,注意研究政治与史学间的关系,揭示时代对史学的深刻影响。这主要表现在两个方面,一是考察政治对史书编纂的影响,尤其注重考察史书编纂的政治背景。如述及唐初撰修前代诸史的原因时,着重分析了唐代统治者在政治上的动机。而论及唐代国史的撰修时,则详细地考察了统治阶级内部的政治、思想斗争在撰修国史上的种种表现。二是关注史籍在流传过程中因各种政治因素影响所经历的曲折复杂的历程。如论及《战国策》一书时,着重阐述了其从汉代到清代因与儒家思想格格不入而被现实政治所排斥而遭遇的曲折命运。五,爱而知其丑,憎而知其善。一般的史学史著作多着眼于总结中国史学的优良传统和成就。本书总结了中国史学的成就,同时对中国史学上的缺点与不足,甚至丑恶现象进行揭露。对史家史著的评价,尽量做到"毋固""毋我",既不虚美也不没其所长。如对于马端临及其《文献通考》,既批评了马端临在民族斗争如火如荼之时,逃避现实,闭门著述《文献通考》,以成名山之业,以及为了避免元统治者的猜忌,在书中回避宋末历史,只记载到宋宁宗嘉定五年,缺乏民族正义感。又肯定了《文献通考》是一部典章制度巨著,绝非章学诚所说的只是一部类书之学。六,重视历史上的学者对有关史学问题的认识,或对其进行论辩,或以之作为自己立论的佐证。如有关《左传》的作者,是一个长期以来争论不休的问题。该书首先梳理了中唐以前的学者如司马迁、严彭祖、班彪、桓谭、王充、班固、许

---

①参见汪受宽:《历史学家张孟伦教授学行》,载《西北史札》,甘肃文化出版社,2008。朱仲玉:《读张孟伦先生著〈中国史学史〉》,《兰州大学学报》1986年第3期。

慎、卢植、杜预、荀逊、孔颖达、刘知几等有关《左传》及其作者的认识，说明在中唐以前根本不存在《左传》是不是左丘明所作的问题。其次，对汉代有关《左传》的争执问题进行讨论。指出汉代在《左传》上的争论，一是述事解经（《左传》）与训诂解经（《公羊传》）之间的斗争；二是政治问题，即以哪一部春秋传为汉代服务的问题，不是《左传》作者真伪问题。再者，对中唐以来的学者如严助、陆质、郑樵等所持《左传》非左丘明所作的有关论点进行批驳。在此基础上，指出《左传》作者无疑就是左丘明。这种通过详细地剖析不同时代各家各流派学者的有关认识以阐明自己见解的方式，既便于读者了解所研究的问题的来龙去脉，也使作者的立论底蕴深厚，观点鲜明。当然，要做到这一点，需要具有深厚的史学根底。这也是本书不同于一般的中国史学史教科书，而具有学术专著性质的一个重要方面。总之，与同类著作相比，先生这部《中国史学史》风格最为独特，故而被学界称为"别具特色的专家之作"。朱仲玉先生评价道："读张孟伦先生的《中国史学史》，则令人感到这书确是跳出了大多数人在不知不觉中形成的框框，充分显示了自己独特的风格，既不与别的同一类书相似，而别的书也很难与之相似。"①

四、探赜索隐贵自得之学

先生治学深受传统史学的影响，孔子是先生最为崇敬的史学家。先生认为，"无论从史家私人修史，还是从史学体例来说，我们都得尊奉孔子做中国史学的祖师。"②孔子倡导的有疑则缺，无证不信，深为先生所信服。在史、论关系问题上，先生主张"论从史出"，重视学问的功底，强调史料在史学工作中的重要性，所撰论著总是旁征博引，探赜索隐。在《中国史学史·自序》中，先生强调："又因无征不信，无征则难于发现问题，分析问题，得出有理有据而较为可靠的结论。以故采辑史料较多。"在《中国史学史论丛·前言》中，先生指出："十个专题，有些地方所要求古史学名家的，如果有所偏颇，也都是力求'论从史出'，不是'以论带史'的。"可见"论从史出"是先生所遵循的治学宗旨。先生的史学论著，皆以资料丰富、立论精当见长。所征引的资料遍及经、史、子、集四部，对一般治史者不太留意的笔记小说、诗文、戏曲、医书、农学书籍、佛教经典等，也予以搜罗引用。如"《人名考》以《四史》为纲，博采旧闻遗逸，广览经、子、集部。

---

①朱仲玉：《读张孟伦先生著〈中国史学史〉》。
②张孟伦：《中国史学史》（上册），甘肃人民出版社，1983，第14页。

搜集证据,推勘事故,虽毫末细微,不肯稍事疏忽;措辞立论,则审慎权衡,平心察其是非,精意求其义旨。""出入乎汉魏史乘之林,旁及乎逸闻轶事之微。"①《中国史学史》"据粗略统计,张先生共征引了670多种典籍。他不只是把目光集中在史部文献上,还注意探讨群经、诸子与其注疏,汲取后人相关研究成果,参考了与史有关的150多种集部文献,征引了自《蔡中郎集》至《饮冰室合集》以集名书的有90种之多。"②先生与赵俪生先生在兰大历史系共事多年,但两人的性情、治学取向迥异。有趣的是他们俩竟是多年的对门邻居。汪受宽教授曾在纪念赵先生的文章中写道:"我的导师张孟伦(1905—1988)与赵俪生先生,一位重史料,一位重理论,平时不少相互讥讽。他俩住门对门,我常常是出了这扇门,进对面的门。两位先生总向我打听对门怎么说自己。我左右为难,一向是报喜不报忧,言张说赵很会写文章,言赵说张做学问很细心。其实二位对自己的优势和不足都很清楚。"③这一段文字,生动地反映了这两位先生不同的治学特色。

先生治学重视史学根底,对研究生的培养也是如此。先生认为研究生应学点文字学,提高古籍阅读的水平,学点"经书",加强通史的学习,掌握史学论文或史学专著的方法。这些要求都是着眼于培养研究生治学的根基。先生为提高学生阅读古代文献的能力,开设了《左传》选读课,以中华书局出版的《左传选》为教材。不仅在课堂上对《左传选》中的篇章进行详尽地讲解,而且撰写了《〈左传选〉注释管见》一文,对《左传选》应注释而没有注释的、已注释而欠妥善以及注释不全的,进行增补与修正。虽然已经过去了20多年,先生授课的情形却宛如在昨日。

先生治学,讲求自得。孟子说:"君子深造之以道,欲其自得之也。自得之,则居之安;居之安,则资之深;资之深,则取之左右逢其源,故君子欲其自得之也。"④许多史学大家都将自得作为治学最要紧的一件事,先生也是如此。先生所撰《中国史学史》自序云:"与时贤立论,本不敢立异;然见仁见智,终究在一些问题上,也又有所不同。"这是《中国史学史》的撰述旨趣,也是先生治学讲求自得之学的表白。为先生所撰之《汉魏人名考》作序的王易教授曾指出,《汉魏人名考》"探究人名,而隐赜所及,上自政制,下至风尚,莫不囊括包举,慧眼见真,独创一家之言。"王星拱则在序中说:"发凡创例,一空倚旁,探赜索隐,成此传世

①张孟伦《汉魏人名考》,王易序、王星拱序。
②吴荣政:《张孟伦先生〈中国史学史〉读后》,《甘肃社会科学》1987年第3期。
③汪受宽:《学术通人赵俪生先生》,《兰州大学学报》2008年第6期。
④杨伯峻译注《孟子译注·离娄章句下》,中华书局,1960,第189页。

之名著。使世之览者,于名字本末先后,时势升降,礼俗醇醨之际,了然于胸次而毫无所憾,则其大有造于学术也可知矣!"这里所说的"独创一家之言""发凡创例",是对《汉魏人名考》在学术研究上创造性贡献的充分肯定。对史学史上的诸多问题,先生也以丰富的史料为基础,提出了新的认识。先生所撰《中国史学史》一书论及裴松之注《三国志》时,虽然肯定裴松之的贡献,但不赞成运用"补缺""备异""惩妄""论辩"这四种方法注史是裴松之的创作之说,指出在裴松之之前已经有人分别使用过这四种方法,最早综合使用这四种方法的也不是裴松之,而是孙盛的《异同评》。述及范晔史学时,则对《后汉书》在体例方面创立了皇后纪与逸民、列女、孝子、文苑等传这一传统观点进行了辨析,指出这些纪、传并非范晔所首创,而是向前人学习来的。因为,晋华峤《后汉书》有皇后纪以反映东汉多幼主继位而又母后临朝执政这一客观事实,范晔《后汉书》是以华峤之书为蓝本的,那么首创皇后纪的应该是华峤,而非范晔。《东观汉纪》为隐居不仕的逢萌、周党、黄霸、严光等人作传,梁鸿则撰有《逸民传》。刘向、皇甫谧、綦毋邃等撰有《列女传》,刘歆、曹植等曾撰《列女传颂》。晋肖广济、刘宋郑缉之、王韶之等都著有《孝子传》。秦汉以前没有以文章名家的,到了汉代才开始有了词人。随着文艺的发展,晋朝有《文苑钞》。那么,《后汉书》中的《逸民传》《列女传》《孝子传》《文苑传》也不是范晔所创制的。所以,范晔在史书体例上没有创制之功。在先生的史学论著中,像这样的新见,随处可见。

辛安亭先生在为先生所著《中国史学史》所写的序言中指出:"先生学问渊博,功力深厚,阐述前贤史学,钩稽载籍,探究精微,不但广征于史,而且博取于经,旁及子、集,鉴空平衡,慎之又慎。故能采缀百家之精华,创成一己之旨趣,别开生面,而'不同人共生活',弥足珍也。"这是对先生学术的精当概括。

孔子和中国古代史学

孔子是中国历史上伟大的思想家、政治家和教育家,同时他对中国古代史学发展有相当大的影响。

一、无定法与有成例

《尚书》,孔子之所删订,《春秋》,孔子之所述作。然而"《尚书》无定法,而《春秋》有成例"(《文史通义·书教下》),这在体例上来说,二者截然相反。但不论无定法还是有成例,在中国史学史上却都起了巨大作用,而为后代史家所师法:

1.无定法。

孔颖达疏《尚书·尧典》说:"《书》篇之名,因事而立,既无体例,随便为文。"这就更是详明地指出了《书》的篇目,是随所述之事而名之,并没有什么一定的法则。为什么?这因《尚书》之教,并非纤悉委备,而是举其大纲,叙而述之,以示古代帝王经世之大略,以故典、谟、训、诰、誓、命之篇,唯意所命,并不拘泥于一定的题目,而写法也是多所变化而没有一定的法则的。

正因为《尚书》是因事命篇,写法多变,活络而没有一定的成法,所以卓越的史家司马迁撰《史记》,也就心领神悟,继承这种遗意,明权达变,体圆用神,著述列传而不拘守任何一定的成例。

且举七十列传之首的《伯夷列传》来说,便是不为传名所拘,作的是《伯夷传》,却又不是为伯夷作传,而是有感于世俗浇离,以致激动发愤,而又不能不有所忌讳。以此议论多,叙事少,纵横变幻,一如排空游龙,使人捉摸不得。这就使得精言史意的名家章学诚不得不说:"太史(公)《伯夷传》,盖为七十列传篇作叙例。惜(许)由、(务)光让国无征,而幸伯夷、吴太伯之经夫子(孔子)论定,以明己之去取是非,奉夫子为折衷,篇末隐然以七十列传窃比夫子之表幽显微。传虽以伯夷名篇,而文兼七十篇之发凡起例"(《章氏遗书外编·丙辰札记》)。这就肯定了司马迁《史记》的列传,是没有一定的写法,师承《尚书》之无体例,沿袭孔子表幽显微的意旨,而自成一套凡例。这种说法,自是探穷幽隐,推极本原,而深中肯綮的。

再就《孟子荀卿列传》来说,先之以受业子思门人,而阐述孔子之意的孟子;继之以闳大不经,而又能归到仁义节俭的阴阳家邹衍;再继之以学黄老之术的慎到、田骈、接子、环渊;最后才归到最受尊敬的儒家荀子。一篇传文,竟写得如此汪洋恣纵,交错缤纷,真是体圆而用神,牢笼天地了!至于《龟策列传》,并没有叙述哪一个卜策者的事迹,而只说是自古帝王何尝不重视龟卜、著筮,则是本于《尚书》因事命篇之意旨,更是明白显然不待说了。

如果有人说,《龟策列传》,诚然是因事命篇,效法孔子的删订《尚书》而来的。但纵横变化,错杂多端的《伯夷列传》《孟荀列传》,也都是折衷孔子而得《尚书》的意旨,那就令人疑莫能明了。然而我们认为:"意会神悟,在乎其人;运用之妙,存于一心。"诸凡广大宏博,精微奥妙的旨趣,都非语言笔墨所能传授,要在学者心神领悟,善于抉择去取,则"妙思所集,宜如其实,犹或增之"(《论衡·艺增》),哪有什么一定的法则呢?不见草圣张旭,就曾从他切身体验中,"旭言'始吾见公主、担夫争路,而得笔法之意;后见公孙氏舞剑器,而得其神'"(李肇《国史补》),"自此草书长进,豪荡感激"(《杜少陵集》卷20《观公孙大娘弟子舞剑器行·序》)妙绝古今的故事吗?这因他焦神费思,揣摩比合。也就悟到了作字伸缩变异的神妙,从而成竹在胸,挥运在手,书法愈出愈奇,终于入了圣境。举一反三,由此及彼,学书学史,唯在妙悟,司马迁、张旭,识趣奇高,而又锲而不舍,也都一如禅师住心于一境,冥想妙理,终于入了悟门,其史法、书法的蕴蓄宏富,笔力豪放的由来,也都难于为一般人所可理解了。

再说,《尚书》既是因事命篇,而没有定法,没有定格。那么,探究精微,追索根本,则袁枢"因司马光《资治通鉴》分类排纂,以一事为一篇,各详起讫,各自标题,门目分明,始末了然"(《四库全书简明目录》卷48《史部·纪事本末类》),实是远承《尚书》而来的。所以章学诚说:"袁枢《纪事本末》……之为体也,因事命篇,不为常格……决断去取,体圆用神,斯真《尚书》之遗也。"(《章氏遗书》卷1《文史通义内篇·书教下》)这就可见袁枢之能将每一历史事实的始末,网罗隐括,无遗无滥,叙述得丝索绳贯,脉络分明,实是就《尚书》因事命篇,加以神明变化,不为常例所拘泥,而得变通之道的缘故。从此师事相承,章冲的《春秋左氏传事类本末》,高士奇的《左传纪事本末》,陈邦瞻的《宋史纪事本末》《元史纪事本末》,谷应泰的《明史纪事本末》,也都陆续成书,这就说明《尚书》在中国史学史上影响之大,而纂定《尚书》的孔子,又是纪事本末体的祖师了。

2. 有定例。

然而《尚书》之所以因事命篇,而没有一定的法则,这当不是没有原因的。"盖官礼制(《周官》之法)密,而后记注有成法;记注有成法,而后撰述可以无定名……不必著为一定之例也。"(《章氏遗书》卷1《文史通义内篇·书教上》)所以说:"《书》录帝王言诰,举其大纲,事非繁密",即足以通帝王经世之大略,而垂知远之教(《礼记·经解》及疏)了。

但从周室东迁,政教号令,既已不行于天下;加之"至官礼废,而记注不足备其全。"(《书教上》)从而孔子之作《春秋》,除了求得周史纪与百十二国宝书,以备其始末外,又得著为一定的义法而发凡起例。

什么叫凡例?举要谓之凡(《春秋繁露·深察名号》),律例谓之例(《晋书》卷20《刑法志》:"集罪例以谓《刑名》")。推而至之,凡是著书,其说明书的内容主旨,撰述的体例规条,便是凡例。杜预《经传集解序》说孔子作《春秋》,"发凡以起例",便是中国史学史上,在撰述史书时,先行制订凡例破天荒的第一次。刘知几就曾说,"昔夫子修经(《春秋》),始发凡起例"焉。(《史通·序例》)

孔子作《春秋》,为什么先要发凡起例呢?这因"史之有例,犹国之有法。国无法,则上下靡定;史无例,则是非莫准。"(《史通·序例》)"史者,国家之法典也"(《欧阳永叔文集·论史官日历状》);"史之为务,申以劝诫,树之风声"(《史通·直书》);所以警戒当时以及后代统治者不敢放肆胡作非为者也!何况孔子之作《春秋》,其主要意旨,是在明邪正,著劝戒,拨乱世而返之于正呢。

然则孔子所订的《春秋》凡例,又是哪些呢?那便是:"微而显,志而晦,婉而成章,尽而不污,惩恶而劝善"(《左传》成公十四年)等五条。给予引申,则是:第一,言辞隐微而意义显著。第二,记事杀伐而行文幽深。第三,曲折婉顺而成篇章。第四,直书其事而不污曲。第五,善恶必书以为惩劝。总之,前四条是作《春秋》的方法,后一条则是作《春秋》的法例,正是所以达成惩恶劝善,拨乱反正的目的。

从此,孔子作《春秋》而发凡起例,以及所制定的凡例,在中国史学上莫不起了重大作用,具有深远的影响。

首先,就得到了为《春秋》作传的左丘明的赞美,不但说是圣人,谁能做到这二点(《左传》成公十四年)而且给《春秋》"立传""显其区域",一如孔子之订凡例,而"科条一辨,彪炳可观"(《史通·序例》)。

其次,陈寿修《三国志》,秉承孔子"微而显,志而晦"的凡例,绝不同王沉所作的《魏书》,鱼豢所著的《魏略》之以魏为主体,而是"齐魏于吴、蜀,正其名曰'三国',以明魏不得为正统"(朱彝尊《曝书亭集》卷59《陈寿论》)。措辞隐微,而下笔则极严正,以寓其帝蜀的宗旨。其书也就以质直见称,而非司马相如文艳之文可比了(《晋书》卷82《陈寿传》)。再次,干宝撰《晋纪》,首立凡例,因而"其书简略,直而能婉,咸称良史"。自此,邓粲著《元明纪》(元帝、明帝纪)、孙盛撰《晋阳秋》以述晋的中兴,无不追踪干宝而立凡例,"词直而理正,咸称良史焉"(以上见《史通·序例》、《晋书》卷82《干宝、邓粲、孙盛传》)。

三次,沈约才高学博,"其著《宋书》……颇具别裁"(《文史通义·外篇·读史通》),但从他《志序》里之所历述他的撰修《礼志》《符瑞志》《州郡志》《百官志》的方法看来,虽然名之曰序,而在实际上也都是凡例。不又证明史家修史,是师承孔子而发凡起例的吗?

四次,司马光是推尊孔子备至,修《通鉴》而奉《春秋》为经,故不敢始于获麟而另起于三家分晋(《郡斋读书志》卷2上《资治通鉴》)。又复秉承孔子的遗训,一丝不苟,以故凡例都是和他得力的助手、史学名家刘恕、范祖禹几经商讨,才确定下来的(《容斋续笔》卷4《资治通鉴》、《鲒埼亭集外编》卷40《通鉴分修诸子考》)。其书也就修得格外简明精审,独有千古。

五次,就唐初修《晋书》来说,虽曾由有良史之才,自称为陈寿之流的敬播总其类而立了凡例(《旧唐书》卷189、《新唐书》卷198《儒学传上·敬播传》)。只以执行不严,立了"凡天子庙号,唯书于卷末"的义例,而孝宗死后,却又不言庙而曰烈宗(《史通·序例》);至于列传,则更是文不准例,而艾兰不分,将解系、解结、缪播等忠臣,与逆乱之徒孙旗、孟观、牵秀等合在一起。这又何怪乎《晋书》之在《二十四史》中,是问题较多且又较严重的呢。

六次,正因为修史须效法孔子之作《春秋》而先发凡起例,以故元修辽、金、宋三史,为了探究应以谁为正统的体例问题,也就从世祖时开始,历经仁宗、文宗两代,争论不休。直至政权摇摇欲坠的前夕,这个难于解决而又不能再不给予解决的时期,才作出了"三国各与正统,各系其年号"(《庚申外史》卷上)的义例,而开始撰修。不就可见孔子作《春秋》而先立义例,在中国史学上所起的影响,是如何的深远,而为后代之所宗师吗?

七次,正因为修史须效法孔子之作《春秋》而先发凡起例,以故明修《元史》,不但撰修纪、志、表、传,事先都立有严明的凡例,以明传信传疑,笔削褒贬的不苟;而且尊奉《春秋》为准则,"不作论赞,但据事直书,具文见意,使其善恶自见"(《元史·纂修元史凡例》)。只以制订义例是一回事,执行起来又是一回事,致将为宋死难的忠臣洪福、赵安、张珏等诬为叛逆,则又何怪乎明修的《元史》，是历代"正史"最差的一部呢（诚然还有其他的原因）。

总之，修史首先必须发凡起例，以便有所遵循，则所修之史，才能少有谬误，已是从事实上历经证明而丝毫不爽的。而在中国史学史上，修史而先制立凡例，则是从孔子开始的。至于修史效法孔子而先立凡例，只以执行不力，而没有收到预期的效果，以致所修之史没有修好，也都无损于发凡起例的本身，更无害于孔子之名为中国史学的祖师的。因而清修《明史》，史官朱彝尊第一次上书总裁，便提出了"体例当先定"的问题，认定"作史者必先定其例，发其凡，而后一代之事可无纰缪"，复以"体例犹未见颁"，又在第三次上书里，申说了体例未定，则史官提出的史稿，将无法诠择而会于一（《曝书亭集》卷32《史官上总裁第一、第三书》）的理由。从此，总裁徐元文的《修史条议》、王鸿绪的《史例议》、汤斌的《明史凡例议》，也都相继提出，慎重地讨论了这个问题。这岂不都是在尊奉孔子为祖师，效法他作《春秋》之首先发凡起例吗？

二、正统问题

孔子作《春秋》以道名分，故以尊王为第一要义，周虽衰微，犹是奉之以为天下的宗主。当时各国已经不把王室放在眼里，自用其历。如郑用夏正（以正月为岁首），宋用殷正（以十二月为岁首），甚至犹秉周礼之鲁也都改用了夏正。但孔子却因史见意，每岁"必书春王正月"，大事阐发"王者受命，制正以统天下，令万物无不一一皆奉之以为始"（《公羊传》隐公元年疏）的政治意旨，以示周是一系相承，"六合同风，九州共贯"（《汉书》卷72《王吉传》）之大一统的王朝，而膺天下的正统。

清儒鲁一同（好谈经世之学的道光举人）因之说："居得其正之谓正，相承勿绝之谓统"（《通甫类稿·正统论》）。反过来，则越礼犯分，假冒名义的，便是僭窃的伪政权。以故孔子之后，正统与僭窃，便在中国史学史上成了个被极其重视的重大政治问题。约略言之：

班固便不满于司马迁著的《史记》将汉高祖侧于秦、项之列，而遵循孔子"显助祖宗，扬明其踔晢之德"。既作《典引》"先扬大汉"，以汉为帝尧之后，绍继其绪，"高祖、光武，如北辰居其所，而众星拱之""光被四表，格于上下"，是乃"当天之正统"（《昭明文选》卷48《典引》及注）。又修《世祖本纪》，于列传之外，特创载记一体，把那与刘秀争天下的群雄刘玄、刘盆子、隗嚣、公孙述等，一一列在里面。标志他们虽然曾文名号，却是僭窃分子。是后，唐初官修《晋书》，又将十六国的刘元海（刘渊）等一概列入载记；清的《四库全书》史部，更将载记这一门类,专事收罗《吴越春秋》以下偏方割据的史籍。穷根追源,不都是效法孔子之作《春秋》之尊周为天下大一统的宗主吗?

习凿齿以魏武曹操志在篡汉,便谓晋不宜上承魏统,而应越魏继汉,故作《汉魏春秋》,起于汉光武帝,终于晋汉帝。于三国时,以蜀为宗主,魏虽受汉禅,尚为篡逆。至文帝(司马昭)平蜀,才为汉亡而晋始兴起(《晋书》卷82《习凿齿传》)。

魏收修《魏书》,本是以东魏为正统,而不给西魏诸帝立纪的。然而杨坚则是上承北周帝统,北周又是承西魏帝统的。那么,推而论之,则隋便成了僭伪政权,不成其历史上的正统王朝。于是杨坚即位之初,便迫不及待地命魏澹等更修《魏书》,而以西魏为正,东魏为伪(刘彣《北魏书·序》),则隋便成正统的政权了。

李渊父子灭隋而承其帝统,统治全国,自是一代的统一政权。然而隋末群雄纷纷而起,建国称帝称王,除了李渊在长安建唐,年号武德外,尚有梁师都、王世充、刘黑闼、林士宏、李密、刘武周等。然则他们所建的政权,究竟哪个才是非法僭伪,哪个才算合法正统的呢? 因此,唐修《隋书》,就得改书隋炀帝大业十三年(617)为唐高祖所建立的隋恭帝义宁元年;并遥尊炀帝为太上皇,"逊位于大唐"(《隋书》卷5《恭帝纪》),李唐政权才有其合法性而是正统的,其他梁师都等建国号,也都属于僭伪了。

元修辽、宋、金三史,从世祖以来,便因辩论究竟应以谁为正统的问题,纷纷扰扰,不曾得到解决,也就无法进行。岁月悠悠,一直拖到顺帝末年,政权已是摇摇欲坠,设局通修三史,再也不容悬而不决,几经激烈争论,都总裁脱脱才断然作出"三国各与正统,各系其年号"(《庚申外史》卷上)的义例,辽、宋、金三史,才得修成。

自从辽、金、元贵族建立他们的政权以来,正统问题,也就越加成了辩论不休的问题。而清贵族入关统治了全国,又更激起了有民族气节之士的激烈反抗。因之清政权以为史家修史,如果不以元为正统,而"以明继宋",便是极其"荒唐悖谬……病狂丧心",而"其书可焚,其版可毁",以免流毒"而为世道人心之害"(《四库全书总目提要》卷50《宋史质》《宋史新编》);并以此严厉地宣告自唐、虞、三代以来,只有我大清皇朝是得天下最正,而为天与人归的正统政权。总之,指导中国封建史家修史的理论基础,是孔子的史学思想。自孔子作《春秋》书"王正月"的阐发"大一统"主义而以周为宗主后,历代史家诸如班固、习凿齿等等,王朝诸如隋、唐等等,莫不严格地注视着这个问题。而欧阳修、苏东坡、郑思肖、魏禧以至鲁一同,都无不鼓吹正统论,以为"取之以诈力,守之以残暴,恶在其为正统也"(《魏禧文集·正统论中》)。也就是说,只有"统天下而得其正,故系正焉;统而不得其正者,犹弗统乎尔"(《欧阳文忠公集·正统辨上》)。因而唐代的萧颖士,早就说是"仲尼作《春秋》为百王不易法"(《新唐书》卷202《文艺传中·萧颖士传》),而为后代史家的祖师。

三、尊王攘夷、内诸夏而外夷狄

孔子作《春秋》,既然主张大一统,对内以尊王为第一要义,对外也就大赞攘夷者的业绩。猃狁(秦汉时的匈奴),北方的强族,自殷末以来,即向内入侵,以至逼近周的镐京,造成了极其严重的危难。孔子删《诗》,也就保存了《小雅》歌颂北伐猃狁的南仲、尹吉甫,赞美宣王中兴的《出车》《六月》诗篇。尤其是西部犬戎的入侵镐京,杀幽王,灭西周,迫使平王不得不迁徙洛邑而成了东周。从此,"封疆不固……南夷与北狄交侵,中国不绝若线"。(《晋书》卷56《江统传》)孔子作《春秋》也就以"尊周攘夷"相号召,"内诸夏而外夷狄"(《公羊传》成公十五年),抗拒敌人,捍卫边防。这就在中国史上产生了极其严重而深远的影响。

1. 就"内诸夏而外夷狄"说,孔子尽管对管仲有所不满,说他器量小,不能俭,不知礼(《论语·八佾》);却高度地赞美了他"一匡天下",而使诸夏得免于亡而"被发左衽"(《论语·宪问》)的功业;并对吴、楚的称王,而贬之曰"子"(《史记·孔子世家》)。从而:

晋武帝时,江统作《徙戎论》,首先便说《春秋》之义,内诸夏而外夷狄。今夷狄入居,必生事变,自应发遣,还其本域。帝不能用其言,不满10年,也就发生了"五胡乱华"的大灾难(《晋书·江统传》)。

唐武后时,突厥、吐蕃、契丹,往往遣子入侍,左补阙薛谦光因之力陈戎夏不可杂处,而让他们得知边塞、险要,妄生祸心,要当严加禁绝。

明英宗时,吏部主事李贤,又以成祖、宣宗以来的鞑靼降人留住京师,"一旦边方有警,其势必不自安",请将他们调至各都司卫所,以分其势,而消未萌之患(《明史》卷176《李贤传》,《日知录》卷29《徙戎》)。

总起来说,不都证明孔子"内诸夏而外夷狄"之说,在历史上发生了深重影响吗?

2. 就"尊周攘夷"说,孔子作《春秋》,意在拨乱反正,道名分"以达王事"(《太史公自序》)。然而"君臣之分,所关者在一身,华裔(边远地区的民族)之防,所系者在天下。故夫子之于管仲,略其不死(公)子纠之罪,而取其一匡九合

之功。盖权衡于大小之间,而以天下为心也。"(《日知录》卷7《管仲不死子纠》)从而:

王夫之"生当鼎革,窃自维先世为明世臣,存亡与共""虽荐辟皆以死拒"。至死,且"自题墓碣曰:'明遗臣王某之墓'"(《国朝先正事略》卷27《王而农事略》),这便是从他自己身上来阐扬《春秋》的大义,以为"夷夏者,义之尤严者也""《春秋》者,精义以立极者也"(《读通鉴论》卷14《安帝十四》)。读圣人书,所学何事,当着异族大肆入侵,能够临难苟免,而不死节吗?正因为他拳拳服膺"尊王攘夷"大义而弗失,因之极力推尊刘裕之北伐中原,"东灭慕容超,北灭姚泓",乃"自刘渊称乱以来……仅延中国生人之气者!"乃"以功力服人而移其(晋)宗社",不能"没其挞伐之功而黜之"(《读通鉴论》卷15《宋武帝一》)者!甚至认为"即令桓温功成而篡,犹贤于戴异类以为中国主"(《读通鉴论》卷13《晋成帝十四》)也!王氏如此慷慨激昂的爱国主义史论,诚是有得于《春秋》,才如此精辟的。

至于两宋、有明之末,许多英勇奋发、生死不渝的民族死节之士,其悲壮淋漓,惊天动地的"攘夷"业绩,史家又得因事制宜,有的为他们作了专传,有的则列入了忠义传,务使他们的浩然正气,照耀万代而不灭,只以篇幅有限,也就不在这里一一细述了。

总之,孔子"夷夏之防"的论点,在今天说来,自然是一种狭隘民族主义。然而放在古代的历史条件下,要当知人论世,则那为民族死节之士的正气,又是至大至刚,岂然长存而明并日月的呢!

四、属辞比事

"属辞比事",原是孔子作《春秋》首创的一种修史的法则。从此,相承不坠,也就成了一条极具权威性的"《春秋》之教"(《礼记·经解》)。

孔子博学多能,识大识小(《论语·子张》),将西去王室和在鲁所收集的丰富史料一一排列,连类而比较之,明其异同,辨其真伪,析其疑似,曲证旁通,求出其中的有机联系,便是"比事"。然后折中引义,有典有法,严其笔削以成一字都明是非,而具褒贬的《春秋》,便叫"属辞"。从而这条《春秋》之教,在中国史学史上便成了金科玉律,为史家拳拳服膺所不失,而奉孔子为修史的祖师了。

这到底是啥道理呢?因为"好书而不要(要领体会)诸仲尼,书肆(卖书市肆,不能释义)也;好说而不见诸仲尼,说铃(小说不合大雅)也。"(《法言·吾子》)那么,博通群籍,"皆斟酌其本"(《汉书》卷87下《扬雄传》)的扬雄,在效

《论语》之所作成的《法言·吾子》里,竟谆谆如此教诫世人,不就恳切指出了修史的,要于所得资料,考求是正,合乎大雅,都非向孔子学习"比事属辞"之教不可吗?所以章学诚说:"《春秋》'比事属辞',必征其类……比事参观,甚资启悟,一隅三反,文章不可胜用矣"(《章氏遗书》卷九《文史通义·外编·杂说中》)。又说:"史学渊源,必自《春秋》'比事属辞'之义"(《章氏遗书外编·丙辰札记》)。这不又是诲人谆谆,修史务须遵循"比事属辞"之教,而奉孔子为宗师吗?

举例来说:司马光修《资治通鉴》,首先便效法孔子之作《春秋》,广征史料,取材于"正史"、诸子以及其他稗官野史、百家谱录、文集等等,共计就有300多种,而与史学名家刘恕、刘攽、范祖禹辨难商榷,攻坚扣巨,几经裁正,再定去取,组成长编。然后再由他自己就长编加以"删削繁冗,举撮要"的艰深力作;"抉摘幽隐,校计毫厘"(《进通鉴表》)的勤密工夫,也就裁成了一部天衣无缝、万古不朽的绝业。

李焘修《续通鉴长编》,远师孔子,近学司马光,所搜资料,"自实录、正史、官府文书,以逮家记、野记,无不递相稽审,质验异同"(冯云濠《宋元学案补遗》),是则存之,非则去之,缺则补之,误则改之,务使众说咸会于一,而归之至当。从而也就受到了当时言必"当审而后发"(《宋史》卷434《叶适传》),而"以人望召入朝"(《宋元学案》卷14《水心学案·叶水心先生适》)的叶适高度评价。而谓"李氏《续通鉴》,《春秋》之后,才有此书。此言非欤?自史法坏,谱牒绝,百家异传与《诗》《书》《春秋》并行,而汉至五代事多在记后。史官常狼狈收拾,仅能成篇,呜呼,其何以信天下也!《通鉴》虽幸复古,然由千有余载之后,追战国秦汉之前则远矣!疑词误说,流于人心久矣!方将钩索质验,贯殊析同,力诚劳而势难一矣!及公据变复之会,乘岁月之存,断自本朝,凡实录、正史、官府文书,无不是正求一律也。而又家录、野记,旁互参审。毫发不使遁逸。邪正心迹,随卷较然。夫孔子之所正时月日,必取于《春秋》者,近而其书具也,今唯《续通鉴》为然耳。故余谓《春秋》之后,才有此书,信之所聚也。"(《水心集》卷12)是李焘秉承"比事属辞,《春秋》之教"而撰《续通鉴长编》,其客观条件,又一如孔子之作《春秋》,"近而其书具",优越于司马光修《通鉴》"事多在记后,史官常狼狈收拾,仅能成篇"了。所以朱彝尊说:"宋儒史学,以文简(李焘)为第一。盖自司马君实(司马光)、欧阳永叔(欧阳修)书成,犹有非之者,独文简免于讥驳。"(《曝书亭集》卷45《书李氏续通鉴长编后》)非偶然也。

反过来,如果不明孔子《春秋》之教的"比事属辞"法则,那就便是章学诚说的,即以韩"昌黎道德文辞,并足泰山北斗……而昌黎之于史学,实无所解;即其

22

叙事之文,亦出辞章之善,而非有'比事属辞','心知其意'之遗法……特不深于《春秋》,未优于史学耳。"(《章氏遗书·上朱大司马论文》)正因为章学诚是极其推尊孔子这个"比事属辞"撰修史书的方法的,所以他又不厌其烦地说:"韩氏道德文章不愧泰山北斗,特于史学非其所长……史家渊源,必自《春秋》,'比事属辞'之义,韩子所不能也"(《章氏遗书外编·丙辰札记》)。以故所修"《顺宗实录》,繁简不当,叙事拙于取舍,颇为当代所非"(《旧唐书》卷160《韩愈传》)。

又,欧阳修蓄道德能文章,倡导古文运动,原是声名奔走天下的文坛领袖。然所修"《唐书》与《五代史》,其实不脱学究《春秋》与《文选》史论习气,而于《春秋》、马、班诸家相传所谓'比事属辞'宗旨,则概未有闻。"《章氏遗书》卷九《文史通义外篇·与汪龙庄书》以故《唐书》《五代史》修成,吴缜即撰《唐书纠谬》《五代史纂误》,指出其瑕疵了。

综上所述,如果不深通《春秋》"比事属辞"的法则,那就不论文章道德高出一代的韩昌黎还是欧阳修,都是不能修好史书的,这就可见孔子确实是史学的祖师了。

五、司马迁、班固之宗师孔子

北魏史家李彪说:"史官之达者,大则与日月齐明,小则与四时并茂。其大者,孔子、左丘是也;小者,史迁、班固是也。"(《魏书》卷62《李彪传》)这就是说,孔子、左丘明,是中国史家的开山祖,他们的业绩,将与日月齐明,永远是后世史家的指路明灯,而马、班则是师承他们(尤其是孔子)的私淑的最佳弟子。所以善言史法的名史家刘知几著《史通》,第一篇《六家》,便以《尚书》《春秋》为史家的开体,总领群史,尊奉孔子为祖师;刘恕撰《通鉴外纪》,又说"历代国史,其法出于《春秋》《尚书》"(《自序》)。总之,"《尚书》《春秋》,实为史家之权舆"(钱大昕《廿二史札记序》),孔子则是史家的祖师。

司马迁史裁绝业,独步千古。然而"有因而成易,无因而成难"。如果沿流探源,则《史记》的发凡起例,名理旷论,是皆师承孔子之所删订的《尚书》,述作的《春秋》而来的。须知"孔子是述作设教之圣"(《史记·太史公自序》正义);史迁又当仁不让,而以孔子的正《易传》,继《春秋》,本《诗》《书》的述作相比拟(《自序》)。章学诚因之说:"史迁绝学,《春秋》之后,一人而已。其范围千古,牢笼百家者,唯创例发凡,卓见绝识,由以追古之原,自《春秋》之家学耳。"(《章氏遗书》卷四《文史通义·内篇·申郑》)这就可见史迁的史学是来自孔子,不

论是他自己,还是章学诚,都是说法如一的。至于班固,又何尝不是一样呢?兹且试述于下:

1.《史记》《汉书》是师承孔子撰成的。

学术是逐步向前推进的,后人的说法,是较前人更细密、更完备的。南宋郑樵,虽是一位善于阐发"会通"之义的史学名家,但只说了"自书契以来,立言者虽多,唯仲尼以天纵之圣,故总《诗》《书》《礼》《乐》而会于一手。然后能同天下之文,贯二帝、三王而通一家,然后能极古今之变。"(《通志·总序》)但乾嘉时代的章学诚,则更说了"《书》与《春秋》,本一家之学也……《书》篇乃史文之别具,古人简质,未尝合撰纪、传耳。左氏以传翼经,则合为一矣。其中辞命,即训、诰之遗也;所征典实,即《贡》《范》之类也。故《周书》迄平王(《尚书》记周事,虽然迄于秦穆,但《秦誓》乃附侯国之书),而《春秋》托始于平王,明乎其相继也。左氏合而班、马因之,遂为史家一定之科律,殆如江、汉分源而合流,不知其然而然也。"(《章氏遗书》卷14《方志略例·方志立三书议》)这就是说,孔子删定《尚书》,即成了一部上自唐、虞,下至东周的通史;左氏作传,又辑上古以来的辞命,征上古以来的典实而辅翼之从而体圆用神。史迁师承前者之意,撰成了通史体裁的《史记》;班固宗仰后者的主旨,修成了断代史的《汉书》。

再说,"纪、传之兴,肇于《史》《汉》。盖纪者,编年也;传者,列事也。编年者,历帝王之岁月,犹《春秋》之经;列事者,录人臣之行状,犹《春秋》之传。《春秋》则传以解经,《史》《汉》则传以释纪。"(《史通内篇·列传》)是《史》《汉》的本纪,实源于《春秋经》,列传则始于《左氏传》。"载笔之体,于斯备矣。后来继作,相与因循"(《史通内篇·二体》),本纪以诠岁时,列传以管行事,两两相行,不可偏任而废其一,所有"二十三史,皆《春秋》家学也。本纪为经,而志、表、传录,亦如《左氏传》例之与为终始发明耳。"(章学诚《章氏遗书》卷10《校雠通义内篇·宗刘》)信乎,孔子、左氏,史法的宗祖,马、班以及其他史家,皆宗仰其学之私淑弟子呀。

2.《史记·自序》《汉书·叙传》都是渊源于孔子为《书》,为《易》卦作序的。

刘知几说,孔子删《书》,"始自唐、尧,下终秦穆,其言百篇,而各为之序"(《史通外篇·古今正史》),"言其作意"。是孔子纂定《尚书》百篇,曾条其篇目,撮其意旨,使后人易于领悟其笔削大凡,篇章之次第了。

孔颖达说,孔子以"文王既繇(音胄,通籀,卦兆的占辞)六十四卦,分为上下二篇。其先后之次其理不见,故孔子就上下二经,各序其相次之义"(《周易正义》)。姚鼐又说:"序、跋类者,昔前圣作《易》,孔子为作《系辞》《说卦》《文言》《序卦》《杂卦》之传,以推论本原,广大其义。"(《古文辞类纂·序》)是知解说六十四卦之《十翼》，皆孔子阐明其义旨，其赞《易》之功，也就正在于此。

从而史迁、班固，师承孔子，《史记》有《自序》，《汉书》有《叙传》，以发明其述作之意旨，篇目之先后。所以卢文弨说："《太史公自序》，即《史记》之目录也；班固之《叙传》，即《汉书》之目录也……吾以为《易》之《序卦传》，非即六十四卦之目录欤？《史》《汉》诸序殆昉于此。"（《龙城札记》）

3.《史记》诸表之详今略古，是师承孔子之次《春秋》、序《尚书》的。

撰述史书，远的不可详，近的不可略。故孔子次《春秋》，记元年，正时日月；序《尚书》，则略而无年。史迁著《史记》，因师其意。三代远，远则略，故作世表；十二诸侯、六国，既不远，又不近，故作年表；秦汉之际最近，最近则最详，故作月表。总之，能详应详的详，难详宜略的略，一切从实际出发，也就显得格外妥帖允当。"详今略古"的法则，岂但为史迁所遵循？且成了后代所有史家修史的准则了。

4. 不作褒贬的论赞而纪外事的史论。

孔子作《春秋》，据事直书，其义旨寓于一字之褒贬，而不再作论赞。以故史迁《史记》所有"太史公曰"，并非什么褒贬之辞而皆史外的事；《汉书》班彪所撰元、成二帝之赞，班固自著的《杨雄传》赞，无非都是别纪所出，而非蛇下添足颊上增毛的赘辞，是皆学孔子深入其室而明其意旨之所在的。

5. 删润典章以入《史》《汉》，是师法左氏受孔子之命以传《春秋》的。

孔子作《春秋》，"其事则齐桓、晋文，其文则史，其义则丘（孔子名丘）窃取之"（《孟子·离娄下》）而寓于一字之褒贬。以故"不与《文侯之命》同著于篇"（见《书序》），而命左氏为之作传，则宰孔命齐侯（《左传》僖公九年）、王子虎命晋侯（《左传》僖公二十八年）的训诰之文，都所采入。从而师道相传，"马迁绍法《春秋》，而删润典谟，以入纪、传；班固承迁有作，而《禹贡》取冠《地理》，《洪范》特志《五行》"（《章氏遗书》卷1《文史通义·内篇·书教上》）。是马、班修史，乃以史之小者，师法孔，左史之大者了。

六、孔子之所以成为中国史学之祖的原因

孔子的史学之所以博大渊深而成为中国史家的祖师，这当不是无缘无故，而是有他自身因素和客观条件的。

1. 自身因素。孔子从15成童以来（古以16为成年），即有志于学（《论语·为政》），自强不息，以至"发愤忘食，乐以忘忧，不知老之将至"（《论语·述而》）。如此"有始有卒，日久常新"（张栻《论语解》），也就终于成了史学"述作

设教之圣"(《史记·太史公自序》)了。

孔子本是一位天纵多能(《论语·子罕》),"博学多识"(《列子·仲尼篇》)的通材。但温恭谦让(《论语·学而》),认为自己的资质,只能是个"学而知之"的次等人(《论语·季氏》)。"知之为知之,不知为不知"(《论语·为政》),决不内而欺己,外而欺人。不知就得虚心向人请教(《论语·乡党》):"学于老聃、孟苏夔、靖叔"(《吕氏春秋·仲秋纪·当染》)、项橐(详见《癸巳类稿》卷11《项橐考》),学琴于师襄(《韩诗外传五》《史记》卷47《孔子世家》),问官于郯子,问乐于苌弘(《史记·孔子世家》)。那么,"好问则裕,自用则小"(《尚书·仲虺之诰》),故能集众学于一身,师心独学,强力专精,而一以贯之,成为中国史家尊奉之祖,不祧之宗矣!

尤其难能可贵的,是师道尊严。孔子却不以长者自居,而是诱导学生们自由发言,不受拘束(《论语·先进》);而是认定师生之间,要当质疑问难,相互启发,且谓颜回、子贡都是能对他起帮助作用的(《论语·先进》《八佾》)。这是何等坦荡胸怀,并不以为老师事事贤于弟子而允为万世师表了!

2.客观条件。我国古代,史是由史官掌记的,史官也就是史家。"掌管文书者,谓之史。其字以又持中。又者,右手,以手持簿籍也"(江永《周礼疑义举例》)。然自周室东迁,王官失守。于是政权与教权分离,原来总司政教之权的史官,只是撰修史书,不能参与政治。在这种情形下,孔子也就得以在野的身份修史。所以章学诚说:"春秋以前,凡有文字,莫非史官典守;即大小术艺,亦莫非世氏师传;未有空言著述不隶官籍,如后世家自为书者也。"(《章氏遗书·逸篇·与孙渊如观察论学十规》)这就足见"史氏之职,旧矣。自周衰失官,旧章隳紊,仲尼因鲁史记之文,考其真伪,刊而正之,以为劝诫"(《册府元龟·国史部二·采撰》)才撰成了《春秋》。如果生活在西周时代,史由史官掌记,孔子又哪有可能私修史书呢?

我国古代,自王室以至诸侯之国,所藏的典籍,"皆令人臣得以阅读",以故孔子删订《尚书》,著作《春秋》,既"以鲁周公之国,礼文备物,史官有法,故与左丘明观其史记"(《汉书》卷30《艺文志》);又能西去参考王室所藏典籍(《史记》卷12《十二诸侯年表序》),得见百十二国的宝书(《公羊传》徐彦疏)。如果如元朝的国史院,且不许以所藏的国史供官修《经世大典》的参考(《元史》卷181《虞集传》);如明代将"所收多南宋以来旧本'藏之秘府,垂三百年'无人得见……虽以夫子(孔子)之圣起于今世,学夏、殷礼而无从,学周礼而又无从也"(《日知录》卷18《秘书国史》),又将何以删《尚书》而著《春秋》呢?

我国古代,国史诚然是由史官撰修的。但国家并未设立史馆,更未设什么监修之官,而是由史官自行撰修的,从而史官也就能执行其尊严的职责,能自君臣善恶、功过,皆得直书不隐的"谔谔之臣"(《韩诗外传七》);所撰史书,也就自然而然成了国家的法典,史官是大义凛凛,主旨是非自主,只知"唯实",而不"唯上"的,是不为权势、威武之所屈服的!周成王剪桐封弟,自己以为只是戏言,史佚却以为"天子无戏言",致使王不得不封其弟康叔于唐(《史记》卷37《晋世家》);赵穿攻灵公于桃园,太史董狐以为赵盾是晋唯一一掌大权的正卿,而逃不越境,返不讨贼,便公开地直书"赵盾弑其君"以示于朝,致使权威炙灼"如夏日可畏"的赵盾,虽然不以为然,也都对他奈何不得(《左传》宣公二年、文公七年注)。所以刘知几说:"古者刊定一史,纂成一家,体统各殊,指归咸别。夫《尚书》之教也,以'疏通知远'为主;《春秋》之义也,以惩恶劝善为先……顷史官注记,多取禀监修。杨令公则云'必须直词',宗尚书则云'宜多隐恶'。"是非不一,"虽使仲尼再出"(《史通·外篇忤时》),也都无法秉忠执直,撰述一字之间都成褒贬之史了!

所以那位深明世故,洞悉史法,而尤长于《春秋》之学的刘永之说:"夫《春秋》之为《春秋》,明王法,彰乱逆,诚圣人之旨……今之与古,远矣。而其理弗异也,设使有一孔子,生乎今之世,立乎今之朝,非君之命与其职守,而取今之国史而损益焉,予夺焉,褒讥焉,而公示之人,其不为僇民(即戮民,受刑辱的罪人),鲜矣!"(《曝书亭集》卷64《刘永之传》)总之,"为于可为之时则从,为于不可为之时则凶"(扬雄《解嘲》)。孔子本来就是个主张正名定分,"事君尽礼"(《论语·八佾》),坚决反对"犯上作乱"(《论语·学而》)的学者。那他也就只能给自己提出说明世界的任务,决不能提出改造世界的任务。说穿了,他若不是生在春秋允许私自撰述史书的时代,而是活在后代的情况下,他敢私自去修国史吗?更莫说资料秘藏,无由得见,而不可能呢!

再说,任何一部史学名著,都不是专靠某个个人的学力才智,独自创造出来的,而是在前人的基础上加以提高,有所发展而成的。所谓"为高必因丘陵,为下必因川泽"(《孟子·离娄下》);所谓"古来辞人,异代接武,莫不参伍以相变,因革以为功"(《文心雕龙·物色》);不都正是这个意思吗?所以在孔子未作《春秋》之前,也都有了鲁的《春秋》(《左传》昭公二年),以及周、燕、宋、齐的《春秋》(《墨子·明鬼下》)。至于《春秋》之义旨在正名分,褒善贬恶,则管仲已说"《春秋》之记,臣有弑其君,子有弑其父者"(《管子·法法》);申叔时已要楚庄王以耸善抑恶之义教太子(《国语·楚语上》)。是春秋之书,春秋之义,都已先乎孔子而存在,而阐述过了。只是"后浪推前浪,新人胜旧人",孔子作了《春秋》以后,各国的《春秋》随即废弃,《春秋》的名之与义,就都专属于孔子一人了。

再说，"孔子修《春秋》，鲁史旧文不可见，故无从参校圣人笔削之处。今以《汲冢纪年》书考之，其书'鲁隐公及邾庄公盟姑蔑'，即《春秋》'公及邾仪父盟于蔑'也。书'晋献公会虞师伐虢灭下阳'，即《春秋》'虞师、晋师灭夏阳'也。据此可见当时国史，其文法大概，本与《春秋》相似，孔子特酌易数字，以寓褒贬耳。"（赵翼《陔余丛考》卷2"春秋底本"条）是孔子作《春秋》，且有底本了。

最后，还得指出，孔子作《春秋》，删《尚书》，诚然是非常谨严，一字不苟的。然而因此便谓其中所载，都是真实的信史，那就未免"法天贵真"，而饱有一股浓厚的稚气了。试看"夏桀让汤，武王斩纣，其事甚著，而芟夷不存"（《史通·外篇·疑古》）。因而即是最尊孔子的嫡派孟轲，也都说"《尚书》之文，不可尽信"，而于《武成》仅取二三策而已（《孟子·尽心下》及疏）。再看，春秋"二百四十二年中，鲁君之见弑者四（隐公、闵公、子般、子恶），见逐者一（昭公），见戕于外者一（桓公），而《春秋》不见其文而孔子之徒，犹言鲁之君臣未尝相弑"（梁启超《历史研究法·史之改造》）。这就未免过于矜智饰愚，爱憎由己了！又何怪那慷慨纵横，其词具有深厚的爱国感情，广阔的社会内容的辛弃疾，不胜感叹系之地说："近来始觉古人书，信著全无是处"（《稼轩词·遣兴》）呢！

总之，孔子作《春秋》，删《尚书》，是有他为亲者贤者讳的目的的。以故不顾事实，而以私意击断之。宜乎汉代今文经师，谓《春秋》乃经而非史，吾侪不得不宗信之。甚而"著《春秋》，隐、桓之际则彰，至定、哀之际则微"（《史记》卷110《匈奴传赞》）。这就可见他著《春秋》，还是明哲保身，以免时难放在第一位，而以传存史事放在第二位的。否则，为何删订古代的《尚书》，则略于远的唐、虞，详于近的三代；作《春秋》，则彰于较早的隐、桓之际，而微于近现代定、哀之时呢？尤其是，因为孔子出生在一个没落的贵族家庭，自己又做过司寇，也就不能不打上他的阶级的烙印。所删《尚书》，既是一部先王的政典；所作《春秋》，又是偏重王室、诸侯，而于整个社会情形则不给记载；甚至排斥创造历史的"庶人（广大人民）不得见于史"（钱大昕《潜研堂文集》卷2《春秋论》），这都给后代史家，带来了极其严重的恶果！

原载《史学史研究》1987年第1期

《左传》的作者问题

《左传》究竟是不是左丘明作的，至今还是个没有得到解决的问题，但我却认为是左丘明作的。现试论证于次。

一、根本不存在《左传》不是左丘明所作的问题

西汉去古未远，学者著书立说，又莫不出于博士、经师而有其家法。尤其司马迁一家，从上古以来即世守史官之职，掌管金匮石室之书，则他的论述，当更有其确凿的证据。而他又是个"好学深思"（《史记》卷1《五帝本纪》）的人，著《史记》所收集的材料，则更是经过"精择而慎取之"（明赵恒《春秋录疑》）的。他却说孔子作《春秋》，"鲁君子左丘明惧弟子人人异端，各安其意，失其真，故因孔子史记具论其语，成《左氏春秋》；"（《史记》卷14《十二诸侯年表序》）而在《史记》里，又多引用《左氏春秋》。这就可见在他脑子里，根本就不存在什么《左传》不是左丘明所作的问题。

西汉初年，是尊尚《公羊传》的时代。是后，严彭祖又是"深明《春秋》之意"，有自己的见解，以《公羊春秋》之学成派，而为宣帝博士，决不"委屈从俗"的一代大师（《汉书》卷88《儒林传·严彭祖传》）。但著《严氏春秋》，却引《孔子家语·观周篇》（西汉本《孔子家语》，非今本《孔子家语》）所说："孔子将修《春秋》，与左丘明乘，如周，观书于周室，归而修《春秋》之经，丘明为之《传》，共为表里。"是西汉学者包括公羊派的严彭祖，莫不都说孔子与左丘明是两相合作，一个修经，一个作传，相辅相成，共为表里的。这也不存在《左传》不是左丘明所作的问题了。

研究经书西汉重家法，东汉重师法，但家法、师法，实际上都是学有渊源，说有所本，重师承而非凿空臆说的意思（参阅王鸣盛《十七史商榷》卷27"师法"条）。张采田作《史微·凡例》就曾郑重地重申说："古今学术，以西汉为一大界

限。两汉以前为学,皆有师承,立言皆有宗旨。虽其间不无见仁见智之殊,识大识小之别,然未有无故而云然者。学者于其不同处,正宜着眼理会。司马迁所以有'好学深思,心知其意也'"之言。从而我们今天研究《左传》是不是左丘明所作的问题,对这一点是绝不可不注意的。

班彪出身于校秘书,为皇帝讲书的家庭,自己又是个尽心"圣人之道"(《汉书》卷100《叙传上》),秉"性沉重好古"之士,而作《后传》却说:"定、哀之间,鲁君子左丘明论集其文(《春秋》)作《左传》三十篇。"(《后汉书》卷40《班彪列传》)是又完全肯定《左传》是左丘明所作,而不存在不是左丘明所作的问题的。

桓谭是个"博学多通,尤好古学",而"屏群小之曲说,述五经之正义",深明"说训大义"(《后汉书》卷82《桓谭传》)的人。他著《新论》,却也同样说道:"左氏经之于传,尤衣之表里,相持而成。"(《太平御览·学部四·春秋》)这在桓谭的脑子里根本就不存在《左传》不是左丘明作的问题。

王充本是个"居贫苦而不倦"(《论衡·自纪》),著《论衡》以"疾虚妄,"(《佚文》)而"就世俗之书订其真伪"(《时作》)的杰出的唯物主义思想家。他丝毫也不怀疑《左传》不是左丘明所著而是说"左氏传经"(《案书》)的。

班固(班彪的儿子),既有家学渊源,著《汉书》又是备极严肃认真,决不"不知而作",反对"言过其实"(《汉书》卷67《朱云传赞》)的。他在《艺文志》里就和司马迁同样说过:"仲尼思存前圣之业……故与左丘明观其史记,据行事,仍人道……有所褒讳贬损,不可书见,口授弟子,弟子退而异言。丘明恐弟子各安其意,以失其真,故论本事而作传。"是又谓《左传》是左丘明为孔子传《春秋》而作,丝毫也不存在不是左丘明所作的问题的。

许慎"五经无双",以至受到"博通经籍"的大师马融所"推敬",也还是说"左丘明述《春秋》"。(《后汉书》卷79《儒林列传·许慎传》、卷79《马融列传》)

卢植是东汉末年著名的群儒所推崇的儒宗。他也说:"左氏有传记,与《春秋》相表里",其"义相须而成"。(《后汉书》卷64《卢植列传》及注)

总之,两汉从司马迁、严彭祖、班彪、桓谭、王充、班固、许慎到卢植,这么多大学者、大经师,莫不一致地说《左传》是左丘明作的,压根儿就不存在什么不是左氏所作的问题。

西晋初年,精研《左传》以至成癖的杜预,他以《左传》附会《春秋》而著《春秋左氏经传集解》,"盖合众家之长,不特地名、人名考据精核,书法、谱系援引确切"。(赵翼《陔余丛考》卷2"杜预注左传"条)且说"左丘明受经于仲尼"(《集解序》);"又非先儒说左氏,未究丘明意,而横以二传乱之"。(《太平御览·学部四·春秋》所引王隐《晋书》)因为他的这个说法言之有故,持之成理,也就受到了武帝的重视,赐蜜、香纸供他撰写(嵇含《南方草木状》);而"才学通博"的挚虞(《晋书》卷51《挚虞传》)又大加欣赏,且说"左丘明本为《春秋》作传"(《晋书》卷34《杜预传》)。因而挚虞、杜预都是不存在什么《左传》不是左丘明作的问题的。

东晋元帝时荀崧又上疏曰:孔子作春秋,"左丘明、子夏,造膝亲受,无不精究。孔子既没,微言将绝,于是丘明退传所闻而为之传。"(《晋书》卷75《荀崧传》)可见荀崧同样是没有《左传》不是左丘明所著的想法的。

到了唐代,孔颖达这位少年时代说经即为老师宿儒所不及的经学大师,而受太宗之命所撰的《五经正义》,既经颜师古考定;复同诸儒详覈,又得马嘉运驳正。高宗时,又复诏令中书、门下与国子三馆博士,宏文馆学士考正,然后才颁布施行(赵翼《陔余丛考》卷1"五经正义"条),总可说是慎重之至,精审之至。然而还是保留了孔颖达在《春秋正义序》里所说:左丘明作传"以释孔氏之经,所谓子应乎母,以胶投漆。"这不是唐初的经学之士,莫不一致地认为《左传》是左丘明所作,毫不存在不是左丘明所作的问题吗?

刘知几从小就受过父亲严格课读经、史的教育,自己又是"事理缜密,识力锐敏"(梁启超《中国历史研究法》第二章),研究古代典籍,而"皆得之襟腑,非由染习"(《史通·内篇·自序》),敢于疑古惑经的名家,但却十分推尊《春秋左氏传》,特作《申左》一篇,阐发左氏比较二传为优的几点。首先,他指出"《春秋》之作,始自姬旦,成于仲尼。丘明之《传》,所有笔削及发凡例,皆得周典,传孔子教"。次而又说左丘明"以同圣之才,而膺授经之托"。三而又说"当时国史已有成文,丘明但编而次之,配经称传"。四而又说"周礼之故事,鲁国之遗文,夫子因而修之,亦存旧制而已。至于实录,付之丘明"。最后再作出结论说:"传之与经,其犹一体,废一不可,相须而成"。总之,《春秋》与《左传》是孔子、左丘明共同合作的。《左传》是丘明膺授《春秋》之托,是配合《春秋》,是传《春秋》实录的史事而作的。二者的关系,也就密切地相结合起来了。这么说来,哪里还存在什么《左传》不是左丘明所作的问题呢?

然从唐中叶以后,治经的风气,为之大变,不依章句,妄肆穿凿,甚至向壁虚造莫须有的说法。于是《左传》不是左丘明所作的问题也就产生而滋蔓起了,这且待到后面再详述之。

二、在《左传》上所发生的争执问题

一部《春秋》,三家作传,见仁见智,传释有所不同,这是极其自然而可以理解的。然而,传受三传之所争执的问题,在两汉并不是什么《左传》是不是左丘明所作的问题,而是述事解经与训诂解经的问题以及为现实政治服务的问题。

1.述事解经与训诂解经的斗争。

西汉一代,公羊一派势力最大,立博士于官也就最早;谷梁派的势力次之,宣帝时亦复立了官学;而左氏却未得立。直到哀帝时,刘歆才建议左氏可立。

刘歆受父亲刘向之学,又与父亲领校秘书。父死以后,他又"总括群篇,撮其指要"以为《七略》,(《隋书》卷32《经籍志》)至成为我国典籍目录学的开山祖。又从尹咸,翟方进受《左氏春秋》。他"以为左丘明好恶而圣人同,亲见夫子……《春秋左氏》,丘明所修"。因而求立《左氏春秋》于学官以致遭到了五经博士们的反对。

然而博士们所反对的,并不是什么《左传》作者的问题,而是因为他们一向只是传释训诂;"因陋就寡,分析文字,烦言破碎"。而左丘明的《左传》却与他们专注训诂解经的不同,记事的多,解经的少,便以为只有训诂经的才可叫作传;左氏是述事,则是自己著书,不是给《春秋》作传,故"谓'左氏为不传《春秋》'"。"及歆治左氏,引传文以解经,转相发明,由是章句义理备焉"(《汉书》卷36《楚元王传》附《刘歆传》),还要立《左传》于官,他们也就自然而然地反对了。这在他们认为,所谓"传"者,只是推明训诂以释《春秋》之义而已。其实,记事多解经少的,同样也可以叫"传",在汉初就有这种例子。比如伏生的《尚书大传》叙事的多至八分,而释义的却只二分,也都叫"传",而左丘明依经述事的著作,又为啥不可叫"传"呢?何况《左传》依《春秋》编年,以鲁为主,以隐公为始,明明是冀附《春秋》而为之作传,而将其中的简明纲目,结合历史本事,原原本本,曲尽细密地加以叙释,使《春秋》中的史实和意义,不致失传于后人。所以桓谭《新论》说,如果"经而无传,使圣人闭门思之,十年不能知也"。刘知几也说"向使孔经独用,《左传》不作,则当代行事,安得而详哉!"(《史通·外篇·申左》)只因当时的五经博士们"抱残守缺",门户之见极深,与己相同的则引为同党,和己不同的则共伐之,而说什么"左氏不传《春秋》",难怪刘歆骂他们"专执己所偏见,苟守残缺之文""党同师之学,妒道艺之真"了!

正因为五经博士们一味地顽固"专己守残,而无善服义之心",(以上引文凡是未注明的,都见《汉书补注·楚元王传》)所以虽经他们顽强地反对,"其书(《左氏春秋》)不立于学官,通材大师就递相传述其训。"(沈钦韩《春秋左传补注·自序》)至于刘歆"教子孙下至妇女读论者"(《北堂书钞》卷98、《太平御览·学部四·春秋》引桓谭《新论》),那就更不必说了。所以王鸣盛说:"前汉左氏之学极盛,但不立学耳。"(王鸣盛《蛾术编·三传废立》)

2. 是政治问题，不是真假问题。

东汉初年，专用《公羊》；宣帝以后，《穀梁》又立；哀帝时刘歆请立左氏而又遭到强烈的反对，也就积重难返了。因而范升便认为"《左氏》不祖孔子""无有师本"而是"异端"，不宜立（《后汉书》卷36《范升列传》）。陈元"天下极才""连属条事是非"（《论衡·案书》）。则说"丘明至贤，亲受孔子"；范升徒然"固执虚言传受之辞，以非亲见事实之道。前后相违，皆断截小文，掇为巨谬"，以破大道（《后汉书》卷36《陈元列传》及注）。双方针锋相对，彼此寸步不让，遂致左氏旋立旋废。

然至章帝时，贾逵善于附会图谶，而谓左氏独明刘氏为帝尧之后，以为汉政权服务，便得"受诏《春秋公羊》《穀梁》，不如左氏四十事奏之，名《左氏长义》。帝大善，赐布五百匹"（《太平御览·学部四·春秋》）。"并令自选公羊、严颜诸生高材者二十人，教以左氏"。由是左氏遂行于世（《后汉书》卷36《贾逵列传》）。

我们认为，西汉之所以表彰《公羊》，给它建立博士，完全是为了政治上的需要。董仲舒研究《公羊春秋》素为学者所尊仰，武帝时他适应统治者的需要，便把《春秋》的大一统主义，说成是天经地义的真理。武帝因而采纳他的建议，发挥公羊的大义，以做他巩固封建大一统理论的根据。光武帝善谶以之迷惑人心而做争取天下的思想武器，以至取得政权以后，国家大事无不援引五行灾异之说来处决，却遭到桓谭、尹敏们的非议。今章帝祖述"光武善谶"（《后汉书》卷59《张衡列传》），贾逵便能奉迎他的意旨，而说什么"五经家皆无以证图谶，明刘氏为尧后者，而左氏独有明文"，也就越加打中了"特好《古文尚书》《左氏传》"（《后汉书》卷36《贾逵列传》）的章帝之心怀，受到了章帝的奖赏。总之，西汉武帝的发扬《公羊》，东汉章帝的特好《左传》，都是一个为政治服务的问题，而不是什么《左传》是不是左丘明所作的问题。

就以清代的"公羊派"来说，他们认为今本《经传》是经刘歆作伪，而非左氏原来的旧样，始而庄存与、刘逢禄根据今文公羊，以发挥他们维护封建统治的思想；继而龚自珍、魏源以公羊为义抨击封建专制制度的腐朽；终而康有为凭借今文以作《新学伪经考》而为他变法维新的理论基础。无非都是因为左氏所叙述的是史事，公羊所阐发的是义理。义理可以凿空臆说，史事则难于胡缠妄言。故只阐发公羊而诋毁左氏，以便参与政治，也都并非《左传》本身有个什么真伪的问题。

三、驳斥啖助们全凭私臆的妄说

唐承江左义疏,于"《易》主王(弼)注,《书》主孔(安国)传,《左氏》主杜(预)解;郑(玄)注《易》《书》,服(虔)注《左氏》,皆置不取"。(皮希瑞《经学历史》)但到天宝末年,经学之风一变,左氏之学却被后起的啖助、赵匡、陆质(质本名淳,以避宪宗讳,改名质)一伙"异儒"(《旧唐书》卷189《儒学传下·陆质传》),夺取去了。"是犹入室而不由户也!"(王应麟《困学纪闻·左氏》)这因他们一帮子研经,全凭私臆,蔑视前贤,不顾事实,而只一味"哆然弄笔,弱弓蒿箭,竞以左氏为质的"(沈钦韩《春秋左氏补注·自序》),《左传》也就成了不是左丘明所著之书了。其实,他们的说法,都是一派胡言,驳斥即倒的。

1.驳斥啖助说经的妄说。

啖助说:"古之解说,悉是口传,自汉以来乃为章句。如《本草》皆后汉时郡国而题以神农;《山海经》广说殷时而云夏禹所记。自余书籍,比比甚多。是知三传之义本皆口传,后之学者乃著竹帛,而以祖师之目题之。予观《左氏传》自周、晋、齐、宋、楚、郑等国之事最详,晋则每一出师具列将佐,宋则每因兴废备举六卿,故知史策之文每国各异。左氏得以数国之史以授门人,义则口传,未形竹帛。后代学者乃演而通之,总而合之,编次年月,以为传记……是非交错,混然难证,其大略皆左氏旧意。"(陆淳《春秋集传纂例》卷1引啖助《三传得失议》)

以上啖助以为左丘明只是口传未著竹帛,《左传》乃后代学者所作,可以说是全凭臆度不顾事实的妄说。

(1)啖助胡缠一通,用《神农本草》《山海经》为例,证明"三传之义本皆口传,后之学者乃著竹帛而以祖师之目题之"。其实,《山海经》乃是恢诞志怪之书,司马迁在《大宛列传》既说"《山海经》所有怪物,余不敢言之";南宋尤袤又以它夸大不实,非是一种典常之作(《遂初小稿》);明代杨升庵又以它文多冗複,说是非一时一手所为(《杨升庵集·山海经后序》)。至于《神农本草》虽有说是神农所作的,而神农则是原始社会传说中的乌有人物,其书不见于《汉书·艺文志》;所说百草出产之地,则时有后汉郡、县,明明是后代人伪托之书。那么,又怎好用这两部书为佐证,来说"三传之义本皆口传",而是"后之学者乃著竹帛而以祖师之目题之"呢?

至于《公羊传》则是汉景帝时公羊高的玄孙公羊寿所著竹帛之书(《郡斋读书志·春秋类》);《穀梁传》"亦是著竹帛者题其亲师"(徐彦《公羊传疏》)之作。又怎可说"三传之义本皆口传"呢?啖助说"古之解说,悉是口传,自汉以来

34

乃为章句"，而公羊高则正是西汉时为章句者，哪还能说公羊之义是口传而不是著之竹帛呢？总之，无论怎么说，啖的说法都是没有理由的。

（2）啖助以为"左氏得此数国（周、晋、齐、宋、楚、郑）之史以授门人，义则口传，未形竹帛。后代学者乃演而通之，总而合之，编次年月，以为传记"。这又真是一叶障目，不见泰山。从司马迁以至陆德明等许多经学大师，史学名家都不在他眼目之中，可见是瞎说一通了。

《史记·十二诸侯年表》说：孔子"论史记旧闻，兴于鲁而次《春秋》，上记隐，下至哀之获麟，约其文辞，去其繁重，以制义法。王道备，人事浃。七十子之徒口授其传指，为有所刺讥褒讳挹损之文辞，不可以书见也。鲁君子左丘明惧弟子人人异端，各安其意，失其真，故因孔子史记具论其语，成《左氏春秋》。"则左丘明不正是鉴于口传《春秋》易于失掉它的真义，又特搜集历史事实，给以诠释，著之竹帛而成《左氏春秋》吗？

正因为左丘明之传《春秋》，确实不是口传而是著在竹帛的，所以班固也就同样说："仲尼思存前圣之业……以鲁周公之国，礼文备物，史官有法，故与左丘明观其史记，据行事，仍人道……有所褒讳贬损，不可书见，口授弟子，弟子退而异言。丘明恐弟子各安其意，以失其真，故论本事而作《传》，明夫子不以空言说经也。"（《汉书》卷30《艺文志》）而啖助的说法则正是和马、班唱反调的。当然，我们并不是说马、班之说就是只能赞同，不能非议的。但得重证据，摆事实。如果抹杀一切，只能嘴巴任意张开，那便是向壁虚造了。再如：

刘歆说：《春秋左氏》丘明所修"，缀学之士"信口说而背传记，是末师而非往古""随声是非"（《汉书》卷36《楚元王传》附《刘歆传》）。这不正是说左丘明传《春秋》不是凭口说，而是著之竹帛；只是一般传信口说的缀学之士，才反对述往事而修传的左丘明么。那又怎能把"义则口传，未形竹帛"的事，记在左丘明账上呢？

陈元谓光武帝言"丘明至贤，亲见孔子"，而论者则"固执虚言传受之辞，以非亲见实事之道"（《后汉书》卷36《陈元列传》）。这不又是说左丘明著之竹帛以传历史本事，而虚传口说以非之的则是一般的论者吗？

其他的汉儒如班彪既说左丘明作《左氏传》，又以《左氏传》与《乘》《梼杌》为列国诸史（《后汉书》卷40《班彪列传》），难道不又是说《左氏传》是著之竹帛的吗？又王充《论衡·案书》既说《左氏传》较《公羊》《穀梁》"为近得实"，又说《国语》乃《左传》之外传"；《国语》，"世儒之实书也"。所谓"得实""实书"，连同《左传》来说，不就是说左丘明传史之本事而著之竹帛之上吗？

陆德明讲经，从陈历儒至唐都是为群隋所折服的。但在所著《春秋释文自序》里却也是说"孔子与鲁左丘明观书于太史氏,因鲁史记而作《春秋》以教弟子,弟子退而异言"。"左丘明恐弟子各安其意以失其真,故论本事而为之传,明夫子不以空言说经也"。是陆氏所说,还是遵循马、班而不曾有所立异的。

总之,左丘明传史的本事而著之竹帛作传,是将孔子之所褒贬之旨皆著于传,使之深切著明以免口说异言而失掉它原来的真实意义,则是从马、班直至经学大师陆德明,都是说法一致而没有什么分歧的。而唐中叶以后,啖助却独唱反调,故意标新立异,蔑视前贤,企图变乱是非,达到他不可告人的哗众取宠的目的。难怪清代的俞正燮要把他列为"蔑弃典文,幽沉仁义,游辞浮说,波荡后生,使《易》《书》《礼》《春秋》《论语》旧说尽乱"的"异端"(《癸巳存稿·异端》)。北宋的宋祁严厉地指斥他说:"《春秋》《易》《书》,由孔子时师弟子相传,历暴秦,不断如丝。至汉兴,划挟书之令,则儒者肆然讲授,经典浸兴。左氏与孔子同时,以鲁史附《春秋》……啖助在唐,名治《春秋》,摭讪三家,不本所承,自用名家,凭私臆决……徒令后生穿凿诡辩,诋前人,捨成说,而自为纷纷,助所阶已!"(《新唐书》卷200《儒学传下·啖助传赞》)宋祁这段话确妄骂前贤,啖助实是一个始作俑者的大罪魁。清代的经史名学者王鸣盛就曾对宋祁这段话大加赞赏地说:"此段论断则甚确切,中若辈病痛。"(《十七史商榷》卷92"新啖助传误"条)又说:"《新唐书传赞》出宋祁,乃有此言,不特切中唐人说《春秋》之弊,凡宋、元、明人解经病痛,皆可以此为良药。"(《蛾术编·废传说经》)王氏一再赞扬宋祁的话打中了啖助说经的弊害,但言之者虽是谆谆,而附和啖助的听之者却是藐藐的。

2. 驳斥陆质谈经的妄说。

啖助既以为左丘明只是口传《春秋》之义,而著之竹帛的则是后代的学者。于是他的高足弟子陆质便助之张目,极力鼓吹老师的论调;并以老师所说为不足,而变本加厉地胡说什么"啖氏依旧说以左氏为丘明受经于仲尼。今观左氏解经浅于公、谷,诬谬实繁。若丘明才实过人,岂宜若此? 推类而言,皆孔门后之门人。但公、谷守经,左氏通史,故其体异耳。且夫子自比,皆引往人,故曰'窃比于我老、彭'又说伯夷等六人,云'我则异于是',并非同时人也。丘明者盖夫以前贤人。(《论语》云'左丘明耻之,某亦耻之')如史佚,迟任之流,见称于当时耳。焚书之后,莫得详知,学者各信胸臆,见《传》及《国语》俱题左氏,遂引丘明为其人,此事既无明文。"(《春秋集传纂例》)"盖左氏广集诸国之史,以解《春秋》,子弟门人见事迹多不入《传》,或复不同,故各随国编之,自古岂止一丘明姓左乎?"(陈振孙《直斋书录解题》卷3《春秋类》)

其实,陆氏以上所说,都是他自己只"信胸臆","事无明文"的说法。第一,他既以左丘明为孔门的后人，又以左丘明为孔子的前人，就充分说明他对于这个问题是是非不定参难于抉择的。其实，《太平御览》卷208引《符子》曾明言，"鲁侯欲以孔子为司徒，将召三桓而议之，乃谓左丘明曰：'寡人欲以孔丘为司徒，而授以鲁政焉，寡人将欲询诸三子。'左丘明曰：'孔丘其圣人与！夫圣人任政，过在离位焉，君虽欲谋其选弗合乎？'……于是鲁侯遂不与三桓谋，而召孔丘为司徒。"是左丘明与孔子为同时之人是事有明文，不是"事无明文"，又怎能说左是孔门的前人或后人呢？第二，左丘明姓左丘，名明，并不是姓左名丘明（详后）。第三，王弼就曾说"老是老聃"。（宋邢昺疏引）那么，这"老"不就是与孔子同时而孔子且向他问过礼的老子吗？为何还要自凭臆，把他说成是孔子引以自比的前人呢？第四，孔子就曾说"十室之邑，必有忠信如丘者焉？不如丘之好学也。"（《论语·公冶长》）由此可见，孔子不但以当时人自比，而且以当时广大的十室之邑所有的人都自比了。又怎么能说"夫子自比皆引前人"呢？古话说得好，"君子不难于攻人之失，而难以正己之是。必有得也，乃可知其失；必有是也，乃可斥其非。"今陆质却徒好攻人之失，言人之非；而自己却无一是，一得，也就不能正己之得，而只以己之非，妄想斥人之是了！所以晁公武以为"啖、赵（匡）以前，学者皆专门名家，苟有不通，宁言经误。其失也固陋。啖、赵以后，学者喜援经击传。其或未明，则凭私臆决。其失也穿凿。均之失圣人之旨，而穿凿之害为甚。"（晁公武《郡斋读书志》卷3《春秋类》）这是因为啖助们以后，唐人研经，不但附会穿凿得厉害，甚而阁束三传不用，妄肆胡言，试看卢全（自号玉川子）撰《春秋摘微》，解经全不用传，韩昌黎《赠玉川子》诗却还恭维他说："春秋三传束高阁，独抱遗经究终始。""同之经术，谅可知也。而昌黎推之如此，盖中唐人习习然矣！"（王鸣盛《蛾术编·废传说经》）其实，离开三传而研《春秋》，则意旨无从而明，史事无由而晓，闭目思之，虽圣人亦不能了解它的"微言大义"之所在了！今卢全驾空凿虚，全凭胸臆以妄测孔子的意旨而撰《春秋摘微》，也就真的所谓"只恐说到无言处，不信人问有古今"了！因而意旨极其简陋，宜乎宋仁宗以昭文、史馆、集贤、秘阁四馆所藏的图书，命张观等鉴定存废，而诏王尧臣等校勘的《崇文总目》，并不认为《春秋摘微》是什么研究经、传的著作，摒弃它而不为编后了！

总之，"自唐中叶以后，凡说经者，皆以意说无师法。夫以意说而废师法，此夫子之所谓'不知而作'也！"（王鸣盛《十七史商榷》卷27"师法"条）从此狂澜既倒，放矢难收，到了北宋，甚至有假冒王安石的名字作《左氏解》一卷，"专辩左氏为六国时人，其明验十有一事，题王安石撰，实非也！"（《直斋书录解题》卷3《春秋类》）为了达到自己的目的，便如此不择手段，还谈什么治《春秋》而辩左丘明是六国时人呢。

四、驳斥郑樵"左氏非丘明是六国时人"的八说

自唐中期以后研究经学的既然全凭私臆,不讲师法,附会穿凿的也就大有人在。今且仅举史学名家郑樵来说一说。擒贼擒王,其他的人也都从略了。

郑樵是中国史学史上著名的史家。他在所著《六经奥论》卷4《春秋传》"左氏非丘明辩"条里,却列举了八事证明左氏非是丘明而是六国时人。他说:"左氏终纪韩、魏、智伯之事,又举赵襄子之谥,则是书之作,必在赵襄子既卒之后。若以为丘明,自获麟至襄子卒已八十年,使丘明与孔子同时,不应孔子既没七十有八年之后,丘明犹能著书,今左氏引之,此左氏为六国人在于赵襄子既卒之后,明验一也。左氏:'战于麻隧,秦师败绩,获不更女父。'又云'秦庶长鲍、庶长武帅师及晋师战于栎'。秦至孝公时立赏级之爵,乃有不更、庶长之号。今左氏引之,是左氏为六国人,在于秦孝公之后,明验二也。左氏云'虞不腊矣',秦至惠王十二年初腊。郑氏、蔡邕皆腊于周即腊祭,诸经并无明文,唯吕氏《月令》有'腊先祖'之言。今左氏引之,则左氏为六国时人,在于秦惠王之后,明验三也。左氏师承邹衍之后而称帝王子孙。按齐威王时邹衍推五德始终之运,其语不经。今左氏引之,则左氏为六国人,在齐威王之后,明验四也。左氏言分星皆准堪舆。按韩、魏分晋之后而堪舆十二次始于赵分曰'大梁'之语。今左氏引之,则左氏为六国时人,在三家分晋之后,明验五也。左氏云'左师辰将以公乘马而归'。按三代时有车战无骑兵。唯苏秦合纵六国,始有'车千乘,骑万匹'之语。今左氏引之,是左氏为六国人在苏秦之后,明验六也。左氏序吕相绝秦,声子说齐,其为雄辩狙诈,真游说之士,排阖之辞,此左氏为六国人,明验七也。左氏之书序秦、楚事最详,如'楚师燂''犹拾渖'等语。则左氏为楚人,明验八也。据此八节亦可知左氏非丘明,是为六国时人,无可疑者。"

诚然,郑樵是个史学名家,但又该知道他是个狂妄之人。他曾自负地说:"使樵直使苑,则地下无冤人。"(《夹漈遗稿》卷3《与景韦兄投宇文枢密书》)但在实际上,他却是个为地下人制造冤案的人。比如班固本是一位"博极载籍,九流百家之言无不穷究,所学无常师"(《后汉书》卷40《班彪列传》),贯穿古今而深明会通因仍之道的通人,他所修的《汉书》虽以体裁的关系,纪、传限于西汉一代,而十志却穷古至今,贯通了历代因仍损益之所在的关键。而郑樵却不顾事实,不惜采用"狱吏锻炼之法""强坐班氏之过"(章学诚《校雠通义·郑樵误校汉志》),胡骂他断代为书,是不议会通的意旨,这不就使班固成了地下的冤人吗?

正因为郑樵是个逞辩而给地下人制造了一些冤案的人,所以他以上所举八个左氏不是左丘明而是六国时人的例证,都是站不住脚而一驳斥即倒的。现且论说于下。

(1)据《史记·孔子世家》,鲁哀公十四年(前481年)获麟。又据《史记·赵世家》赵襄子元年,是公元前457年;立33年卒,是公元前425年。那么,自获麟至襄子卒,只有57年,并非如郑樵说的80年。那么,使左丘明与孔子同时,孔子殁后55年(孔子死于鲁哀公十六年,是公元前479年),左丘明犹能著书也还是可以的。

至于智伯灭亡之事,则在周定王十六年(前453年)距孔子死只有26年。那么,与孔子同时的左丘明,更加可能比孔子小26岁。嘉庆年间的进士雷学淇,是个长于考订,好为讨论的名学者,在所著《介菴经说·春秋·左氏之圣门之事必用特笔》里就曾说:"左氏实夫子受业门人。公、谷经文终于获麟,左氏经文终于孔子卒,尊师之义也。其传终于智伯之灭,此左氏及见之事。然则左氏后孔子三十余年而卒矣。"是左丘明年纪小于孔子30多岁,则《左传》终于智伯灭亡之事是合乎情理的。为什么要因《左传》记载了智伯之事,就认为它不是左丘明所作的呢?其实,还是东汉初年,范升"固执虚言传受之辞,以非亲见之道",就曾"以年数小差,掇为巨谬",被陈元所驳斥了(《后汉书》卷36《陈元列传》),今郑樵又把这作传年数的问题提了出来,亦徒拾人牙慧,又有什么意思呢?

即退一步说,智伯灭亡,赵襄子的事是战国时人记载的。那么,前人所著典籍而为后人所附益,也是常有的。此如,"《史记》一书,为后世妄人附益甚多"(《十七史商榷》卷27"师法"条)。试看司马迁在《仲尼弟子列传》里,明明记载了子路死于卫难,"孔子闻卫乱曰:'嗟乎,由死矣'。已而果死"。但《儒林列传》却说:"仲尼既没,弟子散游诸侯,子路居卫"。则孔子死时,子路尚在了。这不明显地是后世妄人所附益的吗?纪昀就曾说:"《史记·司马相如传》中,有扬雄之语,不能执是一事,指司马迁为后汉人也。则载及智伯之说,不足疑也。今仍定为左丘明作,以祛众惑。"(《四库全书总目·经部·春秋》)须知《四库全书》,是乾隆时集合许多汉学考据名家,费时十几年,才编订成功的。其中每部书的提要,都是由馆臣中的考据名家拟写,再经总纂纪昀、陆锡熊修改、补充、辩定、润饰,才行定稿,是精确而可靠的,所以他们那种毫"不足疑",毅然决然断定《左传》是左丘明所作"以祛众惑"的说法,是极其权威,足令我们信服的。

其实,唐初经学大师孔颖达作《五经正义》,即已指出《左传》文十三年中的"其处者为刘氏"一句,是后人附益的插辞,并且说明了所以增益这一句是为了证明"刘氏为尧后"的政治原因。此外,《左传》为后人增附的还有不少。陈澧说:"《左传》解《春秋》书法有不通者,必后人附益",又说:"《左传》凡例与所记之事,有违反者,可见凡例未必尽是左氏之文,有后人附益。"(《东塾读书记·春秋》)按陈氏为清末考据名家,所著多补乾嘉学者所未及。所说如此,也就使我们越加相信《左传》被后人所附益的是很多的。(陈氏举例以证附益的话很长,恕不备引)

所以精研经史,上承先辈江永、戴震等的皖派名学者俞正燮说:"传书附益,古多有之。丘明可续经,曾申、吴起,何不可续传?""《左传》若非丘明作者,乃是怪事矣!"(《癸巳类稿》卷2"左丘明作《左传》论"条)俞氏这种论《左传》是左丘明所作,真可说是语重心长了。姚鼐精研经学,兼及子、史,生当乾隆考据盛世,论学力主义理、考据、词章三者之长缺一不可的名学者。他说:"左氏之书,非出一人所成。自左丘明作传以授曾申,申传吴起,起传子期,期传楚人铎椒,椒传赵人虞卿,虞卿传荀卿,盖后人屡有附益。其为左丘明说经之日,及为后人所益者,今不知孰为多寡矣。其书独重,世皆弱其文辞,宋儒颇知其言之不尽信。然遂以讥及左氏,则过矣。彼儒者承孔子之学以授其徒,言亦约耳,焉知后人增饰若是之多也。"(《左氏补注序》)是《左传》不但有后人的附益,而附益且是很多的。

总之,《左传》是左丘明作的,只是经过曾申、吴起等的增饰附益,其中也就出现了战国时人如智伯灭亡以及赵襄子等等的史事。所以纪昀说"《左传》成于众手"(《四库全书总目·经部·春秋类》)是正确的;郑樵说《左传》是六国时人著的说法是错误的。马端临修《文献通考·经籍考九》就已指出:"《左氏传》……获麟而后,引经以至仲尼卒,则分明增入。杜注亦自以为《春秋》本终于获麟,弟子欲记圣师之卒,故采鲁史记以续夫子之经而终于此。"只以啖助、赵匡、陆质等故意呈奇凿空,便置汉、晋以至唐初学者之说于不顾?便说《左传》是六国时人所作,不是左丘明所著的了。我们知道,"杜氏撰著,多存古说。预去古未远,汉人释经之书具在"。其说皆"有所本"而"非独断"(清《孙渊如外集·重刊春秋释例序》)然则为啥不信汉、晋大师学有本源的解经之说,而要轻信好奇凿空的啖助以及郑樵们的说法呢?

再则,三传之中,岂止《左传》有后人的附益的语言?《公羊传》有"子沈子曰""子司马子曰";《穀梁传》有"沈子曰""尸子曰"之类;哪里又不是后附益的话呢?且莫说三传,就是孔子的《春秋》里面,又何尝没有弟子们以至左氏、公羊、穀梁追书附益的语言呢?比如,襄公二十一年,公、穀"皆书孔子生,而左于哀公十四年获麟之后,又复引经以至十六年四月书孔子卒"。不都是"三子……以其意之欲增益者搀入之"(《文献通考·经籍考九》)吗?又如,陈成子弑简公,孔子本曾沐浴而朝,直呼他的名字陈恒,请求鲁哀公明令讨伐他的弑君罪恶(《论语·宪问》),但后来孔门弟子追书此事却是"齐人弑其君壬于舒州"。所以刘知几说:"案《春秋》书弑也,称君,君无道;称臣,臣之罪。如齐简公,未闻失德,陈恒构逆,罪莫大焉。而哀公十四年书'齐人弑其君壬于舒州'。是则贤君见抑,而贼是党,求诸旧例,理独有违。但此是绝笔获麟之后,弟子追书其事。岂由以索续组,不类将圣之能者乎?何其乖刺之甚也。"(《史通·外篇·杂说上》)可见孔门弟子且有破坏孔子的义例而在《春秋》里造书附益的地方,更何况《左传》呢?我们既不能因为《公羊》《榖梁》传里之有后人的益文而说二传不是公羊高、榖梁赤著的;更不能因为《春秋》里有孔门弟子以及左、公、榖追加之辞,而否认《春秋》是孔子作的;也就同样地不能因为《左传》里面有后人增附之辞,而就说它不是左丘明所著的呀!

正因为《左传》是春秋与孔子同时的左丘明著的,而不是六国时人著的,因而孔子所修《春秋》"战国时已大行于世"(《陔余丛考》卷2"春秋"条);战国诸子也都看过,钻研了《左传》,而韩非子引用了《左传》。沈钦韩《汉书疏证·艺文志》就曾说:"战国诸子又尝睹《春秋》传而成书,如《韩非子·奸劫弑臣篇》:'《春秋》记之曰:楚王子围将聘于郑,未出境,闻王病而返'云云。此全依《左传》也。故《十二诸侯年表》曰:铎椒、虞卿、吕不韦之徒各据摭《春秋》之文以成书,是先秦周末并钻研其学"也。

总括以上所说,郑樵"左氏为六国人"的说法也就很难成立了。

(2)郑樵认为"秦至孝公时立赏级之爵,乃有不更、庶长之号。今左氏引之,是左氏为六国人,在于秦孝公之后"。其实,《史记·秦本纪》就曾记载春秋之初还是周桓王十二年(公元前707年)秦"宁公卒,大庶长弗忌、威垒、三父废太子而立出子为君"的事。是在商鞅为左庶长变法之前,秦已有庶长这一官爵,只是郑樵熟视无睹罢了。

清代李慈铭,是一位"读书考证,详审精密,评骘群籍,识解精卓"的著名学者。他说得好:"郑渔仲(樵字)所证《左传》为六国时人所作有八验,如云不更、庶长之爵起于孝公。不更等爵,孝公特更定之非先皆无此号,考据疏舛。且左氏如果是六国时人,亦不得以日之官制追纪昔事。"(《越缦堂读书记·由云龙序·经类》)这段驳斥的话,既确实,又平正,郑樵若在,又将何辞以对呢?

(3)郑樵认为"秦至惠王十二年初腊。今左氏引之,则左氏为六国时人,在于秦惠王之后",然此条张守节《史记正义》既说"秦惠文王始效中国为之,故云初腊";清吴翌凤《与稽楼丛稿》又说"郑康成,蔡邕谓腊即周之腊祭"。可见腊原是周人祭祖的腊祭之名的简称,而秦至战国时的惠王,才仿效中原国家而开始腊祭的。则生当春秋末年的左丘明为《春秋》作传而言"秦不腊矣",在时代上又有什么问题,而要把这句话当证据,说《左传》的作者是六国时人呢?

明人赵汸是专心《春秋》之学,著有《春秋集传属辞》《左氏辅注》,而认为"啖、赵之徒横生义例,无当于经,唯最近正"(阮元《揅经室一集·春秋公羊通义序》)的经学专家,他就说过"腊字,考字书别无他意,只是腊祭耳……秦以前已有此字,已有此名……后儒不深思,则谓秦始称腊。学者便据此以疑《左传》,此何可信哉!"(《春秋师说》卷上"论三传得失"条)那么,郑樵又怎能以左丘明曾说"秦不腊矣",而视他是六国时人呢?

清儒阎若璩深通经、史,在经过30年苦心钻研所写成的《古文尚书疏证》中也驳斥了这个"秦始称腊"之说。他说:"史称秦文公始有史以记事,秦宣公始志闰月,岂亦中国所无,待秦独创哉?"如此反问驳斥,的确鞭辟入里,使我们越加知道郑樵的话是胡说的。

(4)郑樵第四、第六明验左丘明为六国时人的说法,李慈铭也有驳斥。他说:"若谓'帝王之说承于邹衍''左师长将以乘马而归,三代时有车战无骑兵',尤迂谬琐碎,不足置辩。"(《越缦堂读书记·经类》)也就不用我们再去一驳了。

(5)近人方孝岳以为"堪舆分野之名,其天者相承甚古,下土地域时有变更,而星次诸名则古堪舆以来之旧。"(《左传通论·释宋郑樵左氏非丘明之疑》)那又怎能以左氏之言分星皆准堪舆,引了"韩、魏分晋之后而堪舆始于越分曰大梁之语",以证左丘明是六国时人呢?

(6)春秋时代,诸侯各国交相聘问,出使的官员,是只受君主之命不受宾主对答之辞的。因为命有一定(《公羊传》庄公十九年)而"言辞无定准,故不受之也"。(《礼记·聘义》疏)如果预先划定一个框框,则"不能专对"(《论语·子路》),只有见机行事,时而温柔敦厚,时而雄辩狙诈才能对付一切。正因为辞令是出使官员随机应变的一个主要环节,所以治国的能手郑相子产,便以"公孙挥(子羽)能知四国之为……且使多为辞令"(《左传》襄公三十一年)。那么,又怎能因为"左氏序吕相绝秦,声子说齐,其为雄辩狙诈",便说是"真游说之士,排阖之辞,此左氏为六国人,明验七也"呢?

(7)郑樵说"左氏之书序楚事最详,则左氏为楚人",这个赵汸也给我们做了强有力的驳斥。他说:"近世学者,以左氏载楚事颇详,则以左氏为楚人,此执一偏之说,而未尝虚心以求故也。凡作史必须识大纲领。周虽微弱,终为天下宗主。故当时作史,必须先识周事,其次莫如晋、楚,国大而各有所属。若得晋、楚之事,则诸国之事,自然易举矣。然晋、楚之事详于周者,盖周室微弱,号令不及于诸侯,而事权皆出于晋,其次则楚。故晋、楚之事多于周也……今却为载楚

事详,遂谓之楚人,其亦未尝深求其故,祇见其可笑耳。"(《春秋师说》卷上"论三传得失"条)

我们认为,郑樵原是一个知识渊博的史学通材。然意气骄矜,自负太过,主观太甚。因而抹杀一切,只有自己,无视前贤,而置汉唐以来学有师承的学者之说于不顾,却独取中唐以后,呈胸臆,凭私见的啖助、赵匡、陆质凿空不根之说。张而扬之,妄陈八说明验左氏非是丘明,也就都没一验可以站立得住脚而一驳即倒了。

五、关于左丘明的姓名问题

左丘明究竟是姓左,名丘明,还是姓左丘,名明呢?唐初名儒孔颖达以为左丘明姓左,名丘明。他说:"《艺文志》云:'左丘明,鲁太史也。'是言丘明为传,以其姓左,故号为《左氏传》也。"刘宝楠既承家学(父刘台拱是乾隆时和王念孙等稽经考古为耆宿们所推重信服的名家),又是不持门户之见的经学大家。他辑汉儒旧说,而又加以近代诸家和宋人长义之所征引极博而著成的《论语正义》,在《公冶长》里则说《史记·太史公自序》"以左丘连文,则左丘是两字氏。明,其名也。左丘,亦单称左。故旧文皆言《左传》,不言'左丘'传"。这就认为左丘明是姓左丘而以明为名,而和孔颖达以左丘明姓左名丘明的完全不同,使我们难所适从了。所以杨伯峻先生在《文史》第六辑发表的《〈左传〉成书年代论述》一文中还是把左丘明看成是个不能解决的老大难问题。他说:"关于左丘明的可靠材料太少,因之他的姓氏、生存年代和是否是《左传》的作者,我们目前还不能作较有把握的结论。探讨《左传》的著作年代,只能撇开左丘明这一问题,而从其他途径着手。"看来这个问题实在是没有办法解决了。

然而清初博极群书而尤长于考订的朱彝尊就曾说:"按司马迁《报任少卿书》'左丘失明,厥有《国语》';应劭《风俗通》'丘姓,鲁丘明之后'。然则左丘为复姓甚明。孔子作《春秋》,明为作传。《春秋》止获麟,传乃详书孔子卒。孔子既卒,'周人以讳事神,名终将讳之'。为弟子者,当讳师之名。此第称《左氏传》而不书左丘也。"(《曝书亭集》卷56《孔子弟子考》)是左丘明姓左丘名明也。清代中期的杰出史家王鸣盛又在所著《蛾术编·左丘明》里说:"左丘明,左丘,姓;明,名……司马迁《报任少卿书》:'左丘失明,厥有《国语》'。省文故单举其姓,言《国语》则《左传》可知。"左丘明之姓左丘,名明也就可以相信了。所以迮鹤寿的按语对王鸣盛的说法虽然时有辩驳,而对此却不得不同意地说是"今案史迁称'左丘失明'。应劭《风俗通》称'邱(清制,讳孔子名之字曰邱)姓,左邱明之后'。然则左邱为复姓甚明。孔子作《春秋》,明为作《传》。《春秋》至于获麟,《传》乃详述孔子卒。孔子既卒,'周人以讳事神,名终将讳之'。弟子自当讳先生之名。故但称'左氏'。"是朱彝尊、王鸣盛、连鹤寿都一致肯定左丘明姓左丘,名明;且认为孔子作《春秋》而是左丘明为他作《传》的。

我们且认为,古时'因生以赐姓'——如"舜为庶人时居于妫汭,其后因为氏姓,姓妫氏。武王克殷,得妫满之后封于陈。是舜由妫汭,姑陈为妫姓也。"(《十三经疏·春秋左氏传》隐公八年及疏)这就是古人以所居之地名为姓的绝好证据。所以《姓氏考略·左丘》说:"左丘,左丘明之后。《元和姓纂》:'齐国临淄县有左丘'。《通志·氏族略》:'《论语》之左丘明居于左丘,以地为氏。"这就又是肯定左丘明以所居之地左丘而姓左丘,明则是他的名了。

根据以上所述,左丘明的姓名这个老大难问题,也就算是得到了解决。而左丘明为《春秋》作传的问题,也在这里得到了一次证明。嘉庆时汪中"讨论经史,皆确有依据。其表章经传及先儒者,则有《左氏秋释疑》"。而谓"明周公、孔子之道,莫若《左氏春秋》"。因之据《周官》大史、小史、内史、外史、御史以及瞽史、视、卜、梦等职以证左丘明记人事之外,所有"天道、鬼神、灾祥、卜筮、梦之备书于策者,史之职也";并谓不可用后代"儒之所业以疑古史之职",而"使学者笃信古人而息其畔嗟(刚猛逞辩,以至怨形于面的意思)之习",(王念孙《述学叙》、汪中《述学·左氏春秋释疑》)真可说是用心良苦了!沈钦韩是道光时学问渊博,长于训诂考订的著名史地学家。因为有人对于左丘明妄肆攻击,而"久怀愤懑",遂补注《春秋左氏传》,且自作序说:"孔子因《春秋》以见意,左氏亲受指归,以全《春秋》付托之重",孰谓《左传》不是左丘明所作的呢!又近人张采田,本是一个深于经、史而"演浙东遗绪"的名学者。他著《史微》既在《经辩篇》历举铁证以证《左传》是左丘明所著,复于篇末不禁叹息地说:"嗟呼!诸经得失既如彼,而三传异同又如此。得余说而存之,庶几可以息争矣!"那么,综合汪中、沈钦韩、张采田这三位国学大师之说看来,说《左传》不是左丘明所作的各种声音,也都可以休息了。

油印本未刊稿

《左传选》注释管见

中华书局出版的《左传选》，是一本注释得比较详细、精确而对青年读者有一定帮助的读本。然而"注书至难，虽孔安国、马融、郑康成、王弼之解经，杜元凯之解《左传》，颜师古之注《汉书》，亦不能无失"（《容斋续笔·注书难》）。所以李善注《文选》，有初注、再注，以至五注；苏子由注《老子》，也自说晚年于旧注多所改定。这都从实践中证明了注解古书是不容易的。那么，《左传选》虽然注释得尚好，却不可能没有一点缺陷，也是可以理解的。该书共计 373 页，分量较多。今就 70 页以前的注释，提出几点不成熟的看法，敬向注释、审核和读者先生们请教。

一、应注释而未注释的

我们认为，注释任何一种古籍读本，难于解释的，就应加以注释。如果容易的作了注释，较难或最难的反而不作注释，那就不但有避难就易之嫌，而且也缺失了所以注释古籍的本意，致使读者感到有失所望。兹且举出一些《左传选》里理该注释而没有注释的，聊试为之增注于下。

1. 不义不暱，厚将崩。（2 页）

暱，亲近。于君而为不义，于兄而不亲近，那么土地虽广，也不为众所附而将崩溃（正与下文京叛太叔段相应）。

2. 遂为母子如初。（3 页）

"如初"，指母子之爱，原是人类本初的天性，生来就有的。古人就曾说："母子之情，出于自然。"所以"遂为母子如初"，是指庄公和母亲姜氏之间的猜嫌，经颍考叔疏导之后，也就恢复了他们母子之间人生之初的自然之爱。不加注释，将使读者以为庄公寤生，便为姜氏所怨恶，遂而相见其乐融融之后，又复如初怨恶而难于理解了。

3.郑伯使许大夫百里奉许叔以居许东偏……乃使公孙获处许西偏。（8页）

我国历史悠久,幅员辽阔,诸凡州郡县邑,治所既有迁徙,境界亦多改变。《左传选》的注释(以下简称"左注"),往往对地名不置一辞(仅如63页的桑泉、庐柳、郇、高梁都不注释,便是一例),则将使读者不知其今日究竟是何地。尤其是东偏、西偏,既不作注释,甚至连地名的符号都不标上,那就势必使得读者误以为一如郑的西鄙、北鄙(2页),晋的新城西偏(47页),是许国的东、西边区,而不是"许之国都"了。

据《元和郡县志》载"东偏城,在许州长葛县东北五里,许叔所居即此城"。又《太平寰宇记》:许州"今有东西两城"。因而沈钦韩说:"按西偏、东偏,当即许之国都。汉为许县,魏为许昌,(赵)宋省人长社县,在今许州东三十里。长葛本是郑地,在州西北五十里,地势阔远,何得谓之居许东偏!"(沈钦韩《春秋左氏传补注·奉许叔以居许东偏》)这段考证,是有必要的。就是杜预也都曾说:"东偏,东鄙也。"因而必须有如下的增注:

东偏、西偏,许的国都。

4.周之子孙日失其序。（9页）

序与叙通(《史记·五帝本纪》:"百官时序"。《书·舜典》作"百官时叙")。叙,绪也。绪,业也。

5.初,晋穆侯之夫人姜氏,以条之役生太子,命之曰仇。（15页）

条,晋地。命与名,古字通(阮元《校勘记》)。取义于条之战相仇怨,故名之曰仇。

6.夫名以制义,义以出礼,礼以体政,政以正民,是以政成而民听,易则生乱。（15页）

义,《汉书》引《左传》作谊。谊,宜也(《释名·释语言》)。上文说名子所以制宜,礼从义出,政以礼成,以礼为政而正人民,是以政成而人民听从;更易礼义,那就将发生祸乱。

7.费请先入,伏公而出斗,死于门中。（24页）

费假装助贼,请先进内刺探,而将襄公安藏于隐蔽之处,然后出而和贼作斗,死于门中。

8.狄人因史华龙滑与礼孔以逐卫人。二人曰:"我大史也,实掌其祭,不先,国不可得也。"（27页）

狄人所怕的是鬼神。故说先白鬼神来吓唬他们。

46

9.公家之利,知无不为。(44页)

公家别于个人而言。所以说:"公家,公之朝也。"(高诱《吕氏春秋注》)

10.吾与先君言矣,不可以贰。(44页)

贰当为貣。貣,忒的借字。《诗·大雅·瞻卬·传》曰:"忒,变也。"意思是,不成功则以死继之,我和先君已经说过了,是不可以变改的。

11.将有巫者而见我焉。(47页)

将因巫者而来见我也(杜注)。

12.宋人既成列,楚人未既济。(57页)

前面的既字,已经的意思(《书·尧典》:"九族既睦。");后面的既字,完全的意思(《春秋》桓公三年:"日有食之,既。")。

13.明耻教战,求杀敌也。伤未及死,如何勿重?若受重伤,则如勿伤;爱其二毛,则如服焉。(57页)

训练军队,在申明军法,使士兵须知怯懦退缩是最大的耻辱,而将受到刑戮,目的在求得杀敌制胜。敌人受伤未死,为什么不可再伤而杀死他们?如果不忍再伤他们,则不如不伤他们;怜爱头发斑白的敌人,则不如向敌人降服。

14.保君父之命而享其生禄,于是乎得人,有人而校,罪莫大焉。(60页)

保,犹恃。生禄,人以禄而生。校,计较而报复之。依恃君父之命而享受其生活之禄,因得以招致众人。有了人而与之计较对抗,那就没有比这更大的罪恶了。

15.将行。(61页)

将行,本来不须注释。但问为什么将行呢?那就得增注如下。

重耳在齐,桓公礼遇他甚厚。及桓公死,子犯知道新君孝公不可靠,故将离齐他去。

16.羽毛齿革,则君地生焉。其波及晋国者,君之余也。(62页)

波与播,古字通(《禹贡》:"荥波既猪",马、郑、王本都作荥播)。播,散的意思。羽毛齿革,楚的产物,其散播到晋的,则是楚所剩余的。

17.晋公子广而俭,文而有礼。其从者肃而宽,忠而能力。(62页)

晋公子为人志气广大而生活俭朴,举止文明而有礼节。他的随从者肃敬而宽容,忠诚而勤力。

18.公子曰:"所不与舅氏同心者,有如白水。"(63页)

凡是古籍中的"有如",都是誓词。诸如:《左传》襄公二十五年"有如上帝",襄公十八年"有如日",襄公十九年"有如河"。《诗·王风·大东》"有如皎日"。公子誓言与公子同心一意,其明有如白水。

47

19. 蒲人狄人,余何有焉? 今君即位,其无蒲,狄乎? (64 页)

在献公时您为蒲人,在惠公时您为狄人,于我并没有君臣关系,为啥不尽力杀您? 您今日即了君位,安知就无在蒲、狄之时奉命速至而杀您的人吗?

20. 太上以德抚民,其次亲亲以相及也。(66 页)

太上,上圣之人。其次,次于上圣的人,即次圣之人。上圣以德安抚人民,不问亲疏;次圣则先亲而后及于疏远。

21. 昔周公吊二叔之不咸,故封建亲戚以蕃屏周……召穆公思周德之不类,故纠合宗族于成周,而作诗曰:"常棣之华,鄂不韡韡。凡今之人,莫如兄弟。"其四章曰:"兄弟阋于墙,外御其侮。"如是则兄弟虽有小忿,不废懿亲……周之有懿德也,犹曰"莫如兄弟",故封建之……召穆公亦云。(66—67 页)

上文前面说召穆公作《常棣》之诗,后面又说"召穆公亦云",则《常棣》之诗,究竟是召穆公作的? 还是别人所作,他从而歌之呢? 不增注释,是无法了解的。

按孔颖达《常棣·义疏》说:"检《左传》止言'周公吊二叔之不咸而封建亲戚',不言为恩疏作《常棣》,下云'召穆公思周德之不类,纠合宗族于成周而作《常棣》'则周公本作《常棣》,亦为纠合宗族可知。但《传》文欲详之于后,故于封建之下,不言周公作《常棣》耳。末言'召穆公亦云',明本《常棣》是周公之辞"。故杜预云:"周公作诗,召公歌之。故言'亦云'是也。"这就可见《常棣》原是周成王时周公伤念管叔、蔡叔之不和睦,有取于兄弟相亲之义而作的。后来厉王又复弃其宗族,召穆公因而重歌此诗。

22. 夏,狄伐郑,取栎。(68 页)

我国幅员辽阔,地名纷杂,附会传讹,糊混不清,以至出现了许多地名相同的历史地理问题。兹就栎(读历,不同于栎阳之栎读药)这个地名来说,春秋时,郑有栎,晋、楚也都有栎(《左传》襄公十一年,昭公四年)。楚之栎在河南新蔡(《左传》昭公四年杜注),晋之栎在山西境内(顾栋高《左传纪事本末》)。上文之栎,固已明言是郑地。但它究竟是怎样的一个地方,又在今天的什么地方呢?

据顾炎武的考证,栎是个地势险要的"岩邑"(《日知录》卷 27 "左传注"条),郑庄公曾筑城而将子元安置在那里。以后郑厉公出栎而守之,以做他的势力根据地,终得借以返京复位。周惠王与弟颓发生冲突时,也曾住于栎,借助于厉公的力量复入于周。所以栎实际上是郑的军事、政治上的要地而为"郑之别都"(《春秋》桓公十五年杜注),在今之河南禹县。像这样一个重要的历史地名,是有必要加以注释以增进读者的历史地理知识以及了解"狄伐郑,取栎"的重要历史意义的。因而我们为之补注于此。

23. 颓叔、桃子……奉大叔以狄师攻王,王御士将御之。(68页)

　　凡是驾驶车马的叫御(《诗·小雅·车攻·疏》),进奉衣食的也叫御(《左传》庄公二十四年注)。但《周礼》无御士之职,则这里必须增补郑玄的注释:御士,周王燕居时总理一切事务的长官,"以亲近王,故欲为王御寇",才能了解它的意义!

　　24. 公曰:"筮之。"筮之,遇大有䷍之睽䷥。曰:"吉。遇公用享于天子之卦,战克而王飨,吉孰大焉……"(69页)

　　这里且提两点:

　　第一,上文宜先补加符号、引文。公曰:"筮之。"筮之,遇"大有"䷍之"睽"䷥。曰:"吉"。遇公用享于天子之卦也,战克而王飨,吉孰大焉。且是卦也,天为泽以当日,天子降心以逆公,不亦可乎!'大有'去'睽'而复,亦其所也"。如果不加这些符号,则不明"大有""睽"是卦名;不补足删掉的引文,则文义有欠完整。

　　第二,上文宜增注释。"大有",卦名。"乾"(☰)下,"离"(☲)上,众也,物之所归也(见《易·序卦》《杂卦》)。之,变也(详《容斋三笔·之字训变》)。"睽",卦名。"离"(☲)上,"兑"(☱)下。"兑",卦名。"兑"下,其象为泽(见《易·说卦》),又悦也(见《易·兑》象传)。"离",卦名。"离"上,其象为火,为日(见《易·说卦》)。

　　串讲起来说:"大有"䷍之"睽"䷥,言由"乾"下"离"上之"大有"卦,变为"兑"下"离"上之"睽"卦。"乾"为天,"兑"为泽,"乾"变为泽而上当"离","离"为日,日在天则垂耀在泽,所以说"天为泽以当日"。"兑"为悦,得位而悦,故能为王所宴享。"'大有'去'睽'而复",即是拾"睽"卦勿论,复论"大有"卦,也有天子降心以迎公之象。如果不增这些注释,青年读者对文义是很难理解的。

二、已注释有欠妥善的

　　注释《左传》选本,最好多找几部前贤给《左传》的解诂,潜心研索,择其善者而从之。如果在已找过的前人著作里还不能解决所要解决的问题,就得再从其他有关的书籍中,利用其研究比较正确的成果,以为佐证,而做出自己的解释。否则局限于一二家不很正确的说法,则所作的注释,就难免有欠妥善。今就《左传选》中已经注释而我们认为有欠妥善的,试为另注于下。

1. 庄公寤生,惊姜氏,故名曰寤生。(1页)

司马迁说"寤生是生之难"(《史记》卷39《晋世家》)。这里读寤为牾。牾,逆也。妇人生子,头先出为顺,足先出为逆,庄公逆生,便是"生之难"而使姜氏受惊了。《左注》据之而谓"寤,同牾,横逆,寤生即难产"。这较之杜注"寐寤而庄公已生",虽是近情合理。然较之《风俗通》所说:"不举寤生子,俗说儿堕地,未可开目便能视者,谓之'寤生子',妨父母",则又欠妥善了。庄公既是"寤生子",照俗便该不举,又何怪姜氏"恶之"呢。

2. 长恶不悛,从自及也。(7页)

"左注"曰:"从,随后。"如此解释,虽有杜注为依据,然却有欠妥善。按"从自及也""杜注曰:'从,随也'……殊为不词。从,疑当作徒。言长恶不悛,无害于人,徒自害而已。隶书徒字作'徙',形与徒相似,故徒讹为'徙'。"(王引之《经义述闻》卷17"徒自及也"条)这般解释,较依杜注训"从,随后",就妥当多了。

3. 《左传选》于鲁隐公六年,将"郑伯朝王"列在前面的第五页,"郑伯侵陈"列在后面的第六页。其实,郑伯朝王,在鲁隐公六年冬;郑伯侵陈,则在该年五月。那么,只有列郑伯侵陈在前,朝王在后才是。今反其先后而列之,有欠妥当了。

4. 楚武王伐随。(19页)

孔子作《春秋》是一字之间都存褒贬,其言虽微,其义甚大。如就兴师用兵来说,曰"侵"、曰"伐"、曰"袭",含义都不相同,而是有一定区别的。所以左丘明传《春秋》于庄公十九年"郑人侵许"的一条,也就特地加以辨别,说:"凡师有钟鼓曰'伐',无曰'侵',轻曰'袭'。"以后孔颖达的《正义》引《释例》说:"'侵''伐''袭'者,师旅讨罪之名也。鸣钟鼓以声其过曰'伐',寝钟鼓以入其境曰'侵',掩其不备曰'袭',此所以别兴师用兵之状也。"

今《左传》桓公六年,明明写的"楚武王侵随",而《左传选》却改作"楚武王伐随",不但毫无必要,而且失掉原来的真义。正所谓"一字之差,千里之谬"也。

5. 公惧,坠于车,伤足丧屦。反,诛屦于徒人费。弗得,鞭之见血。走出,遇贼于门,劫而束之。费曰:"我奚御哉!"(24页)

颜师古在《汉书·古今人表》中,已注"寺人费"即是"徒人费","左注"则未据以作注释;却又注"御,周君近臣"。那就不但应注的未注,而且有欠妥当了。其实,御,通禦(《诗·传》"御,禦也"),怎能注释为"国君近臣"呢?而寺人才是宦者,属于"国君近臣"。"我奚御哉"者,我何尝为之守禦呢?而非我那是"国君近臣"的意思。如果真的徒人费说他不曾当国君近臣的宦者,则齐襄公已明明地向他"诛屡",这还能骗得了人吗？何况他是个极其机智的人,又怎会说这样的蠢话呢？

6.公丧戎路,传乘而归。(25 页)

"左注":"传,驿。乘,车乘。传乘,乘驿传的车。"如此解释,似欠妥善。因为传乘,并非乘传驿的车,而是古代兵车中的一种"追锋车"。《晋书》卷 25《舆服志》就曾说:"追锋车,去小平盖,加通幰(车上张绘的幕幔),如皂车,驾二。追锋之名,盖取其迅速也。施于戎阵之间,是为传乘。"可见"传乘",实是古代兵车中一种特快车的专有名词。如果依一般的解释,把"传"释为驿舍,"乘"注成乘坐,那就不确当了。

7.君处北海,寡人处南海,唯是风马牛不相及也,不虞君之涉吾地也。(28 页)

"风马牛不相及",一般都解释得不够准确。如张世南所说,"牛走顺风,马走逆风"(《游宦纪闻》),两者互不相涉,便是一例。"左注"虽较详细,说是"风,走散。风马牛不相及,言两国南北距离辽远,纵使马牛走散,也不会相混,喻边境从无纠纷",这也还是使读者不能彻底了解它的原义的。《书·费誓》:"马牛其风……勿敢越逐。"孔颖达曾引贾逵《左氏传解说》:"风,放也。牝牡相诱谓之风"(刘熙《释名·释天》同)之言,引申起来便是说:"马牛其有放佚,无敢弃越垒伍而远求逐之。"所以杜预亦据刘熙、贾逵之说而注曰:此乃"末界之微事,故以取喻""故《费誓》以此告戒,欲息争端也。齐国边北海,楚国边南海,封境隔远,虽是马牛风逸越逐不复之争,无缘相及,何事而兵临其地。屈完问齐之意,盖如此耳。"(宋李如箎《东园丛说·左传说》)我们认为,这个解释才是比较精确的。

8.谚所谓"辅车相依,唇亡齿寒"者,其虞、虢之谓也。(38 页)

"左注":"辅车,辅,车箱两旁之板,古代车箱仅两旁有板(前面有轼,后面是空的,人从后面上下),轴依车,车也依辅;人的两颊称为口辅,又名牙车(今称牙床);车之有辅,犹齿之有唇,两喻同意。"这段注释虽很详细,却未能将原文的意义解释清楚,且有欠于正确。今另改注于下。

辅,颊辅,口旁肌肉(既不名牙车,也不叫牙床)。车,牙车,即牙床——牙下载牙之骨。故辅为外肉,车为内骨,两者相互依存。所谓"辅车相依,唇亡齿寒者",言虞为牙床,如齿在里面;虢为颊辅,如唇在表面。虢存,则虞和她如辅车相依;虢灭,则虞随她同灭。

9.一薰一莸,十年尚犹有臭。(40 页)

"左注":"薰,香草;莸,臭草。言臭草混杂在香草里,把香草也搞臭了。"这种解释,并没有把"十年尚犹有臭"的意义解释清楚。不如这样说,薰的莸的,混杂相处,则薰的易消,臭的难除,时间经过十年,尚有一股臭气。

10.及将立奚齐,既与中大夫成谋。(41页)

"左注""中大夫,支持骊姬的宫中大臣。成谋,同谋已定。"按《晋语》载骊姬想杀申生而立奚齐,所为难的则有里克,乃使优施以酒饮之,里克便中立。故姬得肆她的诡谋而无所忌惮。那么,里克虽然不曾参与骊姬之谋,说她助成骊姬之谋却是可以的。所以这里的中大夫可以肯定是里克而非宫中一般支持骊姬的大臣。

11.秦获晋侯以归,晋大夫反首拔舍从之。(50页)

"左注"依杜注作解,说:"反首,头发自面部垂下。拔,同茇,草;拔舍,草地露宿。从之,从惠公至秦。"这样解释,本来是可以的。但终究不如金其源先生下面的解释更合情理:

"按《广雅·释诂》:'首,向也。'又《释器》:'拔,箭也。'《诗·秦风·驷驖》:'舍拔则获。'此言晋大夫师奔方逃,闻君被获,故反向以从者,如拔之舍于弦也。盖逃归与获去本相背驰,非速莫及,故以舍拔言其速也。"(《读书管见·左传·晋大夫反首拔舍从之》)兹录于此,以供参阅

12.楚人伐宋以救郑。宋公将战,大司马固谏曰:"天之弃商久矣!"(57页)

杜注"大司马固,庄公之孙公孙固也",本是正确的。但顾炎武却说,"非也,大司马即司马子鱼。固谏,坚辞以谏也。"(《日知录》卷27"左传注"条)"左注"因之承袭顾说,说"固谏,劝阻切谏"。其实,"无征不信"的惠栋既引《晋语》"公子过宋,与司马公孙固相善"(《左传补注》),证固为人名;又经对于《左传》"训解名物,考析字句,尤有详赡于""昆山顾氏、吴江朱氏、元和惠氏……诸家补注"的沈钦韩考订,"按子鱼为左师,不为大司马。《晋语》:'公子过宋,与司马公孙固相善',是此大司马固矣。顾失之。"(《春秋左传补注》僖二十二年,潘锡爵《跋》)顾既失之,那么,承袭顾说的"左注",也就欠妥当了。

13.策名委质。(59页)

服虔训"质"为贽(贽、质,古字通。《晋语》:"委质于翟之鼓",示必死节的意思),韦昭训"质"为贽(初见时执以为礼品的禽鸟),杜预训"质"为形质之质(古代做官的,对于他所臣属的人,将自己的名字写在简策上,以明系属之意。拜则屈膝而委身于地下,以明敬奉)。洪亮吉对三家之说加以研究,结论是"服义得之"(《春秋左传诂》)。有比较才有鉴别,这种择善而从的精神是可贵的,经用如此的方法得出来的结论是比较可靠的。"左注"却采用韦昭的说法,而以为"质、贽,见面的礼品。古代士必择君而事,以取得生活资料,自书己名为臣,执禽鸟为贽以见于君,示当为君尽力至死。"这种解释,不但近于肤浅,而且所谓

"古代士必择君而事",亦不如"古代士必择主而事"更较妥当。即就这狐突的儿子狐毛、狐偃向重耳策名委质而跟从他逃亡在外的事来说,则重耳之在当时,也只是晋献公诸公子中的一个。虽说贤能,又有谁能预知他能一定返国即位,成为晋的国君呢?

14. 晋公子重耳……及曹,曹恭公闻其骈胁,欲观其裸。浴,薄而观之。(61 页)

韦昭注《晋语》"谍其将浴设微薄而观之"的薄为迫,杜注承用他的说法,说"薄,迫也"。其实,春秋虽然是个王道坠败的时代,却也还尊重礼节;尤其国与国间的往来,"犹宴会赋诗"(《日知录》卷 13"周末风俗"条),表面上还是郁郁乎文而尚礼的。曹恭公诚然是个"下中"之人,但终究不是"可与为恶,不可与为善"的"下下"的"愚人"(《汉书》卷 20《古今人表》),怎么会荒唐到莽莽撞撞地去迫近一个过境的大国公子而看他洗澡呢?

我们不妨研究一下,这个"薄"字在这里终究应如何注释才是比较妥当的。《礼记·曲礼》:"帷薄之外不趋",注说"帷,幔也"。《庄子·达生》:"高门悬薄。"注说"薄,帘也"。这就可以知道"薄"是帘子,不是迫近的意思。尤其是高诱注《淮南子·道应》说:"曹恭公闻重耳骈,使袒而捕鱼,设薄而观之。"那就更加直接证明"浴,薄而观之"同样是曹恭公设帘而观之,而不是什么荒唐而莽撞地迫近而观之了。

帷是幔子,薄是帘子,二者都是用以障隔内外的用具。因而古籍里也就往往把它们并用在一起。所以训诂名家洪亮吉说:"微薄,即帷薄也,音义并同。"那么,"设微薄而观之",也就是设帷薄而观之。"韦昭训微为蔽,训薄为迫,义较迂曲"(《春秋左传诂》)矣。那么,依据韦说之所作出的"薄,迫。薄观之,迫近去看"的"左注",也就同样地"义较迂曲"而欠妥了。

15. 秦伯送卫于晋三千人,实纪纲之仆。(64 页)

我国古籍,多以纲纪二字并提,以指事物的大纲细目。因而也称综理府事而为椽史首领的主簿做纲纪(《昭明文选·为宋公修张良庙教·注》)。那么,"秦伯送卫于晋三千人,实纪纲之仆",就是指门户仆隶之事,都由秦卒任头目,典领而总治之的意思。则"左注""实纪纲之仆,充实晋侯维持官内秩序及门户仆役之事",可能是欠妥而有待于商榷的。

三、已注释而注释不全的

选注前贤的文史著作以为读本,凡是必须注释,最好是都作上注释。如果顾此失彼,尤其是对于某些地方本已作了较为详细的注释,而于最关紧要、最能说明问题的话却没有交代出来,那就更是注释不全,而有待于补注了。

1.及庄公即位,为之请制。公曰:"'制,岩邑也。虢叔死焉,他邑唯命'。"(1页)

上文,"左注"只注"制,一名虎牢,今河南汜水,地势险要,姜氏请以为共叔段封邑"。如此只注制邑,而丢掉"虢叔死焉"不注,这就不但使读者不能了解全文的意义,而且会引起许多的疑问。

第一,制既是险要的岩邑,虢叔居之,岂不是凭险易守了么?为什么反而为他带来了不利而促进了他的死亡呢?这势必使得读者要追问,难道虢叔是个恃险而不修德的人吗?但据《国语·晋语四》《汉书·古今人表》和颜师古注,虢叔原是王季的一个很有智慧的儿子,文王所友爱的弟弟,所咨询的智谋之士。就在《左传选》中所选僖公五年《宫之奇谏虞假道》一文里,也都有"虢仲、虢叔,王季之穆也,为文王卿士,勋在王室,藏于盟府"的记载。那么,像这样一个为文王所倚重而有功勋的卿士,而又受封于一个有险可守的制邑,也就具有地利人和等条件,易于巩固他的政治势力,为什么反而加速了他的死亡呢?这就使读者很难理解了。

第二,虢叔既是周文王的弟弟,则他受封于虢当在西周的初年;而郑开国的始祖,则是中兴西周的宣王的弟弟郑桓公(桓公受封于郑,事在前 806 年);至于灭虢的郑武公则更是东周初年的人(郑武公灭虢,事在前 767 年)。那么,他又怎能在西周灭虢,而使"虢叔死焉"呢?这不更使读者难于了解了吗?因此,在这里就必须如近人王伯祥的《春秋左传读本》所注,"虢叔死焉"的虢叔,非是指他本人,而是指"其后世有凭恃险要,不务德义者,郑武公灭之。故此云'虢叔死焉'"才较妥当。

总之,我们认为选注《左传》以为年轻人的读本,只注较易了解的"制,岩邑也",而把必须注释才能清楚的"虢叔死焉"丢掉,就未免舍难就易,使读者不但意义不明,而且滋生一些疑问。

2.明恕而行,要之以礼,虽无有质,谁能间之(3页)

上文较难解的在前半。"左注"却只注最后一句中的一个"间"字,说:"间同间,挑拨离间。"这就可以说是顾此失彼,注易弃难,而有必要补作注释。

做事以诚相见而不欺骗人,推己及人而不忌刻人,而又以礼文彼此相要结,那虽不以儿子交质,又有谁能挑拨离间呢。

3.为鱼丽之陈。先偏后伍,伍承弥缝,战于繻葛。(10页)

"左注"曰:"陈,同阵。鱼丽阵,战时车卒编组的一种方式。兵车一队分为二编,如兵车五十乘,则二十五乘为偏,如三十乘,则十五乘为偏。伍承弥缝,步卒五人为伍,谓以步卒弥补偏间的缝隙。"这段注释,很是详细。但究竟为什么这种阵法叫鱼丽阵,却仍是使人不够清楚的。还得补引李如篪所释:"其阵非圆非方,形于画一,而撒于后,状如群鱼游于水面,然是为鱼丽之阵也。"(《东园丛说·左传说·鱼丽阵》)这才使人完全了解这个阵法之所以名叫鱼丽的原因。

4.令尹斗祁、莫敖屈重除道梁溠,营军临随。(21页)

"左注"曰:"令尹,楚官名,为执政大臣。莫敖,次于令尹,司马的官名。梁,架设桥梁。溠音诈,河名。今名扶恭河,在湖北随县一带。"这里将官名、河名以及其他都注释了,但更重要的,楚军之所以除治新路的缘故,则并没有说及。因此,还得加注:"时楚军秘不发武王之丧,故为奇兵,更开直道至随"才是。

5.《诗》云:"岂不怀归,畏此简书。"简书,同恶相恤之谓也,请救邢以从简书。(26页)

"左注"对上文,仅仅作了如下的注释:《诗》指《诗经》,引文见《小雅·鹿鸣之什·出车篇》)。简书,写在竹简上的诰诫盟誓之辞。"这种只注名物,不注文义,实在是只顾及了上文次要的一面,丢掉了它更重要的一面。何况名物也还注释得不全,也就有必要补注如下。

(1)《出车》,赞美周文王做西伯时劳来诸侯的诗。(2)诸侯有急以简书见告,则须赶急救援,故以救急之事勉励自己说:"我难道不想回家吗?但怕这告急的简书罢了。"(3)古时,大事写在策上,小事写在简上。简书,单札。国家有急难,来不及连简成策,则执简往告。这种简,就像后代的羽檄兵书。(4)同恶相恤,遇有共同的敌人,则互相救恤。我们认为,只有这样先行分别作注,然后串讲上文的意义,青年读者也就清楚了。

6.晋侯使郤乞告瑕吕饴甥,且召之。子金教之言曰:"朝国人而以君命赏。且告之曰,孤虽归,辱社稷矣。其卜贰圉也。众皆哭。晋于是乎作爰田。吕甥曰:"……"。(51页)

在上段短短的文字里,吕甥一人,就出现了瑕吕饴甥、子金、吕甥三个不同的名字。这就真如宋人章冲所说:"左氏之书……君臣之名字,有数语之间而称谓不同,间见错出,常病其不属。如游群玉之府,虽珩璜圭璧,璀璨可爱。然不以汇聚,骤焉观之,莫名其物。"(《左传事类始末·自序》)

又如马端临《文献通考》引李焘的话"昔丘明传《春秋》,于列国君臣之名字不一其称,多者或至四五,始学者盖病其纷错难记",冯继先乃著《春秋名号归一图》。

章冲是幼年即从叶少林学《春秋》《左传》极有心得的学者,李焘、马端临、冯继先又皆博古通今之士,对于左氏写君臣名字的错杂纷纭,尚且有难于辨识之感,认为有"汇聚""归图"的必要,也就越使我们认识到"左注":"吕甥,又称瑕吕饴甥、子金、阴饴甥"(47 页,注 1),注得很好而有必要。美中不足的是,未指出吕甥一人之所以有几个不同名字称谓的原因。洪亮吉就曾说:"吕甥,先食采于瑕,故称曰瑕父。《郡国志·河东郡》:'解有瑕城。'是也。后又食采于吕,故又称瑕吕。刘昭《补注》引张华《博物志》:'河东郡永安有吕乡,吕甥邑也'。是瑕、吕皆所食采地。杜注云:'姓瑕吕,名饴甥。'非矣。下传云阴饴甥,阴亦采邑名。"(《春秋左传诂》)此处,杜预也曾指出子金是吕甥之字。可见吕甥名字的错出,是由于左丘明没有分别名、封、字的缘故。只有注明了这些,读者也就容易了解。这是第一点。

第二,任何一种事物,都是逐渐改进以至完善的。撰修史书对于人名的称谓不一而纷错杂出,且莫说左氏之传《春秋》,就是司马迁修《史记》,也还有这种现象。所以胡应麟说:"子长列传,一人始末,或述其名,或称其字,或兼其姓,或举其官。"只有到了班固撰《汉书》,才于列传的"篇端总其姓名,后但著字,遂为定体,百世咸遵"(《少室山房笔丛》卷 5《史书占毕》一)。于是人的名字才一其称,而没有错出的弊病。

7.初,晋献公欲以骊姬为夫人,卜之不吉,筮之吉。公曰:"从筮。"卜人曰:"筮短龟长,不如从长。"(41 页)

"左注"于上文作了两个解释:(1)卜用龟甲,筮用蓍草,是古人预测吉凶的两种迷信的方法。筮,音世。(2)筮短龟长,龟卜吉凶由卜人看兆文断定,筮是简易的占卜,如《易经》预先编有卦爻词,按卦象检寻即得。龟卜早于占筮,所以更可依据。

以上注释虽很详细,却嫌迂疏而难帮助读者了解原文的意义。兹且试为另作如下。

龟有千岁的寿命(《史记·龟策传》)。所以说"龟、鹤长存","龟、鹤遐寿"(《抱朴子·论仙·对俗》)。"蓍,草之多寿者,故字从耆。"(《尔雅》)耆,老也。总之,它们都是"寿考之物"(《白虎通·蓍龟》),"历年多,更事久"(《本草纲目》),所以古人用为占卜吉凶的工具。至于所谓"筮短龟长",古人谓"龟千岁而灵,蓍百年而神,以百年与千岁较也"。

8.以是藐诸孤。(44 页)

杜注"藐诸孤"说,"言其幼贱,与诸子县藐也"。孔颖达又疏通其说,"藐者,县远之言,诸子皆长,而奚齐独幼,是大小相藐也"。只可以说是一误再误,而解释不过去的。"左注"取顾炎武《杜解补正》之说,训"藐,形容孤儿之小,指奚齐",这是对的。但于最难解的"诸"字,却独不作注释,这就难免使人感到美中不足了。

今按"诸",就是"者"。"者"与"诸",古字是相通的。《礼记·郊特牲》："或诸远人乎?"王引之说:"者字或作诸,或诸即或者。"(《经传释词》)又《尔雅·释鱼》"前弇诸果,后弇诸猎"的"诸"字,也都是"者"字的意思。然则"藐诸孤"者,即渺小的孤儿呀。对"诸"字不作注释,读者是很难理解的。

9.宋师败绩,门官歼焉。(57 页)

"左注":"门官,国君的亲军。"如此注释,虽说很对,但对门官的解释既欠完备,"歼"字又全无解释。因再为之补注于下。

门官,即门子,也就是卿大夫的子弟保卫国君的亲军,平时为君守门,行军时则在君的左右。所以宋襄公与楚战,宋的门官从之;晋与诸侯伐郑,郑的门子都从郑伯(襄公九年)。这个门官、门子和汉代执戟宿卫的郎,唐代的三卫,都是保卫国君的亲军(《玉海·三卫》)。歼,杀尽的意思。

(这篇稿子,意多未尽,容有时机,当再一一条举,加以补充)

原载《兰州大学学报》1983 年《中国古代史论文辑刊》专号

《汉书·地理志》在中国史学史上的价值

中国地理之学,虽然发达得很早,但迄今未成为一种独立性的学科。班固是东汉时代人,毋怪作《地理志》,只附在《汉书》里面——从《隋书·经籍志》以至《四库全书总目》,也都是把地理著作附入史部,而不曾把它看作独立性的专著。现将《汉书·地理志》在中国史学史上的价值介绍于下。

一、撰修最难撰修的《地理志》及其影响

《禹贡》,是中国古代地理志的权舆;职方,是中国古代掌天下地图,管四方职贡的官名,这是因为"天下山川险要,皆王室之秘奥,国家之急务"(《宋史》卷44《文苑列传·吴淑传》)。所以西汉初年,萧何得到秦所藏图书,因而知道了天下的要塞。以后,汉政府又得到了《山海经》,当更有助于了解各地区的地理情况。武帝时代,有关天下的财政计书,既上之于太史,下之于郡国地志,也都包括在内了。因此,汉代史家写作地理志就有了一定的条件。

然而,志终究是难写作的。这是因为志所叙述,乃历代典章制度,经济文化沿革的大端,非是老于典故,博观文物,是很难提要钩玄而着笔墨的。而班固则是个"博观载籍,九流百家之言,无所不究,所学无常师"(《后汉书》卷40《班彪列传》),而深明会通因仍之义的博学通才。他所著的《汉书》,虽因体裁关系,所有纪传,只以西汉一代为限,却扩大了《史记》八书的范围而撰十志,穷古至今,将所述的典章制度,经济文化,会通其历史因仍损益的关键所在。这就连史学理论名家章学诚也不得不说:"凡迁史所阙门类,(班)固则补之。非如纪、传所列君臣事迹,但画西京为界也。是以《地理》及于《禹贡》《周官》,《五行》罗列《春秋》《战国》。人表之例,可类推矣。"(《章氏遗书》卷15《方志略例二·亳州志人物表例议上》)"后史因之,互有损益,遂为史家一定法矣。"(《章氏遗书》卷

15《方志略例二·亳州志掌故例议上》)可见班固修《汉书》之纪、传限于一代，表、志穷古至今的体裁，实给后世修断代史的史家，奠定了一定的成法。

　　然而《地理志》，在各志里面，又是较难纂修的。举个例子说："本（宋）朝《九域志》，自大中祥符六年（1008）修定，至熙宁八年（1065），都官员外郎刘师旦言：自大中祥符至今六十年，州县有废置，名号有改易，等第有升降，兼所载古迹有出于俚俗不经者，乞选有地理学者重修之。乃命赵彦若、曾肇就秘省置局删定，今世所刊者是也。崇宁末（1106），诏置局编修，前后所差官不少，然竟不能成。"（朱弁《曲洧旧闻》卷 5）这就可见《地理志》因为州县废置等的时有改变，过不了几十年，就得重新改修一次。又因改修不易，也不是每次都能改修成功的。从而到了南宋晚年，王应麟总结出一条经验说："言地理者，难于言人。何为其难也？日月星辰之变，终古而不易；郡国山川之名，屡变而无穷。"（《通鉴地理通释·自序》）加以户口有变，赋役不一。所以就是史学权威司马迁著《史记》，也都只述《河渠》，而未修《地理》。

　　然而西汉王朝，实是中国封建专制一个强大而统一的政权。海内统一，郡县增置很多；统治期长，户口增加不少。因而从褚少孙、刘向父子以至班彪所写西汉一代的史事，都只能依照司马迁的《史记》而止于武帝太初年间，做一些续补工作。只有班固才具有雄伟的思想，将昭、宣、元、成、哀、平六帝时代的历史继续写了下去，完成了一部整个西汉一代的断代史——《汉书》。尤其难能可贵的，是他能适应时代的发展，结合现实的需要，而在刘向所言地域，朱赣所述风俗的基础上，加以增补扩充，写成了《地理志》。"其州国郡县，山川夷险，时俗之异，经星之分，风气所生，区域之广，户口之数，各有攸叙"（《隋书》卷 33《经籍志》），实为中国史学史上最早的一部较为完美的地理专著。

　　从而一方面使得以后修史书的赞叹敬佩，至少有一种仰止高山而趋步难至之感。如范晔著《后汉书》，虽然很是自负，认为他这部史书，是"实天下之奇作"（《宋书》卷 69《范晔传》）。但终究不得不称"《汉书·地理志》记天下郡县本末及山川奇异，风俗所由，至矣！"蔑以加矣！因而使得他"但录中兴以来郡县改易"（《后汉书》卷 109《郡国志序》），只修《郡国志》，不敢再作全面性的《地理志》。又如司马彪自命为一代"良史"，而特修《续汉书》（《晋书》卷 82《司马彪传》），但亦仅志郡国罢了！沈约"博物洽闻……自负高才"（《梁书》卷 13《沈约传》）。然他受命而撰《宋书》，亦是只能志郡县而已！这就可见从司马迁、范晔、司马彪，以至沈约都是不敢，也不曾写《地理志》。反过来，也就足以说明班固写《汉书·地理志》的不易，而更显其弥足珍贵了。

　　一方面使得后代的统治者，越加感到志方图籍之为统治天下所必需的常经大典。于是官修地书:在唐而有《元和郡县志》,在宋而有《元丰九域志》,在元、明、清都有《一统志》,而《晋书》《隋书》《唐书》《辽史》《金史》《明史》,都修《地理志》。同时,清人洪颐煊,因为班固所修的《地理志》,"约而能该,详而有法……精审不苟,取重后世"。乃取班固所说,以推究汉代的水道,而作《汉水道疏证》;清人陈澧因为班固生当东汉统一的强盛时代,得见皇家兰台所藏的图书(参阅《日知录》卷18《秘书国史》),所修《地理志》,也就简明周悉,以故大川所经过的地区,也都记载了精确的里数。便取清代地图,以稽考《汉志》的水道,作出了《汉书地理志水道图说》。总之,班固的修《地理志》,不但引起了后代统治者更加知道撰修地理书的重要性,且给后代修地理志者得到了一种最有价值的参考材料(《宋书·州郡志》《北魏书·地形志》都说明了这一点),促进了中国地理典籍纂修事业的发展。所以清代治《汉书》极有成绩的王先谦说:"班志地理,存前古之轨迹,立来史之准绳;兼详水道源流,使后人水地相资,以求往迹,可谓功存千古者也。"(《汉书补注序例》)

二、《汉书·地理志》的特点

《汉书·地理志》,在我们初步看来,有下列几种特点:

1. 正因为班固是个博古通今的史家,所以《汉书》虽是一部西汉的断代史,而在《地理志》里,却详尽地讲述了自三代以至秦汉的星土疆域,建置沿革,封建世系,形势风俗,实是中国史学史上的第一部重要而大有裨益于文献掌故的历史地理。

2. 班固撰修《汉书》的态度,是非常严肃认真的。就《地理志》说,对于所收的资料中的穿凿附会,诡辩不经的说法,都经过了严密的审核。难信的给以剔除,可靠的才加录用,是为后人所赞美、所学习的。包慎言说得好:班固著《地理志》,"刊落诡僻,撼摘详慎,是以后世言地理者,莫不祖述班氏,挨代缀统"(《校刊汉书地理志补注序》)。这就可见班固修《地理志》,对于录用的资料,是经过严密辨别真伪的工夫,力求保存它的真实性,而给后代史家起了一种典范作用。

3. 正因为班固对于所录用的史料,是经过严密审订的,所以也就深深地知道说经应以近于古代为得真实的道理。从而他著《地理志》,对于《禹贡》里的山川,都采用了西汉今、古文家的说法。这是因为地理有沿革,陵谷有变迁。如果用后代人的舆地知识,去解释《禹贡》,那就好像用平水的官韵去咏《毛诗》,以王安石的《字说》去训《尔雅》,哪有不穿凿附会的呢?清代研究《禹贡》的名家,当推胡渭为第一。但他却昧于经学的限断,只沿史学的地志,而溺于宋以后的臆说，以致所考江、汉、弱、黑诸水，错误百出。是知后人之为《禹贡》之学的，尚得一凭班固的《地理志》，而不能恣逞自己的臆见，便说《禹贡》中的地理不同于今天的地理，就不相信呀（本《魏源集·通释禹贡》）。

4.郡县的下面，自加详细注脚（凡在郡县下面的注释，不曾书何人姓名的，都是班固的原注）。因而起了一种保存作者的原意的正确作用。这是因为作者著书不自作注，而让后人去解释，则众说纷纭，莫衷一是。那个对于古代典籍进行过一番考订、注释工夫的朱熹，就曾因为"春王正月"四个字之有各家不同的解说说："某所以都不敢信诸家解，除非是得孔子还魂亲说出。"（盛如梓《庶斋老学笔谈》卷上）何况更有许多注解家，故意穿凿附会，借古人的说法，企图达到他不可告人的种种目的呢！从而只有作者自作自注，既免去了笺注者的许多精神，且又保存了原来的正确意义。洪容斋说得好："经典义理之说，最为无穷，以故解释传疏，自汉至今，不可概举。至有一字而数说者"（《容斋续笔·义理之说无穷》），又叫读者何去何从呢。然从班固以后，史家著书，往往有手自刊补，列成子注的。诸如：肖大圜著《淮海乱杂志》，杨衒之著《洛阳伽蓝记》，宋孝王著《关东风俗传》，王邵著《齐志》，莫不都是自撰自注。饮水思源，这当要推美于班固了。但陈寅恪先生的《读洛阳伽蓝记书后》，却说杨衒之因染习了佛法，乃仿当时僧人合本子注的体裁，故所著于正文之外，复有子注（《中央研究院历史语言研究所集刊》八本二分），这就未免有失考据了！

5.班固写《地理志》，以各地风俗为主要题材。一方面郡邑的名字，有的因为土俗的关系，往往有一种方言上的别种称谓。为了整齐划一，都去掉它们原来的俗称，而另用一种新的名字。如改豫章的余干为余汗，梓潼的十方为什方，南海的潘隅为番禺，苍梧的肆浦为荔浦，九贞的都龙为都庞等等。从此，全国的郡县称谓，不因他们的习俗方言的差别而有一种不统一的名称。这对促进政治统一，思想交流，情感传播，都起了一定的积极作用。一方面记述四方风俗习惯的差异，都能从经济状况，居民成分的变化出发，说明不同的社会意识是不同的经济反映。这种对世界的了解是唯物的。班固又主张因俗施政，诸如："秦之地险，其俗杂，其政宜绥。巴蜀之地，其俗琐，其政宜拓。魏之地阻，其俗儇，其政宜忠。晋韩之地瘠，其俗啬，其政宜浃……"（卢志庵《汉书评抄》），并赞美了文翁开化偏远落后地区治蜀的成绩。这固然是给统治者从意识形态上提供统治天下的借鉴，但主张结合具体的地方习俗去治理政治，赞扬发展偏远地区的文化事业，在客观上还是有进步意义的。

6.黄履翁说："班孟坚之志地理，论吴严助、朱买臣之贵显，则继以章山之铜，豫章之金，则知吴之人材，其亦三吴之气所钟欤？"（《源流至论·别集》卷4）

总之,《汉书·地理志》叙枚乘、邹阳、严助、朱买臣等之群集吴地,致一时"文辞并发",主要是由于经济的开发,次则是因吴王召集宾客而给以禄位的政治作用。班固在这里是又不曾自觉而天才地意识到文化本身是受着经济发展和政治作用的支配的。从而他虽是个唯心主义史学家,却仍具有朴素自发的唯物主义因素。

7. 班固撰《地理志》,往往"采获旧闻,考迹诗书";而行文又结构严密,练词雅洁,至"文不入靡,琢不伤朴",深合"古文法度"(《章氏遗书·补遗·评沈梅村古文》),而给后人写地理书的,起了一定的典范作用。试看郦道元注《水经注》,采集旧著菁英,录用诗歌掌故,而将各地山川,作了一个细腻而生动的叙述,致成为一部历史地理名著。推本穷源,也还是向班固学习来的。

然而任何事物,总是一分为二的。班固谈地理,诚然优点很多,但缺点又何尝没有? 西汉古、今文家,多见先秦一些古书,多闻当时师传的说法,其立说则有所根本,而较后人以意度的臆说自当可靠。所以他认为东汉较西汉去古为远,释《禹贡》而采西汉经师的说法,自然有一定的理由。但信古太过,则也是有泥古不通之弊的。比如司马迁按古代的《禹本纪》而说黄河出于昆仑,班固也就据之而有同样的说法。然后人按"佛书考之,河出昆仑者,此即雪山。而所谓昆仑者,自须弥山也"。班固又承袭司马迁之说,"且言自张骞使大夏之后,穷河源,乌得所谓昆仑者? 此是未知昆仑山所在耳"(陈善《扪虱新话》卷15"司马迁班固言河出昆仑"条)。总之,信古太过,则难免有执文害理的弊病。即以经学大师的郑康成注《毛诗》,因为长于礼学,一一都牵合于《周礼》,也就束缚得厉害,而不免以辞害意。欧阳修博通群书,而好古信经,以至学术议论,一一本之于经,废弃三传而不顾。然而三传并非全以私意而穿凿附会的产物,而是有凭先师的传说,有赖简牍之文所写成的,岂可废弃而不一顾呢? 那么,信经而废传,据《礼》而谈诗的拘泥不通的害处,穷根追底说来,又何尝不是从班固而来的呢。

原载《兰州大学学报》1983 年第 2 期

点校本《汉书》管见

　　点校《二十四史》，是毛主席、周总理交下来的艰巨、光荣的任务，是校点先生们多年心血的结晶。这的确给广大读者提供了极大的方便，受到了国内外史学界的珍视。但自来对古书只进行过校勘，却没有进行过标点（《汉书》之有句读，始于明凌稚隆的《汉书评注》，但句读并不等于标点）。校勘工作，既如庭院之扫落叶，随扫随有；而标点又是和校勘相辅相成，而且更是具体而不可稍事疏忽的工作。因而尽管点校先生们都是博学多识之士，而又认真负责，一丝不苟，也终究难免有欠科学性的地方。

　　何况《汉书》"雅赡宏括"，就是马融，是当时曾任兰台校书郎，而又注过《孝经》《论语》《易》《尚书》《三礼》等书的高才博学的一代大师，还是感到贯通的不易，得从班昭受读。从此，服虔、应劭、晋灼、臣瓒、蔡谟莫不相继竞为注释；而颜师古综合旧训，发明驳正，尤足以称为班固的功臣。但刘攽兄弟犹复举出了其中的不少错误。清代朴学大兴，博学者尤多致力于《汉书》的研究。然以最称精博的高邮王念孙，终亦难免于疵类。至于王先谦作《汉书补注》，虽说搜罗宏富，用心审慎，而遗义还是不少。尤足以证明校点《汉书》的极不容易了。

　　去年兰州大学历史系进修生已经进校报到，教研组才要我担任《汉书》一课，事出仓促，我们决定从校点本中选讲一些篇章作教材。现就已经讲用过的《百官公卿表上》《儒林传序》《苏武传》《霍光传》几篇，管窥蠡测，且从校、点两方面，提出一些初步的看法，就正于校点先生和读者。

一、《百官公卿表上》

　　1. 自颛顼以来，为民师而命以民事，有重黎、句芒、祝融、后土、蓐收、玄冥之官，然已上矣。（721页）

从上段的校点中,可以提出两点:

第一,按"自颛顼以来,为民师而命以民事"的话,原是《左传》昭公十七年郯子答叔孙昭子以鸟名官说的。而"有重黎、句芒、祝融、后土、蓐收、玄冥之官",则是《左传》昭公二十九年史墨回答魏献子问龙而连及龙、凤凰等物各有其官的事。这本是两件事,而不可混成一件的。因此:

(1)在"自颛顼以来,为民师而命以民事"的后面,只能打句点,不可打逗点。(2)既是两件事,则在"有重黎、句芒、祝融、后土、蓐收、玄冥之官"的前面,似宜增一"又"字。总之,在"为民师而命以民事"的后面,不打句号而打逗号;又不在"有重黎"之前增一"又"字,那就把《左传》昭十七年郯子论官,和昭二十九年史墨论官的两回事混合成了一回事,是与原来的历史事实不合的。

2.据《左传》昭二十九年的记载:五官各修其业而有大功的,死后都可能食于五种之神,而为王者所尊奉。所谓五官,就是五行之官:木的长官,句芒;火的长官,祝融;金的长官,蓐收;水的长官,玄冥;土的长官,后土。担任句芒之职的人,则是重;担任蓐收之职的人则是该;担任玄冥官的人则是修和熙;任祝融官的人则是黎;担后土之职的人则是句龙。因此,应劭为"又有句芒、祝融、后土、蓐收、玄冥之官"作注,便根据上面《左传》的记载,说是"重为句芒,胲(《左传》作该)为蓐收,修及熙为玄冥。颛顼氏有子曰黎,为祝融。共工氏有子曰句龙,为后土。故有五行之官,皆封为上公,祀为贵神"。只以《汉书》传世已久,也就错成了"有重黎、句芒、祝融、后土、蓐收、玄冥之官"。如果没有错,那么:

(1)不是把重黎和句芒同样说成了官名,便是把句芒等和重黎同样说成了人名。(2)重、黎本是二人,也就合成了一人。重、黎不是一人,而是二人。明代陈锡仁的《史记考》,清代张照的《馆本史记考证》,都曾加以辨正。陈说:"重、黎,本二人。重为木正,黎为火正。合为一人,误。"张说:"南正重,司天;北正黎,司地。重、黎者,二人之名,犹夫周、召尔"。因而决不可以把他们两个人混合而成一个人。(3)木的长官句芒,火的长官祝融,金的长官蓐收,水的长官玄冥,土的长官后土。合称起来,正好是所谓的"五行之官"。如果再把重黎加进去,那就便成"六行之官"了。我国古代,哪有什么"六行"之说,更哪有什么"六行之官"呢!

其实,应劭注《汉书》,既在"自颛顼以来,为民师而命以民事"的下面,说是"颛顼氏……不能纪远,始以职事命官也。春官为木正,夏官为火正,秋官为金正,冬官为水正,中官为土正"。又在"又有句芒、祝融、后土、蓐收、玄冥之官"的下面,说是:"重为句芒,胲为蓐收,修及熙为玄冥。颛顼氏有子曰黎,为祝融。共工氏有子曰句龙,为后土。故有五行之官。"如果把这两条注释联系起来看,也就知道只有五行之官,更没有六行之官,重、黎是二人,不是一人了。

所以从杜佑撰《通典》,郑樵著《通志》,马端临修《通考》,也都依据《汉书·百官公卿表》之所概括《左传》原来的记载,一字无异地说:"自颛顼以来……为民师而命以民事。又有五行之官,是谓五官。社稷五祀,是尊是奉。春官木正,曰句芒。夏官火正,曰祝融。秋官金正,曰蓐收。冬官水正,曰玄冥。中官土正,曰后土。"这就可见我上面所说,是有根据、有理由,而不是什么凿空之论的。

3. 记曰三公无官,言有其人然后充之,舜之于尧,伊尹于汤,周公、召公于周,是也。(722页)

记,本是一般典籍的称谓。此处之记,据孔颖达解释,"则是古有此记",而为作《文王世子》(《礼记》篇名)的记者所引用的书名的专称。那么,就可标上书号。即是不标书号,至少也得在记曰的下面,打上冒号才是。

按记所曰"三公无官",虽然不是《文王世子》的原文,却是从《文王世子》中概括出来的原意。原文是这样说的:"'设四辅及三公,不必备,唯其人。'语使能也"。这就是说:"语,言也。得能则用之,无则已,不必备其官也。小人处其位,不如且阙。"(以上见《十三经注疏》之《礼记·文王世子》注及疏)至于《百官表》所说:"三公无官,言有其人然后充之",则又是从《文王世子》所说概括出来的。所以上文似应标成"记曰:'三公无官'——言有其人然后充之。舜之于尧,伊尹于汤,周公、召公于周是也",才较妥当。如果如上所标"记曰三公无官,言有其人然后充之……",则就令人不易了解了。

4. 奉常……属官有太乐、太祝、太宰、太史、太卜、太医六令丞,又均官、都水两长丞,又诸庙寝园食官令长丞,有廱太宰、太祝令丞,五畤各一尉。(726页)

在上文的校点中,可提出三点:

第一,按上文原是说:奉常属官,有:太乐、太祝、太宰、太史、太卜、太医六令、丞之外,又有均官、都水两长、丞,又有诸庙、寝、园、食官令、长、丞,又有廱太宰、太祝令、丞,五畤各一尉。所以一连用了三个"又"字,一直贯下去。如果不经校勘,在"有廱太宰、太祝令、丞的前面不增一"又"字,在行文上是不通贯,解释不下去的。所以宋代精于汉史的刘攽就指出"有廱太宰、太祝令、丞"的这个"有"字,应作"又"字(《东汉刊误》),而世界书局的影印本《汉书》也都作"又"。

第二,庙,指的是庙令。庙令是"守庙,掌案行扫除"(司马彪《续汉书·百官志》)的官。寝指寝令。据《礼记·月令》注及疏:死者的庙后有寝。庙是接神之处,故在前;寝是藏衣冠之处,故在后。而寝令则是主管寝的。所以义陵(哀帝陵)藏在寝匮里的衣服,发现在床上,寝令便得以非常事故,上报朝廷(《汉书》卷12《平帝纪》)。园,指园令。园令,是"掌守陵园,掌行扫除"(《续汉书·百官志》)的官。司马相如就曾任过文帝陵园的园令(《史记》卷117《司马相如列传》)。食官令是"给陵上祭祀之事"的官。冯参的小弟弟,就曾任元帝渭陵的食官令(《汉书》卷79《冯参传》及注)。

所以点校本"又诸庙寝园食官令长丞",这样的标法,是把庙令、寝令、园令、食令混成了一锅子汤,令人模糊不清,而得改标为"又诸庙、寝、园、食官令、长、丞"才是。

第三,据《汉旧仪》:"县,户口满万,置六百石令,多者千石。户口不满万,置四百石、三百石长。"那么,县令、县长,虽然同是掌治一县的首长;但以县的户口多寡,秩的高低不同,而有等级的差别。这就在《百官公卿表》里,班固也曾明白地指出:"县令、长……掌治其县。万户以上为令,秩千石至六百石。减万户为长,秩五百石至三百石。"可见令之与长,不是没有分别的。至于丞,则是辅佐的意思。县丞,就是位次县令、县长的佐治县政之官。县的令、长、丞有如此的等级区别,推而至于其他官署的令、长、丞,也都同样有如此的区别。所以上条便当标成:

奉常……属官,有太乐、太祝、太宰、太史、太卜、太医六令、丞,又均官、都水两长、丞。又诸庙、寝、园、食官令、长、丞。又廱太宰、太祝令、丞。五畤各一尉。

5. 师古曰:"汉官仪云公车司马掌殿司马门,夜徼宫中,天下上事及阙下凡所徵召皆总领之,令秩六百石。"(729页注)

这里可以提出两点:

第一,应如世界书局影印本,作"……天下上事及四方贡献阙下……"才是。否则,便觉解释不过去。因为"天下上事及阙下"的原意,是说天下向朝廷上报其事以及四方至阙下贡献方物。如果不把这脱落掉的"贡献方物"四个字,经过校勘而增补进去,则使人不知是将什么及于阙下了。正因为《汉书》的版本,有脱落"贡献方物"四字的,也有没有脱落的。所以杜佑、郑樵、马端临,也都根据这种未脱落此四字的版本,而作:"公车司马令:秦属卫尉,汉因之,掌殿司马门,夜徼宫中,天下上事、四方贡献及阙下凡所征召公车者,皆总领之。"(《通典》卷25《职官七》、《通志略》卷30《职官四》、《通考》卷55《职官考九》)至于点校先生,虽然说是"注文错了,应当改动和增删的",加以改动和增删,而于此处并未改动和增删,也就使注文的意义未臻于完整。

第二,应标点成:"《汉官仪》云:'公车司马,掌:殿门司马门,夜徼宫中;天下上事,及贡献阙下;凡所征召,皆总领之。令、秩六百石'。"则公车司马所执掌的任务,才一件件地使人容易明白;而自"公车司马以至六百石",也都知道是《汉官仪》的原文。

6. 太子……属官有太子门大夫、庶子、先马、舍人。(733 页)

据《通典》卷 30《职官十二》:"古者,天子有庶子之官,职诸侯卿大夫之庶子,掌其戒令与其教治,有大事则帅国子而致于太子,唯所用之。秦因之,置中庶子、庶子员。汉因之,有庶子,员五人。史丹、王商、欧阳地馀并为中庶子。"是知庶子之官,起于古时,至秦、汉则置中庶子、庶子而有分别了。

钱大昭《汉书辨疑》就曾指出:"《冯野王传》云:'为太子中庶子'。《王商传》同疑脱'中'字。又考《汉旧仪》云:'中庶子五人,职如侍中,秩六百石。庶子,秩比四百石,如中郎,无员'……据此,则中庶子与庶子有别矣……《表》(《百宫公卿表》)于庶子上脱'中'字;庶子下脱'庶子'二字。"从而上条,应标点校勘为:

太子……属官,有:太子门大夫、(中)庶子、(庶子)、先马、舍人。

7. 水衡都尉……属官有上林、均输、御羞、禁圃、辑濯、钟官、技巧、六厩、辩铜九官令丞。又衡官、水司空、都水、农仓,又甘泉上林、都水七官长丞皆属焉。(735 页)

自上林至辩铜是九官,无误;而自衡官至都水,则算来算去,都是六官,今云"七官",很明显是错误的,不待校勘,就可肯定。何况刘攽就曾驳正,说是:"水衡属官,先叙九官令、丞矣。后列……甘泉上林长,是一官;甘泉都水,是一官。自衡官以下,凡'六官';言'七'者,误也。"(《东汉刊误》)这就更可校改"七官"而为"六官"了。因而连同标点问题,在这里便得改成:

水衡都尉……属官有:上林、均输、御羞、禁圃、辑濯、钟官、技巧、六厩、辩铜九官令、丞。又:衡官、水司空、都水、农仓;又:甘泉上林、都水(七)[六]官长、丞皆属焉。

8. 司隶校尉……绥和二年,哀帝复置,但为司隶,冠进贤冠,属大司空,比司直。(737 页)

据《小戴礼记·冠义》:"古者重冠。"为什么? 因为"冠以象德……此乃礼容之有则也……进贤表文者之号……獬豸触邪恶佞臣"(唐赵良器《冠赋》)。而汉的舆服制度规定:"进贤冠,古缁布冠也,文儒者之服也。""法冠(獬豸冠)……獬豸神羊,能别曲直……执法近臣御史服之。"(司马彪《续汉书·舆服志》)而司隶校尉的职务,又是对于公卿百官,无不举劾的。诸如:

成帝时,司隶校尉王尊,奏劾丞相匡衡、御史大夫张谭(《汉书》卷 76《王尊传》)。宣帝时,盖宽饶为司隶校尉,"刺举无所回避,小大辄举,所劾奏众多,廷尉处其法,半用半不用,公卿贵戚及郡国吏縣使至长安,皆恐惧莫敢犯禁"(《汉书》卷 77《盖宽饶传》)。那么,司隶校尉是执法劾举之官,"獬豸兽性触不直,故执宪者以其角形为冠"(《汉官仪》),也就充分地将"礼容有则"的舆服制度形象化了。如果以这种执宪而触邪佞的校尉,而服儒者的进贤冠,也就真是张冠李戴,难于理解了。

所以沈钦韩说:"《表》中'冠进贤冠'四字,与体例不称,疑注家语搀入。《续汉志》:'中二千石以下,皆冠进贤冠'。司隶执法,似当同御史服獬豸冠。"(《汉书疏证》卷5上《司隶校尉》)这种说法,是正确的。

所以上文,还是校勘为:"司隶校尉……绥和二年,哀帝复置。但为司隶,(冠进贤冠)〔冠獬豸冠〕,属大司空,比司直",才较妥当。

9.城门校尉掌京师城门屯兵,有司马、十二城门侯。中垒校尉掌北军垒门内,外掌西域。屯骑校尉掌骑士。步兵校尉掌上林苑门屯兵。越骑校尉掌越骑。长水校尉掌长水宣曲胡骑。又有胡骑校尉,掌池阳胡骑,不常置。射声校尉掌待诏射声士。虎贲校尉掌轻车。凡八校尉,皆武帝初置……西域都护加官,宣帝地节二年初置,以骑都尉、谏大夫使护西域三十六国,有副校尉……(737、738页)

依据颜师古所作"掌北军垒门之内,而又外掌西域"的注释,不应对上文作如上的标点,以及"西域"是"四城"之悮,王念孙在所著的《读书杂志》第四册的这一条,曾提出极其精详的辩正:

第一,他说:"此条自城门校尉以下,所掌皆京师及畿辅之事,不当兼掌西域。下条西域都护,护西域三十六国,有副校尉,此自别为一官,与中垒校尉无涉……'西域'当为'四城',谓掌北军垒门内外,及四城之事也。《汉纪·孝惠纪》云:'中垒校尉,掌北军垒门内外,及掌四城',是其证。四、西、城、域字相似;又涉下文西域而误耳。"

据《汉书》卷23《刑法志》:"汉兴……天下既定,蹂秦而置材官于郡国,京师有南北军之屯""以卫两宫。汉五年,治长乐宫,八年,治未央宫,皆有卫。长乐在东,为北军;未央在西南,为南军。"知两军初是两宫卫者(清俞正燮《癸巳类稿》卷11条汉南北军义条)。而八校尉则各随其职务冠以称号,分属于南、北军(明凌稚隆《汉书评林·汉南北军图》)。"中垒校尉掌北军垒内,则北军为京城兵"(宋林駧《源流至论》),也就是"掌管城门内之兵"。最主要的任务,是"保护京城"。有事,亦不过调之于京城相距很近的三辅(右扶风、左冯翊、京兆。《通考》卷150《兵考二》引宋易祓《汉南北军始末序》),其目的也还是为了维护畿辅之地以巩固京都。这就愈见王念孙的说法,是很精确的。

第二,王念孙说:"据《汉纪》则'外'字当属上读。旧本《北堂书钞·设官部十三》引此云:'掌北军垒门内外',亦以'外'字上属。《太平御览·职官部三十

八、四十》并同。师古以'外'字属下读,亦非。"

因此,上文应校点成"中垒校尉掌北军垒门内外,掌四城。"才是。这正是王念孙校点《汉书》的一大功绩。为什么?因为从师古对上文作了那种注释,诸如:杜佑的《通典》卷34《职官六·诸校尉附》、马端临的《通考》卷64《职官考十八·诸校尉》,也都承袭其说,无有异词。只有王念孙给予详明辨正,才破除了1000多年同迷之局。从而周寿昌作《汉书注校补》也说:"颜从内字断句,非也。岂有掌北军垒内而不及垒外者乎?宜从掌字读起。"(见《校补》卷11)这种首创功绩,是该肯定的。

又荀悦是汉献帝时精通汉史,"通见政体"的秘书监侍中(《后汉书》卷82《荀淑传》),所著《汉纪》,即是"工诃古人"的史评名家刘知几,也称其为"历代所褒"(《史通·内篇·二体》);南宋名史家李焘,又说:"学者甚重其书,袁宏、干宝以下皆祖述焉。"(《通考》卷193《经籍考二十》)王念孙引荀悦之说,而谓"'外'字当属上读",已够强而有力;又引虞世南摘录古籍字句所成的《北堂书钞》,李昉等搜集古书而供考证家考见古籍的《太平御览》,以证"师古以'外'字属下读,亦非",更是令人信服之至。

10.郡尉,秦官,掌佐守典武职甲卒,秩比二千石。有丞,秩皆六百石。(742页)

上文明显地说是郡尉秩比二千石,郡丞秩六百石;郡丞以外,又没有述及郡的其他官吏。则"皆"字便是衍文,可以删掉。

11.列侯所食县曰国,皇太后、皇后、公主所食曰邑,有蛮夷曰道。(742页)

王念孙说:"'皇太后'三字,后人以意加之也。不言皇太后者,言后与公主,则太后可知。《汉纪》及《通典·职官十五》并作皇后、公主所食曰邑(今本并作皇太后。'太'字乃后人依误本《汉书》加之。)《史记·吕后纪》集解,本书《高纪》注,并引如淳曰:《百官表》:皇后、公主所食曰邑,无'皇太后'三字。张晏注《高纪》亦同"(《读书杂志》第4册《汉书第三》)。

王念孙是清代精于声音训诂最著名的学者。所著《读书杂志》,于古书传写之舛悮衍漏,校正很是精确,故上文当删去"皇太后"三字,而作"列侯所食县曰国,皇后、公主所食曰邑,有蛮夷曰道。"

二、《儒林传序》

1.《汉书·儒林传序》,基本上是依据《史记·儒林传序》写成的。内中本诸《史记》所引同一武帝诏文的原文,自应相同而没什么差异。但中间有《史记》作"详延天下方正博闻之士",而《汉书》却作"详延天下方闻之士"的。两相比较,前者意义明白晓畅,后者晦涩难明,自应以前者为是。颜师古虽是注《汉书》的功臣,但释这"方闻之士"而为"有道博闻"之士,则有欠通顺而不易理解。所以齐召南说:《史记》作详延天下方正博闻之士,义甚明豁,当是《汉书》写本脱'正博'二字,而师古曲为之说耳。"(《官本汉书考证》)日人龙川资言作《史记会注考证》也说:"按《汉书》方下无'正博'二字,盖脱文。"(《儒林传》)又周寿昌因感到"方闻之士"意义不甚明顺,也都指出"'方闻',《史记》作'方正博闻'"(《汉书注校补》卷49),较为妥顺。只因点校者遇到这种文义不甚明晰之处,不曾取《史记》的同一篇章和有关补注《汉书》的著作做参考,也就没在"方"字下面,加上"正博"二字,作"方[正博]闻",而一仍旧贯了。(3593 页)

2. 太常择民年十八以上仪状端正者,补博士弟子。郡国县官有好文学,敬长上,肃政教,顺乡里,出入不悖,所闻,令相长丞上属所二千石。二千石谨察可者,常与计偕,诣太常,得受业如弟子。一岁皆辄课。(3594 页)

在上文的点校中,有几点是值得研究的:

第一,"郡、国、县官",宜依《史记·儒林传》,作"郡、国、县、道、邑"为是。为什么?

按汉时所谓县官,有两种意义:一种是指一县的长官,如《汉书》卷24《食货志》所说"县官尝自渔海"的县官是。一种指的是一国的皇帝,如《汉书》卷80《东平王宇传》所说"今署热,县官年少"之县官;以及卷68《霍光传》所说:"县官非我家将军""县官信之"的县官都是。至于《汉书·儒林传序》所说"郡国县官",乍看起来,自然指的是一县的首长,但就全文的整句来说,却又解释不过去。因为县官好文学云云,又由县令、县长上报于所属的郡守,实在是莫须有的事。所以这"郡国县官",还是要从《史记》作"郡、国、县、道、邑"为是。齐召南就曾说:"《汉书》郡、县、道、邑作县官,非是。"(《官本汉书考证》)只因校勘时未曾注意,也就未据《史记》改正了。

第二,"令、县令;相、侯相;长、县长;丞、县丞"。颜师古本已作了极其分明地解释,便应标成"令、相、长、丞"才是。只因标点时没有把《汉书》的原文和颜注联系起来看,致使二者互不相关,而未在令、相、长、丞之间标上顿点,混成一气了。

又,"出入不悖所闻",只在"所闻"的后面打一逗点就行,不必在"不悖"的后面先打逗点。陈锡仁就说过:"'出入不悖所闻'为一句"(《史记考》)。周寿昌又引"刘攽曰:'所闻当属上句读之,则亦不烦训诂矣。'寿昌案《史记》'所闻'下有'者'字,则固属上句读矣。刘说是也。"(《汉书注校补》卷49)又何必画蛇

70

添足呢。

第三，马端临对上文前大半段做出的解释说："太常所补，郡国所择，虽有两途，至于受业一年而后试，则考察无二法也。"(《通考》卷40《学校考一》)那么，"一岁皆辄课"，当是"一岁皆辄试"之误。马的这种解释，则又是根据《史记·儒林传》之作"一岁皆辄试"来的。因而龙川资言也说："《汉书》'试'作'课'，非是。"可见"一岁皆辄课"要当校改为"一岁皆辄(课)[试]"了。

第四，汉时于州郡置文学。马廷鸾就曾说："当时文学，布在州郡。"(《通考》卷40)；匡衡就曾以太常掌故补平原郡的文学(《汉书》卷81《匡衡传》)。掌故，属于太常，是主故事的官。晁错就曾以儒学掌故而从伏生受《尚书》(《汉书》卷36《楚元王传》)。所以文学、掌故是两种官，二者中间，不能不打顿点使之分开，标成"补文学、掌故缺。"

3. 以治礼掌故以文学礼义为官，迁留滞。(3594页)

"以治礼掌故"的"以"字，是多余的。《史记·儒林传》、《通考》卷40《学校考一》，都没有"以"字，便是证明。否则，义不可通。

掌故一官的职掌，前面已经说及。至于治礼，则是司礼仪接待宾客之官。萧望之就曾任大行，汉初称典客，景帝时改称大行令，武帝时改称大鸿胪。治礼丞(《汉书》卷78《萧望之传》)。所以治礼、掌故，是两种官名，二者之间，该打顿点，否则便混合成一种官称了。

由此龙川资言作按语说："《汉书》'以'字，衍。治礼、掌故，二官名。《汉书·平当传》：'当少为大行治礼丞'。《兒宽传》'以射策为掌故'者，此也。言治礼、掌故二官，以文学礼义为职，其迁徙常多留滞。"(《史记会注考证》卷121《儒林传》)

总结起来说，上文便当点校成："治礼、掌故，以文学礼义为官，迁留滞。"才较妥当、明白。

三、苏武传

1. 后陵复至北海上，语武："区脱捕得云中生口，言太守以下吏民皆白服，曰上崩。"武闻之，南乡号哭，呕血，旦夕临。

数月，昭帝即位。(2465～2466页)

这里分两点来说：

第一，"数月"，应属上行，紧与"且夕临"相接，而在它的后面打句点；不能移在下行，紧与"昭帝即位"相连，而在"昭帝即位"的后面打句点。为什么？据《汉书·武帝纪》与《昭帝纪》，武帝后二年，"丁卯，帝崩五柞宫"。"戊辰，太子即皇帝位"，是为昭帝。是武帝死后的明日，昭帝即已即位，并没有经过数月。又《霍光传》："后元二年春，上游五柞宫，病笃，光……受遗诏辅少主。明日，武帝崩，太子袭尊号，是为孝昭皇帝。"愈见武帝一死，昭帝即已登位，而没有经过数月。

第二，原来儒家主张行三年的丧制，不但墨子曾极力反对（《墨子·节葬下》），就是周公的儿子伯禽所统治最为秉礼而实行久丧之制的鲁国，亦因淮夷、徐戎作乱，为了服从战争的需要，他都带兵出征（《史记·周公世家》《礼记·曾子问》）；更莫说三年之丧，自春秋战国以来，未能行者矣（《通考》卷121《王礼考十六》）。举例来说：春秋时，鲁闵公二年，即为庄公吉禘（梁玉绳《瞥记》）；齐景公死于鲁哀公五年四月，六年七月，即行除丧（《公羊》哀公五年经，六年传）。甚至孔门的弟子宰我，亦以为三年之丧太久（《论语·阳货》）。战国时，滕文公经问孟子，定为三年丧制，不但父兄百官，都不想执行（《孟子·滕文公上》），就是孟子，亦复不行三年之丧（郎镆《七修类稿》卷26《孟子不行三年丧礼》）了。

秦、汉以来，丧期更是短促：秦始皇三十七年七月死于沙丘，九月即葬于骊山（《史记》卷6《秦始皇本纪》）。汉高帝于十二年四月甲辰，只过了21日至五月丙寅，惠帝即登了帝位。文帝死于后六年己亥，只过8天至丁未，景帝就继了帝位。景帝死于后三年五月甲子，武帝当天就继了帝位。（均见《汉书》以上各帝本纪）。是汉自建国以至武帝，旧君死了，最多只隔21天，最少一天都不满，新君就登了位，从来就没有时经几个月才即位的。因此，标点武帝死后"数月，昭帝即位"，是不合"秦汉以来，习为短丧之制"（《通考》卷125《王礼考二十》）的历史事实，不明自周以来久丧之制执行的实际情况的。何况武帝末年，既经巫蛊之乱，燕王旦又"自以次当立，上书求入宿卫"而不得，广陵王胥又以"动作无法度，故终不得为汉嗣"（《汉书》卷63《武五子传》），而都深怀怨恨。所以武帝唯恐死后将有祸乱，临死前便以立少子的重任委托霍光。那么，武帝一死，昭帝还能再经数月才即位吗？更见不以"数月"属上行，而标点成"数月，昭帝即位"之属不妥了。

2. 单于使使晓武。会论虞常，欲因此时降武。（2462页）

"单于使使晓武"，不该标句点，而该与"会论虞常"组成一起，再打逗点。因为整句的意思是说："单于使人告诉苏武，来共同讨论虞常的事，想趁此机会使武投降。"所以"使使晓武"，不可从师古"谕说令降"的说法，而该从清人陈景云所说："'单于使使晓武会论虞常，十一字，当作一句读。盖晓武以词，至论因处也。晓武中当无说降语。"（王峻《汉书正误》）

3. 王病,赐武马畜服匿穹庐。(2463 页)

马畜、服匿、穹庐,本来就不相属,各是一种东西,何况原注中刘德、孟康、晋灼又已分别作了解释,便当一一打上顿点不可省去不打,而仅在穹庐后面打一句点实为不妥。

4. 武曰:"武父子亡功德,皆为陛下所成就,位列将,爵通侯,兄弟亲近,常愿肝脑涂地。"(2464 页)

按上文苏武是说:"我父子无功无德,只以都承武帝所成就:父亲被封为杂号将军,平陵侯;兄弟们都做了朝廷近臣。所以我时常愿意为国立功报效,壮烈牺牲。"因而上文似应标为:

武曰:"武父子无功德,皆为陛下所成就:位列将,爵通侯;兄弟亲近。常愿肝脑涂地。"

5. 上官桀子安与桑弘羊及燕王、盖主谋反。(2467 页)

上官桀的后面,应该标上顿点,否则,与桑弘羊、燕王、盖主谋反的,只是他儿子上官安,而他这个谋反的主要人物,反而没有参与谋反了(上官桀等谋反的事迹,见《霍光传》)。

四、霍光传

1. 殿中尝有怪,一夜群臣相惊,光召尚符玺郎,郎不肯授光。光欲夺之,郎按剑曰:"臣头可得,玺不可得也。"(2933 页)

在上段的点校中,可以提出两点:

第一,霍光召尚符玺郎,为的是什么? 郎不肯给光的,又是什么? 光欲夺取的,又是什么? 这从开始"殿中""光召"以至"夺之"的文字中,都不足以使人明白。从而下文虽然说"玺不可得",也都感到突然,莫明其所以。

正因为如此,王先谦作《汉书补注》便说:"《通鉴》此句(光召尚符玺郎)下,有'欲收取玺'四字,复引颜注(恐有变故,故欲收玺)于下是也。颜注正释收玺之故。若无四字,则'召郎'语意不完,下文'郎不肯授'无根,颜注文义亦无所承。各本皆脱,赖《通鉴》存之。"这种说法,正是王氏书读得极其精辟的表现。点校先生虽然说"这次点校,采用王先谦的《汉书补注》本作为底本"(出版说明),但在事实上,却没有充分注意,因而也就没有依据王本去校勘,而在"光召尚符玺郎"的后面,增补"欲收取玺"四字,致使上段的文义,有欠完整。

第二,"郎不肯授光",亦宜从《通鉴》作"郎不肯授"为是。因为连贯上文"光召尚符玺郎,欲收取玺"看来,"光"字实是多余的。以班固凝练能文,尚会造如此不必要的累字句文吗?

2.将军之广明,都郎属耳。(2936 页)

按颜师古训"属"为近,王先谦则驳其说以为"属不训近"。而杨树达却又以王说为非,而以颜说为是。且说:"以郎、属连续,误矣。"总之,上文的意思是:将军去广明总(都)郎官的禁卫军而检阅之,"此近日事耳"(《汉书窥管》卷7)。因之不能在广明的后面打顿点,而要把顿点打在郎字后面才是。

3.车骑将军安世将羽林骑收缚二百余人,皆送廷尉诏狱。(2939 页)

廷尉、诏狱是两种官,二者之间,必须标上顿点,不标,就使之混而为一了。

原来廷尉是个掌司法、治狱之官,"凡郡国献疑罪,皆处当以报",(《续汉书·百官志》)处理一般案件的官吏。如有名的廷尉张释之,就曾持平处理侵犯文帝之跸,和盗窃高庙座前玉环的罪犯(《汉书》卷50《张释之传》)。

诏狱,则是奉皇帝诏令系治将相大臣之所。其官叫若卢,属于少府(《汉书》卷19《百官公卿表》上)。位在三公,爵至列侯的王商,就曾被史丹劾奏"不遵法度",而请成帝召诣若卢狱(《汉书》卷82《王商传》)。所以廷尉、诏狱之间,必须打上顿点,使二者分隔开来,免得没有区别。

4.取诸侯王列侯二千石绶及墨绶黄绶以并佩昌邑郎官者免奴。(2944 页)

这里可以提出两点:

第一,在各官爵和各色绶的后面,宜各标顿点,而作"取诸侯王、列侯、二千石绶及黑绶、黄绶,以并佩昌邑郎官者免奴",以免混成一气,模糊不清。

第二,王先谦的《汉书补注》既说"者"是衍文,杨树达的《汉书窥管》又进一步指出了"者"字是"诸"字之误。那么点校时,就当将"者"字加上圆括号,用小字排印,再行增入校正的"诸"字,加上方括号,用与正文相同的字体排印才是。

当然,要使这段文字真正明晰易懂,就得还要对诸侯王、列侯、二千石的绶和墨绶、黄绶以及免奴等作出正确的解释。但这些都不在点校范围之内,也就不再说了。

5.引内昌邑从官驺宰官奴二百余人……(2940 页)

从官,侍从之官。驺宰,管皇帝马厩的官。官奴,被没于官府的奴隶。所以在从官、驺宰、官奴的后面,都该打一顿点,免得混而为一,含糊不清。

6.召内泰壹宗庙乐人辇道牟首,鼓吹歌舞,悉奏众乐。(2940 页)

泰壹乐人和宗庙乐人,虽然都是乐人,但前者是祭泰壹神(天神,亦称太乙神)的乐人,后者是祭宗庙的乐人。他们是两种乐人,不能标为"召内泰壹宗庙乐人",而要标成"召内泰壹、宗庙乐人"。

原载《甘肃社会科学》1979 年第 4 期

裴松之《三国志注》

裴松之生于东晋简文帝咸安二年（372），卒于宋文帝元嘉二十八年（451），享年80岁。他出生于世代官僚地主的家庭，（祖父昧，光禄大夫。父珪，正员外郎）为人简直朴素，不但学问渊博，从政也有一定的成绩。所以，文帝命他注《三国志》并不是偶然的。

一、为什么要注《三国志》？

为什么要注《三国志》不外下面两个原因。

第一，陈寿《三国志》的优点，是精审正确，缺点是简略疏漏，所以有补注的必要。诚如裴松之《上三国志表》所说："寿书铨叙可观，事多审正。诚游览之苑囿，近世之嘉史。然失在于略，时有脱漏。臣奉旨寻详，务在周悉"，以补救他的缺陷，实在是必要的。

第二，在三国鼎立，互相斗争的时代，各国的史书，并不是对历史事实如实地给予记载，不附加其他成分的。相反，而是各自夸张，互相诋毁，而为它本国的政治服务的。因而宋文帝要裴松之"采三国异同，以注陈寿《国志》"，（《上三国志表》）作一对比的研究，实是一件很有意义的事情。

举个明显的例子来说。

曹操实际上是魏创业开国的太祖皇帝，在忠实于魏政权而为曹爽、曹髦政治心腹王沈所修的《魏书》里，则处处给曹操粉饰夸张，即所谓"多为时讳"（《晋书·王沈传》）。他捏造曹操的祖先"出于黄帝。当高阳世，陆终之子曰安，是为曹姓"，曹操则为汉丞相曹参的后代，是当时"天下名士"中不曾有过的杰出"名士"。而吴人所作《曹瞒传》却说曹操的父亲曹嵩，是"夏侯氏之子，夏侯惇之叔父，太祖（曹操）于惇为从父兄弟"，而嵩后来则成了宦官曹腾不明生出本末的养儿子。又说"太祖少好飞鹰走狗,游荡无度"(《三国志武帝纪·魏志》注引)。这就把曹操是被人看不起的赘阉——宦官的后代,以及少年刁皮捣蛋的流氓习气都揭穿了。

同是一个曹操,而在魏、吴两国的史书中,却写成了两种出身:丞相的后代,宦官之所收养未明本末的儿子。两种品质和面貌:处士中的杰出名士,刁皮放荡的流氓。至于其他同是一件事情,而魏、吴两国史书的记载不同,也就不必更来多举了。

二、《三国志》笺注的方法及其来源

裴松之受诏笺注《三国志》的目的,既是"寻详""周悉",且别"异同",为了把这个任务完成得很好,首先,便广事搜集了大量的图书资料,从正史如谢承《后汉书》,地理书如《汉书·地理志》,论著如蔡邕《明堂论》,杂传如王粲《英雄记》,论赞如傅畅《晋诸公赞》,表如《晋百官表》,子书如葛洪《抱朴子》,文集如挚虞《文章流别志》,史评如孙盛《异同评》,家传如《荀氏家传》,别传如《郑玄别传》,专集如《诸葛亮集》,族谱如《庾氏谱》,一共一百四十五种(详见《廿二史札记》《廿二史考异》),绞尽脑汁,日夜钻研,写成了详细的注释。

至于注释项目,依裴松之自己所说,可分四种。凡是"寿所不载,事宜存录者,则罔不毕取,以补其阙。或同说一事,而辞有乖离,或出事本异,疑不能判,并皆抄内,以备异闻。若乃纰缪显然,言不附理,则随违矫正,以惩其妄。其时事当否,及寿之小失,颇以愚意,有所论辩。"(《上三国志表》)简括说来,这种注释方法,便是"补阙""备异""惩妄""论辩"四种,而和那些一般专以训诂为主以解释史书中意义的自是不同。

然而在裴松之以前,这四种注释方法,不但有人分别用过,而且有人综合起来,一起都用过。所以裴注《三国志》,虽然在史注学上取得了很大的成绩,但并不能如有人所说,这是他的创作。(见《历史教学》1963 年第 2 期《裴松之与三国志注》)

原来,史学本是一种专深的学问,前人写"成一家之言"的历史著作如何阐发它的奥义,补述它的阙略,使读者容易了解、接受,这就有待于后来的史学专家,做出精详的注释。

然而注释有以训诂为主的,只是对于音义、名物、典故以及地理做出一些注解的,是为注释之正体。但是,更有于原书本文之外,委曲叙事,本末俱备,以为传注的,是为注释之变体。比如左丘明之翼附《春秋》为之作传,而将其中的简明纲目,结合历史本事,原原本本,曲尽细密地给以阐发叙述,使《春秋》中的史事和意义,不致不明于后代。从而西汉初年,一般经学大师,虽然传述经义,多以口授,但口授经义的伏生,所作《尚书大传》,叙事还是占了八分,释义只有二分,而命之曰"传"了。这是因为"注史以达事为主。事不明,训诂虽精无益也"(钱大昭《三国志辨疑·自序》)。

从而西汉末年,尽管那些抱残守缺的博士们,一向只是传释训诂,因而固执己见,说是记事多、解经少的《左传》,乃是左丘明自己的著作,不是为《春秋》所作之传,也就终究阻挡不了以事注史的道路,而为裴松之注《三国志》起了先导作用。

第一,东汉末年赵岐著《三辅决录》,西晋挚虞便在赵的本文之外,增补了许多事实(《晋书·挚虞传》)。蜀汉杨戏撰《季汉辅臣赞》,其中有戏所赞而陈寿未曾给予作传的,陈寿都在传文之外,注出了事实的本末。这都因为传的原文,比较简略,陈寿也就感到有增补事实,"注疏本末于其辞下,(使读者)可以恸知其髣髴"(《蜀志·杨戏传》)的必要。这就不但使注释学有所发展,而且为裴注《三国志》起了直接的先导作用。

第二,东晋徐广因为《史记》各种本子的文句不同,真伪乱杂。因而广泛搜集起来,加以研究考核,写成《史记音义》13卷,而"兼述训解释"。这就不但裴松之的儿子裴骃的《史记集解》是在《史记音义》的基础上增益起来的,就是他自己注《三国志》无论是训诂,还是备异、惩妄,又何尝不是受了这部《音义》的启示呢。

第三,司马迁的《史记》问世之后,扬雄既评其书"不与圣人同,是非颇谬于经"(《法言·序》)。班彪又"斟酌前史而订正得失",并批评了司马迁"是非颇谬于圣人"(《后汉书》卷40《班彪传》及论)。谯周著《古史考》,又纠正了司马迁叙先秦史事不曾依据正经的错失。(章宗源辑本,存《平津馆丛书》内)傅玄著《傅子》,又评论了《史记》《汉书》《三国志》三史的得失。甚至干宝,议论前代著作,而于司马迁的《史记》更是深表不满,而独推尊了《左传》。(《史通·烦省、二体》)从而裴松之注《三国志》,对于陈寿以及其他许多史家都提出了批评,这都不能不说是受了自扬雄以来等人的影响。

又晋王涛(王鉴弟弟)撰《三国志序评》,宋徐众作《三国评》,对于三国时代的历史事实,往往提出了自己的看法,给予称赞或批评,这对裴松之的论辩三国时事的当否,当更起了直接开悟的作用。

综合以上看来,我们可以肯定地说,裴松之注《三国志》的"补阙""备异""惩妄""论辩"四种方法,在他以前,别人都曾分别用过,而给他做了很好的启示,提供了有价值的参考。这些方法,并不是如杨翼骧先生说的"实为前所未有的开创之作",而是有所承袭来的。

然则我们是不是可以说,综合以上四种方法,以注释一部旧史,总算是裴松之注《三国志》,是第一个集其大成的人呢? 答案也还是否定的。

原来裴注《三国志》,除训诂以外,主要的是"补阙""备异""惩妄""论辩"四种方法。注释一部书,能够综合多种方法,各方面给予阐发、引申,的确是比较全面,做出了很大的成绩的。但集这五种方法之大成,而用在一部著作里,据我们看来,晋时的孙盛著《异同评》即已用过。虽然《异同评》今已不能全部见到,但在裴注里所引的材料看来,除了"备异"一种外,其他四种,可以说都已完全用过。那么,就是"备异",可能也已用了,只是裴注不曾引用到罢了。现且分别谈谈:

第一,训诂,是注解古书最基本的方法,也是最必要做的工作。裴注《三国志》"笺注名物,训释文义",虽是"间有之而不详"(侯康《三国志补注续·自叙》),然而仅就第一卷《武帝纪》来说,却注了太祖武帝"姓曹,讳操,字孟德",而引《曹瞒传》曰:"太祖一名吉利,小字阿瞒"。又注了"将军死绥"的"绥"字,而引《魏书》说:"绥,却也。有前一尺,无却一寸。"又注"袁尚将沮鹄守邯郸"曰:"沮,音菹,河朔间今犹有此姓。"

然而孙盛著《异同评》,就曾注意训诂。如注"巴七姓夷王朴胡、賨邑侯杜濩"说:"朴,音浮。濩,音户"。就是一个明显的例子。

第二,裴松之指出陈寿《三国志》的缺点,是"失在于略,时有所脱漏"。因而他的注释,也就做了许多补阙的工作。比如《武帝纪》原文,讲武帝生出本末,只有 59 个字,而注却旁征博引,共有 5 条,总计 530 个字,比原文增多了 9 倍。

然而《吕虔传》载虔聘王祥做别驾。孙盛则补述了祥事母孝及做官见重于时的事。又《姜维传》载维与母相失,孙盛又补叙了"维复得母书,令求当归"的事。因而给《三国志》补阙,孙盛已走在裴松之的前面了。

这种补阙的注释,往往给后代保存了许多珍贵资料。一方面因为这种史料,不曾受到割裂,首尾毕具,是较为完整的。另一方面是这种资料,十之八九是后代已经散佚不存的。因而对于后人研究古史上的问题,的确提供了很大的方便。

第三,陈寿于《武帝纪》载建安五年(200)八月,曹操与袁绍战不利,"兵不满万"。裴注因而举了许多证据,证明这种记载"非其实录"。《武帝纪》,陈寿载孙权先攻合肥,然后曹操至赤壁与刘备作战不利。孙盛则矫其妄说:"据《吴志》,刘备先破公军,然后权攻合肥。而此《纪》云权先攻合肥,后有赤壁之事,二者不同,《吴志》为是。"是矫陈寿之枉,孙盛又先裴松之而为之了。

裴氏曾据《前出师表》,证明是刘备三次先见诸葛亮,以驳鱼豢《魏略》诸葛亮先见刘备之说的错误。(《诸葛亮传》)又《世语》说桓阶劝曹操登上皇帝的宝座。孙盛则说"桓阶方惮有义直之节。考其传记,《世语》为妄矣"(《武帝纪》)。是孙惩妄以求史事的真实,不又在裴氏之前做过了么。

第四,曹操表袁绍之墓,并慰劳他的妻子。孙盛因而批评他"尽哀于逆臣之冢。加恩于饕餮之室",非是"为政之道"。(《武帝纪》)

这种论辩法,孙盛书里,固然用得很多;裴氏也跟着用得不少,比如《贾诩传》里,就曾议论他劝李傕攻长安为董卓报仇,致使国家破败,人民死亡,真是罪大恶极。

总之,裴注《三国志》是有一定贡献的。但所采用的方法,则在他之前晋的孙盛,都已用过。这说明注释史书,到了晋朝,已由训诂向各方面发展,而孙盛则是第一个首先综合多种方法,而集其大成的人。裴松之则是继孙盛之后,在孙盛的原有方法的基础上,向前推进而成了一位既是承袭又有开拓性的注释史学名家。

三、《三国志》注释的缺点

要想使一部历史名著没有任何一些缺点,是不可能的。所以裴松之对许多史家都提出了意见,而他自己所注的《三国志》,依然还是有缺点的。

第一,颜师古《汉书叙例》说:"泛说非当,芜辞竞逐,苟出异端,徒为烦冗,柢秽篇籍,盖无取焉。"颜注《汉书》,凡撰述新异穿凿的皆不采用。至于裴松之虽是批评了其他史家的虚伪妄作,但自己为了迎合统治者的意旨,却多次引用《搜神记》《神仙传》《异物志》《神异经》等所载鬼神怪诞之事。又复在《吕虔传》引用王祥卧冰得鱼,《关羽传》引用关羽梦猪啮脚的故事。这就引起了清代名史家王鸣盛的指责。"裴松之专务博采,若《关云长传》所采《蜀记》六条,《典略》一条,内唯'庞德子会灭关氏家'一条或系实录,其余尽属虚浮诬妄。"(《十七史商榷》卷41"关传注多误"条)甚至裴氏自己对他注中所引神奇鬼怪之事也说"纰缪显然,言不附理"呢。

我们为什么说裴的屡引神奇鬼异之书,以言怪诞不经之事,是迎合统治者的意旨呢?原来他受宋文帝的诏令而注《三国志》,而文帝却是一个以宜都藩王搞政变,利用"征祥杂沓,符瑞耀辉,宗庙神灵"(《宋书》卷5《文帝纪》)的机祥之说,登上皇帝宝座的。因为担心世人之难于统治,如果专用"儒者阐诗书礼义之教,而辅之以刑政威福之权,然固有赏之不劝,罚之不惩,耳提面命,而终不率教者。及闻佛说,为善有福,为恶有罪,则莫不舍恶而趋于善。"因而见了颜延年之著论发明佛法,也就决心推行佛教以"坐致太平"(《琳琅秘室丛书》刘谧《三教平心论》)。那么,尽管裴氏为人质朴,注《三国志》又以矫枉为一重点,但圣旨在上,又怎能不言神引怪,迷惑世人,以为政治现实服务呢。试看他在《吴范》《刘惇》《赵达传》里,引了葛洪《神仙传》而说仙人介象几件方术之事以后,便郑重地加以申说:"臣松之以为葛洪所记,近为惑众,其书文颇行世。故撮取数事,载之篇末也。神仙之术,讵可测量?臣之臆断,以为惑众,所谓夏虫不知冷冰耳。"这就可见他引用神仙之术作注,只是迎合文帝意旨,而有违于他的衷心宿愿的,然而这又是有口不能申辩的,所以,也就只好责备自己是不知冰冻的夏天的虫子而已!他内心深处的苦楚,也就可想而知了!

第二,裴松之"上搜旧闻,傍摭遗逸",以补《三国志》的缺略脱漏,虽然态度严肃,但终问纷错,难免没有芜杂的疵病。结果,往往只是纠集了一些感性材料,并没有使之上升到理性阶段。刘知几说他"喜聚异同,不加刊定,恣其击难,坐长烦芜"(《史通》内篇《补注》);陈振孙说裴注繁芜(《直斋书录解题·正史类》);浦起龙谓"裴注知博而不知约,征书甚富,而择言不精"(《史通通释·杂说中》),都是有一定的理由的。别的且不再去说他,就只引用孙盛《异同评》一书,时而为《异同记》,时而又为《异同杂语》《杂记》,以至省了一个《记》,注引一部书,而名字就先后换用 5 个,也就够纷错杂乱,搅乱了读者,使之迷惑不清了。所以胡应麟说:"裴松之注《三国》也,偏记杂谈,旁收博采,迨今藉以传焉",这是对的。至于说他"综核精严"(《史书占毕》一),则是错误的。

总之,裴注《三国志》,是不及陈寿著《三国志》之高简有法的。王鸣盛就曾说:"松之尚知严正,然徒劳笔墨矣。观裴注,愈知陈寿史法之严。"(《十七史商榷》卷 41"关传注多误"条)正因为裴松之的史学,是不及陈寿的,所以章学诚说"有后学托于前修者,褚少孙之籍灵于司马迁,裴松之之依光于陈寿,非缘附骥,其力不足自存也。"(《文史通义·言公中》)

第三,裴松之《上三国志表》说陈"寿书……失在于略,时有脱漏。臣奉旨寻详,务在周悉。"但他自己所著,曾行于世的《晋纪》(《宋书·裴松之传》),却是"其文既野,其事罕有"(《玉海·古史·晋史》)的。这岂不是只责他人简略脱漏,而自己所著的史书,却可少所记载么。

再则,裴松之注《三国志》号称详核……然钟繇书法,妙绝古今,本传不载,注中自应补入,而裴注不及一字。华歆从逆奸臣,管幼安视之,殆犹粪土。则其先割席捉金之事,亦应附载,以见两人品识之相悬。本传既遗,而注亦并不及,

80

则世期(松之之字)之亦脱漏亦多矣。(《陔余丛考》卷6"三国志"条)这么看来,裴松之简直成了一座丈八灯台,只是照见人家,却照不见自己了。

三则,裴松之上表是曾反对当时之人刻碑勒铭,认为"勒铭,寡取信之实;刊石,成虚伪之常;真假相蒙,殆使合美者不贵……不加禁裁,其敝无已"(《宋书》卷64《裴松之传》)的。但他自己却又作了《裴氏家传》。(《隋书》卷33《经籍志·史部二》)而家传则是所以"喜称门阀,追述本系,妄承先哲"(《史通内篇序传》),以夸张其门第,标举其先人者也。这种真假相蒙、虚伪少实的弊病,和刻铭刻碑,只有过之而无不及之处,为什么反对时人勒铭刻石,而自己却又作家传呢?这岂不又是只许自己烧火,却不准别人点灯吗?

总之,人无十全,花无朵圆。裴松之为人和所注的《三国志》,不免都有欠缺之处,这是可以理解的。何况他注《三国志》是受了皇帝的诏令,岂敢不禀承皇帝的意旨,只是"唯实",而不"唯上"呢?事实上也是很难办到的。

至于刘知几作《补注篇》,其中对裴松之的为人和裴所注《三国志》的评论,则更是抹杀历史事实,不顾裴之所注《三国志》的实际情况,仅从一般注释经史的体例而妄发的。刘知几说,裴注《三国志》是因为他是个"好事之子,思广异闻",以表现自己的缘故。实则恰相其反,裴氏原来是个"立身简素"(《宋书》卷64《裴松之传》)之人,并非什么"好事之子"。至于裴之所以注《三国志》,更是奉了宋文帝的命令,而不是什么由于他自己之"思广异闻"和卖弄自己。那么,刘知几对裴松之为人和他所以注《三国志》的评议,不是明显地抹杀了事实吗?

再则,裴"松之年八岁,学通《论语》《毛诗》,博览坟籍。"年刚20,就做到了自晋以来而选自负南北之望的名家之所担任的直卫皇帝左右,参与顾问的殿中将军。以后做吴兴、故障(今浙江安吉县)县令,既政绩卓著;任巡行天下的钦差大臣,又深为时论所赞美。(《宋书·裴松之传》)这都充分说明了他具有政治才能、渊博学识,虽史法不及陈寿之严,亦足以名垂史册。所以刘知几说松之"才短力微,不能自述,庶凭骥尾,千里绝群。遂乃掇众史之异辞,补前书之所阙",企图附在陈寿的尾巴上,"好事"地补注《三国志》以钓誉于当时,垂名于后代,则又不很全面,而过甚其辞了。

原载《中国历史文献研究集刊》1983年第4期

隋代史学

隋王朝的大一统政权，是历经东晋以来几近 300 年（316—581）长期分裂的局面才建立起来的。大一统的开基，自应重视典籍的收藏，兴起一代的文化。何况在隋以前，典籍曾遭嬴秦之火，王莽之乱，董卓西迁，永嘉南渡，周师入郢的五次大灾厄。所以好学的晋王杨广（隋炀帝），平陈进入建康（南京市），即命高颖、裴矩收集图籍。一统之后，职司典籍的秘书监牛弘，又复认为"天下不可马上治之。故经邦立政，在于典谟"，特表请开献书之路（《隋书》卷 49《牛弘传》）。经过"访辑搜求，不遗余力，名山奥壁，捆载盈庭。嘉则殿书遂至三十七万余卷。书契以来，特为浩瀚"（胡应麟《少室山房笔丛》卷 1《经籍会通一》）。这当可以说当时撰修史书，是具备了极好的条件。

然而有了好的条件，统治者不重视修史，也还是不能把史修好的。

一、文帝、炀帝之不可能重视撰修史书

隋文帝杨坚，原是个秉性猜忌，一向对学术不感兴趣，全凭智术以得天下，而以文法自矜明察的皇帝（《资治通鉴》卷 177《隋纪一》）。他不学无术，负才任气。比如：他袭父爵为随国公，受周禅，而以隋为国号，则是因为他主观地认为周、齐不遑宁处，而辶之义训走，便去掉辶而成隋。殊不知隋读堕，零星残余之肉，不是极不吉利吗？至于辶，安步而行的意思，胡妄去掉，真是弄巧反成拙（见徐楚金《说文系传》）。像他这样"空腹而无一笺之诵"，自我作故之人，自然是不能"窥成败于国史，察安危于古今"，而以修好史书为当时政治上的重要事务的。何况他以外戚而受托孤的重任，竟因利乘隙夺取周的政权，故心里有鬼，认为人言可畏，特诏令"人间有撰集国史，臧否人物者，皆令禁绝"（《隋书》》卷 2《高帝纪》）。

至于炀帝杨广,说来虽是好学,却又是个杀君父、杀兄弟、酷虐百姓、妄事征战、荒淫纵乐的统治者,对那无情的历史也十分惧怕,又哪能以褒贬是非,明辨善恶的修史之事为重?周德泰就曾说:"人主之好学者,无几。然亦有好之,而无补于事,如梁绎(梁元帝肖绎)、隋炀帝之徒者,何哉?夫学之道,虽非一端,要以孝悌仁义为本。二君为子则不孝,为弟则不悌,为君则不仁,为人则不义,是其大本已失矣!虽朝诵夜习,亦复何益!况其所谓学,亦徒从事华藻之末也乎?"(《通鉴纲目·发明》)

再加上炀帝"恃才矜己,傲狠明德",只有老子天下第一,而"每骄天下之士"。既"不欲人出其右",又不耐人进谏。如有进谏,非置之死地而后快(《隋书》卷22《五行志上》、《通鉴》卷182《隋纪六》),哪还能以修史为重,虚心从中吸取经验教训,以为自己统治天下的借鉴呢。

尽管炀帝爱好著述,从开皇十年任扬州总督以至即位为帝的15年当中,设置学士多至百人,修书未曾停止。自经术、文章、兵、农、地理、医、卜、释、道以至蒲博、鹰狗,莫不都著新书,且称精洽,共计31部1.7万多卷(《通鉴》卷182《隋纪六》),却独不见一部史书,这就充分说明他是不愿撰修这种叙述兴亡得失以为龟鉴的典籍的。

如说"六经皆史",经之与史,原是合二而一的典籍,炀帝既修经术之书,不就是等于修了史书么?但我们认为,刘歆《七略》,班固《艺文志》,虽是以经概史,不曾一分为二,但二者终究是不能合二而一的。所谓经以载道,史以记事。载道,则虽明人伦,可为"虚美玄妙之论",虽言致用,可为"迂阔深刻之谈"(钱大昕《廿二史札记序》),终究不如史之叙史事得失,人伦关系之深切著明,而能起到一定的垂戒作用。像炀帝那么睥睨古今,骄矜自用,既不纳群臣之言,又哪里愿意修史而从中吸取经验教训呢?也就是以自己的说法去附会经术,而给自己的胡作非为去辩护,找注脚罢了。

二、隋代所修的史书

隋文帝、炀帝主观上诚然是不愿撰修史书的。然而不修与隋有关的前代史书,尤其是隋的国史,以及吹捧他们的史书,这在事实上又不可能。因此,有隋一代,还是撰修了史书的。

1. 魏澹的《魏书》。

隋文帝为什么要命魏澹别成《魏书》呢?那就是因为"魏收所撰书,褒贬失实"(《隋书》卷58《魏澹传》)的缘故。所谓"褒贬失实"究竟是怎么回事呢?

第一，原来魏收之书，撰于北齐天保二年（551）。北齐上承东魏的帝统，故以东魏为正统而止于孝静帝；至于西魏的文帝、废帝、恭帝，则概不给他们立纪。然而隋文帝则是上承北周的帝统，而北周又是上继西魏帝统的。这么一来，他所开建的隋朝，也就成了一个僭伪之国，不成其为历史上的正统朝代，这是他能允许的吗？这就使得他只有认为"褒贬失实"了。因而受禅之初，便迫不及待地诏"命魏澹、颜之推、辛德源更撰《魏书》九十二卷，以西魏为正，东魏为伪"（宋刘攽《魏书目录序》。并见清洪颐煊《诸史考异》卷14《魏史》）。这样一来，隋的政权，也就"居天下之正，合天下于一，斯正统矣"（《欧阳文忠公集·正统论下》）。

第二，魏收之书，讳太子之名，书皇帝之字，岂非尊卑失序，有悖于《春秋》《礼记·曲礼》"太子必书名，天子不言出，诸侯不生名"的义例吗？魏澹因之讳皇帝之名，书太子之字，以明尊君牢臣之义了。

第三，魏收之书，隐讳太武（世祖拓跋焘）、献文（显祖拓跋弘）的被杀，而说他俩善终天年，这就使乱臣贼子无所畏惧，而做皇帝的杨坚则将岌岌乎殆哉了！而魏澹分明直书，以惩逆贼，自是史法严正，义例详密（以上见《崇文总目》《隋书》卷58《魏澹传》）。

总之，隋文帝所以对魏收之书不满，而命魏澹另行撰修，并不是为了从中吸取经验教训，以为他统治天下的借鉴，而是为了争正统，正名分，惧乱臣，以巩固他的统治，而使天下之人绝对服从他隋王朝的专制政权。魏澹始而从齐入周，继而由周入隋，原是一个两度亡国遗臣，一切只有仰承猜忌成性的新君——隋文帝的鼻息。另修之书的义例，自是"与魏收多所不同"，从而也就博得了"上览而善之"的欢心。然而是非自在人心。世界上的一切，并不是封建专制的皇帝个人意志转移得了的。于是清儒凌廷堪为撰《魏书音义》，"且为伯起（魏收字）辩诬""文既奥衍，义例亦严"（洪亮吉《更生斋集》卷8《后魏书音义序》），殊足以为魏收主持公道。所以"足传于后"的，只是原来的魏收之书，而魏澹另修之书，在北宋仁宗时，王尧臣撰《崇文总目》时，已是亡佚得只剩一卷本纪了。

2. 王劭所修的史书。

王劭从少至老，究极群书，笃好经史。他采摘经史中的谬误而成的《读书记》，是为时人所折服而称之为博学者的著作。兹述他所著的史书于下。

《隋书》：王劭既是时人所折服的经史名家，又职司著作，专典国史，所撰《隋书》，自然也就是一部不朽的名著了。但他从隋初开皇以至仁寿为时20年（581—604），所修80卷的《隋书》，却是死搬硬套《尚书》的体例，分类列目——"以类相从，定为编次；至于纪年经传，并失其序"（《隋书》卷85《后序》）。

然而自左丘明传《春秋》，已为编年之祖，司马迁著《史记》，又为纪传之宗。是以"后来继作，相与因循""二体两行，千古宗之"。在封建社会里撰修一代国史，又有"谁能逾此"两种体裁呢？（《史通通释》卷1《二体》）至于《尚书》，虽开史家之体，但"古往今来，质文递变，诸史之作，不恒厥体"（《史通·内篇·六家》），并非一成不变的。历史车轮已经向前推进，而修史仍不编年，不纪传，只是一味地墨守《尚书》的成规。"以言为主。至于废兴行事，万不记一，悟其缺陷，可胜道哉！"（《史通·外篇·疑古》）生当5世纪末史书体例已是大备的时代的王劭，撰修《隋书》，却仍效法既不编年，又无纪传的《尚书》古老体例，也就只能说是一种分类列目的文献类编，而不成其为一代的国史了。

然而王劭本是个用思专一，博通经史的名家。如果真是毫无历史主义的认识，只能墨守《尚书》的成规去修史书，那为什么初撰《齐志》，即用编年体，复修《齐书》，又用纪传体？只是撰修《隋书》，却既不编年，又不作纪传，而只以记言为主，这还能没有一定的原因么？

原来王劭在齐，确是少年得志，官运亨通。不满20岁，即从尚书仆射的参军，一再上升为太子舍人、中书舍人。但齐亡入周，却不得调了。而隋文帝一经受禅，却升他做了付著作郎。"士为知己者死"，这能不使他竭尽智能去为有隋撰修一部国史吗？然而"史者，国家之典法也。自君臣善恶功过，与其百事之废置，可以垂劝诫示后世者，皆得直书而不隐"（《欧阳文忠公集·论史言日历表》）。而隋文帝"始以外戚之尊，受托孤之任，与能之议，未为当时所许"（《隋书》卷2《高祖纪·论》），而以杀周静帝自立。又复猜忌群臣，派心腹监视他们的言行，一有过失，立即加以重罪。以故"佐命无功，鲜有终其年；配享清庙，寂寞无闻"（《隋书》卷40《梁士彦传·论》）。这就不好为隋修国史而用纪传体或编年体了。只有"《尚书》者，隆平之典……直叙钦明……尧、舜盛，《尚书》载之"（《隋书》卷58《魏澹传》），"史之善善者也"（《史书占毕》卷1）。王劭几经思量，因而采辑文帝的一切诏令、口敕，推尊为尧、舜、禹、汤、文、武的典、谟、训、诰、誓、命之经典圣言，分类列目，仿效《尚书》体例，以成一代的宪章。"遂使隋代文武名臣列将善恶之迹，湮没无闻"（《隋书》卷69《王劭传》）。这种政治底细，若不予以揭穿，就是那事理缜密，识力说敏，读史得其奥义微旨而以评论史著著名的史家刘知几，也都不识其真意所在，徒然从体例上着眼，而说王劭《隋书》"帝王无纪，公卿缺传。则年月失序，爵里难详……乃似孔子《家语》，临川《世说》……故其书受嗤当代，良有以焉"（《史通·内篇·六家》）。是诚观其表面而未究其内心的皮相之言了！

再则，隋文帝"雅好符瑞，暗于大道"（《隋书》卷2《高祖纪·论》），这也不是没有他的政治原因的。这因他"受周禅恐民心未服"——事实上,当时周室旧臣对于他的篡权夺政,就是咸怀愤愤的;而王谦且固三蜀之险,尉迟迥又举全齐之众来反他。"故多称符瑞以耀之,其伪造而献者不可胜计。"(《通鉴》卷199《隋纪三》)如有人上书或当面说个不吉祥的话,文帝不是不省奏书,便是把原话改掉(《隋书》卷22《五行志上》)。在上唯风,在下唯草,于是怪诞不经,僻陋曲巷的诬妄之言,杂然纷起。王劭是个善于献谄求媚者,因而望风承旨,撰修《隋书》,也就"好诡怪之说,尚委巷之谈,文词鄙秽,体统繁杂,直愧南、董,才无迁、固,徒烦翰墨,不足观采"了。(《隋书》卷69《王邵传·论》)

《皇隋灵感志》:王邵卑鄙谄佞,狐媚求荣。他曾"先后上表,言上受命"——既说文帝有龙颜戴干之表,又言周时黄河变清,河清则生圣君,实属大隋。又谓图书屡出,文帝遂代周登位而有天下;又言《河图皇参持·通纪》二篇,所以陈大隋符命,皇道帝德,尽在于隋。文帝因之屡为高兴,认为王劭出于至诚,给他加官晋爵,宠赐日隆(《隋书》卷69《王劭传》)。那么,王邵根本上就是个回邪窃位,持谄求宠的佞人,绝不是什么直笔以申劝诫的史官!

王劭在文帝面前得宠,也就狗仗主势,越加逞能作耗(恶),任性胡为,而著妖异之书,做怪戾之事了。《皇隋灵感志》,便是他采辑民间歌谣,援引图书谶纬,搜集佛经,妄事点窜,曲加欺罔,牵强附会;文饰而成,以之奏上文帝的。文帝于是诏令宣示天下,由王邵召集诸州的朝集使,洗手烧香而读之,足够神乎其神了。又复曲折其声,有如歌咏,故意蛊惑众人。为时不是长达一月,便是十日之久,而向全国作尽了扩散毒素的宣传(《通鉴》卷778《隋纪二》)。王邵如此杂凑符谶、佛经、民谣,而妄生穿凿,诬罔地宣扬上帝、释迦眷佑皇隋,人民爱戴文帝,不但使自己成了个传教士,而《皇隋灵感志》则更是一部邪僻怪诞的志乘了。

《齐志》与《齐书》:王劭在齐为中书舍人,曾被称为"多识故事"的博学之士。后因齐灭入周,又以周灭入隋。当他因母丧离去著作郎的职务居家时,撰修了编年体的《齐志》20卷,纪传体的《齐书》10卷。"或文辞鄙野,或不轨不物,大为有识者所嗤鄙"(《隋书》卷69《王劭传》),也就不足成为一代的史书了。

然而批评史家刘知几,却不同意"世人……共诋王氏"的说法,一再提出了绝对相反的意见。不是说王劭"长于叙事,无愧古人"(《史通》卷6《叙事》),便是称王邵"抗词不挠,可以方驾古人"(《史通·内篇·曲笔》),这是一方面。刘知几又历诋《汉书》《后汉书》以来载文的错失,大事称赞"唯王劭撰齐、隋二史,其所取也,文皆诣实,理多可信;至于悠悠饰词,皆不之取。此实得去邪从正之理,捐华摭实之义也"(《史通·内篇·载文》)。又叹息自班固以后,史家修史,

86

"华多于实,理少于文,鼓其雄辞,夸其俪事……曾促足云。王邵志在简直,言兼鄙野,苟得其理,遂忘其文。观过知仁,斯之谓矣"(《史通·内篇·论赞》)。

总之,从刘知几说来,王邵实是两汉以后,唯一中正质直,恒愊无华的优秀史家。不但叙述史事,可与古之良史媲美,就是所载之文,也都拨华存实,理足可信;即是有些鄙野,也当从宽着想,不应责备求全的。

然而我们认为刘知几实是个热衷名利,虽然精通史学,却"未能免俗"的庸人。因为自己在史馆"忤时"的不得其志,对于唐初史官之备受优遇,也就感慨于怀,发言偏激(《史通·内篇·忤时》《自叙》《史官建置》),以至对他们所修诸史,吃醋调歪,独持异议。王劭徇私诬媚,曲从上意,所修史乘,不轨不物,弄得满纸牛鬼蛇神,自当遭受有识者的嗤鄙。刘知几却称赞他"去邪从正","志在简直",那就与事实相反,使人莫名其妙了!至于王劭修齐史,而能"抗辞不挠",则因齐早已为周所灭,而他已由齐入周,由周入隋,更不必有所顾虑的缘故。

隋文帝的父亲杨忠,原是宇文泰建周创业时官位高至八柱国之一的元勋。文帝自己,则又是承袭父爵而掌握军政的权臣。那么,虽说"于时邺城(高齐)将相,薪构仍存",而"王绍《齐志》,其叙述当时,亦务在审实。"即是"见仇贵族",也都"曾无惮色"(《史通·内篇·直书》)了。试看当时虽然严禁私撰史书,王邵在家修齐史被人揭发,文帝因之大发雷霆,没收其书,但一经审阅,便又高兴起来(《隋书》卷69《王劭传》)。可见在隋而直书其事,只要迎合着文帝的心意,高齐贵族后代的仇恨,又有什么可怕的。从而与其说王劭修齐史之能从正唯实,倒不如说他之能从曲唯上了。

再则,言者,心之声(《法言·问声》),是所以表达人们意志的(《庄子·外物》)。鄙劣浅陋,令人听不入耳(《论语·泰伯》);或者虚妄浮夸,不符实际而不可信,都是要不得的。刘知几就王劭的齐史,做了个比较的研究,则说什么齐史所载的齐言浅俗则真实;周书所载的周语文雅则虚假(《史通·外篇·杂说下》)。

然而我们认为,语言浅近,而意旨深远,自是属于好的语言。孟子不就说过"言近而旨远,善言也"(《孟子·尽心下》)吗?如鄙俗不堪,则"言之不文,行之不远",所成史书,又将何足以垂教当时,传信后代呢?不见南宋陈骙著《文则》一书,"为作者之法程",就曾因为"《礼记》之文,非纯格言,间有浅语",而嫌其"少施新削"(《文则上》、沙廖《书刻文则后》)吗?浅近语言,尚须新削润饰,何况浅俗鄙陋的语言呢?更何况王劭修史,不识大体,而爱攻击人们的生活细故。且莫说"大为有识者所嗤鄙",就是一贯吹嘘王劭的刘知几自己,也都不以为然,而说是"所谓直笔者,不掩恶,不虚美,书之有益于褒贬,不书无损于劝诫,但举其宏纲,存其大体而已。非谓丝毫必录,琐细无遗者也。如宋孝王、王劭之徒,其所记也,喜论人帷薄不修,言貌鄙事,讦(揭发别人的阴私)以为直"(《杂说下》),是不识直之为直的真正大义了!

3.柳䛒、诸葛颖所修的史书。

以上所述,都是文帝时所修的史书;炀帝时所修的,则有秘书柳䛒的《晋王北伐记》,著作郎诸葛颖的《銮驾北巡记》《幸江都道里记》。

我们且问为什么要撰修史书呢?北宋史家曾巩说:"将以是非得失,兴坏理乱之故,而为法戒,则必得其所托而后能传于久,此史之所以作也。然而所托不得其人,则或失其意,或乱其失,或析理之不通,或设辞之不善。故虽有殊功盛德非常之迹,将暗而不章,郁而不发,而梼杌嵬琐奸回凶匿之形,可幸而掩也。"(《南齐书·序》)

然则撰修《晋王北伐记》的柳䛒,又是个什么样的人呢?那便是炀帝所宠幸的嬖人。当炀帝还是为晋王、做太子的时候,他便是以足恭求媚,俊辩如流,而甚得亲幸,最所亲狎的学士。他常被召入卧内,宴饮之间,戏谑慢易,无所不至。炀帝退朝之后,则命他直入宫禁闺阁和嫔后们对酒,共榻同席而为欢笑(《隋书》卷58《柳䛒传》)。像这样亵近嬖幸的弄臣所撰的《晋王北伐记》,也就只能是辞藻华丽,意旨猥鄙,极尽他阿谀谄媚、夸诞虚妄之能事,还谈什么付托得人,而将所修之史传之后代,以为永久之法戒呢!

炀帝为晋王时,听说诸葛颖好学习《周易》、图纬,利辞辩口,而引之为记室的嬖臣。

原载《史学史研究》1982 年第 3 期

关于唐代撰修史书上的几个问题

李唐一代，撰修史书，在中国史学史上体现出它的特点：一、撰修前代的史书多种；二、官修当代国史；三、禁止私修国史。兹分别就这三大特点中的几个问题叙述于下。

一、撰修前代诸史的多种

唐代官修前代的诸史，计有《晋书》《梁书》《陈书》《北齐书》《北周书》《隋书》6 种，在《二十四史》中，占了四分之一。部数之多，超过了中国封建时代的任何一个王朝。这在中国史学史上体现出了它的特点，而又是有它一定的原因的。

1. 撰修前代诸史的原因及其措置。

（1）前事不忘，后事之师。

列宁曾指出：历史，"我们是把它当作材料，当作教训，当作往前进行的跳板看待的"。令狐德棻是唐初史家中的先进，他牢牢地记得傅说对殷高宗所说："学于古训，乃有获。事不师古，以克永世，匪说攸闻"（《尚书·说命下》）的话言，"尝从容言于高祖曰：'窃见近代以来，多无正史……如文史不存，何以贻鉴今古？如臣愚见，请并修之'"。高祖接受了他的意见，因下修撰前代诸史的诏令说："司典序言，史官记事，考论得失，究尽变通。所以裁成义类，惩善劝恶，多识前古，贻鉴将来。"（《旧唐书》卷 73《令狐德棻传》）这就是说，撰修前代晋、梁、陈、北齐、北周、隋诸史，是要从它们的兴亡得失的历史事件中，吸取经验教训，以为唐代统治者的借鉴，而巩固唐的政权。

尤其是自古以来，凡是一个新建立的王朝，没有不把她所覆灭的前朝得失兴亡的历史事实，作为龟鉴的。所谓"殷鉴不远，在夏后之世"（《诗·大雅·

荡》);所谓"往敷求于殷先哲王,用保乂民"(《尚书·康诰》)。这种殷以所灭之夏为戒,周以所胜之殷为戒的历史教训,正是"前车之覆,后车之鉴""前事不忘,后事之师"的思想意识,在人们头脑中永远不可忘记的强烈反映。那么,隋文帝杨坚北灭周,南灭陈,建立了土地广大,国威远震,国势富强的统一大帝国。然而传世只有两代,为时只经短短的 37 年(581—618),便被以李渊父子为首的李唐所覆灭。这种活生生的历史现实,也就够使李渊们深刻地认识到必须及时总结经验,吸取教训,而以隋王朝这辆覆车,当作他们统治天下的龟鉴了。

(2)宣扬祖宗功德。

一代开国之主,往往是因他的先人,在前代立了一些功业,从而利用当时的情势,取得了他的政权的。沈约自述其在齐奉诏而撰《宋书》就曾说:"臣闻大禹刊木,事炳《虞书》;西伯戡黎,功焕商典。伏维皇基积峻,帝烈弘深;树德往朝,立勋前代。若不观风唐世,无以见帝妫之美;自非睹乱秦余,何用知汉祖之业。是以掌言未记,爰动天情,曲诏史官,追述大典。"(《宋书》卷 100《自序》)这就把齐武帝萧赜之所以诏令修撰《宋书》,目的在于阐扬他祖父萧承之、父亲萧道成在前代宋的功业,说得很清楚了。那么,唐高祖李渊既继隋而统治天下,又承周的历数,而祖父李虎、父亲李昞的功业,又都建立在周。不修前代史书,则祖父、父亲的事迹,便不能传之于后世(《新唐书》卷 102、《旧唐书》卷 73《令狐德棻传》)。

又,唐初诸史家,大都是前代名门望族的后代,不修前代史书,同样不能宣扬他们祖上的功德,传之后代。这就是以李渊为首的统治集团撰修前代史书的又一个重要原因。①

(3)撰修布置。

有了以上两个原因,于是武德四年(621),高祖颁下撰修前代史书的诏令:封德彝、颜师古主修《隋书》,崔善为、孔绍安主修《梁书》,裴矩、祖孝孙、魏征主修《北齐书》,窦进、欧阳询、姚思廉主修《陈书》,陈叔达、庾俭、令狐德棻主修《北周书》。但决定撰修前代多种史书进程的,最主要的并非人们的意志。而是当时的客观现实的经济条件。因而经过 8 年之久,诸史并没有修成。

我们知道,武德初年,正值隋末乱离,"黄河之北,则千里无烟;江淮之间,则

---

① 唐初诸史家,多是前代名门望族的之孙:陈述达,陈宣帝的儿子。裴矩,祖父佗,后魏刺史,父纳之,北齐太子舍人。颜师古,先人世仕江左,祖父之推,齐黄门侍郎。孔绍安,陈吏部尚书孔奂的儿子。欧阳询,祖父,陈大司空欧阳頠,父亲,陈广州刺史欧阳纥。令狐德棻,父亲熙,隋鸿胪少卿。岑文本,祖父善方,萧督吏部尚书,父亲之象,隋末邯郸令。李百药,父亲隋内史令安平公李德林。姚思廉,父姚察,陈吏部尚书。

《晋书》,同样是所修前代诸史的一种。只以《宣纪》《武纪》、陆机、王羲之二传的结论,是太宗亲撰的,故题御撰,而不包括在内。

鞠多茂草"(《隋书》卷70《杨玄感传》)的人口零落、经济残破之后,也就不可能超越客观条件下的许可限度,而使大量撰修前代诸史的工作顺利完成。只有经过恢复农业经济措施,到了贞观三年(629),生产逐步有了发展,而太宗又自称他所做的事有三件。第一件便是"鉴前代成败以为元龟"(《新唐书》卷105《褚遂良传》)。他经常和弘文馆学士们讨论古今,总结前代帝王之所以成功失败的缘故(《新唐书》卷198《儒林传序》)。他吸取了"秦始皇奢淫无度,志存隐恶,焚书坑儒,用缄谈者之口;隋炀帝虽好文儒,尤疾学者,前世史籍,竟无所成。数代之事,殆将泯绝"的历史教训。因之越加深刻地认识到有"睹前代史书,彰善瘅恶,足为将来之戒""欲览前王之得失,为在身之龟镜"(《册府元龟》卷554《国史部·恩奖》)的迫切需要。从而对于修撰前代史书这个问题,重新采取了进一步的积极措施:

第一,重新组织一套撰修人员的班子。于贞观三年诏令:令狐德棻、岑文本、崔仁师修《北周书》,李百药修《北齐书》,姚思廉修《梁书》《陈书》,魏征修《隋书》。

第二,为了加强领导,打破了以往惯例,将史官移入门下省的北面,以便监督;并罢去著作局的职务,由宰相房玄龄担任总监(《文献通考》卷51《职官》)。

第三,以得力的秘书监魏征负撰修的总责:一面将修成的前代诸史,详加损益。一面指令《隋书》的序论,《梁书》《陈书》《北齐书》的总论,也都由他撰定(《旧唐书》卷71《魏征传》)。

第四,由当时诸史官中最受宗仰的先进人物令狐德棻担任总裁,制定各史体例(《陔余丛考》卷7"周书"条、《新唐书》卷102《令狐德棻传》),以期整齐划一。

然而尽管太宗采取了以上这一系列的重要措施,也还不得不说,在宰相任监修,秘书监负总责,先进史官当总裁,而史馆且移置禁中的门下省的北面,就真正的集中统一,所修成的前代诸史,处处都意见一致,事事都看法一样了吗?因为在阶级存在的条件下,不但有多少阶级就有多少主义,甚至在一个统治阶级的集团里,各人也还有各人的主义。再加上太宗是很明智而虚心聆取意见的人,因而当时官修的前代诸史,是统一领导的,又是允许存异的——以至出现许多严重的分歧。如果说及私修的《南史》《北史》,则这种分歧,也是同样存在的。

2.撰修前代史书上的分歧。

(1)注重人事与宣扬天命。

魏征和当时出身于名门望族后代的史官不同。他父亲只是个北齐的上党屯留令，他小时候也就是个"孤贫"的孩子。他又经受了隋末乱世的折磨，深刻地了解着社会底细。从而使他锻炼成了一个"有大志，贯通学术"的"雅有经国之才"。这表现在撰述史书上，如在《随书》卷69《王劭袁充传》里，不但极为详尽地叙了他们"经营符瑞"，"假托天文"，狐媚取宠于隋文帝，"大为有识者所嗤鄙"的丑恶；且又充分揭发了隋文帝、炀帝"雅信符瑞"的痴愚。结果，弄得"土崩鱼烂……社稷颠陨"（《隋书》卷4《炀帝纪》），而要太宗以隋的一切为镜子，"则存亡治乱可得而知"。再不要和隋一样，相信唐之统治天下，没有什么"天命可恃"。相反，是要知道"吉凶""祸福"，是"唯人所召"的。所以他所作的隋史序论，梁史、陈史、齐史总论，主要的都是强调人事，而把天命放在次要的地位。并总结北齐之亡而论之曰："天时不如地利，地利不如人和"。"天道深远，或未易谈；吉凶由人，抑可扬榷。"一句话："皇天无亲，唯德是辅。"（《北齐书》卷8《总论》）人事不好，天道是不起作用的。这就和撰《北齐书》的李百药，承袭父亲李德林"帝王神器，历数有归……非人力之所能为"的《天命论》（《隋书》卷42《李德林传》），而作《封建论》，大肆宣扬"自古皇王，君临宇内，莫不受命上玄……祚之长短，必在天时"（《旧唐书》卷72《李百药传》）；作《北齐书》总论，而谓"乱亡之数盖有兆"；北齐灭亡，是由天命决定的，大有其分歧了！

（2）书法不隐与记事阿曲。

魏征本是唐初"献纳忠说，犯颜正谏"，极负盛名的"诤臣"。他所主编的《隋书》，也就文笔谨严，叙事简练，往往据实直书，不事隐讳。即是虞世南得承太宗优遇，但他却一秉中正，务在审实，毫不掩饰地去直书他哥虞世基的罪恶。这就充分体现出他刚直不阿，书法毫不徇情，毫无隐讳的精神。这和"记事阿曲"的许敬宗，"褊忌阴贼"的李义甫（《旧唐书》卷82《许敬宗李义甫传》）修《晋书》，"乌知兰艾、鸾枭之辨"，而以韦忠讨羌为刘聪而死为忠义，以王育、刘敏元"舍顺从逆"而仕于刘渊、刘曜为忠义（《困学纪闻》卷13《考史》），是绝不相同的。

（3）记事简严与采掇琐事。

魏征既是个操行严正，一丝不苟的一代诤臣，因而经他撰定的《隋书》，文字也就格外简练严谨，而于琐言碎事，诸如薛道衡死了，炀帝所说"复能作空梁落燕泥否？"李密牛角挂《汉书》等等，都一切删削不载。这和当时撰《晋书》诸家爱好采择《语林》《搜神记》《幽明录》等诡谬不经之事，以广异闻，以及给放诞肆情，沉迷嗜酒的刘伶、毕卓立传，以补旧《晋书》之缺的（《旧唐书》卷66《房玄龄传》、《史通·外篇·杂说上、杂说中》）作法，自是大不相同。

（4）文势卑弱与雄伟。

唐初文笔，沿袭着六朝靡艳的习气，以故不但撰修《晋书》的文咏之士所作的评论,绘藻浮华,不求笃实;就是功业雄卓的太宗,也因骋志文辞,钟爱翰墨,以致所著宣、武帝本纪,陆机、王羲之的传论,亦复绮艳靡丽,气势卑弱。而姚察、姚思廉父子所修《梁书》《陈书》,却全用散文,条理酣畅,气势雄伟,直欲上追司马迁。至令史笔简洁的李延寿,也不能增损一字。真是蔚然卓绝于诸史家之上,而和他们大所不同。

(5)浮文收载与删削。

姚察修《梁书》,虽在入陈之后,而所据底本,则是梁的国史。因之"各列传必先叙其历官,而后载其事实,末又载饰终之诏"(《廿二史札记》卷9"梁书悉据国史立传"条)的客套照例之文,已是令人怨烦而不愿读。何况姚思廉在唐而修《梁书》,时代既已改易,并非梁的国史,而是前代的"正史",亦复照旧载入这种加恩饰的诏书,应删削的而不删削,也就越加显得芜冗繁复,令人读之呕吐了。因而李延寿作《南史》列传,将此等连篇无谓的浮文,全部给予删削,而只记载赠谥,那就不但简洁醒目,合乎修史的体例,且与姚思廉大有分歧了。

(6)萧詧抹去与附录。

《梁书》专为萧氏帝王作纪,然而传至敬帝,梁已国亡而统绝,虽然萧詧曾建国称帝于江陵,且达三世之久(时间经历33年),却又是周、隋的臣属,也就难在《梁书》里给他作本纪了。同时,萧詧虽曾和元帝(萧绎)结怨,逃死而附于魏,却又非如武陵王纪、河东王誉之称兵以抗元帝的真正叛逆,也不便给他列入叛逆传内。姚思廉因而左右为难,也就干脆抹去他的事迹不提——既不将他附记在本纪的后面,或者别立一传;也不在他父亲《昭明传》里,载上他的名字。但令狐德棻修《周书》,则以詧北附北朝,是始于魏而死于周,到他的儿子、孙子,才附于隋,因而也就把他附在《周书》后面。是又斟酌得体,而和姚思廉有所分歧了。

(7)南北大事的记与不记。

令狐德棻是唐初诸史家中的先进,因而被任为《周书》的撰修,同修者虽然有所更换,主修者却始终是他一人,书法也就显得格外得体。举例来说:当周之时,天下分裂成南北。北有魏、齐,南有梁、陈。而李延寿所修《北史》中的周纪,对于北邻高欢之死,高澄之篡;南邻侯景之逆,以及梁武、简文、元帝的革易大事,都全不予以记载。但《周书》本纪,则于神武之死,文襄帝之立、之为盗所杀,文宣之废魏帝自立,侯景之奉梁武为主,又立其子纲而废之自立的及纲弟讨擒侯景,是为元帝,都一一记载无遗。也就将南北大事,写得眉清目楚,比《北史》无全中国的观念要得体多了。

(8)家传法与类叙法。

我国"谱系之学,昉于汉,衍于晋,盛于齐,极于梁、唐"(《少室山房笔丛·

华阳博议》下）。而李延寿所修记载南朝宋、齐、梁、陈，北朝魏、齐、周、隋史事的《南史》《北史》，并不以朝代为限断，而以家族为限断，也就显得更为突出，不成其为八代的"正史"，而是一种家传了。

原来类叙史法，始于司马迁之写《史记》。如廉颇、蔺相如、窦婴、田蚡，以及《刺客传》《货殖列传》中的人物，都是用类叙法写成的。从而班固的《汉书》，范晔的《后汉书》，陈寿的《三国志》，萧子显的《南齐书》，也都相继沿用了这种方法（参阅《廿二史札记》卷9"齐书类叙法最善"条）。然而李延寿修《南史》《北史》，却不以事类为叙，而以家事为断。诸如：刘怀珍本是"禁旅辛勤"的将门，他从父的儿子刘峻（孝标），则是文学之士（《南史》卷49《文学传上·刘怀珍、刘峻传》）。姚思廉的《梁书》，便"取其能文"（《梁书》卷49《文学传上·序》），用类叙法而和到沆、丘迟等人入《文学传》；李延寿则用家传体例，以之入《怀珍传》。又姚思廉《梁书》，以谢朓不但是"文宗儒肆"，且是宋代的忠义（《梁书》卷15《谢朓传》），乃给他独立一传。而《南史》则以他合入其祖父《弘微传》里。须知朓历任宋、齐、梁三代，自当以他所仕最后的一代为定。今以异代之人，写入一家传内，是变《梁书》书法，而与之有分歧了。至于令狐德棻的《周书》，虽曾为长孙俭立传；而《北史》则以俭是长孙嵩的五世孙子，则以之入《嵩传》。是又改国史而为家谱，与令狐德棻有分歧了。诚然，为一人立传，而将他的子孙皆入传内，是从魏、晋以来以门阀取士的习俗演进而来的。以故沈约修《宋书》，已开以子孙附入其祖父传内的先例（如《张茂传》附入其子永，《殷承传》附入其子孚）；魏收撰《魏书》，则为一人立传，又更进一步地将他的子孙、兄弟、宗族，都一概附入（如崔玄伯、穆嵩、封懿等传）。然而沈约、魏收所修的是一代之史，所附也就只有一代之人。至于《南史》《北史》，则一传之中，南朝有历仕于宋、齐、梁、陈的，北朝有历仕于魏、齐、周的，如此尚以一家为限断，不以一国为限断，亦只便于考一家族的世系，而有碍于考一国家的史事。李延寿如此合并南北各代的一家而立一传，在他自己固然是认为在旧机之中织成了新的花样，实际上是不合史法，弄巧成拙的。

（9）记事相反。

《梁书》卷22《临川王宏传》，记载了他都督诸军讨魏，前军夺取梁城；《武帝纪》中，又历叙了他所统率的诸将破胶水，克宿预，取合肥，占羊石的胜利。但《南史》卷6《梁本纪上》，则于诸将的克敌制胜，一字不提，而所记却是"临川王宏军至洛口，大溃，所亡万计，宏单骑而归"。复于传内，详尽地叙述了王"庸怯过甚"不敢进军，以致洛口军溃，大败逃回。又《梁书》卷22《临川王宏传》，凭借武帝于王死后所下褒扬他的诏书，歌颂了他的嘉猷茂德。《南史》王传，则把王写成了一个"沉湎声色""恣意聚敛"的"钱愚",阴谋夺权,全无人理的"恶逆"。同是一个人,而在姚思廉和李延寿所修的史书里,则大所不同,完全两样了。

(10)《外戚传》《文苑传》的有无与所收人物的不同。

《隋书》有《外戚传》,《周书》无《外戚传》;《北史》虽和《隋书》一样的有《外戚传》,但又将《隋书·外戚传》中的独孤罗,附入其父《独孤信传》里。魏征修史,不但与令狐德棻有分歧,和李延寿也同样有分歧。

《齐书》有《文苑传》,内列祖鸿勋、李广、樊逊、刘逖、荀士逊、颜之推、袁奭以至古道子等14人。《周书》无《文苑传》,《北史》虽有《文苑传》,然所取于《齐书》中的文学之士,只是祖鸿勋、李广、樊逊、荀士逊等4人。是又不但李百药与令狐德棻有分歧,和李延寿也同样有分歧。

(11)不给沙门立传,与以之入《艺术传》。

梁武帝好佛,供养拘那罗于宝元殿,厚待迦婆罗,而姚思廉修《梁书》,并不给他们立传。至于佛图澄,原是后赵石勒所尊重的大和尚,僧涉乃是前秦苻坚所信仰的请雨沙门,鸠摩罗什又是后秦姚兴所礼遇的国师,昙霍本是南凉秃发傉檀时言人死生贵贱的沙门。他们与晋朝没有什么关系,而修《晋书》的诸史家,却把他们一个个载入了《艺术传》,是又与姚思廉修《梁书》有分歧了。

(12)对于劳动人民。

李百药既是隋内史令安平公李德林的儿子,在隋末农民起义的风暴中,又受到了折磨——"转侧寇乱中,数被伪署,危得不死"(《新唐书》卷102《李百药传》),也就越加加深了他对广大劳动人民刻骨的阶级仇恨。因而他所修的《北齐书》和李延寿撰的《北史》,存在了严重的分歧。仅就《高昂传》来说,凡是《北史》中所载劳苦人民被官僚地主所虐待、掠夺、惨杀的事件,诸如:自称"地上虎"高昂的母亲堆聚薪火,活活烧死婢女;以及他自己和哥哥多次劫掠乡村,并收养壮士抄掠乡里等等的凶残践踏劳苦农民的滔天罪行;又对御使中丞刘贵听任役夫溺死河中的极其残酷的恶事,也都一字不提。可见,他和李延寿对待劳苦人们的态度,就完全不同了。①

3.撰修前代诸史上的一致。

孔子作《孝经》以教世人,开头一章,即以《开宗明义》命名,以开张其宗本,

---

① 本来姚思廉在《陈书后传》后面作了总论;魏征在《张贵妃传》后,又加了评论。姚思廉在《梁书帝纪》后面,都作了评论;魏征又复在《敬帝纪》后将梁各帝综合起来作了一篇总论。这都因为他们的论点,有不尽相同之处。

如《王章传》诏曰:"旌德纪功,哲王令轨;念终追远,前典明诏。"《吕僧珍传》诏曰:"思旧笃终,前王令典;追荣加等,列代通规。"都是一套例行的无谓诏文。

阐扬其要领,而以孝为"德之本",以孝为百行之先,而"始于事亲"。又征引《大雅·文王》之诗,阐明"凡为人子孙者,常念尔之先祖,常述修其功德"(《孝经·开宗明义》及疏),是一种天经地义的天贵责。

及司马迁著《史记》,又复引申孔子之说,而说什么"夫天下称颂周公,言其能论歌文、武之德,宣周、召之风,述太王、王季之思虑,爰及公刘,以尊后稷"(《史记》卷130《太史公自序》)。司马迁不但是这样说了,而且是这样做的。他在《自序》里,追溯他的先祖出于重黎,并历叙他先人司马错以至他父亲司马谈的事业。从而班固写《叙传》,从始祖令尹子文,写到了他父亲班彪的事迹,虽然如此,然终究还是未给他们的先人独立一传。

从魏文帝定九品中正之法,"若吏部选用,必下中正,征其人居,及父、官祖名"(《通考》卷14《选举二》)。于是世族地主阶层,莫不依托高门,矜夸望族,唯恐他们做"子孙不能言其祖先"(《晋书》卷51《挚虞传》)。萧子显以高帝萧道成的子孙,豫章王萧嶷的儿子,便破天荒的第一次给他萧齐这一朝代修了一部《齐书》,且在他父亲传内,铺张地写了9000多字。于是"孝之大者",在于追祖显亲,以论述其功德,自是合乎逻辑的必然归结。所以李唐一经建国,即以撰修前代史书为迫切地一种首要任务而提上了政治工作日程,正是他们君臣之间的一致主张。

(1)给权贵的父亲伯父立佳传。

房玄龄是唐初监修史书的宰相。因而魏征虽然为人忠直,修《隋书》的史笔是很严谨的,也还得给房玄龄无甚功德的父亲房彦谦立了一篇佳传,把他写成了一位"公方宿着,时望所归",而为叶县人民所爱戴,以至号为"慈父"的天下第一名的好县长。

魏征是太宗所敬畏的名臣,而又总领修史之事,因而他的父亲魏长贤虽然随东魏静帝北迁居邺,以至入齐而都无甚事迹,李延寿还是采取他答复亲故,"屈身以直陈道,甘心于苦节"的信件为材料,在《北史》里给他立了一篇佳传。毋怪王应麟因范祖禹的史官修史,"宰相监修,欲其直笔,不亦难乎"(《唐鉴》卷6《太宗》)的语言,不禁重新地感慨系之说:"房、魏为相总史事,其父彦谦、长贤皆得佳传,况不如房、魏者乎?"(《困学纪闻》卷14《考史》)

杜果本来无甚事业,只以他是宰相杜如晦的伯父,令狐德棻也就收入他出使于陈德应对之辞,充当主要内容,给他在《周书》里,立了一篇佳传。

(2)为父亲立佳传。

姚思廉修《陈书》,把他父亲姚察,就写成了一个"非唯学艺优博,亦是操行清修",而为隋文帝平陈所仅有的一人。但事实上呢?姚察自梁入陈,自陈入隋,朝代改换,官位依然,还能说"操行清修"吗?尤其是在隋历官秘书丞,且多充当炀帝的巡幸侍从,为时几乎要到 20 年之久,揆之修史体例,自当以最后所适朝代,规定他为隋人,而姚思廉竟在《陈书》里给他立传。这就很明显的是给他历仕三朝,"极出处之致"的父亲做回护。又姚察在隋修《陈书》,本是以顾野王、傅縡、陈陆琼三家的《陈书》做底本,加以删改而成的(《史通·外篇·古今正史》)。但姚思廉作顾野王等传,却只详述他们的其他著作,绝口不谈他们修史的事情。而在父亲传里,则说父亲不但是顾野王等史家"诸人所宗"的"泰山""北斗",也是文豪徐陵等所尊的"师范"。这又明显的是吹捧他父亲是个"学艺越博"之士,《陈书》是他父亲所独立撰修,而不曾依傍顾野王等所修的《陈书》了。

(3)为祖父立佳传。

令狐德棻修《周书》给他祖父令狐整立传,而把祖父写成了个"兼资文武,才堪统御""处州里则勋着方隅,升朝廷则绩宣中外"的杰出人物。

总之,撰修史书,本应力求真实,取信于人,以完成"彰善瘅恶"的使命。而唐初史家,却以撰述他们祖宗的功德为职志,因而不但为自己的祖父、父亲立佳传,且为权贵们的先人立佳传。毋怪当代的批评史家刘知几要说:"自梁、陈已降,隋、周而往,诸史皆贞观中群公所撰,近古易悉,情伪可知。至如朝廷贵臣,必父、祖有传。考其行事,皆子孙所为。而访彼流俗,询诸故老,事有不同,言多爽实"(《史通·内篇·曲笔》),皆非实录了。

何况当时的"秉笔诸臣,多与前朝人物交涉,其中岂无恩怨厚薄?子孙岂无权势挟持,与夫干求请托?亦足以掣史官之肘。然则是非之平,前史所遗,断赖后史之补,亦事理之不得不然者也。"(《章氏遗书·外编·丙辰札记》)那么,唐初史官,既是前代遗留下来的人物,不但与前代冠冕之人多有关涉,而且同他们的子孙多有交往,天理人情,岂有修前史而不受这般影响的吗?要在我们后代的读史者留心研究,为之揭出而已。

4.撰修前代诸史的成绩。

太宗之令撰修前代诸史,是从现实政治生活中,深切认识到确实有从前代历史上吸取经验教训的必要。从而所任监修前代诸史的宰相,便是"贯综坟籍",任人"得尽所能""不欲一物失所",而使"号令典刑,粲然罔不完"(《新唐书》卷96《房玄龄传》)的房玄龄。房玄龄德高望重,经验丰富,馆事区处得当,史官任用适宜——根据他们的专长分别配于恰当的任务,那么,修成的史书,还是具有一定的价值的。

比如,编纂《晋书》的诸史官,虽然多是文学之士,爱采诡谬琐碎事故,以广异闻,又所作评论,绮丽不够笃实,而被学者所讥笑,但能用深明星历的李淳风撰修《天文》《律历》《五行》三志,却极足观采(《旧唐书》卷66《房玄龄传》),也还是取得了一定的成绩,而不容轻议的。

　　至于《隋书》中的志,写得比《史记》《汉书》中的都好,也又是任用人才得当的缘故。所以郑樵说:"《隋志》极有伦类,而本末兼明,唯《晋志》可以无憾。迁、固以来,皆不及也。正为班、马只事虚言,不求典故实迹。所以三代纪纲,至迁八书、固十志,几于绝绪,虽其文彬,洒然可喜,求其实有,则无有也。观《隋志》所以该五代、南北两朝,纷然淆乱,岂易贯穿?而读其书,则了然如在目。良由当时区处各当其才。颜(师古)、孔(颖达)通古今,而不明天文、地理之序,故只修纪、传,而以十志付之(于)志宁、(李)淳风辈,所以灿然具举。"(《通志略》卷65《艺文略三》)郑樵既是个极端自负的人,又是个推崇司马迁的人,而《通志略》又是包具历代典章制度极有贡献的名著,亦复对《隋志》给予高度的评价,而为《史记》的八书所不及,则《隋志》自是不刊之作了。从而高似孙亦如鹦哥学舌,而谓唐修《隋书》区处各当其才(《史略》卷2唐修《隋书》);胡应麟撰《史书占毕》,又复同样地说:唐修《隋书》,"用颜师古等于纪、传,用李淳风等于表、志,唐任人可法者也"。尤其是郑樵,不但在《艺文略》中,于唐修《隋书》的任人得当给予了极高地赞扬,而且在《校雠略》里,对唐所修的《晋志》和《隋志》,又作了个综合性的任人得当的总评。他说:唐修晋、隋二书,"皆随其学术所长者而授之,未尝夺人之所能,而强人之所不及。如李淳风、于志宁之徒,则授之以志;如颜师古、孔颖达之徒,则授之纪、传。以颜、孔博通古今,于、李明天文、地理、图籍之学。所以晋、隋二志,高于古今,而《隋志》尤详明也。"到清朝,史学权威章学诚对唐太宗设史官而命房玄龄监修之任得当,也作出高度称许的结论说:"唐世修书置馆局。馆局则各效所长也。"(《章氏遗书》卷4《文史通义·内篇·说林》)可见唐初官修史书,以监修区处得当,而取得了一定的成绩,是后代史家所公认的。

二、官修当代国史

　　1.官修国史追溯。

　　我国古代,官守其职。史官职责,在彰善戒恶,秉笔直书,国王权臣,也都干涉不了。所以齐太史兄弟三人,虽被崔杼杀了两个,而崔杼弑君的罪恶,还是记载了下来,传之后世,掩盖不了!

　　我国古代,史书都是一家之作,国家并没有设什么史馆,由史官们共撰的。

诸如:孔子、左丘、董狐、南史氏,以及汉的司马迁、班固,都是一家修史而成的一家之言,用能劝善戒恶,树立风声,立言不朽。

然而就是这个班固,因为在家修撰《汉书》,竟被人告发入了牢狱。经他弟弟班超替他上书申辩,明帝知道了他的"著述意思",是如他父亲班彪作《后传》一样,仍是为汉政权服务的,才保全了性命,且被任为兰台令史,而与陈宗等进入国史馆东观,遵照明帝的意旨,撰修《东观汉记》(《后汉书》卷70下《班固传》)。结果,他在家私修的《汉书》,虽是命世的奇作,但一入史馆与诸史官共同撰修,则不仅显示不出他的半点"实录之才",而只能"虚相褒述"(《华阳国志》卷10下《汉中士女志》);就是他所作的《世祖本纪》的文字,也都不值得一看了!(《史通·外篇·忤时》)

从此以后,历代国史,也都限制在国史馆里而由史官修。如吴主孙皓以华覈任东观令史。因为孙皓"粗暴骄盈,多忌讳"(《三国志》卷43《孙皓传》),设法执行史官刚正直书的职责,华覈也就"乞更迭英贤",不愿就任(《三国志》卷65《华覈传》)。西晋惠帝既别置修撰国史的专署(《册府元龟·国史部总序》)。东晋康帝,又借口"著述重任,理籍亲贤",而以亲贵元帝"无学术"的儿子武陵王司马晞监修国史(《史通·内篇·辨职》引、《晋起居注》、《晋书》卷64《元四王武陵王传》)。是为我国史学史上在史局设监领监修国史的开始。

从此,南北朝修史,不但局设监领,而且北齐撰修记载国家典章制度的礼书,且以秽迹昭彰,丑声四溢,不学无术的弄臣和士开(《北齐书》卷50《和士开传》、卷37《魏收传》)监修。又用贪污纵淫、罪恶多端的宠臣祖珽监修国史(《北齐书》卷39《祖珽传》)。

隋文帝开皇十三年(593),又下令严厉地禁绝民间有撰修国史的(《隋书》卷2《高祖纪》)。然而禁制私修国史的目的,无非是防止对隋政权的不利。如果有利,私修者也就受到信任,且升官了。这和东汉明帝之对待班固的情形正是相同的。试看王邵在家私修《齐书》,被内史侍郎李元操揭发,文帝初听之下,虽很义愤填膺,命人把《齐书》收来,但一经审查,知道他并没有对隋政权妨害的意思,便很高兴,提升他做了员外散骑侍郎而修起居注(《隋书》卷69《王邵传》),不就明白了吗?

总之,从东汉至隋,撰修国史的禁制,是越来越严,以至用恩倖权贵任监领,不论学术有无,只问人的可靠不可靠了。所以浦起龙说:"《左氏》以来,《三国》而往,编年纪传,都非局课。自东观开而局兴焉。驯而修必于局矣,驯局且置监矣,江左、河朔,踵成故事。"(《史通通释》卷10《辨职》按语)史局禁制,愈备而愈严。一切服从权力,只准"唯上",不准"唯实"。也就是说只有虚相褒述,以为现实政治服务,而所修之史,也就难于"著为典式,取信后人"了。

2. 唐代撰修国史上的斗争。

唐太宗是中国封建王朝中极其明智而大有作为的皇帝。他一面将国史馆移置于宫禁中的门下省,而命贤相监修,"定制加严……凡所为禁防程督之具,靡弗备至"(《史通通释》卷10《辨职》按语);然又命史官不必"语多隐讳",而要削去给他所修《实录》中的隐讳之词。(《通鉴》卷197《唐纪》)同时,唐太宗又是最善于笼络"天下英雄入吾彀中"(《雅雨堂丛书·摭言》)的精明世故、练达人情的皇帝。他一面使"馆宇华丽,酒馔丰厚",让史官们感到荣宠优遇(《史通·外篇·史馆建置》),同时又允许他们求同存异,史学观点可以有所分歧。然而客观事实的发展,终究不以太宗的意志为转移。从此国史馆里,"丛弊相仍益滋"(《史通通释》卷10《辨职》按语),斗争也就层见迭出了。

(1)撰修《氏族志》与撰修《姓氏录》的斗争。

原来唐代开国的君臣,大都是世族地主阶层的后代,这是中国历史上以往所有封建王朝所没有的。高祖既以此夸口,太宗又怨恨那世代已是衰微,而犹妄自尊大的山东氏族,乃命高士廉等,不须论数世以前,只取当今官爵高下等级而修《氏族志》(《旧唐书》卷65《高士廉传》),以"崇唐朝人物冠冕垂之不朽"(《唐会要》卷36《氏族》)。然而如此对氏族的"升降去取",当时的世族地主们虽都"允当"(《新唐书》卷223上、《旧唐书》卷82《李义府传》),却"为下品寒门所嫉妒"(孙星衍《孙鸿翼重集世本序》)。而唐初的冠冕人物,大都又是未衰世族地主阶层的后代。所以他们受到推崇,便激起了庶族地主阶层后代的痛恨。这种尖锐的矛盾,一遇时机,就将激化而展开斗争。

许敬宗(隋礼部侍郎许善心之子)、李义府(祖父是个县丞)出身于庶族地主的家庭,当出身"寒微"(骆宾王《骆丞集·为徐敬业讨武氏檄》)的木材商女儿武则天将立为皇后,遭到了士族地主家庭出身的所谓开国元勋、位势显赫的太尉长孙无忌和尚书褚遂良的坚决反对。以为必欲更立皇后,也得选择天下令族的礼教名家之女的时候,他们便与之展开激烈的斗争,而取得了胜利。武则天立为皇后之后,为了提升武氏的本望,李义府又耻为他先世无名,乃奏请改正。而将凡是"仕唐官至五品,皆升士流",且升武氏之族为第一,更《氏族志》之名为《姓氏录》。甚至请收《氏族志》,把它全烧了。否则,老是听其"颁下诸州,藏为永式",庶族地主在政治上的地位,又将放到哪里去呢?但是,烧掉《氏族志》,另修《姓氏录》,也就又令高门世族的缙绅士大夫们以北甄叙为羞耻,而号《姓氏录》为"勋格"(《旧唐书》卷82《李义府传》)。这正是由于太宗之命高士廉修《氏族志》所引起的地主阶层中间世族与庶族的一场反复而激烈的斗争,绝不是什么许敬宗、李义府和高士廉等几个人的孤立行为。同时,也就是李、武集团在政治上所展开的激烈斗争之在史馆里的延伸和反映。

上述这场斗争,发生在高宗显庆三年(658)。刘知几那时还没有出世,也就不可能卷入进去。但他却出身于世族名门,一贯保卫李氏政权,反对武氏集团,在国史馆里,亲身经历了一段和出身庶族地主的史家水火不容的斗争生活,也就更进一步地以为撰修国史,首先就该以修《氏族志》为急务。其用意当是以修谱牒,"用之于官,可以品藻士庶"(《史通·内篇·书志》)为理由,来提高他那高门世族的神圣不可侵犯的门限,显示他那世族名门后代的史官尊严。他深恨那"荜门寒族,百代无闻,而骈角挺生,一朝暴贵,无不追述本系,妄承先哲",那种无耻的"自我作故,招祭非其鬼神"(《史通·内篇·叙传》),而妄自抬高门阀的恶劣作风。这既明显的是痛骂李义府的篡改、烧毁《氏族志》,而另修《姓氏录》,以妄升武则天一族为第一,又很明显的是指许敬宗之给奴隶钱九龙"虚立门阀功状"(《旧唐书》卷82、《新唐书》卷223上《许敬宗、李义府传》)了。刘知几对于庶族地主的武、韦集团的仇恨,是深入骨髓的。他在史馆里深感"郁怏孤愤",根本不能和那些"凡庸贱品"共同撰修国史下去。因而,独自"撰《史通》以见其志"(《史通·内篇·辨职、自叙》),并修《刘氏家史》《记谱》,而引经据典,穷本探源地追述他那彭城刘氏,是汉宣帝的子孙居巢侯刘恺的后代。这都因他认为,非把他自己的"高门华胄,奕世载德"的家史、谱系,一一详细地追述出来,用以"纪其先烈,贻厥将来"(《史通·内篇·杂述》),而"以姓望所出,邑里相矜"(《史通·内篇·邑里》),来做他永远压服庶族地主的政治资本。然而这种狂悖骄矜所撰修出来的史乘,也就徒使贵族"学者服其该博",却被庶族"流俗所讥"(《旧唐书》卷102《刘子玄传》),而且越加挑起了两族之间的斗争。推本探源,又何尝不是从太宗之命高士廉等修《氏族志》来的呢。

(2)撰修《实录》的斗争。

原来自唐高祖武德元年,至太宗贞观二十三年(618—649)之间的《实录》,是李氏集团世族地主的史官:太尉长孙无忌、左仆射于志宁和刘川胤之(刘知几的叔祖)等于高宗显庆元年(656),奉诏令修成的。显庆四年,武则天在政治上得了志,为了控制国史馆,即命出身庶族地主阶级的许敬宗以太子少师兼领修史的职务,领导一批"新进"人物撰修高宗永徽元年以至显庆三年(650—658)的《实录》。

许敬宗在贞观年间,以著作郎兼修国史时,就曾喜不自禁地向亲人吐露底细说:"仕宦不为著作郎,无以成门户"(《新唐书》卷223《奸臣传·许敬宗传》)。这很明显的是将利用领修国史的职权,来组织帮派体系和政治立场、史学观点不同的李氏集团史官进行斗争。所以他这次奉了武则天的命令撰修《实录》，便狗仗人势，逞其素愿，而"记事阿曲，窜改不平，专门己意"（《旧唐书》卷82《许敬宗传》)，将永徽年间出身名门世族的元老派长孙无忌、褚遂良等尽情加以谴责。武则天为了奖赏他的撰修功劳，还封了他儿子的新城县侯。

反过来，高宗则非常愤恨，认为许敬宗修《实录》，多与事实不符，乃命刘仁轨引李仁实加以修改（《唐会要》卷63《修国史》)。《通鉴》卷202《唐纪》，《史通·外篇·古今正史》，《新唐书》卷115《郝处俊传》)。

咸亨年间(670—673)，高宗又下诏令：以往对于史官，"朕甚懵焉""自今宜遣史司精简，堪修史人，灼然为众所推者，录名进内"，经我批准。"如有居其职"而无德、无识、无学、无才者，"皆不得预于修撰"，非将他们从史馆里精简出去不可。原因是："修撰国史，义存典实。自非操履忠正，学识该通，才学有闻，难堪斯任。"因为李氏集团与武氏集团，所属地主的阶层不同，政治利益也就不同，史学观点相反。所以自李氏集团看来，这些武氏集团的史官，都是操行不正，识见卑下，没有才学的鄙陋之人，便不准他们"编辑讹舛""泄露史事"（《史通·外篇·史官建置》及原注)，只有将他们驱逐出去。这就真是针锋相对，你争我夺，他们两大集团在国史馆里的斗争，也就剧烈而白热化了。

在这剧烈的斗争中，刘知几的叔祖刘胤之，是高宗所信任的御用史官，也就是李氏集团中的一位干将。刘知几自己，则是站在李氏集团的一面，认为长孙无忌、于志宁等所修的《实录》，"虽云繁杂，时有可观"；而许敬宗领导所修的，"如《高宗本纪》及《永徽名臣》《四夷》等传，则多是"其所造"作的。这在刘知几看来，许敬宗"所作纪、传，或曲希时旨，或猥饰私憾，凡有毁誉，多非实录"（《史通·外篇·古今正史》)。这就是说，许敬宗承受武则天的意旨和依着自己的私心去领修国史，所撰成的《高宗本纪》《长孙无忌列传》，都是伪造事实，而不可信的。只有李仁实所修于志宁、许敬宗、李义府列传的"载言记事"，才可称确凿而"见推直笔"的（《史通·外篇·古今正史》)。

3. 恩倖监修，国史无成。

太宗虽以宰相监领史馆，而所任的宰相，却是明达吏事，博览经史，开国第一列的元勋房玄龄。因而史馆之内，也就没有发生什么事故。但武、韦集团却是为了篡夺政权而控制国史馆，于是监修国史的。

武周长安年间(701—704)，是武则天的侄子武三思，私宠张易之、张昌宗。中宗景龙年间(707—709)，是武、韦集团的韦巨源、宗楚客、纪处讷、杨再恩、萧至宗等。武三思、张易之、张昌宗，都是"专权骄纵，图为逆乱"（《旧唐书》卷90《豆卢钦望传》)的政治野心家。韦巨源则是阿附韦后，结为昆季，佞媚官爵，残害人民,坏事做绝的奸邪(《旧唐书》卷92《韦巨源传》)。杨再思则是个施巧取媚,随风转舵,照武则天意旨行事,奉承张昌宗的"两脚野狐"(《旧唐书》卷90《杨再思传》)。宗楚客既赋予韦氏,又和纪处讷相勾结。萧至忠则趋附武三思,又与纪处讷是连襟,他们拉山头,搞宗派,狼狈为奸,专事威福(《大唐新语》卷上、《旧唐书》卷92《萧至忠传》)。用这等奸邪们监修国史,又怎能修成,而不发生事故呢?

(1)刘知几的被迫辞职。

在这些权奸监领之下,刘知几虽说"三为史臣,再入东观,竟不能勒成国典"(《史通·外篇·忤时》)。为什么?据他所述:第一,监修国史,不是容易的。如果正直如南史氏,那是可以的。但当时任监修的,则必须恩倖贵臣。而他们却只知生活上的享受,只会划行签署。故所引用的史官,也都是无能之辈(《史通·内篇·辨职》)。第二,古人修史,主旨自定,是非自主。当今修史,则秉承监修。而监修们的意见,又不一致。你说必须直书,他说宜多隐讳。一馆三公,无所适从,修史者也就无法下笔(《忤时》)。第三,古代良史,如董狐、南史氏,都是秉直共朝;当今史局,禁制森严,反而一有记述,众口喧腾,使修史的畏缩迟回,将被权贵们仇恨(《忤时》)。第四,古代史官修史,得参考皇家所藏图书。诸如:司马迁写《史记》,可以缀集金匮、石室的藏书。班固等撰《东观汉记》,也就在中央藏书的兰台、东观。其他,如西晋左思为《三都赋》,南齐王俭撰《七志》,都曾遍观内阁的图书。就是唐初颜师古校订《五经》,还是以秘书省所藏书籍为参考资料的(参《日知录》卷18"秘书国史"条)。只有武后、中宗时代修史,"史官编录,唯自询采……求风俗于州郡,视听不该;讨沿革于台阁,簿籍难见"(《忤时》),这又叫人怎么去撰修呢。第五,虽设监修,却未定科条,由谁撰修国史的哪一部分,也未配派确定。因而监领者虽是勤于课责,修史者则是互相推避。徒令坐延岁月,而国史未能修成(同上)。

从上看来,自武、韦争夺政权,控制国史馆,所任监修,都是一些恩倖权奸。权奸们又以专从宗派体系出发,所引进的史官,大多是酒囊饭袋,妒贤嫉能。致使史有专长,而能修史书者,无法撰修下去。这不但刘昫修(《旧唐书》卷102《刘子玄传》)要愤慨地说:刘子玄"学际天人,才兼文史,俾西垣东观,一代粲然,盖诸公之用心也。然而子玄郁结于当年,行冲彷徨于报笔,官不过俗吏,宠不逮常才,非过使然,盖此道非趋时之具也。其穷也宜哉!"就算到千年以后,章学诚对这种情形,亦复感慨系之地说:"每慨刘子元(玄)以不世之才,历(睿宗)景云、(玄宗)开元之间,三朝为吏。当时深知徐坚、吴兢辈,不为无人,而监修萧至忠、宗楚客等,皆痴肥臃肿,坐啸画诺,弹压于前,与之锥凿方圆,柢牾不入,良可伤也！子元(玄)一官落拓，十年不迁，退撰《史通》，窃比元撰。盖深知行尸走肉，难与程才。而钓弋耕渔，士亦有素故耳……使子元(玄)得操尺寸，则其论六家、二体及程课铨配之法，纵不敢望班、马堂奥；其所撰辑，岂遽出陈寿、孙盛诸人下！"(《章氏遗书》卷22《文集七·侯国子司业朱春浦先生书》)可见唐代官修史书的国史馆里，实在是黑漆一团，冰火不相投，薰莸不共处，刘知几只有辞职归家去撰他的《史通》了。

(2)韩愈之被排斥。

韩愈是个坚定正直，"勇于敢为"，发言坦率，无所顾忌回避，而鄙视权贵，虽饔飧不继，也毫不介意，不向他们"俯首帖耳，摇尾乞怜者"。他甚至敢于违反宪宗的爱好，不怕牺牲，而坚决地反对佛教，致被贬到8000里遥远的潮州。他一生总是动辄得咎，多次遭到奸邪谗佞之徒的排斥(《旧唐书》卷160、《新唐书》卷192《韩愈传》、《韩昌黎集》卷1《进学解》、卷4《应科目时与人书》)，而不低头屹立的一生。

韩愈既是刚直不阿，而史官的职责，又是中正不倚，秉笔直书，树立风声，垂诚万世的。因而他修《顺宗实录》，如实地记载了宫禁中的事故，也就为奸邪的宦官所怨恶痛恨。他们这一撮谗佞之徒，经常在文宗面前煽阴风，点鬼火，说韩愈记事不实，历朝都曾诏令修改他所撰的《实录》。文宗生了一付棉花似的耳朵，因令监修国史的宰相路随重加修改。路随受命之后，虽以唐自开国以来，历代实录，都经重修，不敢辞谢不改。但这次修改，终究遇到了许多难题：第一，卫尉周居巢、谏议大夫王彦威、给事中李国言、史官苏景胤都上疏以为不应刊改。其他一般同僚，也都议论纷纷。第二，李宗闵、牛增儒以《实录》为韩愈所修，便不应由他的女婿而任史官的李汉、蒋系参与修改。但路随却不赞同他们的这种意见。第三，在这议论纷纷，难于处理的时候，路随不得已，只有请文宗指示《实录》中，哪些是错误的，以便交史官修正。于是由文宗诏令修正德宗、顺宗时代的禁中之事。其他部分，则保留原样不动(以上均见《旧唐书》卷159、《新唐书》卷149《路随传》)。

总之，唐代在撰修国史上的斗争，历来是情形复杂而又激烈的。这种国史馆里的斗争，实际上都是政治斗争中派生出来的。这就是说，历代实录的修改，都是从政治上的派别体系的斗争的延伸。文宗就曾当众和他所尊重的"经术该深，惇笃守正"的宰相郑覃说：《顺宗实录》，记事不详实，史官韩愈，岂不是当时屈抑不伸的人吗？(《新唐书》卷165《郑覃传》)正是如此，韩愈一贯政治立场坚定，"有爱在民"(《旧唐书》卷160《韩愈传》)，以致多次遭受到奸险之徒的排斥，受了无穷的屈抑。撰修《新唐书》的欧阳修说：自韩愈为《顺宗实录》的斗争中,韩愈又成了个"屈抑不伸的人",就是皇帝的诏令,也都置之不顾,不但改变了他如实所记宫中之事,就是其他部分,也都全和他所记的不同了。韩愈本是中古以来,为文切合实用,务去陈言,而精炼有力,表现深刻的古文运动的倡导者。"及撰《顺宗实录》"竟被指责为"繁简不当,叙事拙于取舍"(《旧唐书》卷160《韩愈传》),这又从何说起呢?这只是因为唐代"旧史之文"一贯写得"猥酿不纲,浅则入俚,简则及漏"(《新唐书》卷132《赞》),从而安于故习,不知文章的好坏,顾亦怨恶和尚,恨及袈裟,而对韩愈进行污蔑罢了。

我们认为,以韩愈的学业,以韩愈的文章,以及他正直敢言的高尚的品质,而又"明于理乱根本之所由"(《李文公集》卷8《荐所知于徐州张仆射书》),自然可以撰修一部质直可信的唐代国史。只以世风滔滔,作《淮西碑》,则以为失实而踣,而段文昌改撰之;《顺宗录》,则以不称而废,而韦处厚续撰之;《毛颖传》足继太史,乃当时诮其滑稽"(《史书占毕》一)。这又有什么办法呢!

见微知著,履霜畏冰,这就使他不寒而栗,不得不鉴于齐太史、司马迁、班固、王隐、习凿齿等人修史的灾祸,极其沉痛地说:"夫为史者,不有人祸,则有天刑,岂可不畏惧而轻为之哉!……行且谋引去矣!"(《韩昌黎文集》外集卷2《答刘秀才论史书》)尽管他的诤友柳宗元,对他这种感伤、畏祸的态度和想法,大大地不以为然,而以修国史的重任,希望寄托在他身上(《柳河东集》卷31《与韩愈论史官书》)。但他还是坚决地"避而弗承,心有余畏"(《史书占毕》一)。是知唐自武、韦争夺政权以来,国史馆里,实在是闹得乌烟瘴气,不是要把国史修好,而是闹得使国史修不成了!

从而胡应麟对于刘知几、韩愈参与撰修国史,而都以被迫去职,不禁感叹地有了个结论说:"唐之时,史之人杂而其秩轻,其责小而其谤钜。故作者不必成,成者不必善。刘知几之启萧相,韩吏部之答柳州。噫,可想矣!"(《史书占毕》一)

(3)李翱、李汉、蒋系之被排斥。

同好相聚,同类相招。韩愈既是个德性坚定,品节详明的人,因而他的友人,便是秉性刚直,议论无所回避,认定"用心莫如直,求道莫如勇"(《李文公集》卷6《答朱载言书》)。当面指斥宰相李逢吉的过失,而为权贵所怨恶,长期不得上升的李翱(《旧唐书》卷160、《新唐书卷》177《李翱传》)。学生便是长于古学,性情刚介,敢于揭发他人阴谋的李汉。以及当北军诬告宋申锡谋反,而胆敢直言,苦谏文宗,竭力救之的蒋系。总之,他俩都是中正耿介,见义勇为,而坚决不"乘波随浪,望风高下",而"适时以行道"者(《李文公集》卷7《答侯高第二书》)。正因为他俩与韩愈意气相投,便由韩门得意的高材,更成了韩门的快婿。

因而他俩撰修《宪宗实录》,记载宰相李吉甫的事,毫不宽假,便为李吉甫的儿子李德裕所怨恨,以至一再受到贬黜。尤其是李汉,不但受了30年不得录用的严重处分,而且终至颠仆以死,实在也就太残酷了!至于李翱任史馆修撰,认为史官的职责,是乃劝善戒恶,正言直笔,记忠贤事业,记奸臣丑行,传之无穷。也就又以李景俭、柏耆的事故,一再遭到了贬黜(以上见《旧唐书》卷160、《新唐书》卷177《李翱传》,《旧唐书》卷171、《新唐书》卷78《李汉传》,《旧唐书》卷149、《新唐书》卷132《蒋系传》)。

总之,一代国史,虽说在明"是非得失,兴坏理乱之故"(《南齐书·序》)。然而书法不隐,善善恶恶,必须一件件的如实记录,势必遭到当权派的仇怨,导致无穷的祸患——李翱、李汉、蒋系,不都因正笔直书,而受到了贬黜,而李汉且性命不保了吗?

至于令狐垣任史官修撰,因为性情乖僻,人事关系不好,以细故发生争执,而多次侵犯孔睿述。于休烈修国史,因为肃宗很赏识他所撰的《五代帝王论》,致遭宰相李揆的嫉妒,而被排挤(《新唐书》卷199《令狐垣于休烈传》)。以及其他诸如此类撰修国史上的斗争,这里就不再赘述了。

(4)官修国史的弊害。

照理说,在国史馆里,聚合许多史学名家,共同撰修,自可集思广益,取长补短,而撰成一部好的国史。然而唐自贞观以后,因为政治上的党派斗争激烈,国史馆也就成了党派斗争组织的一个部门。从而:

第一,馆内的史官,也就以党派关系,各自鸣高,而又互相推诿。"人自以为荀(悦)、袁(宏),家自称为政(刘向)、骏(刘歆)。每欲记一事,载一言,皆搁笔相视,含毫不断。故头白可期,而汗青无日。"(《史通·外篇忤时》)只有纷争,没有合作,国史还能如期修成吗?

第二,史官既然分党派,闹对立,撰修国史,也就不"取天下公是公非为本",而以党之是非为是非。从而此党之所谓是的,彼党以之为非;此党之所谓非的,彼党以之为是(《李文公集》卷6《答皇甫湜书》)。彼亦一是非,此亦一是非,又将何以取信于当时、后代呀!况"且传闻不同,善恶随人所见。甚者附党憎爱不同,巧造言语,凿空构立善恶事迹,于今何所承受取信,而可草草作传记,令传万世乎?"(《韩昌黎文外集》上卷《答刘秀才论史书》)韩愈、李翱,都是国史馆的修撰,都是品节峥嵘之士,以上云云,实是他俩从现实生活中的深切感受所得出来的总结。那么,在那种情形下所修成的国史,还能说得上是一代的国典吗?简直是一部"秽史"了!

第三,古代史官记事是公开而不保密的。是以董狐书赵盾弑其君,以示于朝(《左传·宣公二年》);南史氏书崔杼弑其君,执简以往(《左传·襄公二十五年》)。而唐设史馆官修史书,则"密为记注,徒闻后世,无益当时。非所谓将顺其美,匡救其恶者也。且著述之人,密书其事,纵能直笔,人莫之知"(《周书》卷38《柳虬传》)。于是"初成一字加贬,言未绝口,而朝野且知;笔未栖毫,而缙绅咏诵"(《史通·外篇·忤时》)。这又"何止物生横议",且使史官无法撰修下去了。

第四,"专任易功"。以故《晋》《梁》《陈》《齐》《隋》诸书,虽然同是贞观年间官修的,而姚思廉的梁、陈,李百药的《北齐》,令狐德棻的《北周》,是皆一家之学,一手之文;而《晋》《隋》两书,则是众史官所修,后者虽是稍称精详,前者则大为猥杂。可见就是在太宗时代,撰修的又是前代的史书,集体力量,合作精神,也都没有好好发挥、体现出来,何况以后撰修国史,利害关系更大,而史官鱼龙混杂,有的"裁削非其所长",有的"铨铨铰铰"(《史通·外篇·忤时》);加以党派分歧,也就不谈集体合作,而只讲斗争对立了。

第五,唐代天下300余年,始终不能修一部国史,也没有出现一个如左丘明、司马迁、班固的史学名家。这是什么缘故呢?

还是在隋末恭帝义宁,唐代最初高祖武德年间,温大雅即撰《创业起居注》,以记高祖创业起兵至受隋禅等事。从此房玄龄、许敬宗、敬播相次修撰实录,是为编年体。太宗贞观初年,姚思廉开始修纪传,粗成30卷。至高宗显庆时,长孙无忌、于志宁、令狐德棻等,又因旧作缀以后事,复成50卷,是为纪传体。是唐修国史,不为不早。然从高宗长苦风眩,龙朔年间,政权已归武后,以许敬宗总统修史的任务,因而增修前作,混成百卷。所作纪传,不是曲希是旨的,便是伪饰私憾的。所有毁誉,多半不合事实。是后李仁实,续撰于志宁、许敬宗、李义甫等传,载言记事,可称确实。至武后长寿时,牛凤及又起于武德,终于高宗最后的一年弘道,撰成《唐书》100卷。牛凤及既无史才,而所凭借的资料,又是私家形状。因而发言嗤鄙怪诞,记事参差错乱。不久,又复悉收姚思廉、许敬宗诸本,想使他的《唐书》独行。由是唐代国史,几乎完全残缺,也就不得不重修了。

武后长安年间,刘知几与朱敬则、徐坚、吴兢奉命更撰《唐书》,勒成百卷。中宗神龙元年,刘知几又与徐坚、吴兢重修《则天实录》,编成编年体30卷。然而这只能作以后史局撰修的底本,并非什么完书(以上均据《史通·外篇·古今正史》)。

柳芳、韦述又继续编修,起于隋恭帝义宁至于玄宗开元,经于休烈、令狐垣以次增修,迄于德宗建中而止。代宗大历,显宗元和以后,则成于崔龟从。以后韦澳等人,又有增修,共为146卷。然皆当时之言,而非成书(文徵明《甫田集·重刊唐书序》)。这是因为贞观以后,政治上的斗争激烈,修史的大都以政治关系,不能秉中正之笔,如实地记载史事的真相,也就算不上一代的国史。所以欧阳修不禁感叹地说:"唐兴,史官秉笔众矣。然垂三百年……虽论著之人,随时裒掇,而疏舛残余,本末颠倒。故圣主贤臣,叛人佞子,善恶汩汩,有所未尽,可谓永伤矣!"(《新唐书》卷132《赞》)曾公亮也同样感慨地说:"唐有天下凡三百年,其君臣行事之始终,所以治乱兴衰之路,与其典章制度之英,宣其灿然著在简册。而纪次无法,详略失中,文采不明,事实零落……而使明君贤臣,隽功伟烈,与夫昏虐贼乱,祸根罪首,皆不得暴其善恶,以动人耳目。诚不可以垂劝诫,示久远,甚可叹也!"(《进新唐书表》)于是到了石晋,始命中书刘煦,因令狐垣的旧文,加以增修,然后《唐书》,才算修成。

第六,"江山代有才人出"。难道以经济事业大有发展,而建国300余年之久的唐代,就不曾出现一个史学名家如左丘明、司马迁、班固的吗?不是的。由于政治斗争、党派对立,致使如左、马、班等的史家,无由展其所长,而修成一部不刊的国史罢了。刘知几之被迫离职,韩愈之愤而不修国史,且不去说,就是李翱,本来是位能成"一家之言,藏之名山,以俟后圣人、君子"如司马迁的史家。只以派系纷争,虽任史馆修撰,又哪能容他"取天下公是公非为本",修成一代的国史呢?试读他《答皇甫湜书》所说:"唐有天下,圣明继于周、汉。而史官叙事,曾不如范晔、陈寿所为,况足拟望左丘明、司马迁、班固之文哉!仆所以为耻!当兹得于时者,虽负作者之材,其道既能被物,则不肯著书矣!仆窃不自度,无位于朝,幸有余暇,而辞句足以称赞明盛,纪一代功臣贤士行迹,灼然而可传于后代,自以为能不灭者,不敢为让。故欲笔削国史,成不刊之书。用仲尼褒贬之心,取天下公是公非以为本……是翱心也。"可见唐代并不是没有如左氏、马、班的史学名家,而是有了,因为时代的关系,不肯去修史;而是有勇于以修史为己任之才之学如左氏、班、马的史家,难以修史的缘故。"十室之邑,必有忠信如丘明焉"。难道唐疆域之广,人口之众,就真的没有一个像古代的史学名家了吗?只因当时党派严重分歧,政治斗争激烈,而李翱还想"守职史官,以记录是非为事"(《李文公集》卷9《论事疏表》):"劝善惩恶,正言直笔,纪圣朝功德,述忠臣贤士事业,载奸臣佞人丑行,以传无穷",而做他的"史官之任"(《李文公集》卷10《百官行奏状》),这哪里是可能的呢!胡应麟说得好:"退之《毛颖》之于太史也,子厚《逸事》(段太尉逸事状)之于孟坚也""柳徒责韩,而莫能自奋,其时故不易也"(《史书占毕》一)。这就是说,唐的韩愈、柳宗元,就是汉的司马迁、班固,柳徒责韩不肯修国史,而自己又不能奋勉修之,实是时代不容易修撰的缘故。总之,唐代并非没有如班、马的名史家,而是有了,只以时代的关系,使他们无法修成一部好的国史罢了。

直到明末的名史家万斯同,鉴于唐代以来官修史书的弊病,虽甚熟悉明代的掌故,且以修明史为己任,还是坚决辞谢不干总裁呢(《潜研堂文集》卷38《万季野先生传》《清史稿》卷484《文苑传一·万斯同传》)。①

三、禁制私修国史

1. 禁制私修国史的追溯。

我们在《撰修当代国史的追溯》一节,所述东汉在宫禁中设置修史馆兰台、东观以修国史,便是官定禁区,不准在外私修国史的缘故。所以东汉末年灵帝时,蔡邕为议郎,下放朔方之后,因想撰修《十志》,首先就得上奏,申明"不在其位,非外史庶人所得撰述。愚情愿下东观,推求诡奏,参以玺书,以补缀遗缺"(《册府元龟》卷555《国史部·采撰》)。这就充分地说明了东汉撰修国史,只有在国史馆内,服从国家权力,屈从皇帝意志,一切以上面的指示为标准,谁都不能饶开禁区,逃避禁令,而在外面私修国史。

三国时的东吴,继承东汉遗制,设立了修国史的东观。梁武帝开国的天监元年(502),即设置了国史馆(《隋书》卷26《百官志》)。又召任孝恭入西省修国史(《梁书》卷50《任孝恭传》)。这就是说,修国史要在宫禁中的国史馆里,一切都当体察皇帝的意旨,不可妄自下笔。所以西省和东观,正是名异而实同的修史禁区。此外,中书舍人贺琛,奉武帝之命撰修《梁官》,琛因奏请沈峻、孔子祛补西省学士,帮助撰修(《梁书》卷48《沈峻传》)。隋文帝开皇十三年(593)严令民间不得参修国史,也就是说,国史只能官修,不准私修。这都可见东汉以后,撰修国史,必须限制在国史馆里,搞一窝蜂,一个调,非皇帝之言不敢言,一切都没有史官自己的意志。

---

① 唐高宗李渊,八柱国唐公之孙。宰相萧、陈叔达,梁、陈帝王之子。裴矩、宇文士及、窦威、杨恭仁、封德彝、窦抗,并前朝师保的后代。裴寂、唐俭、长孙顺德、屈突通、刘政会、窦琮、柴绍、殷开山、李靖等,都是贵族子弟。

刘知几在北齐时,即是世族地主而以"家世忠纯,奕代冠冕"著称的望族。他的五世祖刘世明,是北魏兖州刺史。高祖刘祎,北魏时以好学而对封建礼节仪制的典籍尤有研究,做了太常博士、睢州刺史。(《北齐书》卷35《刘祎传》)。叔祖刘胤之,是隋时与名史家李百药的忘年友人,唐初任弘文馆学士,以撰国史、实录有功,受封阳城县侯。叔父刘延祐,是著名的刀笔吏,曾竭力保护徐敬业的反武集团。父亲刘藏器,是高宗时衷心保卫李唐政权的侍御史,课刘知几读经史,极其严格。胞兄刘知柔,吏部尚书,封彭城县侯。(《旧唐书》卷190上《刘胤之传》《新唐书》卷201《刘延祐传》《史通》卷10《自叙》)。

2.官修之下的私修。

　　唐太宗将史馆移置宫禁中，就是严禁国史不得由私人在外撰修的缘故。即是他最所宠爱的儿子魏王泰，想招引萧德言等就府撰修《括地志》，事先就得奏请他批准。既经批准撰修，又怕"大开馆舍""人物辐辏"，张皇"过盛"，会惹起事故。但修成之后，却受到了太宗的赞美、奖赏，并珍藏于秘府（《通鉴》卷196《唐纪》、《唐会要》卷36《修撰》）。这就是私修典籍与中央没有抵触——无害而有利，如班固私修《汉书》，王劭私修《齐书》，始虽触怒了汉明、隋文，经过审查，明白了一切，终究还是可以的。因此，吴兢撰修国史，因为过于简略，来不及补述，即外调荆州司马。玄宗也就准他以史稿自随（《旧唐书》卷102《吴兢传》），俾便继续撰修。

　　令狐垣所撰《代宗实录》，又是请得德宗许可，在衢州贬所完成的（《旧唐书》卷149《令狐垣传》），沈传师修《宪宗实录》未成，又是经过穆宗许可，于湖南观察使的官署，继续撰成的（《新唐书》卷132《沈传师传》）。

　　总之，唐代史官，有受任于外，而兼领史职，经皇帝批准，得就治所撰修国史，还是可以的。然而在禁中文史馆里修国史，是法定的；在外修史，则是特许的。在法定制度下修史，当然没有任何问题。但在外私修国史，承诏令允许，既不容易——如沈传师之得在外私修国史，便是经杜元颖上奏，历举先代班固、陈寿，当代张说、令狐垣（《册府元龟》卷554《国史部选任》）等先例，好不容易，才承批准的。就是承诏令准许，也还是会有人反对的。试看张说致仕，玄宗虽曾准许他在家撰修国史；吴兢修《唐书》《唐春秋》，以母忧去职，经玄宗诏令在集贤院完修。李元纮还是上奏说："国史者，记人君善恶，国政损益，一字褒贬，千载称之。前贤所难，事匪容易。今张说在家修史，吴兢又在集贤撰录，遂令国之大典，散在数处。且太宗别置史馆，在于禁中，所以重其职而秘其事也。望勒说等就史馆参详撰录，则典册有凭，旧章不坠矣。"玄宗接受了他的意见，张说、吴兢都被迫进入史馆撰修了（《旧唐书》卷98《李元纮传》）。

　　至于刘知几因为政治上不得意，逗留洛阳，闭门"私自著述"。便有人攻击他"躬为史臣，不书国事，由是驿召至京，专执史笔"（《史通·外篇·忤时》）。因而史家不但修国史要限制在史馆里，就连在家私撰有关史书的著作，在某种情形下，也都会受到攻击，而被迫转入史馆撰修国史了。

　　写到这里，难免要问，李延寿的《南史》《北史》，还不是私修的吗？这是有必要给予解释的。据他自己所述：

　　第一，《南史》《北史》，是他从贞观时参与撰修前代诸史时所"鸠聚遗逸"的资料，只因经过他的削繁取精（这本是修史绝不可少的工作），却还得作唯恐犯

110

罪的申说:如"若文之所安,则因而不改,不敢苟以下愚,自申管见"。第二,撰修成稿,当即奉呈监国史国子祭酒令狐德棻审核,而将所指出乖失职处,详细地加以修正。第三,普遍地咨询过宰相们的意见,然后才上表奉呈皇上。第四,虽然经过以上恭慎谨敬的措施,上表还得说:"既撰自私门,不敢寝默;又未经闻奏,亦不敢流传。轻用陈闻,伏深战越"(《北史》卷100《序传》)。这就可见李延寿是如何战战兢兢,唯恐私撰史书,是违法乱纪,犯下了滔天大罪! 所以《南史》《北史》,与其说是私修的,毋宁说是官修的。一切都得秉承上面的意志,还有什么个人私修的呢? 私修前代的史书,一切尚得如此,私修国史,那就更不可说了。

原载张孟伦《中国史学史论丛》,兰州大学历史系1980年9月铅印本

刘知几《史通》评

刘知几生于唐高宗龙朔元年（661），死于唐玄宗开元九年（721）。他的一生，是与史学结有深缘的一生。他从小就受了父亲严格课读史学的教育，而自己又"事理缜密，识力锐敏"（梁启超《中国历史研究法》第二章），所领悟于历代史籍中的奥义，也就如醍醐灌顶，而"皆得之襟腑，非由染习"（《史通·内篇·自叙》。以下引《史通》，都只注篇名）。武后、中宗时代，他又三次担任史官，两度进入史馆。真是"遍居史籍之曹，久处载言之职"（《原序》）。不但史学知识渊博，而且富有一套撰修史书的实际经验。但他之所以能在中国史学上创立一部史学评论，史籍编纂，完整而有系统性的专门名著——《史通》，还是有一定思想渊源的。

任何一种学科专门性的著作，都是逐渐完成的，《史通》当然也不能例外，司马迁的《史记》问世之后，扬雄既评其书"不与众人同，是非谬于经"（《法言序》）。班彪复在这批评的基础上，既肯定了司马迁从汉初至武帝一段史事叙述的功绩，又指出了他运用史料"疏略"的缺点。（《后汉书》卷40《班彪传》）谯周又著《古史考》纠正司马迁叙先秦史事不曾依据正经的错失（章宗源辑本，存《平津馆丛书》内）。傅玄又同样站在"重儒教""以塞杨、墨之道"的立场，著《傅子》以评断《史记》《汉书》《三国志》三史故事的得失。从而使我们知道，从两汉、三国以至西晋，都有关于史籍批评的著作，而这些批评著作值得我们注意的，则有以下几点。

1. 站在儒家立场，批评史籍论点的是非得失。

2. 对史籍的批评，既举出它的缺点，又指出它的优点。

3. 有评论一种以至二三种的史籍著作。

4. 既没有系统性、全面性关于历代史籍评论的专著，也没有关于论述史籍编纂的著作。

直到梁刘勰在他那文学批评的《文心雕龙》中,才往往有许多关于史评的议论(如《颂赞篇》,便是一例);尤其是《史传》一篇,以依经、"附圣"为纲,在史学评论,史籍编纂两方面,都有了较为系统性、全面性的概括阐述,这就成了刘知几理论形势的来源。《吕览·察传》《论衡·问孔》,又是他《疑古》《惑经》的先导。由此他在这个基础上,从发凡起例,补充发展,完成了一部史学评论的专门名著——《史通》。

《史通》一书,分内外二编。内编多申论史学体例,著作方法和辨别是非,共计26篇。外编多半论史官建置及批评古人的得失。条分缕析,贯通古今,真是一部极其难得的史评著作。但由于刘知几是个极其以史才自负的人。自己尊若菩萨,他人贱如粪土。所以宋吴缜说:"刘知几能于修史之外,毅然奋笔,自为一书,贯穿古今,讥评前载。观其以史通自命之意,殆以为古今绝伦。及取其尝所论著,而考其谬戾,则亦无异于前人。"(《新唐书纠谬序》)这是因为"学问乃千秋事。订讹规过,非以訾毁前人,实以嘉惠后学。但议论须平允,词气须谦和……所虑者,古人本不误,而吾从而误驳之。此则无损于古人,而适以成吾之妄。"(钱大昕《潜研堂文集·答王西庄书》)刘知几是个议论锋芒,意气骄矜,毁诋前人而不一省自己的辩驳究竟允当与否的。结果,也就使他成了一座照见人家,照不见自己的丈八灯台。现将史籍编纂、史籍评论分述于后。

一、关于史籍的编纂

1.编纂体例。

(1)体例的发展。

《史通》第一章《六家》——记言家《尚书》、记事家《春秋》、编年家《左传》、国别家《国语》、通古纪传家《史记》、断代纪传家《汉书》,不但创造性地发前人所未发,一如奕者老手的开棋下子,周详地通领着全局,而将中国所有前代史籍的体例,基本上一一概括殆尽。而且指出了"古往今来,质文递变,诸史之作,不恒厥体",随着时代前进,不断变异发展的"体式不同"。于是记言而不著岁月的《尚书》,记事而不详始末的《春秋》,别国家而非纪传、非编年的《国语》,贯通古今而不立限断的《史记》的四种史书体裁,虽然曾为修史者所沿用,终以不能随着历史发展的形势,而致祖述相承,历久不废,也就只有经年纬月,叙事则铨次分明的编年体的《左传》,记一代则起讫完整的断代史的《汉书》了。

刘知几紧接着在分叙"六家"之后,又复将史书的体例,统行归之于编年、纪传两种。且又根据进化论的观点,指出在上古"世犹淳质"的客观社会的实际情况下所产生的《尚书》，是不可能有完备的史书体例的。因为世事是由简略到繁复，逐渐发展而演进的，史书体裁，也就相应地变化发展，由简略而完备。所以他认为《尚书》对于上古帝王的典、谟、训、诰、誓、命之文的"一时之言，累篇咸载"，是可以的，是"观者不以为非"的。如果"爰逮中叶，文籍大备，必剪截今文，模拟古法"，那就"事非改辙，理涉守株"了。而晋孔衍竟删汉魏史书，从中摘出美好的话，纂成《汉尚书》；隋王劭录开皇、仁寿（隋文帝年号）时事，编次以成记言体的《隋书》。这种"义例皆准《尚书》"，徒然掇拾琐言之所修成，既无纪、传，又非编年的国史，也就实在不像国史，而是所谓"画虎不成反类犬"了。

然而识时务的杰出史家，左丘明撰《春秋》，却创制了编年体；司马迁著《史记》，又建立起纪传体。此后，尽管荀悦撰《汉纪》，张璠修《后汉纪》而宗左丘明；班固写《汉书》、华峤作《汉后书》以党司马迁。"角力争先""各相矜尚"，终以编年、纪传二体，各有长短，也就两两并行，不可偏任而废异其一。所以浦起龙说："自其以编年，纪传辨涂辙也，而二体之式定"矣。

总之，《六家》《二体》两篇，实将我国汗牛充栋的史书的体例，做了一个穷尽原委，脉络分明的高度概括性的叙述，从而不但纲维了百代群史，而且张开了《史通》全书总目。我们应该仔仔细细地把这两篇文章，当作《史通》的序言去读。只有这样，才较容易地了解作者著此书的意旨，且又获得了一把打开研究中国史学史门径的钥匙。这种简明扼要，高度概括性的文章，除了深究史书、识力锐利的刘知几，其他人是难以写得出的。

（2）本纪、世家。

刘知几认为本纪是帝王的传记，周自后稷至文王，秦从伯翳至庄襄王的爵位，本来都是诸侯；又项羽是未成帝业，号止一方的霸王；也都只给作记述诸侯王之事的传记——世家，不可以给作记载帝王之事的编年的本纪（《本纪》），而错乱了体例。又认为项羽是"盗"，加上他的反秦，在"事起秦余，身终汉始"，非是与秦的"正朔相承"，也就只可给他作传，不可作纪。这是由于刘知几出身于世族地主的阶级本质（刘知几家自北齐以来，即是名门望族。至唐，他的叔父做安南都护的刘延祐，更是残酷剥削黎人，激起黎人起义而被杀的酷吏，见《新唐书·刘廷祐传》。请参看《氏族志》一节）决定了他敌视农民起义的缘故。因而把在钜鹿击破秦的主力军，奠定农民起义胜利基础的项羽"抑同群盗"。但关于论述《周本纪》《秦本纪》的体例之不够谨严、合理的地方，还是使后人读纪传体的史籍，值得注意的。

刘知几又认为，世家是记载诸侯王的事迹的。因而韩、赵、魏与田氏，在未立国为君以前，就不该将他们的事迹归入世家，而使"君臣相杂"，造成"前后一统"的局面。又汉代诸侯与古代不同,不能专制一国,也就不能给他们作世家,只宜作传。这从体例上说,是实事求是,谨慎严密合于史法的。但指责"陈胜起自群盗,称王六月而死,子孙不嗣,社稷靡闻,无世可传,无家可宅",而司马迁竟给他作世家,便非"当然"(《世家》)。这就充分暴露了刘知几世族地主阶级的本质,御用史官的儒学正宗史家的本能。否则,孔子没有诸侯爵位,《史记》里却有他的《世家》,为什么不给批评呢?

这是因为刘知几认为历史是帝王活动的结果,所谓"帝王即历史",人民只是"只可使由之"的被动的消极力量。根据这种唯心史观的论点,便说国家的兴亡,都是由帝王个人的活动决定的。如《杂说上》,首言"秦之灭也,由胡亥之无道;周之季也,由幽王之惑褒姒"。这就把西周、赢秦之灭亡,归之为全是由幽王、二世个人的无道、荒淫的结果。又复指出齐田、魏万、姬周、刘汉之兴,都是因为陈敬仲、毕万、古公亶父、刘邦的"德才"过人的缘故。这就过分地夸大了个人在历史上的作用,而是一种唯心史观的英雄史观了。

因而人民群众在他的历史观里,便是愚昧无知,天生成的"群氓",只应盲目地服从一切,根本不知道什么的。如《自叙》说:"民者冥也,冥然罔知,率彼愚蒙,墙面而视。"则就把创造历史的人民群众,看成是浑浑噩噩、不识不知的众生。如果人民起来反抗压迫剥削,如赤眉琅玡樊崇,黄巾钜鹿张角,那都是大逆不道,犯上作乱的"寇贼"。反之,对于统治者,则认为是承受天命来统治人间的帝王,应当向之致敬,决不可"等之凡庶",不可在历史上直书他的名,称他的字(《称谓》),从而他对于给农民起义的领袖陈涉作世家的司马迁大大地不以为然,而说是一种"纰缪"(《探赜》)。这就把推翻秦王朝的根本因素,推动历史发展的真正动力——中国历史上第一次的农民战争的伟大作用,全都给以污蔑、抹杀了。

(3)反对作"表"。

什么叫"表"?《礼记·表记》郑玄《注》说:"表,明也。谓事微而不著,须表明也。"推而至于史书之作"表"而"与纪、传相为出入。凡列侯、将相、王公、九卿,其功名表著者,既系之以传。此外大臣,无绩劳,亦无显过,传之不可胜书,而姓名、爵里、存殁、盛衰之迹,要不容以遽泯,则于'表'乎载之……年经月纬,一览瞭如。作史体裁,莫大于是。"(《日知录》卷26"作史不立表志"条)然则修史而立"表"是史书中的一种最好的体裁(《日知录·修史不立表志》《廿二史札记·各史例目异同》)。

所以司马迁著《史记》,也就仿谱牒而立《十表》以为全书的纲领。梅文鼎说:《史记十表》,"实太史公精意所存"(汪越《读史记十表记》)。胡德琳也说,司马迁作《十表》"而有深意"(周嘉猷《南北史表序》)。都认为司马迁作"表"，是在史书体裁上做出了极大的贡献。正因为表在史书中之不可少，作者也就相继蜂起。"至班氏而义例益密。东京则有伏无忌、黄景作《诸王》《王子侯恩泽表》，边韶诸人作《百官表》。东观史臣，犹仍旧贯。自范蔚宗书出……表乃全缺……不无遗憾于蔚宗焉。"(《潜研堂文集·后汉书年表后序》)于是欧阳修撰《新唐书》，又因之而立《宰相》《方镇》《宗室世系》三表；脱脱修《宋史》，又复著《宰相》《宗室》二表；修《辽史》则立表更多。甚至有因前人修史无表，而为补撰的。诸如：熊方的《后汉书年表》，李焘的《历代宰相表》，明末万季野的《历代史表》，更被后人"推为史氏功臣"(《史通通释·表历》)。到了学术兴盛的清代，名史学者因为《二十四史》中缺"表"，而竞相为之作补的，更是多得如雨后春笋。反过来，《后汉书》《三国志》《宋书》《南齐书》《梁书》《陈书》《魏书》《北齐书》《周书》《隋书》《南史》《北史》《五代史》无"表"，也就受到了后人的批评(《日知录》同上)。这就可见"表"确是史书体裁中一种不可缺少的篇章，而为一般名史学家所公认的。怎能如刘知几之说班固祖述《史记》而作"表"，反是"迷而不悟，无异逐狂"呢！(《表历》)

刘知几肆情任性，大肆反对作"表"，而说什么"夫以'表'为文，用述时事，施比谱牒，容或可取，载诸史传，未见其宜。何则？《易》六爻穷变化，经(《春秋》)以一字成褒贬，《传》包五始，《诗》含六义，故知文尚简要，语恶烦芜。何必款曲重沓，方称周备？观司马迁《史记》，则不然矣。天子有本纪，诸侯有世家，公卿以下有列传。至于祖孙昭穆，年月职官，各在其篇，具有其说，用相考覈，居然可知，而重列之以表，成其烦费，岂非谬乎？"(《表历》)但事实上，却恰恰相反。因为有纪而无表，则"国家世祚，人世岁月，散于纪、传、世家，先后始终，遽难考见"(《宋史·宰辅表序》)；有纪、传而又有表则"纪月编年，聚而如图指掌，经纬纵横，有伦有脊"(汪越《读史记十表序》)，其理很是明白显然。但刘知几却一点也"不知作史无'表'，则立传不得不多。传愈多，文愈繁，而事迹或反遗漏而不举"(《日知录》同上)的道理，硬要说表之于史"得之不为益，失之不为损"。所以那个对"于前史体例，贯穿精熟，指陈得失，皆中肯綮。刘知几、郑樵诸人，都不能及"的清代名史家万斯同便严峻驳斥刘知几说："史中有'表'，所以通纪、传之穷。有其人已入纪、传而表之者，有未入纪、传而牵连以表之者。'表'立而后纪、传之文可省，故'表'不可废。读史而不读'表'，非深于史者也！"(《潜研堂文集·万先生斯同传》)清代另一名史家赵瓯北也说："'表'多则传自可少……实足省无限笔墨"(《廿二史札记》卷27"辽史立表最善"条)。又吴大受也"言国史有'表'，似烦文，实省文"(《史通解释·表历》)根本不是什么

"烦费",为是省费。何况表的功用,不但在旁行斜上,而尤在提要钩玄。因为史家作"表",首先都在序文里,将"表"里所列之事,作个扼要而简明的阐述,给全篇的内容起了一种综合贯穿的作用。使人读后,格外有个清醒明晰的概念。次则作者还在其中提出了自己的看法,使读者观其持论之大旨,而起着一种启发作用(不管赞同与否)。"《大事记》所谓《十表》意义宏深"(梁玉绳《史记志疑·三代世表》),并非溢美之辞,又怎能说是"烦芜""重沓"呢?

正因为刘知几认为"表"是史书中一种"烦芜""重沓"的赘疣,因而也就嫌"表"夹置在本纪、世家、列传之间,主观地以为会使读者越掉过去而不阅读,而说什么"'表'次篇第,编诸卷轴,得之不为益,失之不为损。使读者莫不先看本纪,越至世家。'表'在其间,缄而不视。语其无用,可胜道哉!"(《表历》)这种说法,我们以为是极其错误的。因为再好的篇章,你不去看,总是无用的。试以《汉书》的《百官公卿表》来说,读过之后,对官制的沿革,百官的职能等,都有个明了的概念。从而读本纪、列传,对某人任某官而做某事,也就容易了解得多。怎能说是"无用",越掉过去"而不视"呢?

总之,修史立"表"是必要的,决不能说什么"烦剧"。"表"的作用是很大的,决不能说什么"无用"。郑樵说:"《史记》一书,功在《十表》,犹衣裳之有冠冕,木水之有本源"(《通志·总序》),也就深深地受到了梁玉绳的赞同。归根到底,对的总是对的。所以就是刘知几自己,终究还是不得不说:"观太史公之创'表'也,于帝王则叙其子孙,于诸侯则纪其年月,列行萦纡以相属,编字戢孴(孴,音似。戢孴,众多貌)而相排。虽燕、越万里,而于径寸之内,犬牙可接;虽昭、穆九代,而于方尺之中,雁行有序。使读者阅文便睹,举目可详,此其所以为快也。"(《杂说上》)既说表"得之不为益,失之不为损",可以"缄而不视";又说"表"叙世系则雁行有序,纪年月则犬牙相接,使读者目睹心快。真是反复不定,自相矛盾。宜乎郭孔延作《史通评释》,据此而对刘知几加以驳斥,陆深《俨山集》载《史通》二跋,而说刘知几是非任情了。

(4)删掉《艺文志》。

刘知几作《书志》篇,首先主张删掉《艺文志》。在他认为,班固修《汉书》而作《艺文志》以定书籍的流别,是一种"妄载"。其实,自秦焚书,汉儒即已感到书籍散佚遗亡的灾厄。因而司马迁既得见金匮石室之书,其父又已论六家要旨,而他却不曾志艺文而只作八书,也就受到了后人的指责(《国学汇编》第一集胡朴安《史记体例商榷》)。班固受命依刘歆《七略》而撰《部书》,并进一步地在《汉书》中写《艺文志》,用以网罗历代散佚的典籍,而一一辨明它的源流、派别,并给予是非得失的鉴定。这在当时来说,确实完成了一项急切而重要的任务;

而对后人研究古代学术文化,尤其做出了重大贡献。怎能说是"妄载"而要"删除此篇"呢?如果认为"古之所制",班固便不能"定其流别",那么,筚路蓝缕艰苦缔造之业,也都不叫人去做了。何况班固的《艺文志》,是在刘歆《七略》的基础上加工写成的。《七略》既已失传,则不但应该肯定班固继承、发展的功绩,而且更加显示他这部史志中的第一次汇录书籍目录的记载,是极其弥足珍贵的遗产。又怎能说是"妄载",而要"删除此篇"呢?

郑樵作《通志总叙》就曾说:"学术之苟且,由源流之不分;书籍之散亡,由编次之无纪。"则班固汇集典籍而作《艺文志》,使之纲目详明,流别清晰,既可借此而对散佚的古籍求其涯略,又可凭此而将遗存之书核其异同,辨其真伪。是《艺文志》"分艺文为六略,每略又各别为数种,每种始叙列为诸家……大纲细目,互相维系,法至善也。每略各有总叙,论辩流别。义至详也"(《校雠通义·汉志诗赋》)。因为时代在前进,人类知识在不断提高。"长江后浪推前浪,世上新人赶旧人。"一切事物总是发展的。如果说班固的《艺文志》便是史志里汇录书籍记载之"至详""至善"的,那就是登上了最高峰,再也不能向上前进了。

总之,《艺文志》罗致群籍,汇成一篇,既是一种图书目录学,又是一种学术史略,它给后人研究古代学问,是起了一定的津梁作用的。所以学问渊深的清儒金榜说:"不通《汉艺文志》,不可以读天下书。《艺文志》者,学问之眉目,著述之门户也。"(《十七史商榷》卷22"汉艺文志考证"条)从而自班固以来,后代史家,莫不争相祖述:《隋书》《旧唐书》有《经籍志》,《新唐书》《宋史》《明史》有《艺文志》。至于《二十四史》中没有《艺文志》的,清代学者,都纷纷为之作补。而刘知几却对这种的"后来继述",说是"以水继水,谁能饮之"(他所指的,当然只能及于唐初所修的《隋书》),是必须加以驳斥的。

(5)增修一些志书。

刘知几修史,一面反对立《表》,删掉《艺义志》,一面又作《书志》一篇,主张增修下列一些志书。

第一,人形志。

"左氏浮夸",在中国史上也就第一次出现了周内史叔服能相人的记载(《左传·文公二年》)。既说"以容取人,失之子羽(澹台子羽)"(《韩非子·显学》)。荀卿更是给了这荒诞无凭的相术,以强有力地驳斥。说这是古代所没有,是学者所不称道的(《荀子·非相》)。这简直就是因为左丘明记载了叔服能相人,而不承认他是个史学家罢了!至于宋的孔平仲,除了直接指出"相之不可凭"以外,又列举了历史上许多活生生的事实加以证明。他说:"《南史·庾荜传》:'庾夐家富于财,食必列鼎;又状貌丰美,颐颊开张;人皆谓必方伯。及魏克江陵,复以饿死.'时又有水军都督褚萝,面甚尖威,从理入口,竟保衣食而终'……魏朱建平善相,钟繇以为唐举、许负,何以复加。然相王肃年逾七十,位至三公,肃六二而终于中领军。史氏以为蹉跌。故吾以为相不可凭也。"(《孔氏杂说》又名《珩璜新论》)刘知几既说:"必言貌取人,耳目不接,又焉知其才术"(《浮词》);而他又博通典籍,竟亦不顾韩非,荀卿非相之言,不管相不可凭的历史人物的事实,而说什么"吉凶形于相貌,贵贱彰于骨法"。专从人的骨骼等自然属性方面,而定人的吉凶、贵贱,以至主张纂修宿命论的人形志,这就完全否定了人们在历史上的积极的创造性的作用,叫人听相由命,不必奋勉有为了。

第二,方言志。

《方言志》,原是对一名一物评其地域言语的异同,以供训诂家参考的著作。而刘知几则首先强调它的政治意义,说是"茫茫九州,言语各异,大汉(依班固《汉书》所称)輶轩之使,译导而通,足以验风俗之不同,示皇威之广被"。著书而以政治摆在第一位,本是对的。但一意夸示唐皇朝声威的远被,则显然是宣传皇朝主意。又复假设其辞而谓"既艺文有志,何不为《方言志》乎?"是方言且重于典籍,未免轻重倒置了。

第三,都邑志。

为什么要作《都邑志》? 刘知几认为首先在宣扬京都的壮丽庄严,而使人民仰伏它的威仪,显示帝王的尊贵。所以他说:"京邑翼翼,四方是利,千门万户,兆庶仰其威神;虎踞龙盘,帝王表其尊极。"其次,在给统治者起一种劝诫作用——京都是一国"教化之本原,民俗之枢机",而为"郡国来者""亲承圣化"的重地,建筑得侈靡,还是简朴,所产生的影响都是很大的(《汉书·匡衡传》)。所以刘知几说:"土阶卑室,好约者所以安人;阿房、未央,穷奢者由其败国。此则其恶可以诫世,其善可以劝后。"

第四,方物志。

为什么要作《方物志》? 刘知几认为:记载四方各国远来朝贡的名贵特产,用以夸张中国的统治者是天朝的帝王,其他邻近国家,都得来贡方物,并以显示汉族的统治者是各族的帝王,都得来纳赋税。所以他说:"金石草木缣绤丝枲之流,鸟兽虫鱼齿革羽毛之类,或百蛮攸税,或万国是供",都得载之史册,以示"无国不宾,遐迩来王"的盛况。这就不但对国内少数民族表示出轻蔑态度,而且对我国的一些友邻国家也流露出了大国沙文主义思想。

第五,氏族志。

唐代开国初年,颜师古注《汉书》,即已指出家谱之不信(见《眭弘传》《萧望之传》注)。刘知几在《采择》篇里,既指责"夸其州里"的"谱牒之书"之不可信,又批评范晔修《后汉书》不该在《荀淑传》里依据《荀氏家传》之虚誉他的八个儿子之为"颖川八龙"的说法,"定为实录"。在《邑里》篇里又说:"爰及近古,其言多伪。至于碑颂所勒,茅土定名,虚引他邦,冒为己邑。若乃……姓卯金者,咸曰彭城。"这都可见他是反对撰修夸耀州里、家门的谱牒之书的。但他又撰修《刘氏家史》《谱考》,并大肆引经据典,穷本索源,追述他那彭城刘氏,原是汉宣帝的子孙司徒居巢侯刘恺的后代,并立志受封"必以居巢为名"(《旧唐书》卷102《刘子玄传》),以矜夸他那"高门华胄,奕世载德"的光荣(《杂述》)。甚至主张撰修国史,就该以修《氏族志》为首要任务(《书志》)。这当然是有一定的阶级根源的。

原来刘知几出身于名门世族的家庭——从北魏、北齐以来,他家就是以"家世忠纯,奕代冠冕"著称的望族(《北齐书》卷35《刘祎传》)。叔祖刘胤之,唐初任弘文馆学士,受封阳城县侯,叔父刘延祐曾为安南都护。父亲刘藏器是高宗时的侍御史。而他自己在国史馆又经历了一段和"恩幸贵臣,凡庸贱品"(《辩职》)的水火不相容的斗争生活,他对那"荜门寒族,百代无闻,骈角挺生,一朝暴贵,无不追述本系,妄承先哲"的"自我作故,诡祭非鬼神"(《序传》)地妄自抬高门阀的无耻的作风,是深恶痛绝的。因而主张撰修国史,就该以修《氏族志》为首要任务。因为"氏,所以别贵贱。贵者有氏,贱者有姓无氏"(《通志·氏族序》)。所以撰修《氏族志》,一则"用之于官,可以品藻士庶"(《书志》),以显示他们高门世族不可侵犯的神圣界线。二则帝王苗裔,公侯子孙,能够言谈他们祖宗的光辉事业,使世人知道他们是"余庆所钟,百世无绝"的光荣后代,应该高人一等。并撰修他的《刘氏家史》《谱考》,以"纪其先烈,贻绝将来"(《杂述》),而"以姓望所出,邑里相矜"(《邑里》),企图压服和他斗争的庶族地主。从而这种骄矜自尊之所撰成的高贵门阀的《家史》《谱考》,也就只能使贵族"学者服其眩博",而为一般庶族"流俗所讥"(《旧唐书》卷102《刘子玄传》)了!

(6)"论""赞"体例。

刘知几在《论赞》篇里,讲述了"论"(篇末论辞)"赞"(论后韵语)的体例。首先从"论"的起源、名称开始,接着阐述它的作用在于:"辨疑惑,释凝滞。若智愚共了,固无俟商榷"而再作"论"。所以左丘明作《传》,并非每篇都有"君子曰";而司马迁著《史记》,则不问其必要与否,每篇却都有"论",史论之烦,从此开始。加上以后的史家,炫耀文采,所作史论,已是浮靡失实;而"论"后又复有"赞",徒增文饰,而无内容,则是更无必要。

刘知几这种对"论""赞"的看法,是有一定的道理的。所以后代修史的,也都重视参考他的意见,甚至采用了他的意见。除《旧唐书》还是全有"论""赞"

120

外,其他诸史,不是有"论"无"赞"(如《新、旧五代史》),便是有"赞"无"论"(如《新唐书》《宋史》《明史》);甚至"论""赞"都没有(如《元史》)。而司马光修《通鉴》,有时仅作"臣光曰"之言,以阐发他褒贬的议论,那就更是明显地遵守了刘知几"左丘明作传,并非每篇都有'君子曰'"的规诫。只是封建社会里的史家,硬要贪刘知几之功以为己力,不肯承认罢了。试看明代修《元史》,规定"不作'论''赞',但据事直书,具文见意,使其善恶自见"。这明明是导源于刘知几的说法,却硬说是"准《春秋》及钦奉圣旨示意"(《元史·纂修元史凡例》)。这就是暗运刘知几的史学纂修论例,而当众又拒绝它的一种羞怯作风。我们只有把这种史学,称为"含羞的刘知几史学"。

(7)"序""例"的重要。

刘知几在《序例》篇里,首论"序""例"的来源、功用,只是从范晔以后,史家矜眩文采,作"序"也就没有婉劝的政治意义。其次,强调"凡例"的重要性,至说是"史之有'例',犹国之有法。国无法,则上下无靡定;史无'例',则是非莫准"。最后,叙述"凡例"的创立、中绝、复兴,以及既立之后,而又不依"例"去做的事实。总之,"序"贵简质,以申作者的意旨;"例"贵严明,务遵编纂的体制。二者同属重要,必须严肃认真地制订、执行,才可以使读者容易了解书中的意旨。这种说法,我认为基本上是对的。但范晔所作的"传论",原是写得感慨愤激富有政治现实意义的美好短评。这就不但他自己认为"吾杂'传论',皆有精意深旨"(《宋书》卷69《范晔传》),就是后代的李慈铭亦复赞美范的"'传论'风励雅俗,哀感顽艳",而"令人百读不厌"(《越缦堂日记·后汉书》)。评论一部史学作品,该是从政治性与艺术性着眼。范的"传论",委实做得政治性与艺术性并美。又怎能以文采繁缛之罪,归到是他所开的呢?

最后,必须指出,刘知几对史籍编纂体例,首先从本纪、世家、列传、表历、书志、论赞,以至序、例等,都做了一套整个系统地阐述。其次,又在各种体例中,从起源、名称、功用等,做了较有详明地叙述。再次,根据自己的看法,做出了种种评论。这不但证明他史学知识的渊博,而且是中国史学史上提出整个一套史籍编纂理论的第一人。尽管我们提出了不少的批评,但他比他的前人,毕竟提供了许多整套的新东西,而使后代的封建史家向他学习。所以浦起龙说:"继唐编史者,罔敢不持其律。"(《史通·通释·自叙》)

2.编纂方法。

(1)广泛地收集可信的材料。

刘知几认为撰修史书,首先必须慎重地广事收集雅正可信的资料,然后才能撰"成一家之言",传之不朽。举例来说,《左传》《史记》《汉书》,都是这种代表性的著作。而魏、晋、南北朝以来，修史者往往妄采寓言、图谶、奇说、诬语、杂事、讹传、旧说等，也就乖舛错乱，荒谬难信。唐初修《晋书》，也采用《语林》《世说》《幽明录》《搜神记》里的资料，只是"务多为美，聚博为功"，终当取笑于人。

撰修史书，首先必须搜集丰富可信的材料，然后在正确的原理指导下，引出恰切的结论来，这是肯定的。因为"在这里只说空话是无济于事的。只有依靠大量的、审查过的历史资料，才能解决这样的任务"（恩格斯《马克思〈政治经济学批判〉》）。即是小说，也不可一概抹杀，应当分别对待。因为它的内容，包括很广。有的记载异闻，有的叙述杂事，有的缀辑琐语。举凡杂记、笔记以及考论事物等文字，都可包括在里面。其中足以寓劝诫、广见闻、资考证的，很是不少。所以小说与杂史容易混淆，和诸家著录亦往往相乱。即使作《春秋》一笔一字不苟的孔子，也认为小说"必有可观"（《论语·子张》）；班固又认为小说是不可毁灭的（《汉书·艺文志》）。司马光撰修《通鉴》，对于史料的采择，自是最严格的。但淖方成祸水之说，则采自《飞燕外传》，张象冰山之语，则采自《开元天宝遗事》。是于正史之外，又复采用这些传记小说了。胡应麟说得好："小说谈说理道，或近于经。"

又有"类注疏者，纪述事迹，或通于史"。是以小说"其善者，足以备解经之异同，存史官之讨覈。总之，有补于世，无害于时"（《少室山房笔丛·九流绪论下》）。所以刘知几认为"撰集古今灵异神祇人物变化"而成的《搜神记》、记载阴间阳世的《幽明录》之不可以入史是对的。但《世说新语》，却把东汉以至魏、晋士族的生活情况，面貌气韵，反映得恍惚生动，真致不穷。尤其是刘孝标的注释，极其精覈地纠正了刘义庆的许多错误（胡应麟《史书占毕》称"其综核精严，缴驳平允"），而所博引诸书，早已佚失十分之九，仅赖刘注流传下来，而与裴松之的《三国志注》，郦道元的《水经注》，同为考证家所引据的珍贵资料，为什么不能采用呢？

刘知几又认为司马迁撰《史记》，孙盛著《晋阳秋》，从四面八方的"故老""家人"那里访问材料，便是"以刍荛鄙说，刊为竹帛正言，而辄欲与《五经》方驾，《三志》竞爽，斯亦难矣！"（《采撰》）殊不知司马迁撰《史记》之所以成为中国史学史上的一部名著，其原因之一，固然是因为他们父子是汉的太史令，能够博览"史记石室金匮之书"（《史记》卷130《自序》）。但和他们父子交游很广，得从朋友交谈中，获得许多珍贵而难得的真实史料，也是分不开的。诸如：与公孙季功、董生、夏无且交游，具知荆轲刺秦王的事迹（《刺客传赞》）。与平原君的儿子交好，具论平原君、朱建的事故（《郦生陆贾列传赞》）。与樊他广交友，为言高祖功臣兴起时的事实，以故得详作樊哙、郦商、夏侯婴等传（《樊郦滕灌列

122

传赞》)。此外,名儒董仲舒、学有渊源的贾嘉(贾谊儿子)、司直田仁(田叔儿子)、奇士冯遂(冯唐儿子),以及名士壶遂、高士挚峻、方士唐都、名将苏建、李陵,都是他的朋友。而好古书,爱经术的东方朔,又给《史记》做了"平定"(《孝武纪》、桓谭《新论》《文心雕龙·知音》),这都对他提供了许多宝贵的历史事实和意见。所以张一鹏说:司马迁和这些人"引为交友,晋接往来,宜其尚识古今,文遗风云矣"(《关陇丛书·汉司马太史公集传》)。可见《史记》之所以写得那么美好,实在是和司马迁广泛地向"故老""家人"访问原始材料,征询宝贵意见的关系是很大的。哪能说这是"刍荛之说",不可"刊为竹帛之言"呢?而刘知几,也不得不说:"刍荛之言,明王比择;菲之体,诗人不弃。故学者欲博闻旧事,多识其物。若不窥外录,不讨异书,亦何能自致于此乎?"(《杂述》)又说:"朝廷贵臣,必父祖有传,考其行事,皆子孙所为。而访彼流俗,询诸故老,事有不同,言多爽实。"(《曲笔》)是又认为要修成一部信史,就得采纳刍荛之言,向流俗故老进行访问,才能辨析真伪,求得真实材料了。

(2)反对以骈文修史。

慎重地收集丰富可信的资料以后,又将如何去把史书修好呢?

刘知几首先指责自六朝崇尚调协声律、雕琢辞藻之文,遂使"有齿迹文章,兼修史传"(《覈才》)者。因而所成国史,"骈章骊句,展卷烂然。浮文妨要"(《叙事》浦起龙按语),可胜言哉!其次则说:"大唐修《晋书》,作者皆当代词人,远弃史、班,近宗徐(陵)、庾(信)。夫以饰彼轻薄之词,而编为史籍之文,无异加粉黛于壮夫,服纨绮高士者矣!"从而提出修史,应"以简要为主",以"用晦"为上。总之,就是要"省句""省字",而把一切"冗句""烦辞"洗刷干净,以达到"文约而事丰""言近而旨远"的目的(《论赞》《叙事》)。这种说法,是正确的。尤其在当时来说,是有一定的积极、现实意义。但必须指出两点。

第一,前人已反对骈文修史,反对的意义较刘知几更重大、深刻。

还是在北周时,文帝宇文泰就想革除文学浮华的弊病,而命苏绰作《大诰》,模仿《尚书》的简洁文笔。并令"自是以后,文笔皆依此体"(《周书》卷23《苏绰传》)。至隋统一,文帝杨坚又"普诏天下公私文翰,并宜实录",且将文表华艳的司马幼办了罪(《隋书》卷66《李锷传》)。唐初,魏征撰《隋书》,又指责清绮之文,主要删简累句(《隋书》卷76《文学传序》)。是从北周经隋至唐初,统治阶级已在反对用骈文修史。而李百药撰《北齐书》《北史》,则更严峻地指出齐、梁声律浮华之文,"并为亡国之音"(《北齐书》卷45《北史文苑传序》)。这种从政治意义上严肃地批评齐、梁荒淫君主贵族的生活糜烂,附庸风雅,因而夸耀辞藻竟为亡国之音,较之刘知几对于修史,专从"简要""用晦"艺术性方面立论的意

123

义,也就更重要、更深刻得多了。

第二,裴子野、姚察父子均用散文修史、刘知几则文沿齐、梁。

还是在梁的时候,史家裴子野为文,即已"不尚丽靡之辞,其制作多法古,与今文体异"而为当时所推重。只是他所草创的《齐梁春秋》未有完稿(《梁书》卷30《裴子野传》)。否则,就在骈体文风靡一时的梁朝,已有用散文记事的简要史书。至于唐初姚察、姚思廉父子撰修《梁书》《陈书》,更是用朴质的散文,写成了结构紧密,语言精练,卓然突出于当时的衰靡文风之上的史籍。而刘知几呢?虽然一再强调修史应该文笔简练,且极力指责词章家修史之"或声从流靡,或语须偶对"(《杂说下原注》)。但他在青年时代,根本上就是个"雕虫小技""好文笔,颇获誉于当时"的人。虽然自说"壮都不为"(《自叙》),但又写了《思慎赋》,这幼年时代的积习,又哪能改正得了呢?所以他写的《史通》,除了一篇短短的《原序》,文体尚称简洁外,其他哪一篇本文,又摆脱了骈文的桎梏?毋怪蔡焯说他"世职史,而文沿齐、梁"(《史通通释·序》)。浦起龙更是讽刺他说:"《史通》极诋俪词,卒亦多为俳体。"(《史通通释·覈才》按语)"公自言之,乃自袭之,何耶?"(《杂说下》按语)刘知几如果尚在人间,又将何辞以对?"能说不能行""只说别人,不谈自己",这都是刘知几极好的写照。

(3)明察秋毫的微末。

同是一个字,一种称谓,有在过去为是,而到后来为非的。因而运用起来,也就不能滞于因习,而不知道应当改变。刘知几读史精密,往往将古史中的看起来是个细小差错而意义却是很重大的,都把它举了出来。如说《史记》是通史体裁,"事总古今,势无主客。故言及汉主,多为汉祖,斯亦未为累也"。至于《汉书》,则是汉的断代史,而记"高祖(刘邦)为公、王之时,皆不除沛、汉之字。凡有异方降款者,以归汉为文"。是汉人修《汉书》,称其上为汉王,谓其朝为汉朝,而以第三朝人自居了。又如《史记·陈涉世家》说涉的"子孙至今血食"的这个"今"字,本是指西汉武帝的时候,而《汉书》完全录用原文,则这个"今"便成了东汉明帝的时候,"事出百年"以后了。再如刘知几指《汉书》所说"严君平既卒,蜀人至'今'称之"。而皇甫谧却把这句原封不动地载入了《高士传》。但班固是东汉人,皇甫谧是西晋人。"年代悬隔,至'今'之说,岂可同云?"(《因习》)一字之差,千里之谬。编修史书,不能不对这种似小,而最易忽略,关系却较重要的地方有所注意。否则,一味照录原文,是没有不造成错误的。

(4)如何模拟。

刘知几在《模拟》篇里指出撰修史书,必须向古人学习,他说:"夫述者相效,自古而然……况史臣注记,其言浩博。若不仰范前哲,何以贻厥后来?"然六朝以来,模拟古人修史,有的虽很神似,有的只是貌似。因而他首先列出"貌同而心异""貌异而心同"的两点。然后一一从干宝《晋纪》、裴子野《宋略》以及其他史家的著作中,分别举例给予说明,肯定前一模拟,是乃"文是"而"质非",后一模拟,才算"文是"而质亦是。这是因为前一模拟,是如"图画之写生,熔铸之象物",只是一种机械地从形象上去模拟;后一模拟,才是"取其道术相知,文理相同",巧妙地从精神实质上去模拟而得其神似。

我们当然不是否定一切的虚无主义者,但又不是肯定一切的复古主义者,而是一切优秀历史遗产唯一的善于继承者。如果一味模拟古人,纵然得其神似,也只是引人向后看,而不是向前看。但人类总是不断向前发展的,撰修史书也就不能停止在前人的水平上。因此,总要不断地总结前代史家的经验,有所创造,有所前进。何况历史是人民创造的,而在过去的史书里,人民却成了渣滓——自孔子作《春秋》,就令"庶人不得见于史"(《潜研堂文集·春秋论》),由帝王将相占据了篇幅,为他们歌颂功德。这种历史唯心主义观点的颠倒,我们必须用历史唯物主义的观点颠倒过来——必须用马克思主义、毛泽东思想的观点和方法,严肃认真地尽力做出科学的分析和批判,以求在历史典籍的遗产里,吸取其精华,剔除其糟粕,以为我们今天的社会主义建设事业服务。

(5)因噎废食。

刘知几认为《史记》《汉书》,往往在纪、传叙事之中,收入一篇极长的文字,致使文气阻隔,史事茫然。因而在《载言》篇里,主张将"人主之制册诏令,群臣之表章移檄"收集起来,另外编成《制册章表书》,使它和史书本文有所区别。其实,像贾谊、晁错、董仲舒等传里所载的《治安策》《守边劝农疏》《天人策》等,都是一代极其重要而有关经济、政治、军事的文献,其"词理可裨于政理者""甚大,非如"扬雄《甘泉》《羽猎》,司马相如《子虚》《上林》,班固《两都赋》之文体浮华,无益劝诫的可比。还是唐代开国初年,太宗就曾交代监修史书的房玄龄,要他对这种文字"皆须备载"(刘肃《大唐新语》卷9《著述》)。这完全是正确的。因为撰修史书的目的,就在以古为鉴,古为今用,为什么不能把这种"词理有裨于政理"的文字载入史书里面呢? 即是说收入传里,便与传文的文气阻隔,便不收入,而另编成《制册章表书》,那就不但阅读不便,而且容易散佚,岂不是因噎废食? 何况遗弃《治安策》等重要文献不载,也就真的使得对当时重要的"史事茫然"。我们不见欧阳修撰《新唐书》,往往删改骈文章疏而为古文,或者节略章疏中的要语而仅存之,甚至将骈文章疏完全删掉,从而史料价值,也就远远不及保存了许多重要文献的《旧唐书》。所以司马光修《通鉴》,唐代部分,也就多半采用《旧唐书》。浦起龙说刘知几"此论不可行",是完全正确的。

二、关于史籍的评论

1. 优缺并举。

班彪评司马迁的《史记》，固已一分为二，优缺并举。刘勰《史传》，亦一面称司马迁"实录无隐"，一面笑他"爱奇反经"。对于班固，既称许他"宗经矩圣"，又责备他"征鬻贿笔"。则同样是优缺并举的两点论。

刘知几继承了这种优缺并举评论的优良传统，并进一步地加以发挥说："明镜之照物也，妍媸毕露，不以毛嫱之面，或有瑕疵而寝其鉴也。虚空之传响也，清浊必闻，不以绵驹之歌时有误曲，而辍其应也"（《惑经》）。这种妍则妍，媸则媸，清则清，浊则浊的优缺并举，实事求是的态度，是正确的，也是可贵的。至于批评得对与不对，那当又是一回事了。现且略述于下。

（1）尊崇孔子又批评孔子。

尽管刘知几生于"代传儒家之业"的家庭，处于尊崇孔子为"先圣"的时代，而是个儒家正宗派的史家：拥戴孔子是"应运而生，自古以来"所未有的"大圣"（《惑经》），赞扬孔子所删的《尚书》、所著的《春秋》为不刊之言（《六家》），但又认为不能因为孔子是圣人中的多面手，便说他所删《尚书》，"所著《春秋》，善无不备"（《惑经》），而就可以不批评。

首先，在《疑古》篇里，指出《尚书》详于记言，略于记事，即已造成一种不"可胜道"的"缺略"。又说："观夫子之刊《书》也，夏桀让汤，武王斩纣，其事甚著，而芟夷不存"，更是故意为圣贤讳。接着便详列条例，一面阐述为唐尧铺张善治之属于溢辞的不可相信，一面论述尧、舜禅让之可怀疑。最后做出了"远古之书，其妄甚矣"的结论。

其次，在《惑经》篇里，专门批评《春秋》，而谓孔子有"惭良史"。从而提出"未喻"之义13条。然而措辞尚属委婉，而是一种怀疑的态度。接着就进一步地举出"虚美"之事五种，对孟子、左丘明、司马迁、班固等推美《春秋》，大翻其案，大加指责。并对王充仅仅指责《论语》，未给《春秋》有所批评而不满。

然而孔子是封建统治阶级借以束缚人民思想的偶像。因而经他所删的《尚书》，所作的《春秋》，也都被尊之为不可亵渎的"经"。刘知几既作《疑古》以攻《尚书》，复写《惑经》以责《春秋》，的确在当时是一种大胆无忌、解放思想、新鲜而又深刻的进步言论。正因为刘知几论史之"疑坟典，讥尧舜，訾汤、文，诽周、孔，不少顾忌。故宋子京（与欧阳修同修《新唐书》的宋祁）有二拙之讥，柳诏之有析微之论"。自来《史通》这个书，也就"刻之不广"（《四个丛刊》本《史通》

126

《明掌鼎思》《读校史通序》）。就是刊了，也得删去《疑古》（如纪昀的《史通削繁》）了。

（2）推崇王劭又批评王劭。

刘知几在《史通》里所推崇的第二个人，可以说是王劭。王劭出身于太原晋阳世族的家庭。北齐政权，原是依靠赵魏一带世族地主集团的拥护和鲜卑贵族的支持而建立起来的。而王劭于胡汉权贵的火并，却能坚决执行他的职责——当"邺城将相，薪构仍存"的时候，能够"书其所讳，曾无惮色"。抱定"宁为兰催玉折，不作瓦砾长存"（《直书》）的不屈不挠的精神，撰修《齐志》，以"存实录"（《叙事》），也就大大地受到了刘知几的推崇，而称赞他"书法不隐，区劾当时"。真是"抗词不挠，可以方驾古人"（《曲笔》）："若南（史氏）、董（狐）之仗气直书，不避强御，韦（昭）、崔（浩）之肆情奋笔，无所阿容"（《直书》）的一样。这是因为刘知几虽然主张直书，却又害怕强梁的权贵，不敢直书。他在《忤时》篇说："王劭直书，见仇贵族，人之情也，能无畏乎？"所以他对王劭，是十分钦佩的。但这并不是说，他对王劭的记事之"不掩恶，不虚美"，件件都是举手赞成的。而是相反，不该肯定的，便不给予肯定。所以他又说："所谓直笔者"，必须"书之有益于褒贬，不书无损于劝戒。但举其宏纲，存其大体而已。非谓丝毫必录，琐细无遗者也。如宋孝王、王劭之徒，其所记也，喜论人帷薄不修，言貌鄙事。讦以为直，吾无取焉"（《杂说下》）。史书根本就是政治性很强烈而具有战斗意义的，如果对于生活细故以及生理琐事都一一记载，那就冲淡了政治作用。

刘知几又在《载文》篇里，历举从来史家撰修史书，载录之文，有"虚设""厚颜""假手""自戾""一概"五种弊病。"唯王劭撰《齐》《隋》二史，其所取也，文皆诣实，理多可信。至于悠悠饰辞，皆不之取，此实得去邪从正之理，捐华摭实之义也。"这当然是因为王劭修史，"务在审实"（《直书》）。所以载用之文，也都严经选择，拨去浮华，而保存较为真实可靠的材料。此外，刘知几又称赞王劭在《齐史》里论述战争，如高祖破宇文于邙山，周武自晋阳而平邺，高季式破敌于韩陵，可和左丘明之写城濮、鄢陵、邲之战媲美。记述纷扰，如文宣逼孝靖以受魏禅，常山杀杨、燕以废乾明，可与左氏载季氏逐昭公，秦伯纳重耳，栾盈起于曲沃，楚灵败于乾谿（《杂说中》《模拟》）看齐。如此推崇王劭之善于论述战争，长与记叙史事，真是到了极点。但在《论赞》篇却说："王劭志在简直，言兼鄙野，苟得其理，遂忘其文。"一面说王劭善于写战争，记史事，一面又说他不会作论赞。尽管他对王劭的称赞和贬责，不一定都对。但他认为优点就是优点，缺点就是缺点，这种思想方法，还是优缺并举的两点论。

总之，刘知几无论是对孔子、对王劭，虽然推崇备至，但都是优缺并举的。

一面赞美,一面批评。最多也不过是赞美得多,批评得少。但却不是一味赞扬优点,而不检举缺点。他说:"尺有所短,寸有所长。"(《惑经》)孔子、王劭就是再好,又哪里会没有缺点呢?事实上也只有秉着这样的思想方法,去论人论事,才比较全面。这不得不说是刘知几在史学批评方法上的一种善于继承。至于刘知几对于司马迁的《史记》、班固的《汉书》以及其他史家著作的批评,也都是优缺并举的,就不再一一阐述了。

2. 评论《史记》。

刘知几说:"《史记》疆宇辽阔,年月遐长,而分以纪、传,散以书、表。每论国家一政,而胡越相悬;叙君臣一时,而参商相隔。此其为体之失也。"(《六家》)又说:"《史记》……同为一事,分在数篇,断续相离,前后屡出……此其所以为短也。"(《二体》)如此一再指出《史记》记述一事,而分散在纪、传、书、表里面,使之分离相隔,而有不易融会贯通的缺陷,当是确切的事实。

原来司马迁作《史记》,因古代之有《禹本纪》《尚书世纪》,便依据这种体裁而修记载帝王的本纪。古有世家的体裁,就本之而作记诸侯王国史事的世家。又效周的谱牒以作十表。至于八书的名字,是依据于《尚书·八书》之作,又是采用《尧典》《禹贡》中的材料的。这就在《史记》一部书中组织起本纪、世家、列传、书、表五种体例,相系成为一种完整而有机的复合形式。这几种体例,说来虽都有所承袭,但并非生硬地把它们凑合在一起,而是在原有史书的多种体例基础上,有一定创造性地加工融合,发展而成综合多种体例性的史书。但终因体例的限制,致以本纪记事简略,结果不得不将同一史事分载于书、表、世家、列传里面。因而就使这罗纲古今错综复杂的史事发展而成的史书,不够有它一条分明的线索,而《史记》的体裁,也就不够成为一部融会贯通的通史典范了。直到司马光的《通鉴》修成,才将上自战国,下至五代的 2362 年漫长而繁复的史事,写成了一部编年系日,前后连成一条直线,而成为一般史家所公认的最美好的通史著作。对编年的《通鉴》称为最美好的通史,也就是对纪传体的《史记》,在体例上不够称为好的通史了。

3. 评《三国志》。

刘知几作《史通》,关于史籍体例的论断,一般说来,还是比较正确的。毋怪马端临修《通考》特从文史类里,摘出论史的材料以为史评,首先就列举出《史通》。但由于刘知几过于相信自己,不曾虚心地研究某一史家编纂某一史书之所以采用以至创造某种体例的历史真实精神,而只一味主观地、片面地、表面地从一般史书的体例出发,而没有具体到某一史书体例的特殊情节,也就不能做出正确的评论。因而他的这种评论,看起来很是精深透彻,实则很是浮浅粗疏,这里且就他评论《三国志》来说一说。

　　陈寿生活在一个两次改朝换代，政权变革的时代。他以一个亡国之臣，始而由蜀入魏，继而由魏入晋，亲眼得见一般所谓儒雅名士，少有保全性命的血腥事迹（《晋书》卷49《阮籍传》）。而自己又曾以不肯屈服于权奸宦官黄皓，多次遭受谴黜，不为封建礼节所束缚，致受贬斥议论而停废多年（《晋书》卷82《陈寿传》）。吃一堑，长一智，也就不得不使他心有余悸，知所戒惧。何况韦曜依仗正义不肯给孙皓的父亲作纪，致遭杀戮（《吴志》卷65《韦曜传》）。"阮籍本有济世之志，属魏、晋之际，天下多故"，终亦"遗落世事"，以至和王沈、荀𫖮共撰《魏书》，而"多为时讳"（《晋书》卷49《阮籍传》、卷39《王沈传》）。于是陈寿修《三国志》，也就不得不从这些鲜明残酷的现实教训中，采取了一种"显而微，志而晦"的撰述方法，以寄托他内心深处的真实意旨。

　　首先，陈寿由于对蜀汉旧君故国的深切思念，在所修《三国志》里，也就独具一格，把魏、蜀、吴写成各是三分鼎立中的一国，而成为一部分国鼎立的史书，并不以魏是什么正统。所以朱彝尊说："于时作史者，王沈则有《魏书》，鱼豢则有《魏略》，孔衍则有《魏尚书》，孙盛则有《魏春秋》，郭颁则有《魏晋世语》。之数子者，第知有魏而已。寿独齐魏于吴、蜀，正其名曰'三国'，以明魏不得为正统。"（《曝书亭集》卷59《陈寿论》）陈寿之修现代史而名之曰《三国志》，是有他极其深刻的政治意义而不肯以正统给魏的。陈寿既不肯以正统给魏，便是以正统给蜀。试看"李伯令（李密）陈情之表，称蜀为伪朝，承祚（陈寿）不惟不伪之。又以蜀两朝不立史官，故于蜀事特详细。如群臣称述谶纬，及登坛告天之文，魏、吴皆不书，而特书于蜀。太傅（许）靖、丞相亮、车骑将军（张）飞、骠骑将军（马）超之策文，皆一一书之于传，隐然寓帝蜀之旨"（《潜研堂文集》卷28《跋三国志》）。这就可见陈寿修《三国志》表面上虽然给魏主作的是纪，为蜀主作的是传。但在实际上，凡是足以表示蜀事正统的政治上的大事，都独特地一一给予记载，便是以蜀为正统。只是在继承魏政权的晋的淫威统治下，不敢公开地在体例上表示出来，致取杀身之祸罢了。这种用心，是够深苦的。

　　陈寿既然要以正统给蜀，所以他虽不敢在书目中公开地书刘备为昭烈皇帝，却终究在《蜀志》最后一卷的《杨戏传》末，不声不响地书出了一笔。蜀既是正统，所以吴就不可能与它相侪等。因而书刘备为先主，书孙权则为吴主。且复与《史记》《汉书》特不相同，既不作志，又不作表，以示以篡夺相终始的魏和割据江东一隅的吴，他们两国的仪制，都不足以当一代之制，而书之以传于后世。至于蜀，则用汉的仪法，不须再作志、表，其仪制亦复传之后世，万代长存。又复以"评"易"论"而无"赞"，以明魏、吴君臣都是乱世之雄，赞他们便是助长祸乱。至于蜀,则以兴汉讨贼号召于天下,故特于《杨戏传》后,对蜀的君臣,都普遍地作"赞"美之。这种"显而微,志而晦"的书法,从孔子作《春秋》之后,只在陈寿身上,才又体现出来了。(据恽敬:《大云山房文稿初集·书三国志后》)

总括以上看来,陈寿之在《三国志》里独创的一套体例,确实是由他的政治生活、社会感受决定的。也就是说是从他的社会实践中产生的。生活在6世纪至7世纪20年代的唐代的刘知几当然不会懂得社会意识是由社会存在决定的。因而他在《列传》篇里,论辨体例之失,也就只从一般史书的体例到体例出发,而说"陈寿《三国志》载孙、刘二帝,其实纪也,而呼之曰传",是未达"纪、传之情"。这个在他认为:"纪者编年,传者列事""纪者,列天子之行事"(《本纪》),传者,"录人臣之行状"。两种体例,自是不同。怎能在《先主传》里,纪蜀的年月,《吴主传》里,纪吴的年月。纪蜀、吴的年月,便是以传的体裁,而用纪的体例,而《先主传》《吴主传》,成为《先主纪》《吴主纪》了。史书义例森严,岂容有所混乱? 其实,刘知几这种论辩,只是一味地去抓现象,而不曾去抓本质。他不知道无论研究任何一种事物,最重要的,并不在于它的形式、名称,而在于它的精神、实质。而精神实质,又是隐藏在形式、名称的里面的。只有把形式名称放到具体的历史条件里,把当时的社会现实和形式、名称有机地联系起来,才能发现其精神实质。而刘知几却不问情由,不查底细,仅从一般的史书体例出发,指责《三国志》的《先主传》《吴主传》体例的不合,这就是由于他不曾虚心地研究陈寿的用意之所在——在晋承魏的统治下,不得不给魏的君主作纪,而给蜀的君主作传的缘由。又因一心要以蜀的政权为正统,也就只有在《先主传》里记载蜀的年月而已! 遗憾的是,刘知几并没有触及陈寿的这种精神实质,便自以为是地大发其议论。这就真是"古人本不误,而吾从而驳之。此则乌孙于前人,而适以成吾之妄"了。

4.工诃陈寿,诬谤陈寿。

刘知几在《覈才》篇里,始而说刘峻"自魏长于著书,达于史体",却难"比肩陈(寿)、范(晔)",继而又说"以陈寿之史,而不习于文"。这就不但前后自相矛盾,而且工诃陈寿太过了。

为什么呢? 陈寿还是在经史大师谯周(据《蜀志》卷42《谯周传》:谯为益州"典学从事,总州之学者")门下求学时,同学们就称赞他和李度是孔子门下的文学尖子子游、子夏(《晋书》卷91《儒林传·文立传》)。陈寿青少年时,便以文学著名,是"文学之选"(刘宝楠:《论语正义·先进》)。所以后来"学业优博,辞藻温丽"的中书令张华便"爱其才",推荐他做佐著作郎。《三国志》修成之后,当时的人,莫不认为陈寿善于叙述历史,而"有良史之才"(《晋书》卷82《陈寿传》)。荀勖深爱《三国志》，以为班固、司马迁是不够和他相比的。(《华阳国志·陈寿传》)夏侯湛不但富有才华，善写文章，而且对于经史百家，"罔不探颐索隐，钩深致远""著论三十余篇，别为一家之言"。(《晋书》卷55《夏侯湛传》)但他著《魏书》，一见陈寿的《三国志》，便不能继续写下去。张华也深深地认为《三国志》写得很好，而同陈寿说："当以写《晋书》的责任交给他。"(《晋书》卷82《陈寿传》)就是善于评论文史作家、作品，注重比较、分析，且为刘知几写《史通》所师承宗仰的刘勰也说："及魏代三雄，记传互出，《阳秋》《魏略》之属，《江表》《吴录》之类，或激抗难征，或疏阔寡要。唯陈寿《三志》，文质辨洽，荀(勖)、张(华)比之迁、固，非妄誉也。"(《文心雕龙·史传篇》)甚至到了南宋，"为文藻思英发"的叶适(《宋史》卷434《儒林传·叶适传》)还说陈寿的文史笔力，"高处逼司马迁，方之班固，但少文义，缘饰尔，要终胜固也"(《文献通考》卷191)。自蜀、晋以来著名的文史学者，莫不一致高度地评价陈寿的文才史学，而刘知几却独睥睨一切，妄说陈寿"不习于文"，真是"工诃古人"太过了。

从上可见陈寿实是当时一般著名的文史学家所共推重的权威。那么，他在《三国志》的《后主评传》里说蜀未置史官，自然是可靠的。北魏、南梁去蜀不远，所以《魏书》卷62《李彪传》说："孔明在蜀不以史官留意，是以久而受讥。"又梁刘勰《史传》篇虽然曾说"魏代三雄，记载互出"。但实际上指出来的，也只有魏史《魏略》，吴史《吴录》等等，对于蜀，则独举不出它的一部国史。所以魏征说："三国鼎峙，魏氏及吴，并有史官"(《隋书》卷33《经籍志》)，唯蜀独无。因而蜀既没有史书留存后世，不置史官又遭到后人的非议。而刘知几却在《曲笔》篇说："黄气见于秭归，群鸟坠于江水，成都言有景星出，益州言无宰相气。若史官不置，此事从何而书？盖由父辱受髡，故加兹谤议。"这可分两点来说明陈寿并没有谤议孔明，只是刘知几诬蔑了陈寿。

(1)星气记载，不能作为蜀置史官的证据。

星气之事，只是一种偶然地记载。从而也就不能根据这种记载，说是蜀汉置了史官的缘故。即是刘知几自己在《正史》篇叙述陈寿撰修《三国志》，也只指出了《魏志》《吴志》，有二国官修的魏书、吴书做底本，而"《蜀志》之先，独无撰述"，只由陈寿自行采集，实因蜀未置史官也。东汉之后，史料虽有更多的发现，经裴松之广事搜集210种以补陈寿原书材料的不足，但也不见其中有一部蜀汉时所修的国史，不就又是证明蜀是未设史官的吗？

刘知几又在《史官建置》篇说："《蜀志》称王崇补东观，许盖掌礼仪。又郤正为秘书郎，广求益部书籍，斯则典校无阙。属辞有所矣。而陈寿《评》云：'蜀不置史官者'，得非厚诬诸葛乎？"其实，秘书郎只是典校书籍，编纂国史的，则另有著作郎。那么,邰正虽是蜀的秘书郎,却不能说他是蜀的史官。至于王崇、许盖,则"陈寿《蜀志》并裴松之《注》皆无考。而刘氏顾云'《志》称',所称果何《志》邪?或谓寿又撰《蜀古志》,倘载之耶?然言古,则不及三国时人明矣。惟常璩《华阳国志》有述作王崇,名见卷末。官为蜀守,而不言曾补东观。至掌仪许盖,仍亦绝无其人也?"(《史通·通释·史官建置注》)那么,还能根据这种难以征信的史料,证明蜀设置了史官吗?

(2)抹杀一大堆历史事实以诬蔑陈寿。

刘知几说,陈寿因父亲被髡,便谤议诸葛。这又是故意抹杀事实,而给陈寿一种恶毒地诬蔑。须知陈寿是个节操高尚之士。蜀宦黄皓专政弄权,群僚莫不曲意附和,以巩固他们的禄位。陈寿却不向他屈服,致多次遭受谴黜。既不屈服于权臣,岂肯厚诬贤相?文立之在谯周门下,是以"德行"著称的颜回,而和陈寿却极相友好。古话说得好:"臣非能相人,能观人之友也,其弗爽矣",这又可见陈寿是个极有德行的人。再从许多铁的事实来看:陈寿校订《诸葛集》说:诸葛亮"科教严明,赏罚必信。无恶不惩,无善不显。至于吏不容奸,人怀自厉……至今梁、益之民,虽《甘棠》之咏召公,郑人之歌子产,无以远譬也!"又在《亮传》后评曰:"诸葛亮之为相国也……开诚心,布公道。尽忠益时者,虽仇必赏;犯法怠慢者,虽亲必罚……善无微而不赏,恶无纤而不贬。终于邦域之内,咸畏而爱之。刑正虽峻,而无怨者,以其用心平而劝诫明也。"陈寿如此歌颂诸葛亮科教严明,赏罚公平,使人心服口服。而没丝毫怨恨,又怎么会因父亲被髡,便谤议诸葛,后诬诸葛呢?是乃"以小人之心,度君子之腹"了!

陈寿叙述李严、廖立因罪被诸葛废为庶民。但诸葛一死,立便"垂泣叹曰:'吾终为左衽矣'",再也不能回到汉民地区!严更"发病死"(《蜀志》卷40《廖立、李严传》),再也不能生存下去了!可见他们虽然受到了诸葛亮的严厉惩罚,不但毫无怨言,而且认为只有诸葛健在,他们还是有重新做人的一天,诸葛一死,他们不是"终为左衽",便是只有死路一条!

最后,且就街亭之战来说,因先锋马谡拒不接受王平的意见,以致"舍水上山,举措烦扰"(《蜀志》卷43《王平传》),打了个大败战,被诸葛处以死刑。但马谡临刑时,尤复上书诸葛,把他尊为父亲,且说:"谡虽死,无恨于黄壤也!"(《蜀志》卷39《马谡传》及注引《襄阳记》)那么,陈寿的父亲,因罪被髡,陈寿又怎会以此来谤议、厚诬诸葛呢?所以赵瓯北说:陈寿"折服于诸葛深矣。而谓其以父被髡之故,以此寓贬,真不识轻重者。"(《廿二史札记》卷6"陈寿论诸葛亮"条)钱大昕也说:"承祚(陈寿)于蜀,所推重者,唯诸葛武侯……其称颂盖不遗余力矣!论者谓承祚有憾于诸葛,故短其将略,岂其然乎?"(《潜研堂文集》卷

28《跋三国志》)刘知几读史,本极精覈,今竟在这里故意抹杀一大堆历史事实,一再说陈寿因父被髡,便谤议诸葛,厚诬诸葛。其实,不是陈寿谤议、厚诬诸葛,而是刘一再谤议、厚诬陈寿呀!

5. 对裴松之为人和他之所以注《三国志》的诬蔑。

刘知几作《补注》篇,其中对裴松之的为人和裴之所以注《三国志》的评论,又是抹杀历史事实,对他进行诬蔑,不顾他之所以注《三国志》的实际情况,而仅从一般补注经史的体例妄发其议论。

刘知几说,裴注《三国志》,是因为他是个"好事之子,思广异闻"以表现自己的缘故。实则恰恰相反:裴原来是个"立身简素"(《宋书》卷64《裴松之传》)之人,并非什么"好事之子"。至于裴之所以注《三国志》,更是奉了宋文帝的命令,而不是由于他自己"思广异闻",卖弄自己。那么,刘知几对裴松之为人和他之所以注《三国志》的评说,不是抹杀历史事实,进行诬蔑,又是什么呢?

再则,裴松之年8岁,学通《论语》《毛诗》,博览墳籍。年刚20,就做到了自晋以来而选自负有南北之望的名家之所担任的直卫皇帝左右,参与顾问的殿中将军。以后做吴兴、故鄣(今浙江安吉县)县令,既成绩卓著;任巡行天下的钦差大使,又深为时论而赞美(《宋书》卷64《裴松之传》)。这都充分地说明他是个具有政治才能,渊博学识,足使他的功业,垂名史册的。而刘知几却故意抹杀历史上的记载(像刘这样一个博览史籍的人,决不会不熟悉《宋书》的),诬蔑裴松之"才短力微,不能自述,庶凭骥尾,千里绝群。遂乃掇众史之异辞,补前书之所阙",企图附在陈寿的尾巴上,"好事"地补注《三国志》,以扬名于当时,钓誉于后代。何其不顾一切,工诃古人,而竟到了如此的地步!

现在且研究一下宋文帝为何要命裴松之注《三国志》。那是因为:第一,魏、蜀、吴三国鼎立,斗争剧烈,所修史书(蜀未置史官,除外),往往各自夸张,相互诋毁,记述不合客观历史事实的真面目,而有搜集史籍,以相参正,给以辨析,重定其实非的必要。第二,《三国志》记事过于简略,甚至有脱漏之处,而有周悉寻详,以补其阙的必要。所以还是在晋的时代,孙盛就著了一部《异同评》,综合训诂、补阙、惩妄、论辨等补注体例,来补《三国志》的缺陷。裴注也就承用了孙盛这种补注体例,并增加了备异一项,以完成宋文帝交给的使命。

我们知道,任何事物,都是依据客观事实的需要,而有它相应的一定的变化发展的过程的。史书补注的体例,当亦不能有所例外。原来晋挚虞即曾采用补阙法,增益史事以补赵岐的《三辅决录》。晋徐广又因《史记》各种本子的文句不同,真伪杂乱,便广泛地搜集起来,而用备异、惩妄的方法,进行对比、考覈,撰成了《史记音义》。晋王涛撰《三国志序评》,宋徐众作《三国志评》,又都采取了论辩法,对三国时代的许多史事,提出了自己的看法,做出了称许和批评。这都说明到了晋、宋时期,补注史书,根据客观事实的需要,已由训诂一种体例,更进一步地综合训诂等五种体例,以适应客观事实的需要,补救陈寿不足的史事之较为完备的注本,从而得到了文帝的高度评价,以至说是"此为不朽"(《宋书》卷64《裴松之传》)之作。但刘知几对补注前人著作的体例,虽然深明其沿流变化,从注家正体的训诂,讲到增补事绪的变体。但他为了立意要批评裴注《三国志》,却不再继续申述下去,好像补注到了补阙一例,就不曾再向前发展,而更有其他的多种体例了。从而抹杀一切,说什么裴注《三国志》,是由于他个人"喜聚异同"的缘故。作为一个评论史籍的名家,竟说出这般不合理的语言,实在使人感到十分遗憾!

然而事情总是一分为二的。就刘知几批评裴注而言,也不是说只有错误的一面,没有正确的一面。只是错误是严重的、主要的,正确是些许的、次要的罢了。比如刘知几说:"少期(裴松之)集注《国志》,以广承祚(陈寿)所遗,而喜聚异同,不加刊定,恣其击难,坐长烦芜。"这种评论,是有一定的理由的。因为裴注"上搜旧闻,傍摭遗逸"。只是罗列许多感性资料,并未进一步加以融合概括,使之上升到理性阶段,也就令人未免有仅仅罗列现象,致生一种分错芜杂之感。甚至引用孙盛《异同评》一书,亦复时而作《异同评》,时而又作《评》,时而作《异同杂语》,时而又作《异同记》,且又省作《杂记》。注引一部书,名字就先后更换了五种,也就够纷乱错杂,而使读者不易知道它同是一种的书名了。同样,裴《注》虽是"旨在寻详,务在周悉"。但挂一漏万的地方,还是不少。诸如:"钟繇书法,妙绝古今。本传不载,注中自应辅入,而裴《注》不及一字。华歆从逆奸臣,管幼安视之,殆犹粪土。则先割席捉金之事,亦应附载,以见两人品识之相悬。本传既遗,而注亦并不及,则世期之脱漏亦多矣。"(《陔余丛考》卷6"三国志"条)又裴《注》以"矫枉"作为一大重点,批评了许多史家的虚伪妄作。但因文帝的登上皇位,是利用"徵详杂沓,符端燨辉,宗庙神灵,乃睠西顾"(《宋书》卷5《文帝纪》)的祥符鬼神之说,因而为了迎合主子的意旨,便大量援引《搜神记》《神仙传》《异物志》《神异经》等鬼神怪诞的记载。且在《吕虔传》补注了王祥卧冰得鱼,《关羽传》补注了梦猪啮脚的故事。这就是裴松之自己在补注《吴范、刘惇、赵达传》里,因引用了葛洪的《神仙传》,又复不得不郑重地申明:"臣松之以为葛洪所记,近为惑众,其书文颇行世,故撮取数事,载之篇末也。神仙之术,讵可测量?臣之臆断,以为惑众,所谓夏虫不知冷冰耳。"这就可见他是不相信迷惑众人神仙之术的。引用《神仙传》,只是为了给现实政治服务,但又不能明说,也就只有责备自己是不知冰的夏天虫子。刘知几于这些迷人惑众的神怪虚妄之说的引用,却一字不提,而于不该批评的地方,却大放厥词,这是不能让人原谅的。

6.矛盾、错误。

(1)矛盾。

刘知几读史的确是"考究精覈,议论慷慨"(郭延年《史通序》),"往往数千年贯穿数万卷,心细而眼明"(黄叔林《史通序》),鞭辟而入里。所以他认为修史记事,如果自相矛盾,反复不一,那就"非唯言无准的""固亦事成鼠首""观者惑焉"(《浮词》)。并在《杂说上》举出实际的例子,指责班固既说汉成帝"穆穆有容",又说"嫚游轻薄"。既"深信夫天怨神怒,福善祸淫",又谓"善恶无征,报施多爽,斯则同理异说,前后自相矛盾者焉"。如此运用逻辑的矛盾律指出班固自相矛盾,是正确的,又是应该的。可惜的是刘知几这种批评,只是用以对待别人,而自己却同样是自相矛盾的。

第一,司马迁作"表"。

刘知几在《表历》篇指责《史记》既有《本纪》《世家》《列传》,则天子、诸侯、公卿的祖宗、子孙,已是"各在其篇",又重列其《表》,便成烦费。但在《杂说上》却又大肆赞扬司马迁首次创《表》的功劳,说什么"燕越万里,而于径寸之内,犬牙可接;虽昭穆九代,而于方寸之中,雁行有叙。使读者阅文便观,举目可详,此其所以为快也。"既指责司马迁作《表》的烦费多事,又赞扬他作《表》的简明醒目,真是事成首鼠,是非不一了。

第二,《伯夷列传》。

《探赜》篇既驳斥葛洪所说"司马迁发愤作《史记》百三十篇,伯夷居列传之首,以为善而无报"的说法,认为司马迁修《史记》,上下古今,"春秋已往,得其遗事者,盖唯首阳之二子"。那么,将他们放在列传的第一篇,"斯则理之恒也,乌可怪乎?"但在《人物》篇又认为司马迁著《史记》,上下几千年,不将功业显著而载于经史的皋陶、伊尹、傅说、仲山甫等人的事迹,"采而编之,以为列传之始,而断以夷、齐居首,何龌龊之甚乎?"在两篇之内,虽然同是一事却持两种说法。此外,刘知几自相矛盾处尚多,这里就不再叙述了。

(2)错误。

刘知几批评前人,有时严峻得一个字也不放过。如《因习》篇论《汉书陈涉传》具载《史记陈涉世家》"其子孙至'今'血食"的"今"字;以及皇甫谧《高士传》载《汉书》"严君平既卒,蜀人至'今'称之"的"今"字之"岂可同云"而属错误(详后)。因为,一字之差,千里之谬,经他指出,确实是精密详审之至。但这却不能说刘知几自己就不犯错误。今且略举两例如下。

第一,《科录》的作者。

刘知几在《六家》篇说:"魏济阴王晖业,又著《科录》二百七十卷。"其实,撰《科录》的,是常山王遵的曾孙晖。《北史》卷 15《魏宗室常山王遵传》说:"晖雅好文学,召集儒士崔鸿等,撰录百家要事,以类相从,名为《科录》。"可见《科录》确是常山王尊的曾孙晖召集儒生崔鸿等撰成的。至于济阴王晖业所撰的,则是《辨宗录》。《北史》卷 17《济阴王小新成传》说:"晖业之在晋阳也,无所交通,居常闲暇,乃撰《魏藩王家世》,号为《辨宗录》。"刘知几号称博辨,竟把常山王晖的《科录》,错成是著《辨宗录》的济阴王晖业的著作,真是张冠李戴了。难怪翁元圻注《困学纪闻》(见该书 13 卷《考史》),黄叔林作《史通训补故》,浦起龙著《史通通释》,都要纠正这个错误。

第二,《太史公》是书名。

太史,本是史官之名。因为古代史官和历官不分,所以汉的太史,既掌天时日历,又司载笔修史的任务。司马迁父子,便是掌天官,而又任修史职务的太史。至于《太史公》,则是司马迁署官以为名其书的名字。其曰"公"者,犹曰著书之人耳。"是《史记》本名《太史公》,书题'太史'以见职守,而复题曰'公'。古人著书称'子';汉时称'生'、称'公'。生者,伏生。公者,申公、毛公。故以公名书"(俞正燮《癸巳类稿》卷 11"太史公释名义"条),因此,司马迁既不曾名他所修之史为《史记》,名的是《太史公》(《史记》卷 130《太史公自序》);刘向《七略》,亦是称"《太史公》三百篇";班固《艺文志》,同样是称"《太史公》百三十篇";而未有什么《史记》的名字。"则《史记》之名,起于后人"。据连鹤寿所说,"其起于晋代乎?"(《蛾术编·史记但称太史公》及《注》)至于《汉书五行志》引《国语》单襄公、晋惠公诸条,都称"史记",是因史记是古代史官所记史书的通名,并非指《太史公书》。但刘知几作《汉书五行志错误》却说:"班《志》所引上自周之幽、厉,下终鲁之定、哀,而不云《国语》,唯称《史记》,岂非忘本殉末,逐近弃远者乎?"这就真是不明《太史公》和《史记》的本义,忘本的不是班固,而是刘知几自己了。

结束语

刘知几博览史籍,触类旁通,殊多心得。因而批评前人史著,也就议论宏通,层层周匝。俨如月到天心,风来水面,一关透彻一关,几乎使人无懈可击。只以他心性高强,骄矜自负,于是"指摘前人,亦多轻肆讥评,伤于苛刻"(焦竑《焦氏笔乘·史通》)。宋祁说他"工诃古人"(《新唐书》卷 132《刘子玄传赞》),

是很恰当的。正因为他骄傲自负,心大眼空,从而批评古人,也就"任意抑扬,偏驳太甚"(《四库全书总目》卷88《史评类》)。陆琛说他"掎摭圣贤,是非任情"(《史通会要》),是很确切的。正因为他自信是"命世大才,能刊正"历代史籍之失(《自叙》)。从而指责前人,往往"不详本书,恣其朦喙"。胡应麟说他"真所谓'言奸而辩,记丑而博'"(《读史占毕》四),并非什么过分之辞。正因为他"以述者自命",深信对于历代典籍,贯穿深,纲罗密,商略远,发明多(《自叙》),也就"晰于史而弗能史"。胡应麟说他"其文近浅猥而远驯雅,其识精琐而迷远大"(《读史占毕》一),并非什么不该之言。总之,他既是个读书精密,眼明足以察秋毫之末的人;又是个一叶障目,不见泰山的人。因而也就"只笑他人之未工,而忘己事之已拙"。他对于古人、古史,一点儿也不漏纲,一混汤子去批评。有时虽是"考究精覈,义例严整"(郭廷年《史通序》),"如老吏断狱,难更平反"(黄叔琳《史通序》)。有时却又"不寻其上下文义,辄生驳难,不知其见笑于大方甚矣"(《潜研堂文集》卷12《答问九·诸史》)。总之,他是个矛盾重重的人,既善于议论,又妄肆批评。然而从义例言之,徐坚则说是"宜置此书(《史通》)于座右"(《旧唐书》卷102《徐坚传》)。以立"六家"为柱,"二体"为主脑言之,则浦起龙说是"百代之质的""千古史局不能越"(《史通通释举要》)。可见《史通》有益于后代著史、论史的功劳,实是不浅。明人何乔新说:《史通》"其书,可予者十有三四,可贬者十有五六"(《椒丘文集·诸史》)。这种对《史通》可予与可贬的地方,并不是半斤八两的比例,而是可贬的占主要。这样的评价,诚然是不恰当的。但这到底是什么原因呢?

原来唐代在中国历史上为前代封建王朝所未有的现象之一,是她开国的君臣,大都是世族地主阶层的子弟(唐高祖,八柱国唐公之孙。长孙无忌、褚遂良、裴矩、宇文士及、窦威、杨恭仁、封德彝、窦抗、裴寂、唐检、长孙顺德、屈突通、窦轨、柴邵、李靖等等,都是贵族子弟。而肖瑀、陈叔达,且是梁、陈帝王之子)。高祖既然这样夸口,太宗则以此下令撰修《氏族志》以"崇唐朝冠冕,垂之不朽"(《唐会要·氏族》)。刘知几生活在这个崇尚氏族的时代,而又出身于世族名门的大家庭,也就自以为生来就要高人一等,国史馆里,只有他才是"铨铨铰铰"唯一的能手,而庶族地主的"监修肖至忠、宗楚客等,皆痴肥臃肿,坐啸画诺"(《章氏遗书》卷22《文集七·侯国子司业朱子浦先生》)之流以及其他一些著作郎、校书郎,则都是没有品行、没有学识的尸位素餐的"谬官",应当清理出去,不要破坏了新中国成立以来不肯轻于授官的优良传统(《唐会要·试及邪滥官》)。他又认为"诸儒皆出其下"(《新唐书》卷132《刘子玄传》)。一般文史学家,则都是"难与之言"的"流俗之士"(《自叙》)。这就未免有些狂妄自大、目中无人。

刘知几 17 岁时便力"求仕进,兼习揣摩"(《自叙》),钻研一套做官的秘诀。由是"汲汲焉,孜孜焉",唯恐"功名不立,疾没世而名不闻"。并认定"史之为用,其利甚博,乃生人之急务"。如果在历史上无名,则"从物化",便"善恶不分,妍媸永灭。苟史书不绝,竹帛长存,则其人已亡,杳成空寂;而其事如在,皎同星汉"(《史官建置》)。他研究历史,追逐做官的动机,很不纯净,而只是为了扬名万代,他也承认自己是个"未能免俗"(《忤时》)的庸人。因此,他自负史才,以为自己不但"可叨居史任"(《旧唐书》卷 102《刘子玄传》),而且"高自标榜,前无贤哲"(王惟俭《史通序》),扬言要将前人所修"正史"普遍加以釐革,以"刊正其失"(《自叙》);而"对诸作者轻口挥斥:曰'愚',曰'妄',甚至曰'邪说',曰'小人'。乃真罪过,是渠无素养之证见"(《史通·通释举要》)也。总之,刘知几之所以"多讥往哲,喜述前非"(《自叙》),蔑视时人,目空一切,其目的都在抬高自己,打击别人。从而他的评论,切中肯綮而为后人不能改易的固然很多,而错谬经后代驳斥的也有不少。但他之所以得出如此的评论,则是由他的阶级出身的本能决定的。

我们是马克思主义历史文化的继承者,对于刘知几的《史通》,既要总结出他正确的一面,又要指出他错误的一面。没有批评,也就没有继承。如果一味地兼收并蓄,构成杂凑的一锅,或者将后一代的婴儿和洗澡水一起泼掉,又将何以为我们今天社会主义四个现代化的伟大事业服务呢!

1978 年国庆节于兰大跃进楼

原载张孟伦《中国史学史论丛》,兰州大学历史系 1980 年 9 月铅印本

评刘知几对《三国志》的评论

刘知几作《史通》，关于史籍体例的论断，一般说来，还是比较正确的。难怪马端临修《文献通考》，特从文史类里摘出论史材料以为史评，首先就列举出《史通》。但由于刘知几过于相信自己，不曾虚心地研究某一史家编纂某一史书之所以采用某种体例的历史真实精神，而只一味主观地、片面地根据一般史书体例，忽视某一种史书体例的特殊情况，也就不可能得出正确的评论。因而他的这种评论，看起来倒是精深透辟，实则浮浅粗疏。这里就谈谈他是怎样评论陈寿《三国志》的。

陈寿生活在一个两次改朝换代、政权变革的时代，他以一个亡国之臣，始而由蜀入魏，继而由魏入晋，亲眼看到了一班所谓名士少有保全性命的惨痛事实，而自己又曾以不肯屈服于宦官孙皓，多次遭受贬斥，废弃多年，因而心有余悸，知所戒惧。又鉴于韦曜不肯给孙皓的父亲作纪遭戮，"阮籍本有济世之志，属魏、晋之际，天下多故"，终亦"遗落世事"，以至和王沉、荀𫖮共撰《魏书》，"而多为时讳"。于是陈寿修《三国志》，也就不得不从这些残酷的现实教训中采取一种"显而微，志而晦"的撰述方法，以寄托内心深处的真实意旨。首先，陈寿由于对蜀汉深切的故国之思，修《三国志》就独创一格，把魏、蜀、吴各写成三分鼎立中的一国，撰为一部不以魏为正统的分国鼎立的史书。所以朱彝尊说："于时作者，王沉则有《魏书》，鱼豢则有《魏略》，孙盛则有《魏春秋》，孔衍则有《魏尚书》，郭颁则有《魏晋世语》。之数子者，第知有魏而已。寿独齐魏于吴、蜀。正其名曰'三国'，以明魏不得为正统。"（《曝书亭集》卷59《陈寿论》）陈寿之所以修史而名之曰《三国志》，是有极其深刻的政治意义的。试看"李令伯陈情之表，称蜀为伪朝，承祚不惟不伪之，又以蜀两朝不立史官，故于蜀事特详。如群臣称述谶纬，及登坛告天之文，魏、吴皆不书，而特书于蜀""太傅靖、丞相亮、车骑将军飞、骠骑将军超之策文，皆一一书于本传，隐然寓帝蜀之旨焉"（《潜研堂文集》卷28《跋三国志》）。这就可见陈寿修《三国志》表面上虽然给魏主作的是纪，为蜀主作的是传，但在实际上，凡是足以表示蜀是正统的政治上的大事，都独特地一一记载，这便隐然以蜀为正统。陈寿一心以蜀为正统，虽不敢在书中公开地书刘备为昭烈皇帝，却终究在《蜀志》最后一卷的《杨戏传》末，书出了一笔。蜀既是正统，吴就不可能和他相等，因而书刘备为先主，书孙权则为吴主。且又和《史记》《汉书》不同，既不作志，又不作表，以示以篡夺相终始的魏，和割据江东一隅的吴，他们两国的仪制都不足以当一代之制而书之以传于后世。至于蜀，则用汉的仪法，不须再作志、表，其仪制自然传之后世，万代长存。又复以"评"易"论"而无"赞"，以明魏、吴君臣都是乱世之雄，赞他们便是助长祸乱。至于蜀，则以兴汉讨贼号召于天下，故特于《杨戏传》后，对蜀的君臣都一一作"赞"。这种"显而微，志而晦"的书法，从孔子作《春秋》之后，只在陈寿身上才又体现出来。（据恽敬《大云山房文稿初集·书〈三国志〉后》）

从上看来，陈寿在《三国志》里独创一套体例，是由于他的政治生活和社会感受决定的，也就是说，是从他的社会实践中产生的。生活在唐代的刘知几当然不会懂得社会意识是社会存在决定的，因而他在《列传》篇里论辩体例之失，就只根据一般史书的体例说"陈寿《三国志》载孙、刘二帝，其实纪也，而呼之曰传"，是未达"纪、传之情"。在他认为"纪者编年，传者列事"；纪者"列天子之行事"；传者"录人臣之状"。两者体例，自是不同，怎能在《先主传》里纪蜀的年月，《吴主传》里纪吴的年月。纪蜀、吴的年月，便是以传的体裁而用纪的体例，则《先主传》《吴主传》，成为《先主纪》《吴主纪》了。史书义例森严，不容有所混乱。其实，刘知几这种论辩，只是一味地抓现象，而不曾抓本质。他不知道无论研究任何一种事物，最重要的并不在于它的形式名称，而在于它的精神实质。而精神实质，又是隐藏在形式名称里面的。只有把形式名称提到具体的历史条件里，把当时的社会现实和形式名称有机地联系起来，才能发现其精神实质。而刘知几却不问情由，不审底细，仅根据一般的史书体例，指责《三国志》的《先主传》《吴主传》体例的不合，这就是由于他不曾认真地研究陈寿的用意所在——在晋承魏的统治下，不得不给魏的君主作纪，而给蜀的君主作传的缘由。又因一心要以蜀政权为正统，也就只有在《先主传》里记载蜀的年月。遗憾的是，刘知几并没有体会到陈寿的这种精神实质，便自以为是地大发其议论。这真是"古人本不误，而吾从而驳之，此则无损于前人，而适以成吾之妄"了。

再谈刘知几是怎样评论陈寿的史才的。

刘知几在《核才》篇里始而说刘峻"自谓长于著书，达于史体"，却难"比肩陈（寿）、范（晔）"；继而又说"以陈寿之史，而不习于文"。这种说法，不但前后自相矛盾,而且责求陈寿未免过分了。

我们知道,陈寿在谯周门下求学时,同学们就称他和李虔为孔门的游、夏,可见陈寿少时便以文知名,为"文学之选"。后来"学业优博,辞藻温丽"的中书令张华,"爱其才",推荐他做佐著作郎。《三国志》成后,人莫不认为陈寿善于叙述"有良史之才"。荀勖深爱《三国志》,以为班固、司马迁不能和它相比。夏侯湛富有才华,善文章,于经史百家"罔不探赜索隐,钩深致远""著论三十余篇,别为一家之言",他正在撰著《魏书》,一见《三国志》,便为之搁笔。张华也认为《三国志》写得好,要把撰《晋书》的任务交给他。连善于评论文史作家、作品,注重比较分析,为刘知几写《史通》所师承宗仰的刘勰也说:"及魏代三雄,记传互出,《阳秋》《魏略》之属,《江表》《吴录》之类,或激抗难征,或疏阔寡要。唯陈寿《三志》,文质辨洽,荀(勖)、张(华)比之迁、固,非妄誉也。"(《文心雕龙·史传篇》)到了南宋,"为文藻思英发"的叶适还说陈寿的文史笔力,"高处逼司马迁,方之班固,但少文义缘饰尔,要终胜固也"(《文献通考》卷191)。是自蜀、晋以来,著名的文史学者,莫不一致高度评价陈寿的文才史学,而刘知几却说陈寿"不习于文",真是责备古人太过了。

综上所述,可见陈寿实为许多著名文史学家所共同推重。那么,他在《三国志》的《后主评传》里说蜀未置史官,自然是可靠的。北魏、南梁去蜀不远,《魏书》卷62《李彪传》说:"孔明在蜀不以史官留意,是以久而受讥。"又刘勰《文心雕龙·史传篇》虽然曾说"魏代三雄,记载互出",但实际指出来的,也只有魏史《魏略》、吴史《吴录》等等。对于蜀则没有举出一部史书来。所以魏征说,"三国鼎峙,魏氏及吴,并有史官"(《隋书》卷33《经籍志》),唯蜀独无。蜀既没有史书留存后世,又不曾置史官,因而遭后人非议。而刘知几却在《曲笔》篇中说道:"黄气见于秭归,群鸟坠于江水,成都言有景星出,益州言无宰相气。若史官不置,此事从何而书?盖由父辱受髡,故加兹议谤。"这可分两点来说明陈寿并没有谤议孔明,而是刘知几厚诬陈寿。

星气之事,只是一种偶然的记载,不能据以证明蜀汉置了史官。即使刘知几自己在《正史》篇叙述陈寿撰修《三国志》,也只指出《魏志》《吴志》有两国官修的魏书、吴书为底本,而"《蜀志》之先独无撰述",只由陈寿自行采集,实因蜀未置史官。东汉之后,史料虽有更多的发现,经裴松之广事搜集210种以补陈寿原书材料之不足,也未见有一部蜀汉所修的国史,这亦足以证明蜀汉是未置史官的。

刘知几还在《史官建置》篇说:"《蜀志》称王崇补东观,许盖掌礼仪。又郤正为秘书郎,广求益部书籍。斯则典校无阙,属辞有所矣。而陈寿《评》云'蜀不置史官者',得非厚诬诸葛乎?"其实,秘书郎只是典校书籍,编纂国史的则另有著作郎。郤正是秘书郎,不能说是蜀的史官。至于王崇、许盖,则"陈寿《蜀志》并裴松之《注》皆无考,而刘氏顾云'《志》称',所称果何《志》邪? 或谓"寿又撰《蜀古志》,倘或载之耶? 然言'古',则不及三国时人明矣。惟常璩《华阳国志》有述作王崇,名见卷末,官为蜀守,而不言曾补东观。至掌仪许盖,仍亦绝无其人也"(《史通通释·史官建置》)。那么,根据这种难以征信的史料,是不足以证明蜀汉设置史官的。

刘知几又说,陈寿因父被髡,便谤议诸葛,这又是厚诬陈寿。陈寿在黄皓专权、群僚曲意附和之时,却能挺然不屈,致多次遭谴。他既能不屈服于权势,当亦不会厚诬贤相。再从许多事实来看:陈寿校定《诸葛集》说,诸葛亮"科教严明,赏罚必信,无恶不惩,无善不显,至于吏不容奸,人怀自厉……至今梁、益之民,虽《甘棠》之咏召公,郑人之歌子产,无以远譬也"。又在《亮传》后评曰:"诸葛亮之为相国也……开诚心,布公道。尽忠益时者,虽仇必赏,犯法怠慢者,虽亲必罚……善无微而不赏,恶无纤而不贬……终于邦域之内,咸畏而爱之,刑政虽峻,而无怨者。以其用心平而劝诫明也。"陈寿如此歌颂诸葛亮,又怎么会因父被髡而谤议诸葛,厚诬贤者呢?

陈寿叙述李严、廖立因罪被诸葛废为庶民,但诸葛一死,立便垂泣叹曰:"吾终为左衽矣!"严更"发病死"。可见他们虽然受了诸葛亮的严厉惩罚,不但毫无怨言,反而认为只要诸葛亮健在,他们还是有重新出头的一天,诸葛亮一死,他们不是"终为左衽",便是毫无出路。

再谈失街亭的马谡,因拒不接受王平的意见,"舍水上山,举措烦扰",打了败仗,被诸葛处以死刑,临刑时,上书诸葛,尊称为父,且说:"谡虽死,无恨于黄壤也!"李、廖、马等,尚且如此,陈寿又怎会因父获罪被髡,而厚诬诸葛呢? 所以赵瓯北说,陈寿"折服于诸葛深矣,而谓以父被髡之故,以此寓贬,真不识轻重者"(《廿二史札记》卷6"陈寿论诸葛亮"条)。钱大昕也说:"承祚于蜀,所推重者,惟诸葛武侯……条其称颂盖不遗余力矣。论者谓承祚有憾于诸葛,故短其将略,岂其然乎? 岂其然乎?"(《潜文堂文集》卷28《跋三国志》)刘知几读史,本极精覈,何竟如此无视事实,一再说陈寿因父被髡而厚诬诸葛。其实,不是陈寿厚诬诸葛,倒是刘知几厚诬了陈寿。

原载《中华文史论丛》1980 年第 3 期

宋代统治阶级在撰修国史上的斗争

宋自开国,统治阶级内部就是矛盾尖锐、斗争激烈的。而一代国史,又是一代政事的主要部分,是存之当时,传之后世的。从而对于所记政事加以美化,也就扬名一时,流芳百世。对于丑恶的政事,给以削除,也就免得播恶当代,遗臭万年。所以宋代统治阶级在政治上的激烈斗争,也就必然导致他们在撰修国史上的严重斗争。现且分述于下。

一、太祖与太宗的斗争

太祖在周,东征西战,功绩很大,也就得到了将士们的拥护。然而"黄袍加身""乃太宗与赵普""经营图度"。(清王鸣盛《蛾术编》卷 60《受禅乃太宗与赵普本谋》)"是故太祖之有天下,太宗之力为多。授戈与人,终当为人戈所制。太祖既与太宗共同取得天下,则太祖传子,自无以服太宗之心。"(清恽敬《大云山房文稿初集》卷 1《续辨微论》)因而为了传位这个极其重大的政权问题,他们也就成了一对乌眼鸡,彼此猜忌,恨不得你吃了我,我吃了你。尽管他俩原是同一父母所生,史官如何美化太祖友爱——为太宗灼艾分痛,称"太宗龙行虎步,生时有异,他日必为太平天子,福德吾所不及云"(《宋史》卷 3《太祖纪》)。又尽管杜太后遗"命太祖传位太宗",再由"太宗传之廷美(太祖、太宗的胞弟),而廷美复传之德昭"(太祖之子《宋史》卷 244《魏王廷美传》)。太祖曾顿首涕泣受命,并由赵普记录,藏在金匮,以示决不可以违背。(《宋史》卷 242《杜太后传》)又尽管贺后(太祖皇后)当太宗逼夺太祖生命、皇位时,在寝殿惊呼太宗说:"'吾母子之命,皆托于官家'。王泣曰:'共保富贵,勿忧也'"(《续资治通鉴长编》卷 17《太祖》)之言。但终究由于太祖、太宗在皇位上的斗争,彼此不让:"太祖既不能乐然从母之命以传其弟,又不能毅然守礼之经以立其子。迟疑两端,久而不决。"(陆健《宋太祖传位论》)太宗又迫不及待,而在"烛影斧声"之下,结束了太祖的生命,夺取了太祖的皇位。甚至德昭、德芳(太祖四子),也都被太宗迫害而死。这就可见他们兄弟之间争夺政权的斗争,是如何不顾一切,而白热化了。

(一)由不敢记载而终于记载的"烛影斧声"的政变大事

然而"烛影斧声"这件惊天动地,骇人听闻,在历史上少所见闻的政变大事,在当时宋代的国史上却一字不予记载——李焘就特地在他所撰修的《续资治通鉴长编》卷17注明:"('烛影斧声'之事),此据吴僧文莹所为《湘山野录》,正史、实录,并无之。"这当不是事出偶然,而是有一定的政治原因的。为什么呢?

1. 宋代国史不记"烛影斧声"之事的原因。

原来宋的天下,是由太祖沿袭魏晋以来篡夺而取得的。取得之后,他们兄弟之间,又复鸡争鹤斗。因而为了争取舆论,他们也就采取两种手法。太祖既经宣说:"'作相须读书人',由是大重儒者。"(《宋史》卷3《太祖纪》)又复显示他的"朝廷尊严",而使"天下私说不行,好奇喜事之人,不敢以事摇撼朝廷";并因担心"士子放荡,无所准的",不许他们"舍注疏而立异论"(宋苏辙《龙川略志·别者》卷上),严格地控制他们的思想行为。这种对文人学子的政策,的确是软硬兼施,一面以高官厚禄笼络他们,一面又用朝廷威严压服他们,使得他们不敢乱说乱动。

至于太宗,除了给太祖篡夺周的政权做了重要的角色,又用残酷惨毒的手段,在"烛影斧声"下夺得了政权,也就更加注重采取笼络政策。因为"诸降王死,其旧臣或生怨",而"虑生意外""故厚其廪禄,俾编辑类书"(明胡应麟《少室山房笔丛·九流绪论下》)。"如:《册府元龟》《文苑英华》《太平广记》之类。广其卷帙,厚其廪禄赡给,以役其心,多卒老于文字之间云"(宋王明清《挥麈录·后录》卷1),不复有叛乱作变的打算。乃"以科举罗天下士"。(宋洪迈《容斋随笔》卷9《高科得人》)原来太祖之时,"每岁进士,不过三十人,经学五十人。重以诸侯不得奏辟,士大夫罕有资荫,故有终身不获一第者"。至太宗"临御之后"(《宋史》卷293《王禹偁传》),为了"博求俊彦于科场中,非敢望拔十得五,止得一二,亦可为致治之具",便"亲阅卷累日""亲选多士,殆忘饥渴"(《宋史》卷155《选举志》),"不求备以取人,舍短用长,拔十得五。在位将逾二纪,登第殆近万人"(同上《王禹偁传》)。凡是"士之策名前列者,或不满十年而至公辅。吕文穆公蒙正、张文宇公齐贤之徒是也……盖为士者,知其身必达,故自爱重而不肯为非。天下公望,亦以鼎贵期之。故相与爱惜成就,以待其用"(《高科得人》)。这就真使"天下英雄入吾彀中"(五代王宗保《唐摭言》卷15),而为我尽忠保国之士了！同时又采取打击的办法，严厉对待那些"举子轻薄为文，不求义理，惟以速相夸"（宋欧阳修《归田录》卷1），以及经过笼络而尚不怀好意的文人（详后）。

因此，太宗时代，谄媚之风大盛。苏东坡就曾说："西汉风俗谄媚……本朝太宗时，士大夫亦有此风。"（《东坡志林》卷3）那么，当时撰修国史的，谁还敢坚守他们史官的庄严职责，对于当代政治上的事故，"务在审实""直书其事，不掩其瑕"，而使所修的国史，能起一种"申以劝诚，树之风声"（唐刘知几《史通·内篇·直书》）的作用，以为万世权衡是非的标准呢。（《学规类稿·史学》）不见"自古为史者，不免天灾或人祸"（《四库全书》子部·杂家类中收录《王氏说录》提要中说过其作者应为王诛之子王钦臣）：左氏被废，司马遭腐，班固下狱，陈寿流放，范晔受诛，崔浩被族，已够使得宋朝的史家不寒而栗了！这是一方面。另一方面，当时正值改朝换代之际，虽说重视文学之士，然而重视是假，防制是真。因而一般入侍于宋的五代遗臣，比如：范质、王溥等之"在相位者，多龌龊循默"（《宋史》卷256《赵普传》），"居不自安。共奏请中书庶务，大者具劄子，面取进止，朝退各自行其事。自是奏御浸多或至旰昃赐坐啜茶之礼遂废。固不暇于论道矣"（孔平仲《谈苑》）。宰相本是当朝的一品大官，见到皇帝，还是如此顾虑重重；至于五代遗臣入宋之任史官的沈伦、李穆、李昉、张泊、扈蒙等人，也就越加"谨言慎行"，事事小心了。平时已将"所著文章随即毁之，多不留稿"（《宋史》卷263《李穆传》），还敢记载太宗惨酷凶恶的"烛影斧声"，篡位夺权的丑事吗？要不是那个"目不睹炙手之势，身不履祸败之机，旰衡上下，安所顾忌"（刘绍攽《九畹集》）的草野僧人，而又留心世务，"为一家之书"，所著得称为有"史材"（宋僧文莹《玉壶清话·自序》、鲍廷博《跋》）的《湘山野录》，这件宋初重要的政变事故，也就泯灭无闻了。但是宋太宗的政治权力，只能统治宋的史学领域，却无法干涉辽的史官。所以在当时的《辽史》上，还是记载了宋太宗篡位夺权这件丑恶政事。以后脱脱修《辽史》，也就有了依据，而在辽《景宗纪》《辽史》卷8里，写下了"宋主匡胤（太祖）殂，其弟灵（太宗）自立"。须知"自立"与"嗣位"，是大不相同，而有原则性的区别的。"自立"，便是由篡夺而爬上了皇帝宝座，"嗣位"，才是受遗诏而继位的君主。今云"自立"，便是由于太祖、太宗长期在政治上的斗争，而在"烛影斧声"之下结束了太祖性命的结果。只是在太宗的严厉统治下，宋的史官不敢记载在宋史中罢了。

2. 宋代国史终于记载了"烛影斧声"之事，受到保护、表扬和高度的评价。

我们知道，"艺祖（历代对太祖或高祖的称谓）诸子，不闻失德"。而"太祖以神武定天下"，竟被残忍惨毒的太宗杀害了性命，抢夺了政权，且使他的后代

"子孙不得享之"(《宋史》卷33《孝宗纪》)。这实是使人看在眼里,记在心头,大为愤郁不平。这就是太宗"钟爱之"长子楚王元佐(《宋史》卷245《汉王元佐传》),也不以父亲为然,"将立为嗣,坚辞不肯,欲立太祖之子"。达不到目的,遂至"被废"发狂,实际上则是"非狂"。(《龙川别志》卷上)只是对父亲大为不满,而又不敢说出抑郁在心中的缘故。何况从此在太宗的子孙相继掌握政权之下,"昌陵(太祖葬昌陵,故以昌陵称之)之后,仅同民庶",以至"遭时多艰,零落可悯",这就不但使得一班群僚越加眷念太祖开国创业的功勋(诸如:同知枢密院参事李回、参知政事张守、上虞丞娄宾亮等),且造成了"金人所以未悔祸"的借口(《宋史》卷33《孝宗纪》)。在这内外舆论极为严重的压力下,而高宗又偏偏没有亲生的后代,也就迫使他不得不于绍兴元年(1131)下诏,说是"太祖创业垂统,德被万世",再行继续分封太祖的子孙(《宋史》卷26《高宗纪》);并接受群僚的意见,选择太祖诸子孙有贤德的赵眘(孝宗)育于宫中,立为太子(同上《孝宗纪》)。宋的政权,也就终究由太宗的子孙,回到了太祖七世孙的孝宗手里,而给当时"以史自任"的史家李焘(《宋史》卷388《李焘传》)打进了一个锲子,敢于在他私修的《续资治通鉴长编》里,不但采用了《湘山野录》所载"烛影斧声"之事,而且改"戮雪"为"戮地","好做"为"好为",并加以"大声嘱以后事"之语,以突出太宗弑君杀兄的罪恶。从而近百年被太宗严峻地捂住了盖子,并使在他控制下的史官,不敢在国史上记下一字的"烛影斧声"政变大事,终究被记载下来,而向世人公开化了!

　　然而三千个向火,八百个向灯。提刑(主管司法、刑狱和监察的官)何熙志,原是在秦桧的卵翼下发家起来的。因为秦桧是禁修私史的,他便站在太宗一边,不但上奏了李焘所报沪州城中失火的焚烧数字不实,"且言《长编》记魏王廷美食肥彘语涉诬谤",而要把他置之于法。当这在国史上斗争的紧要关头,孝宗便亲自给李焘撑腰说:"宪臣按奏火数失实,职也,何预国史!"以后又"谓其书(《长编》)无愧司马迁",表扬他记事的真实可靠,并允许给他"大书《续资治通鉴长编》七字。且用神宗赐司马光故事,为序冠篇"(《宋史》卷388《李焘传》)以宠异之。这就使谁都不敢说话了。又叶适之在当时,不但"雅以经济自负"(《宋史》卷434《叶适传》),而且享有很高的"人望"(《宋元学案》卷54《水心学案》),对《长编》也都做了高度的评价。说是"《春秋》以后,才有此书"(《宋史》卷388《李焘传》)。这就是说,李焘推阐褒贬之义,将"烛影斧声"之事揭发出来,给太宗加以笔伐,实是《春秋》以后仅有的一部史书。这都充分说明了由于太祖与太宗政治上的激烈斗争,在太宗以及他后代子孙的淫威下,捂住了盖子,史官不敢记载的史事,只有到了太祖七世孙的孝宗重新掌握了政权的时代,史官才不但敢于记载在国史上,而且受到了保护、表扬和高度的评价。

(二)太宗所采取的几种具有现实政治意义的措施

太宗虽然夺得了太祖的政权,但他对太祖的斗争,并未结束。为了掩盖他弑君杀兄的狰狞面目,也就又迫不及待地采取了几种具有现实政治意义的措施,以显示他登上皇位,是理所当然,命所注定的,而都把它一一记载在国史上面。

1.不逾年改元。

中国历代封建王朝,都"以孔子书元年为《春秋》大法,遂以改元为重事"。盖"元者,善之长""万物所从始也"。所以先王去世,后王即位,为了"视大始而欲正本"(《陔余丛考》卷25《改元》),逾年改元,也就成了历代封建王朝之所一贯遵循的常礼。除非在内遇着不幸的政变事故或外来的侵扰祸患,如东汉光武、东晋元帝,为了表示国统未绝,以系天下的人心,才不逾年改元。所以王鸣盛说:"非易姓及大变故,若唐肃宗之于天宝,从无当年改元者。"(《蛾术编》卷60《宋太宗》)蜀汉后主,不逾年改元,陈寿就提出批评说:"《礼》:'国君继体,踰年改元'。而章武之三年:则革称建兴,考之古义,体理为违。"(《三国志·蜀志》卷3《后主传》)今宋太宗一经爬上皇帝宝座,为时不满两个月,即废弃太祖的开宝年号,改元为他的太平兴国元年。且莫说汉人建立的王朝,即是五胡中的十六国也不许"不踰年而改元"呢。(《日知录》卷20《通鉴书改元》)这种不顾一切打破历代的常礼、惯例,迫不及待地不逾年改元,不明显地是"言致治由我也""创业由我也"(明郑瑗《井观琐言》卷1)。我之登皇位,做皇帝,是事所应该,理所当然的吗?所以南宋初年,尽管高宗皇帝仍是太宗的后代,洪迈还是壮着胆子要说:"自汉武帝建元纪年之后,嗣君绍统必逾年乃改元……独本朝太祖以开宝九年十月二十日上仙,太宗嗣位,是年十二月二十二日改为太平兴国元年,去新岁才八日耳。使人君即位而无元年,尤为不可也!"(《容斋随笔》卷10《踰年改元》)

2.改名为炅。

太宗原名匡义,由于他和太祖兄弟之间,老是碟大碗小,磕磕碰碰。在那"人孰不欲富贵"(《宋史》卷250《石守信传》)的禅代之际,为了巩固他们赵家的政权,太祖也就希望太宗"同体付托之重",不要搞阴谋诡计,而赐他的名字为"光义"。"盖光者,取其光明正大之义也。义者,取其处事之宜也。"(《通鉴批论考索》卷72引《宋史断》)说到底,也就是要他安守君臣之分,深怀兄弟急难之义——"阋于墙,外御其侮"(《诗·小雅·棠棣》)。但太宗不接受乃兄的劝告,搞阴谋诡计而夺了政权,便自以为他是上承天命,由他母亲"梦神人捧日以授己

中国史学史论丛

而有娠"，在"赤光上腾如火"的晚上而降生的真命天子(《宋史》卷4《太宗纪》)。所以为时不满三月(太平兴国二年二月)，就改原来太祖所赐的名字光义而为"炅(音颖)了！这因"'炅'者，日在火上，取其明而丽天下之象也。其心既曰：'朕既为天子，则君赐之名，不可受也。古者，天无二日，则取名不可不以日也。四海既服，则太祖之法，不足取矣"(同上引《宋史断》)，应当由我上承天命来做皇帝，命史官把这改名的大事，记在国史，以欺骗世人和后世。

3. 谥号，尊号。

"谥"，行迹的意思。所以"谥号"，原是依据上一代帝王的平生行为而定的。所以说："闻其谥而知其行。"(《史记》卷24《乐书》)"谥者，饰终之称也。"(《旧唐书》卷82《许敬宗传》)"尊号"，则"自汉哀帝用方士之说始有之。本朝(宋朝)沿唐故事，每遇大礼，群臣必奉册宝加上尊号"(宋李心传《建炎以来朝野杂记甲集》卷3)。那么，赵宋这个封建王朝的国家基业既是由太祖开创的，政权既是由太祖建立的，继立之君太宗，所上太祖的谥号，就应该照历代的先例，冠以"启运立极"的字样。只是由于太宗自"以为太平我之所启，兴国我之所基"(《通鉴批论考索》卷72《发明》)。一心要抹掉国史上太祖开国建政的功绩，所上太祖的谥号，也就只能是"英武圣文神德皇帝"，而自己则始而尊号"应运统天圣明文武皇帝"，继而又加尊号"应运统天睿文英武大圣至明广孝皇帝"(《宋史》卷3《太祖纪》、卷4《太宗纪》)。这在太宗认为，他们兄弟两个，虽然都是特殊的文武之才，但上应天运而统治天下，做皇帝，则该是他而不是他的哥哥。何况他继承皇位是受母命，所以他又该称"广孝皇帝"！

然而太祖开国创业的功勋，终究是客观存在，有耳共闻，有目共睹，抹杀不了的。所以到了真宗时代，还是"上太祖尊谥曰：'启运立极英武圣文神德玄功大孝皇帝'，太宗曰：'至仁应道神功圣德文武大明广孝皇帝'"(《宋史》卷7《真宗纪》)。这就对太祖、太宗两全其美：太祖既是"启运立极"开国创业之君，而太宗又是太祖、太宗孝承母命而"应道"统治天下之主。但太祖、太宗的谥号如此地改来改去，实足能证明原是他们兄弟在政治上斗争曲折、激烈，从而在国史上才有如此三番两次地改易记载。

4. 郊天。

中国历代封建王朝，为了巩固它的政权，没有不神化它的开国君主，是承受天命来统治人间的上帝的儿子的。因而历代王朝的君主，都亲自率领三公六卿(《礼记·月令》)，于每年的冬至那天，大事祭祀天帝于京城南郊的圜丘(称之为南郊大祀)，而以它一代应运而生，已经逝去的开国太祖配享。所谓"圣人之运，莫大乎承天……故郊以明天道也"(《通典》卷42《礼二·郊天上》)。太宗既自认为宋朝是他开创的,而在客观事实上太祖却是宋开国第一代的君主,不以他配天受祭,实在也又说不过去,也就只有以"严父莫大于配天"(《孝经》),以符"圣人大孝之道"(《宋史》卷99《礼志》)为理由,而以宣祖(太祖、太宗的父亲赵弘殷)、太祖更配。表面上未否定太祖是宋第一代的君主,事实上却又以宣祖凌驾于太祖之上,贬低太祖独享配天的祭位,以寓宋代开国创业,还是他自己的功绩。

　　然而宣祖既非开国之君,又非始封之君。依据"汉高之太公,光武之南顿君,虽有帝父之尊,而无预配天之祭"(《宋史》卷269《扈蒙传》)的典制,则太宗以父亲宣祖配天而祀之,实在是违礼反道,不得人心的。所以到了太平兴国三年(978),太宗迫不得已,又"并以太祖配享"于天。然而这种有违夙愿,被迫去做的事情,终究是行之不久的。所以雍熙元年(984),那个深知太宗心事,而又善于迎合太宗意志的扈蒙,便又重弹"严父莫大于配天"的老调,"请以宣祖配天",终又以宣祖配天了。然却为"识者非之"(《宋史·扈蒙传》)。从而雍熙四年(987),苏易简以受到太宗"眷迁夐绝伦等",便又按唐永徽(唐高宗年号)以高祖、太宗同配上帝的"故事,请以宣祖、太祖同配"(《宋史》卷266《苏易简传》、卷99《礼志》),才算了结了这场争执得实在难于解决的重大礼制问题。但在实际上,宣祖弘殷,无论在唐、在汉、在周,都只有一些武功,最后也只封了个天水县男,怎能与建立唐王朝而在位9年的高祖李渊相比,以之配天而享南郊的大祀呢?

　　总之,按照中国历代封建王朝祭天的典制,宋代举行南郊大祀,而以开国创业的太祖受享配天,是礼所固然,理所当然的。只因太宗硬要自以为"致治由我,创业由我",终于篡夺了宋的一代政权,传之自己后代子孙,也就不肯承认太祖是开国创业的君主。从而在祭天的隆重庄严而神圣的典礼上,也就反来复去:始而以宣祖、太祖更配,继而以宣祖、太祖并配;复而挤了太祖,而以宣祖独配;终而以宣祖、太祖同配。这正是因为与太祖在政治上的斗争继续相延而不曾停止的缘故。其中所出现的礼官所谓:"虽有帝父之尊,而无予配天之祭",议者非议"以宣祖配天"等现象,都足以说明虽在太宗专制淫威统治之下,终以一代典制所关,礼官、议者,还是嘟嘟嚷嚷,迫使太宗不得不对配天祭祀,究竟是以宣祖、太祖更配?同配?还是以宣祖独配?一改,再改,以致宋代国史上有如此反复不定的记载!

(三)《太祖实录》的撰修

　　自唐以来,每一代每一皇帝死了之后,继位之君,都得命史官给他修编年的大事记——实录(见《欧阳文忠公集·崇文总目集释·实录类》),以为撰述一代国史的张本。所以高似孙说:"实录之作,史之基也。史之所录,非借此无所措其笔削矣。"(《史略》卷3《实录》)从而太宗于太平兴国三年(787)正月,下令撰修《太祖实录》,自然是必要的,及时的。所谓实录,顾名思义,应该是"其文直,其事核;不虚美,不隐恶"(《汉书》卷62《司马迁传·赞》),"直载其事与言,而无所增饰"(《潜研堂文集》卷38《万斯同传》)。但在事实上,却因政治上的某种关系,而多所忌讳:有时,有的事不敢记;有时,虽然记了,却又是与事实不符,甚至是相反的。《太祖实录》,今已不存。(按"实录起于唐世,自高祖至于武宗。其后兵盗相交,史不暇录,而贾纬始作补录"《欧阳文忠公集》卷124《崇文总目叙释·实录类》)宋代实录,仅存《太宗实录》(还是残本),我们已无法知道其中所记的内容。但从现存的一部宋代史书里,记载太祖、太宗兄弟之间平日在政治上的曲折、尖锐斗争情况来看,还是可以得知当时在撰修的过程中,出现了许多前代所未有的现象,而给以后历代撰修国史,带来了恶劣影响。

1. 起居注与时政记。

欧阳修鉴于仁宗时史官未能履行他们"直书其事"的职责,曾郑重地指出:"史者,国家之典法也。自君臣善恶功过,与其百事之废置,可以垂劝戒,示后世者,皆得直书而不隐。故自前世有国者莫不以史职为重。"(《欧阳文忠公集》卷108《奏议·论史官日历状》)这是因为远自周代,"左史记动,右史记言"(《礼记·玉藻》),"宫中有起居注,如晋董狐、齐南史皆以死守职;司马迁、班固皆世史官,故通知典故,亲见在廷君臣之言动而书之。后世续之,如亲见当时之事"(明王鏊《震泽长语》卷上)。但是到了宋太祖初年,则以职官"名实混淆,品秩贸乱",本该由左、右史专司起居注的,而"起居不记注"(《宋史》卷161《职官志》)。"所记者,不过臣下对见辞谢而已。帝王言动,莫得而书。"(《宋史》卷269《扈蒙传》)为什么?"缘宰相以泄漏为虞,昧于宣播,史官疏远,何得与闻?"直至太祖逝世的前二年——开宝七年(974),才由史馆撰修扈蒙请"自今凡有裁制之事,优恤之言,发自宸衷,可书简策者"(《宋史》卷269《扈蒙传》中为"凡有裁判之官,优恤之言,发自宸衷,可书简策者。")"委宰臣及参知政事每月输知抄录,以备史官撰集。从之,即从参知政事卢多逊典其事。"(《宋史》卷269《扈蒙传》)这就可见太祖时代,由于他与太宗在政治上的斗争曲折、激烈,唯恐机密泄漏,不准史官在他御座的近前站立。"榻前之语,既远不可闻"(宋朱弁《曲洧旧闻》卷9),史官也就没法记载太祖与大臣之间的言动。晚年,虽然接受了扈蒙的意见,也不过准许史官记"言动可书者"而已。不可书者,还是不准记的。所以当时的左、右二史,实际上只是"员具而职废。其所撰述,简略遗漏,百不存一。至于事关大体者,皆没而不书",只是依据百官上报的公文,加以"铨次,系以日月,谓之'日历'而已。是以朝廷之事,史官虽欲书而不得书也"(《欧阳文忠公集》卷108《奏义·论史官日历状》)。那么,撰修《太祖实录》,又凭什么资料来叙述他们君臣之间有关国家大事的言行呢!

太宗太平兴国年间(976—985),虽因"史事之漏落,又以参知政事李昉"(《元丰类稿》卷49《史官》)监修国史,恢复了"宰相朝夕议政,君臣之间奏对之语……执政官之所手录,于一时最为详备",而为"史官记事所因"(《曲洧旧闻》卷4)之最关重要原始资料的时政记(时政记,是宰相记帝王之事以授史官的实录。为什么既有左、右史所记君主言行的起居注,又有这种宰相所记君主之事的时政记,可参《廿二史札记》卷19"时政记"条)。但李昉却请将时政记先送太宗审阅,然后再交史官(《宋史》卷265《李昉传》)。这就严重地破坏了"前世史官所记,皆不令人主见之"(《资治通鉴》卷197)的庄严惯例。太宗淳化年间(990—994),虽然开始设置了起居院,而以梁周翰、李宗谔分任左、右的职务,以记太宗与大臣的言动而修起居注。但起居注须先送太宗审阅,然后再交史官(《宋史》卷439《梁周翰传》、《元丰类稿·史官》),这又怎能使史官"不虚美,不隐恶",去执行他们庄严神圣的职责!这就和唐初褚遂良修起居注,太宗问"人君得观之否"?褚便答以"今之起居古左右史书,人君言事,且记善恶以为鉴戒,庶几人主不为非法,不闻帝王躬自观史",太宗以为说得很对(《旧唐书》卷80《褚遂良传》),便不看起居注。又和唐文宗想看起居注,起居舍人魏谟便说,给您看起居注,在我是不守职分,在君是非法行为,文宗也就只好不看(《旧唐书》卷176《魏谟传》)的情形完全相反了。梁周翰、李宗谔请太宗先看起居注,然后再交史官。那么,凡是太宗与大臣奏对之言,其中有不利于太宗的,尤其是太宗与太祖相互斗争之不利于太宗的,也都有所回避,有所粉饰,这样所修的起居注,修成的《太祖实录》,还能说是"实录"吗?

总之,从此以后,宋代所修的时政记、起居注,"撰述既成,必录本进呈,则事有讳避,史官虽欲书,而又不可得也!"(《欧阳文忠公集》卷108《奏议·论史为官日历状》)因而英宗一代,也就"未有日历。至于时政记、起居注,亦皆未备"(《元丰类稿》卷32《英宗实录院中申请》)。其他各代,莫不都有这种同样的情形,在这里也就不去多说了。

2. 不准在外撰修私史、私记。

为了严防国家大事向外泄漏,隋文帝开皇十三年(593),曾下令严厉禁止"人间有撰集国史,臧否人物者"(《隋书》卷2《高祖纪》)。于是唐吴兢因为在武三思等监领修史之"不得志"而弃职归家撰修《唐书》时,便有人弹奏国史不许在外纂修而被迫回史馆了。"张说就家修史,李元纮谓'史事秘严,请令以书就馆,参会撰录'。"(《建炎以来朝野杂记·卷首朝省坐国史院扎子行下隆州取索孝宗光宗系年要录指挥》)但在唐代,国史还是允许随任在外撰修的。诸如:开元时(713—741),还是这个吴兢,因修"国史未成,十七年,出为荆州司马,制许以史自随"(《旧唐书》卷102《吴兢传》),由他在外继续撰修。又还是这个张说"检校并州大都府、长史兼天兵军大使,摄御史大夫兼修国史,仍赍史本随军修撰"(《旧唐书》卷97《张说传》)。德宗时,令狐峘修《代宗实录》未成,"坐李泌贬监修国史,奏峘所撰实录一分,请于贬所毕功",至元和三年(808)奏上之。但一到宋朝,因为统治阶级内部在撰修国史上,已经展开了残酷的斗争,也就越加严厉地控制国事的秘密,不但绝对地不准在外撰修国史(宋祁撰《唐书》,司马光修《通鉴》,欧阳修修《五代史》之得在外,都是前代旧史,妨碍不大,又当别论),就是在家纂修私史、私记,也都是不准许的(汪藻守湖州得纂《三朝日历》,则是因为当时用兵,史官记录,无所保存,而湖州未遭金兵之祸的缘故——见《续资治通鉴》卷111《宋纪》)。朱弁说得好:"《新唐书》载事倍于旧,皆取小说。本朝小说尤少,士大夫纵有私所记,多有不肯轻出之。"(《曲洧旧闻》卷4)在这严禁士大夫之作私记情况下,别人别事,且不必说。就是"论事切真",曾为仁宗所"独奖",以至勉励他不要以为自己是个龙图阁学士,便不欲越职言事,"第言之,毋以中外为间"(《宋史》卷319《欧阳修传》)而有什么顾忌的欧阳修,退休后,写了有关"朝廷之遗事,史官之所不记,与夫士大夫笑谈之余而可录者,录之以备闲居之览"(《欧阳文忠公集》卷243《归田录序》)的一部《归田录》。当神宗命人去取,也还是"以其间纪述有未广者,因尽删去之。又恶其太少,则杂记戏笑不急之事,以充满其卷秩。既缮写进入,而旧本亦不敢存"。所存的,都是上进之本,而原本并未公之于世。(《曲洧旧闻》卷9)神宗本是宋代"励精图治",尊重士大夫,"敬畏辅相,求直言"(《宋史》卷16《神宗纪赞》)而比较开明的皇帝,尚且使老臣欧阳修怕以私记获罪,则就可见他对于士大夫之作私记,也是放心不下的。反过来,如果侍从皇帝左右,而为皇帝真正信用的人,则所撰的私记,不但不加禁制,不存疑心,倒是成了纂修实录时重要的参考资料。比如王延德,从小为人"谨重",一向是太宗父亲赵弘殷所喜爱的孩子,长大后又是太宗所"倚信"的尚食使、皇城使、行宫使、昭宣使。因为他爱"好撰集近事",私自著有《司膳录》《皇城录》《纪事诏》《南郊录》《山陵提辖诸司记》《下车奏报录》等等。从而他不但成了真宗诏令史官纂修《太祖实录》《太宗实录》,访问宋初国事的顾问,而且以他著的《太宗南官事迹》,作为史官必需的参考资料(《宋史》卷309《王延德传》)。因为以他做宋初国事顾问,用他的《南宫事迹》作为参考材料,对于在政治上有激烈斗争的太祖、太宗而言,是有利于太宗的。

3. 所命撰修《太祖实录》的史官。

太宗和太祖之间,既然存在着严重的矛盾和斗争,因而太宗所命撰修《太祖实录》的史官,也都必须是谨小慎微或对他献殷勤而为他信得过的人。但一旦发现他们在政治上有问题,那就还要受到严厉的处分。

第一,先说李昉。李昉就是个"小心循谨""进退有礼""两入中书,未尝有伤人害物之事",不自立门户,"市私恩",受到太宗推重,而称之为最可靠的"善人君子"。因而不但命他撰修《太祖实录》,而且用他作为国史撰修(《宋史》卷265《李昉传》),担负他们兄弟斗争曲折、激烈时期史事的最高领导而又最重要的撰修责任。

第二,再说扈蒙。扈蒙为什么受到太宗之命而和李昉同修《太祖实录》,且始终保全了禄位呢?因为他秉"性沉厚,不言人是非",也就受到太宗撰修《太祖实录》之命。以后又能不顾众议,裁定南郊之礼,而请以宣祖配天(《宋史》卷269《扈蒙传》),贬低太祖开国创业的功绩,自然也就成了太宗所最喜爱的心腹人,而信用他到底了。

第三,且说李穆。李穆"质厚忠恪,谨言慎行"。从小就"有至行,行路得遗物,必访主归之";安贫求学,于"辞学之外无所予""无有矫饰",是个不肯欺世盗名的人,也就为太宗所"倚用",称之为"国之良臣",而命他和李昉一同撰修《太祖实录》。只因他为秦王廷美作了《朝辞笏记》,便又受到降职的处分。(《宋史》卷263《李穆传》、卷244《魏王廷美传》)

第四,四说沈伦。沈伦是个"清介醇谨",做事不敢"冒禁",不肯"逾矩"而"有祗畏谨守之美"的老好人。因而太宗便命他监修《太祖实录》和国史。但因卢多逊交通秦王廷美,而"伦与之同列不能觉察",也受到降职处分。(《宋史》卷264《沈伦传》)因此,《实录》修成之后,太宗很是放心不过,"取《实录》入禁中,亲笔削之"(宋陈振孙《直斋书录解题》卷5《诏令》)。其实,王禹偁作《箧中记叙》,就曾说"太祖神圣文武,旷世无伦。自受命之后,功德日新,皆禹偁耳目所闻见。今为史臣,多有忌讳而不书"(宋赵希弁《郡斋读书后志》卷1),已将太祖的许多史事,该记的而不敢记。今太宗又复将已记的亲自加以删削,也就更是简漏了。

第五,献媚,顺意的受用,遭忌的被逐。太宗时,正值改朝换代不久,而他的皇位,又是在"烛影斧声"之下篡夺得来的。因而纂述《太祖实录》,且莫说史官多存忌讳,该记载的不敢记载。就是一般文史之士,也都顾虑重重,只有严格要求自己。试看习衔在后唐做官时,本是"权势甚盛,父为藩帅,家富于财,被服饮膳,极于侈靡"的。但一入宋,便不得不改变生活方式和做人的态度,而成了个

"以纯淡夷雅知名于时,恬于禄位,善谈笑,喜棋奕,交道敦笃",而被"士大夫多推重之"、谨小慎微的人。他又作了一篇《圣德颂》向太宗谄媚,才做了国子博士。(《宋史》卷441《习衍传》)经过长期的考验,到真宗时,才和杨亿一同受命撰修国史。(《宋史》卷305《杨亿传》)至于胡旦尽管献了《河平颂》,歌颂太宗的功德,只因说了"逆逊远投,奸普屏外"两句,便深遭太宗的忌讳,认为他"词意悖戾""敢恣胸臆狂躁",涉及了帮助他取得皇位的元凶赵普和秦王廷美、卢多逊之狱,将他驱逐出史馆了(《宋史》卷432《胡旦传》);只有那善于"揣摩百端""甘言善柔":每逢太宗有所著述,或赐群僚诗篇,总是"援引经传,以顺其意"的张洎,才真正受到了太宗的宠顾。不是表扬他"援引故实,皆有依据",便是赞美他"援引古今,甚不可得",不是推许他"江东士人之冠",便是称许他"翰长老儒臣"。因而也就不但用他编修国史,撰述时政记,而且任他判史馆以裁决史馆里的是非曲直。(《宋史》卷267《张洎传及赞》)士为知己者死,张洎因之格外卖力、小心,在所修的《太祖纪》里,"以朱墨杂书。凡躬承圣问,及史馆采摭事,即以朱别之"(宋周辉《清波杂志》卷12)。修成之后,于淳化五年(994),献之太宗。这都因为太宗与太祖政治上的斗争曲折、尖锐,也就使得史官们撰修《太祖纪》时,不得不特别慎重,唯恐惹起事故。

(四)撰修《太宗实录》,重修《太祖实录》,撰修太祖、太宗《两朝国史》和太祖、太宗、真宗、仁宗、英宗《五朝国史》

1. 撰修《太宗实录》。

真宗即位之后,又命吕端、钱若水修《太宗实录》。然而吕端却是个"小事糊涂,大事不糊涂"的人。虽然太宗称他"真台辅之器""真宗每见辅臣入对,惟于端肃然拱揖,不以名呼"(《宋史》卷281《吕端传》),还是不肯来拆这个鱼头。因而实际上,钱若水就没有到过史局(《宋史》卷266《钱若水传》)。《太宗实录》修成后,真宗又以太宗时所修的《太祖实录》,脱漏史事太多,复命重修。这时,就是钱若水,也恳切辞让,不愿再承担这种难于承担的责任!只因经过真宗勉励他说"卿新修《太宗实录》甚为周备。太祖事多漏落,故再命卿,毋多让也"(宋李焘《续通鉴》卷43《太宗》)。他才勉强地把这任务承担下来。正因为撰修《太祖实录》是个老大难而吃力不讨好的工作,真宗又增命了那个"勤接士类,无贤不肖,恂恂尽礼;奖拔后进,唯恐不及,以是士人皆归仰之"的李宗谔(《宋史》卷265《李宗谔传》)和"以直躬行道为己任"而将宋代创业开国之功,分别归之于"太祖、太宗,削平僭伪,天下一家"(《宋史》卷293《王禹偁传》),立言比较公平的王禹偁,参加这个艰巨的工作。《太祖实录》才算是修成了。

2. 撰修太祖、太宗《两朝国史》。

太祖、太宗的实录修成之后，真宗又命宰相监修国史。(《宋史》卷210《宰辅表》)因为他是个"英悟之主"(《宋史》卷8《真宗纪赞》)，洞察群僚中人事关系的好坏，也就不用"好刚使气""不为流俗所喜，用人不以次，同列颇不悦"的寇准，而用那"饬躬慎行""交游无党""所至以严正称"，而有"宿德"的"善人"毕士安。(《宋史》卷281《毕士安传》)以便这部难于编修的国史，不致引起人们过多的意见。就是毕士安死后，所用以监修国史的宰相王旦，也是太祖、太宗时的名臣，没有偏私，而有"德望""可谓全德元老"。(《欧阳文忠公集·居士集》卷22《太尉文正王公神道碑铭序》)但担任编修的，却既有"质直纯悫，无所矫饰，宽恕谦退，与物无竞"而为"当世所推重之"的赵安仁(《宋史》卷287《赵安仁传》)，"服道履正，虽贵势无所屈，历官临事，未尝挟情害物"的晁迥和"耿介尚名节"的杨亿。(《宋史》卷305《晁迥、杨亿传》)又有那"倾巧""奸邪"的王钦若(《宋史》卷283《王钦若传》)，"多任智数"的陈尧叟。(《宋史》卷284《陈尧叟传》)真是鱼龙混杂，正邪并用。然而真宗之所以如此任命编修，想是这部国史，实在难于纂述，只有将他们这些为人不同，处事不一之人的意见，在没有偏私而有"德望"的监修王旦之下集中统一起来，然后修成一卷，再先将草本交他自己审阅，改易其中不合的诸条，复次交还史官改正(王应麟《玉海》景德四年八月诏修太祖、太宗正史)，这就较为稳妥而少遭物议了。

3. 撰修太祖、太宗、真宗、仁宗、英宗《五朝国史》。

后来神宗又以"《三朝、两朝国史》，各自为书，将合而为一"(《宋史》卷319《曾巩传》)，以成一部自太祖至英宗五朝的国史。又因鉴于《史记》《汉书》《后汉书》等修得较好，都是出于一人的笔墨。为了一定要把这部国史修好，便打破"近世修国史，必众选文学之士，以大臣监总"(《元丰类稿附录》)的常例，乃命曾巩独自一人承担这个艰巨重大的任务，并允许他自行选请编修(《元丰类稿》卷51《南丰先生墓志》)。这对曾巩当是一种极大的信任和荣耀。但曾巩请求将"外廷有所未闻，及自来更有纪述，发明文字，藏在宫禁者，欲乞特赐颁示，以凭论次"(《元丰类稿》卷31《史馆三道申请》)。结果《两朝国史》，还是没有见到，这就够使他唯恐不能完成任务了！何况《五朝国史》，都是历代公相卿士以及负有声望的文人所共准裁的国家大典，而曾巩在仁宗时又曾以"编次实录，断自独心，不以贵倨迁就"(《元丰类稿》王玺、《重刻南丰先生文集叙》)，受过贬谪外任的处分。一朝被蛇咬，三年怕井绳。这次撰修《五朝国史》，他还敢对旧史加以损益吗？(《元丰类稿》卷35《拟辞免修五朝国史状》)但他却又是个"志节高爽，自守不回"(《欧阳文忠公集·奏议集》卷16《举章望之、曾巩、王回等充馆

155

职状》)的人。该叙述的,还是要叙述。因而在所撰《太祖皇帝总叙》里,终究推崇了"太祖开建帝业,作则垂宪,后常可行"(见《元丰类稿》卷10)。反过来,也就贬低了太宗"创业""政治"的丰功伟绩。这是太宗的后代神宗所能容忍、允许的吗?何况他又"以为太祖大度豁如,知人善任,使与汉高祖同,而汉祖所不及者,其事有十。因具论之,累二千余言"。而且"请(以此总叙)系之《太祖本纪》篇末,以为国史书首"。这就更使"神宗览之不悦,曰:'为史但当实录以示后世,亦何必区区与先代帝王较优劣乎?且一篇之赞已如许之多,成书将复几何'(宋徐度《却扫编》卷中),于是迫使他非辞职不可,书竟不成,而神宗亦罢修《五朝国史》了!

总之,太祖、太宗之间,在政治上存在着严重的矛盾,以致发生了曲折尖锐的斗争,在"烛影斧声"之下,由太宗篡夺了政权。因而当时撰修这两朝的国史,尽管对于监修、编修严加选择,修成初稿,先经太宗、真宗审核、修改,再交史官以为定稿,企图蒙蔽时人,欺骗后代,也终究是欲盖弥彰,不能使人相信是信史了。所以一到南宋太祖的后代重新掌握了政权,一些深悉国家旧典、耆宿轶事的士大夫以及在野之士,对于北宋时代的史事,也都"各信所传,不考诸实录、正史,家自为说"(《四库全书总目》卷47《续资治通鉴长编》)了。

二、新旧两党在撰修《神宗实录》中的斗争

神宗死了,哲宗即位。改元元祐(1086—1093),由高太皇太后(英宗皇后)听政。任用旧党司马光、吕公著做宰相,罢除王安石的新法,排斥新党蔡确、章惇、韩缜等人,进用旧党之士文彦博、韩维、吕大防、范纯仁等。但新党掌权的大官虽去,其党羽分布甚广。从而两党斗争,依旧是很激烈的。

(一)第一次斗争

1. 撰修《神宗实录》,改蔡确由司马光监修。

元祐元年二月,高太皇太后命蔡确监修《神宗实录》。但蔡确在当时,正为旧党所不容,刘挚、王岩叟、孙觉、苏辙、朱光庭,集中火力,交章上疏,对准他进行猛烈的攻击,不到一个月,就被解除宰相职务,改由司马光主管编修了。

2. 陆佃和范祖禹等的斗争。

司马光监修《神宗实录》后,便用曾帮助他编修《通鉴》的得力人物(且是旧党另一首领吕公著的女婿)范祖禹担任编修,兼国史院修撰。范祖禹是反王安石的老手,还是在帮司马光撰修《通鉴》之前,富弼愤切而论王安石误国和新法害人的密奏,旧党人士以为不可以之上奏,他却把它上奏了神宗。以后,他更成

了一个一再上奏指责新党之士为"群小",蔡京"非端良之士",痛论"王安石、吕惠卿造立新法,悉变祖宗之政,多引小人以误国""力言惇不可用"的急先锋。当时一般旧党群僚,虽想折中于新旧之法而两用之,他却又独自"以为朝廷既察王安石之法为非,但当复祖宗之旧,若出于新旧之间两用兼存之,纪纲坏矣"(《宋史》卷337《范祖禹传》),而和司马光一样坚决要和新党彻底决裂。从而他"修《神宗实录》,尽书王安石之过,以明神宗之圣"(《宋史》卷435《范冲传》),把王安石说得一无是处!

此外,"元祐初修《神宗实录》秉笔者"(宋王明清《玉照新志》卷1),尚有反对王安石变法激烈人物苏东坡门下的四学士:黄庭坚、张耒、晁辅之、秦观。(黄为著作郎秘丞,张、晁为著作郎,秦为秘书省正字。宋沿唐故事,馆职皆得称学士。)但也另有一个曾从王安石学过经学的陆佃,因而意见不一。陆佃就多次和范祖禹、黄庭坚争论辩驳。陆佃"大要多是王安石为之晦隐。庭坚曰:'如公言,盖佞史也。'佃曰:'尽用君意,岂非谤书乎!'"那个曾经反对以王安石配享神宗之庙的郑雍,当然是站在黄庭坚一边,而以陆佃为"穿凿附会"的。于是陆佃被贬知颍州去了。等到《实录》修成,陆佃又被那个由司马光推荐,反对新法,攻击"章惇欺罔肆辨,韩缜挟邪冒宠"的朱光庭所讥议,徙知到邓州。(《宋史》卷343《陆佃传》、卷342《郑雍传》、卷333《朱光庭传》)这次斗争,已够激烈的了。

(二)第二次斗争

元祐八年冬(1083)十月,高太皇太后逝世。范祖禹担心哲宗亲政,国事将有变化,便劝他守元祐之政。但当时绍述神宗更法立制的舆论,已经很盛,于是哲宗改元绍圣,复用章惇、蔡卞当权执政。蔡卞等对于元祐党人所修《神宗实录》的斗争,便采用了两种方式。

1. 将范祖禹等贬官下狱。

章惇、蔡卞和新党人士,经过一番议论,以为元祐时旧党所修的《神宗实录》,多是诬蔑之辞。于是将前任史官范祖禹等人召来考问。开始摘出其中没有证验的1000多条,经过考核,没有依据的,还有32条。从而范祖禹一连被贬谪到远方,而死在宾化(今四川南川县)。(《宋史》卷337《范祖禹传》)黄庭坚被下放宜州(今安徽宣城),晁补之"坐修《神宗实录》失实",秦观以"增损《实录》",张耒"坐党籍",全都受了贬官外调的严厉处分。(《宋史》卷444《黄庭坚、晁补之、秦观、张耒传》)又吕大防以宰相监修史事,谏官说他"修《神宗实录》直书其事为诬诋",被外调到安州(今河北安新县)去了。但新党并不以此为满意,章惇怕吕大防复相,将他安置循州(今广东龙川县),行到信丰(今江西县名)路上就病死了。(《宋史》卷340《吕大防传》)蔡京又定下腹心之计。由御史中丞刘拯上言"元祐修先帝实录以司马光、苏轼之门人范祖禹、黄庭坚、秦观为之，窜易增减，诬毁先烈，愿明正国典"(《宋史》卷356《刘拯传及论》)，硬想把范祖禹等人斩尽杀绝，才肯甘心。蹇序辰又请设局选官编类司马光等人的"章疏案牍……置之一府，以示天下后世大戒。(哲宗)遂命序辰及徐铎编类，由是缙绅之祸无一得脱者"(《宋史》卷329《蹇序辰传》)。这就可见新旧两党的斗争愈趋激烈了！

2. 将《神宗实录》重行刊定。

蔡卞"上疏言：'先帝(神宗)盛德大业，卓然出千古之上，发扬休光，正在史策。而《实录》所纪，类多疑似不根。乞验索审订，重行刊定。使后世考观，无所迷惑'"。哲宗接受他的意见，便命他撰修国史。他根据王安石的《熙宁奏对日录》，把范祖禹等所修的《实录》，完全改了过来。(《宋史》卷472《蔡卞传》)

《神宗实录》诚然改修过来，吕大防、范祖禹且被贬谪而死。然而章惇、蔡卞并未取得决定性的胜利。相反，两党在撰修国史上的斗争，方兴未艾，愈演愈烈了。

(三)第三次斗争

徽宗一经即位，鉴于元祐、绍圣都有错误之处，想以大公至正的态度来消除两党的仇怨，建立一种中和持正的政治局面，因而建元建中靖国，以资号召。但是，政治上的尖锐斗争，不是东风压倒西风，便是西风压倒东风。新旧两党之间的矛盾、斗争，又哪里是可以调和得了的！

所以徽宗刚一即位，韩忠彦就首先上疏反对编类司马光等所上章疏，而请从速罢置这个编类局。说是"今陛下又诏中外直言朝政阙失，若复编类之，则敢言之士，必怀疑惧。臣愿陛下急诏罢局，尽衰所编类文书，纳之禁中"。尤其是中书舍人曾启，反对设立编类局，而主张将编写人员一律罢黜放逐。他说，我朝从来未曾编辑过臣僚们所上"指切朝政，弹击臣下"的章疏。而是爱护言事之人，不使后代子孙看见，结成仇怨。今编录章疏，且限定从元丰八年四月至元祐八年(1085—1093)四月中的，我是不能理解的。请将所有的编录人员都罢黜掉。(以上均见《资治通鉴后编》卷93《宋纪93》)

徽宗不但接受曾肇的意见，罢置了编类章疏局，且将首先请设局审批元祐章疏的蹇序辰，指为讪谤，而将他停职除名，放回农村。御史中丞丰稷、论编类事状的徐铎，多看章惇的好恶为轻重，致使生死名臣，横遭窜斥。序辰既放归里，铎的罪恶不在其下。徐铎因被停职知湖州(今浙江吴兴县)去了。(《宋史》卷329《蹇序辰、徐铎传》)这场斗争，说来虽是编录元祐大臣司马光等的章疏与反编类的斗争，实际上也就是撰修国史的斗争。因为大臣们的章疏，原是撰修

158

国史重要的原始资料,编类起来,据之以撰修国史,则旧党攻击新党的秘密,完全暴露在世人面前,而使人们知道他们的阴险狰狞的面目。所以归根到底,这场斗争,还是新旧两党编纂《神宗实录》斗争的继续。何况这个弹劾徐铎的丰稷,就是和陈瓘相继议论蔡京之奸,誓不与蔡京同在朝廷,而且请求辩论宣仁(英宗的宣仁高皇后)诬谤之祸。且言:"史臣以王安石《日录》乱《神宗实录》,今方修《哲宗实录》,愿申饬之"(《宋史》卷321《丰稷传》)的人物。因而一波未平,一波又起,陈瓘《尊尧集》的事件又发生了。

(四)第四次斗争

高宗即位于徽、钦二帝被俘,北宋灭亡,国家岌岌可危的时代。一时旧党大造舆论,以为从神宗熙宁王安石当权,大肆变法,始给社会造成了严重的弊害。到徽宗崇宁蔡京主张绍述,力行王安石之政,结果导致了国家祸患。在这种政治气氛中,高宗也就"最爱元祐"(宋李心传《建炎以来系年要录》卷79),以至"每称司马光,度圣意,有'恨不同时'之叹!"(宋李心传《建炎以来系年要录》卷14)高宗既然"最爱元祐",反过来也就最恨熙宁、绍圣;既然"每称司马光",反过来也就深恨王安石、蔡京、蔡卞。因此:

1. 排斥新党,改修《神宗实录》。

高宗于建炎元年(1127)五月一日即位,当即大赦天下。一面推原祸乱的由来,而以蔡京、蔡卞"皆祸国害民之人"(宋周辉《清波杂志》卷2),独不得赦。一面以"宣仁圣烈皇后(英宗高皇后)保佑哲宗,有安社稷大功,奸臣(蔡卞等)怀私,诬蔑圣德,著在史册。可令国史院,差官摭实刊修,播告天下"(《建炎以来系年要录》卷5)。是高宗一经当权主政,即以排抑新党、改修新党所修的《神宗实录》《哲宗实录》为政治上第一件任务了。

以后,常同又上疏论《神宗实录》《哲宗实录》二史曰:"在绍圣时,则章惇取王安石《日录》私书,改修《神宗实录》;在崇宁后,则蔡京尽焚毁时政记、日历,以私意修定《哲宗实录》。其间所载,悉出一时奸人之论,不可信于后世……陛下即位之初,尝下诏明宣仁安社稷大功,令国史院摭实刊修,又复悠悠。望精择史官,先修《哲宗实录》,候书成,取《神宗朱墨史》(指"曾布修《神宗实录》,旧本则用墨书、新修者用朱书之"的《朱墨史》。见清孙承泽《春明梦余录·宋史》,不是范冲的《朱墨史》)考证修定,庶毁誉是非,皆得其实。"(《宋史》卷376《常同传》)高宗一经即位,虽曾下令重修《神宗实录》,只以当时国家危急,国事纷繁,实际上还是来不及刊修,因而常同又将这个问题提了出来。然而国难依然严重,一时还是顾不到这个刊修实录的事情。

2.严格选择史官。

直到绍兴四年(1134),隆祐太后(哲宗孟皇后)生日,又重新向高宗提起此事。她说:"吾老矣,有所怀为官家言之。吾逮事宣仁圣烈皇后,聪明母仪,古今未见其比,曩因奸臣诬谤,有玷圣德,建炎初虽下诏辩明,而史录未经删定,无以传信后世,而慰在天之灵。"高宗听了,为之震悚(《宋史》卷435《范冲传》),立即下令重修《神宗、哲宗实录》,并严格地选择不但有史学特长,尤其是要和新党有深仇大恨之人的后代担任撰修。首先,史家范冲的父亲范祖禹,是在元祐时修《神宗实录》被王安石的女婿蔡卞贬死在外的。高宗因之将他召来,对他说:"以史事召卿,两朝大典,皆为奸臣所坏。若此时更不修定,异时何以得明本末!"冲说:"先臣(范祖禹)修《神宗实录》,首尾在院,用功颇多,大意止是尽书王安石过失,以明非神宗之意。其后安石婿蔡卞怨先臣书其妻父事,遂言哲宗皇帝绍述神宗,其实乃蔡卞绍述王安石。惟是直书安石之罪,则神宗成功盛德,焕然明白,《哲宗皇帝实录》臣未尝见,但闻尽出奸臣私意。"高宗以为他说的很对。(《建炎以来系年要录》卷79)再则,常同既曾上疏论章惇、蔡京所修《实录》之不可信而请改修。尤其是他的父亲常安民是个和新党水火不相容的人物。原来常安民当熙宁时已经取士,学者莫不宗主王安石之说,他却独墨守旧人的注疏不变,甚至拒绝和王安石相见;又当面指责章惇是奸人李林甫,虽与蔡确为连襟,却不和他相往来;并因首先揭发蔡京之奸,致被贬在外流落20年(《宋史》卷346《常安民传》),而和新党有深仇宿恨。因而高宗就命常同撰修神、哲二宗的《实录》。并对他说:"是除以卿家世传闻多得事实故也。"(《宋史》卷376《常同传》)这就把所以命他撰修《实录》的目的和要求,都和盘托出地告诉他了。于是范冲、常同重修《神宗实录》,便先撰《神宗政异》,以示去取之意。旧文用墨笔书,删去的用黄笔书,新的用朱笔书,叫《朱墨史》。修《哲学实录》,则别撰一书,叫《辨诬录》(《宋史·范冲传》)。看起来是认真负责地将保留和删去的旧文,以及新修的史文,严格地加以区别,以示他们的一丝不苟。实则是将不利于他们旧党的原文全部删去,并给这种原文予以反驳,把它说成是对旧党的诬蔑之词。所以神、哲二宗的《实录》虽然经过这四次重修,还不能算是最后的定本。

3.《神宗实录》的难于撰修。

从王安石推行新法以来,司马光就坚决和他对立,大唱其反调,各立山头,互相攻击。在这种情形下,由他们任何一党中的史官来修当时的国史,也都是自以为是,而以彼为非,难于取信于人的。当时神宗也就看清楚了这一点,因而任命为国史编修官修起居注的,便以那位在史馆多年,不肯稍为贬抑自己以图升官,而于权臣无所依附、忠实无党的王存。(《宋史》卷273《王存传》)徽宗时,徐勣修《神宗正史》也说:"《神宗正史》今更五闰矣,未能成书。盖由元祐、绍圣史臣,好恶不同。范祖禹等专主司马光家藏《记事》,蔡京兄弟纯用王安石《日录》,各为之说,故议论纷然。当时辅相之家,家藏记录,何得无之,臣谓宜尽取用,参讨是非,勒成大典。"徐勣诚然是以蔡京比卢杞,不肯和他同校《五朝宝训》;又祝贺徽宗召用范纯仁、韩忠彦做宰相为得人心的,但为人却较"鲠直",还肯说《神宗正史》之所以未能修成,是由于范祖禹和蔡京、蔡卞双方好恶的不同。徽宗以为他说的很对,便命他草诏教诫史臣对于神、哲二宗时辅相之家所藏的记录,必须"尽心去取,毋使失实"(《宋史》卷348《徐勣传》)。这种采用两党辅相之家的日录,参讨是非,而并用之的办法,自然是很好的。至于高宗深受隆祐太后的叮嘱,一意以章惇、蔡京、蔡卞所修神、哲二宗的《实录》,是他们编造的"谤史",因而于绍兴四年四月任命范冲、常同再行重修。六月,又置史馆校勘官。七年,又以重修的《神宗实录》去取未当,命史官再加考订(《宋史》卷27、28《高宗纪》)。其目的也都是以为这个和旧党相斗争而重修的《实录》,只有谨慎将事,才能克敌制胜,取信世人。所以绍兴八年(1138),又对范冲所推荐的勾涛再次强调隆祐太后的叮嘱,命他为史馆撰修,要他对蔡卞等所修的《哲宗实录》,"亟从删削,以信来世"(《宋史》卷382《勾涛传》)。计从神宗时修《神宗实录》以来,时间经过了50年,斗争了4次,结果,神、哲二宗的《实录》,虽然都算修成了,但"以信来世"的目的,则并没有达到!

三、秦桧摧残国史,迫害史家

秦桧是中国历史上一个典型的权奸。他在南宋高宗绍兴年间(1131—1162),两度执政当权,先后做宰相19年之久。他结党营私,专横独断,而以"簿书狱讼,官吏差除",作为他政治上的第一件急切要务(《宋史》卷473《秦桧传》,以下引自《秦桧传》中的材料尚多,不再一一注明)。举凡"诛赏予夺,悉其所主持,人主(高宗)反束手于上,不能稍有可否"。(赵翼《廿二史札记》卷26"秦桧、史弥远之揽权"条)他主张投降,主持和谈,决心向金称臣纳币。他冤杀抗金名将岳飞,贬逐抗金大臣张浚。赵鼎反对金立张邦昌做傀偏皇帝,而用岳飞收复襄阳等郡,也受到他的排斥。可以说是罪恶昭彰,民愤极大。他目空一切,"上不畏陛下(高宗),中不畏大臣,下不畏天下之议"(《宋史》卷381《黄龟年传》)。真是"无天于上,无地于下"!然而一代的国史,却是无情的。一经如实地记载他祸国殃民的罪恶,便将遗臭万年。这就又使他不得不害怕起来,而要摧残国史,迫害史家,以歪曲、篡改、毁灭历史的真相,企图蒙蔽后世,掩盖罪恶!

(一)秦桧把持国史馆、摧残国史

为了夺取国史馆的领导权和撰修权,秦桧除了他自己以宰相的资格,是当然的国史馆坐纛旗儿的监修官以外,并用儿子秦熺监领国史,孙子秦埙撰修实录。熺因修成从高宗建炎元年(1127)至绍兴九年(1139)的《日历》590 卷。又以太后北还,熺作歌颂他父亲的功德,长达 2000 多字的文章一篇,使著作郎献上高宗。秦桧再次当了宰相,又将他罢相期内,凡是高宗的诏书,群僚们的奏疏,全都加以改易或烧毁。不仅如此,就在秦桧当权,与万俟卨(读墨其薛)狼狈为奸,冤杀岳飞之后,又抄查了岳家,将高宗的手札和岳飞的奏疏,也都检收起来,给以毁灭。(《四库全书总目》卷 158《别集·岳武穆遗文》,宋岳珂《金陀粹编》卷6《鄂王行实编年》卷5、卷22,《吁天辩诬》卷5)当时的日历、时政记,亦复遭他们践踏,亡佚很多。是后记录,则都由秦熺执笔,再也没有公是公非了!所以高似孙既说:"高宗实录,其史册散佚,记载疏略,尤有甚于令狐峘之时(唐令狐峘修《玄宗实录》,以丧乱之后,实录散失,很是漏略)……其有分于秦桧者,笔不得下。"(《史略》卷3《实录》)魏了翁又说:"权奸是没有不怕史官,而嫉恶他们的记载的。因之是非毁誉,也都失去了真实性,高宗以后的史事,绍兴八年至二十五年(1138—1155,即秦桧当权,以至死去的期内),最为简略疏漏。小人一天到晚做坏事,还怕什么人说,只对传之后世的史籍,则必须想尽方法禁绝,加以篡改。"(《鹤山集·跋李简公记李悦等十事》)所以秦桧一死,张孝祥便向高宗说:故相秦桧所作时政记,专依自己的意思。请将他修成的日历,详加审核,以明正误。(《宋史》卷389《张孝祥传》)又"安陆郑尚书尝献言于寿皇(高宗),指近岁史官记载疏谬:谓当质诸衣冠故老之传闻,与夫山村处士之纪录,庶几善恶是非不至差误。寿皇嘉纳,报下如章。实录所书,可覆视也"(《建炎以来朝野杂记·乙集序》)。至于汪藻更是不承认秦熺秉承他父亲的意旨修成的日历,在他的《浮溪集》卷2《乞修日历状》中说:"建炎改元至今三十余年,并无日历。"高宗于是在秦桧死后的第二年(绍兴二十六年),便命史官重修日历。(《宋史》卷3《高宗纪》)

然而秦桧虽然死了,他的党羽万俟卨、汤思退,还是相继当权的宰相。甚至经"万机独运,而大臣充位"(王应麟《困学纪闻》卷15《考史》)的孝宗,才横扫了秦桧的党羽。但秦桧的残余势力,以及他在国史上散播的毒素和影响,并没有肃清。就是到了宁宗庆元时期(1195—1220)撰"修实录,乃用其徒子弟位长史局。不但未必发明伟绩,且使秦氏奸恶,殆将并揜,深用叹惋。"(宋王明清《玉照新志》卷5)

(二)秦桧组织国史馆班子,迫害史家

正因为秦桧要把持国史馆,便敢于打破历史上从来所未有的先例,以他监修国史宰相的儿子监领国史,孙子撰修实录,国史馆也就成了他一家独霸,而"五官六腑败坏于臭皮囊中"的禁地。从而就是副宰相李光想任吕广问以史馆职务,也都得不到秦桧的批准。(《宋史》卷385《周葵传》)但史馆里的工作,又是很繁重的,秦家一门的子孙,也包办不了,秦桧便又物色了一伙同党,组织起一套班子。从而和他秦家子孙共修国史的,便是汤思退。为什么?因为汤是深受秦桧父子之恩,为秦桧所引荐的死党,而所作所为,又是仿效秦桧祸国殃民的奸邪。(《宋史》卷371《汤思退传》)再则,吴曾本是个投考未被取录(宋洪迈《夷坚志》乙卷2),在乡里又没有好的声誉(徐松《辑本宋会要》卷187)的人。只因"好为大言",善于向秦桧献殷勤,而借桑维翰的赞成和议,以归功秦桧主和的成功。(《能改斋漫录》卷10)又策划为秦桧加九锡。(朱熹《朱子语类》卷131)而绍兴二十三年,又"正是秦(桧)兴大狱,追治贤大夫时",弄得人心惶惶。而他却在那里幸灾乐祸,附势助威地"以禁生日诗为非,'圣相'为可称"(宋赵彦卫《云麓漫抄》卷10),给秦桧充辩士,贴面金,也就为秦桧所垂顾、倚重,被任为"以编年之体叙帝系而记其历数"(《宋史》卷164《职官志》)的玉牒检讨官。至于范同,虽然开始能和秦桧一样赞成和议,得被引荐为实录馆的编修。后来却以他依自己的意志向高宗奏事,也就遭到秦桧的忌恨,被逐出史院。(《宋史》卷380《范同传》)又,邓名世原来虽然是个史馆校勘(陈振孙《直斋书录解题》卷8),终以擅自撰修日历,为秦桧所恶,被"下吏停官,遇赦牵复而死"(宋李心传《建炎以来系年要录》卷172)。甚至王铚在建炎末年,任枢密院编修,所撰《祖宗兵制》,受到了高宗的好评。但因和秦桧"议论不同",而为"秦会之(秦桧)所不喜",也就又被迫离职。秦桧便把他自己的母舅王铁介绍给高宗,说他"有史才"。因为铚、铁二字的偏旁相同,高宗便错误地以为王铁就是王铚,也就用了王铁在枢密院供职。(王明清《挥麈后录》卷11)

秦桧又企图在科举中拉拢一批青年知识分子,来扩大、培养他所企图组织的史学第二套班子,以期永远占领国史馆这个独立王国。因而他示意主考官特地从经史中选择易于献媚的材料命题,而令应考的知识青年,竞逐时好,以便他们在试卷里,窃取一些历史事实,不顾本末真相,妄肆穿凿,颠倒黑白,来对他秦桧歌功颂德。歌颂得好的,就把他们取录在前列。然而事情总是一分为二的。有迎合秦桧意旨命题的主考官,也就有不肯附和秦桧的礼部侍郎周葵。他向高宗上反对的奏疏说:"望诏国学,并择秋试考官,精选通今博古之士,置之前列。其穿凿乖谬者,黜之。"因而立即被秦桧的喉舌侍御史汤鹏举奏,贬黜置信州(今

163

江西上饶市）。(《宋史》卷385《周葵传》)当时秦桧虽已死,然而他党羽的权势气焰还是炙热逼人,一经触及,就得大倒其霉了!

(三)秦桧严禁私史

正因为秦桧要独霸史馆,也就只准他的儿孙和死党担任撰修,不许别的史家插手。甚至其他史家所写、所藏的私史,也都严加禁制,这完全搞的是一种史学专制独裁主义。但《宋史·秦桧传》,既说他禁野史,又说他禁私史。其实,私史、野史,直到唐朝,虽然还有区别,到宋代也就同是一种史书了。中国古代,是根据《春秋》大一统的意义,而谓诸侯之国的史书为私史的。所以刘知几的《史通》说:"晋有乘,秦有记,鲁有史,皆私史也。"而野史则是区别于一个国家史官之所修撰,由私家记载而成的。但到宋朝,由于私人撰修而记载国家大事的野史,汗牛充栋,则私史、野史,也就成了同是一种的史书而没有区别了。

秦桧为什么要禁私史?他对高宗说:"私史有害正道",因而下令许人告发。这就是说只许在他秦桧的意旨下去编修国史,如果有人私自写了半句有不利于他的史书,便是"有害正道",而要受到严重的政治处分。其实,宋人所撰私史,虽是多因门户之见、党派之争,而立论各自不同,是非不一,以至互相攻击。然而史官修史,正可将这些记载不同的史籍,加以综合,给以分析,而再参考一些旁的史书和资料,也就可以从中得出一种比较近于实际的情形。这对撰修国史,正是大有裨益的。所以《资治通鉴》之所以成为中国史学史上的名著,这与司马光之能兼采并收,甚至小说也不肯遗弃,是分不开的。诸如:淖方成祸水之说,则采自《飞燕外传》,张象冰山之语,则采及《天宝遗事》。永瑢就曾说:"张师棣《南迁录》之妄,邻国之事无质也,赵与贵《宾退录》证以金国官制而知之。《碧云騢》一书,诬谤文彦博、范仲淹诸人,晁公武以为真出梅尧臣,王铚以为出自魏泰,邵博又证其真出尧臣,可谓聚讼。李焘卒参而辨定之,至今遂无异说。此亦考证欲详之一验。然则(私史)有裨于正史。"(《四库全书总目》卷45《史部总叙》),自不必说了。然而"自昔权臣用事,必禁野史。故孙盛作《晋阳秋》,而桓温谓其诸子言:'此史若行,自是关卿门户事'"(《建炎以来朝野杂记·乙集序》),可见权臣是害怕私史的。所以秦桧专横独霸,把宋代的国史馆,当作他秦家的一言堂,排除异己,安插亲信,只有他儿子、孙子所修的日历、时政记,才合乎正道;别人所著的私史,则都以表奏了他祸国殃民的罪恶,使他遗臭万年,而成了有害于正道的诬辞邪说,也就必须严厉禁绝,允许告发,给予惩处!

在这种专制独裁下,趋炎附势之士,莫不承风望旨,争相告发。李光原是秦桧政治上的大敌,在高宗面前曾大声怒斥秦桧"盗弄国权,怀奸误国"。因而他的儿子李孟坚依据他所著的私史,压缩以成节本,便坐私撰国史的罪名,不但他自己下了监牢(《宋史》卷363《李光传》),"一家尽遭流窜",秦桧且因此兴了一场大狱(《建炎以来朝野杂记·乙集序》)。至于坚决反对主和,与秦桧誓不两立,而上书请斩秦桧之头,否则便赴东海而死的胡铨(《宋史》卷374《胡铨传》),更是担心秦桧害怕史官会依据朝廷所藏不利于他的奏疏作为撰修国史的资料,而恣意加以污损、毁灭,就将他所上"辞意精切,笔法老成,英风义发,凛凛飞动"的奏折,特地用皂囊封板裹夹起来,以防宣泄。(胡铨《经筵玉音问答》)但后来和议结成,胡铨所上的奏疏,终被主和派诬为妄言,将他除名,押送新州(今广东新兴县),由地方官统管起来了。胡铨在新州,又因所填《好事近》的词里,有一句"豺狼当辙"的话,被秦桧的私党郡守张棣检举成"讪谤,怨望",移谪到更加遥远、荒僻的吉阳军(今海南岛)去了。(李幼武《名臣言行录》卷13《胡铨》,王明清《挥麈后录》卷10)

洪皓,本是出使于金,被扣留15年之久,"当艰危中不少变",忠节昭著,而承高宗所眷顾的人物。反过来,也就是主和、投降的秦桧之最所嫉妒的人。(《宋史》卷373《洪皓传》)因而在秦桧独霸史学领域,严禁私史的情势下,也就生怕惹起滔天大祸,而将在金记载金的杂事的《松漠纪闻》秘藏起来,不敢让它流传于世!(《四库全书总目》卷51《杂史类·松漠纪闻》)

甚至家中藏有私史的,在秦桧严厉的禁令之下,也都惊惶失措,只顾免祸,而将藏书中之属于私史的,不管是谁编著的,全都付之一炬。比如:王明清家的藏书虽被李伯阳取去了一大半,至少还有1万卷。绍兴十七年(1147),秦桧擅国专权,谏官秉承他的意旨,说会稽(今浙江绍兴市)士大夫家藏野史以谤时政,虽是针对李泰发家中而言的。但王明清的母亲却被吓得筋酥骨软,把前人所记本朝典故和他祖父、父亲(王铚)所有撰述的史稿、杂记之类,全都投毁于火了。(《挥麈后录》卷1)至于李光家里,更是胆战心惊,唯恐大祸临门,而将所有的藏书,不管什么经、史、子、集,全都付之于火。又《涑水纪闻》,明明是司马光所"述见闻,手笔细书""岂他人之所得为"(朱熹《晦庵集》卷81《潜虚赋》)的一部杂记。那么,"以《纪闻》非(温)公所为"(《能改斋漫录》卷4《纪闻非温公所为》),自然是有一定的缘故的。因为"其间善恶杂书,无所隐避"(《潜虚赋》),而秦桧又多次严禁私史,所以司马光的曾孙司马伋生怕以此招祸,便故意说是他人"妄称名字,售其私说",而不是他曾祖父的论著之书。"伏望降旨禁绝,……尽行毁弃"(《要录》卷154)。原来我国雕版"刊书,始隋既唐,至五代宋而始盛"(王士禛《池北偶谈》卷17《刊书》)。再加上宋太宗即位后,多方收集,国家藏书已有几万卷。(《宋史》卷202《艺文志》、宋程俱《麟台故事》卷上)真宗时,更是"板本大备",四库藏书,已有19万卷。(《宋史》卷431《邢昺传》)以后靖康之难

（钦宗靖康二年，金灭北宋的历史事件），虽然馆阁藏书，荡然无存。但经高宗南渡之后，尽力搜访，奖励上献，国家书库，又复充实起来。（同上《艺文志》）再加上四方"郡府多刊文籍。且易得本传录。仕宦稍显者，家必有书数千卷"（王明清《挥麈前录》卷1）。自是中国藏书史上的一大盛事。只以秦桧严禁私史，致使私人藏书多次遭到焚毁，是又使书籍遭到了一次大的灾厄。

在秦桧执政当权，乌云滚滚的专制独裁下，许多史家遭到迫害，许多私史遭到烧毁。因而史家要私写一部史书，只有严守秘密，绝不敢消息外传。所以李焘虽然"平生生死文字间""慨然以史自任，本朝典故，尤悉力研覈仿"（《宋史》卷388《李焘传》），但他早年著书，却因正值秦桧当权，唯恐遭到诬陷迫害，就只有严守秘密，直到秦桧死了，他才消除了思想顾虑，著书消息，才开始上闻于朝廷。他所修撰的《续资治通鉴长编》，是经时四十年博及群书，"自实录、正史、官府文书以逮家录、野纪、无不递相稽审"（宋李焘《续资治通鉴长编·提要》）的巨著。然而提点刑狱公事的宪官何熙志，却是个在秦桧掌权时被收买的考生，严禁私史时的绍兴进士，因而攻击"《长编》记魏王（廷美）食肥虒语涉诬谤"来陷害李焘。只因孝宗为李焘掌腰，才使何熙志的阴谋诡计未能得逞。孝宗又给《长编》以高度地评价而称之为"实录"，且为之署封面，作序（请与前《宋代国史终于记载了"烛影斧声"之事受到保护、表扬和高度的评价》合看），给予特殊的光宠。

我们知道，宋自开国以来，即有太祖、太宗在政权上的残酷斗争，而终由太宗夺取了皇位。在太宗笼络、打击的两手的政策下，一时效忠顺、献谄媚的风气大盛，文史之士，谁都不敢在国史里记载"烛影斧声"之事，致仅见于野僧的《湘山野采》中。今李焘当秦桧权势炙灼、严禁私史的时代，却独品"性刚大，特立独行"，敢于多采士大夫的家承、野记，尤其是《湘山野录》中的"烛影斧声"记载，撰修他的《长编》，这使恢复了太祖政权的太祖七世孙的孝宗，自然要对他给以特殊的垂顾和表扬，以他"父子同主史事"。而使他受到了极大的鼓舞和鞭策，"感上知遇，论事益切"（《宋史》卷388《李焘传》，周益公《跋范太史藏帖》。按周益公，即周光卿，《东都事略》有传），著述愈加勤奋，得有许多经史方面的著作问世。然而这个问题，却不只是李焘个人的问题，而是严禁私史这个宋代史学领域内残酷斗争的问题。

（四）相继延续在撰修国史上的斗争

以上所述太祖与太宗的斗争，新旧两党的斗争，秦桧摧残国史与迫害史家，只是宋代统治阶级内部在撰修国史上的几场较为严重的斗争。实际上，这种斗争和宋代的外患一样，是和宋代政权的存亡相终始的。也就是说，宋从开国直至灭亡,都贯穿着撰修国史上的斗争,只有轻重之分,而无有无之别。所以在秦桧摧残国史、迫害史家之后,这种斗争并没有结束,而是相继延续下去,不至宋代灭亡,是不会停止的。

1. 韩侂胄刊削旧史、严禁私史。

宁宗时代(1195—1224),权奸韩侂胄诬陷赵汝愚谋反,将他贬谪在外,而死在道路上。史官却仰承韩侂胄的意旨,砍削旧史,焚毁原稿,致使赵汝愚含冤不白。经儿子赵崇宪向宁宗请求申饬史官改正,好不容易才把颠倒黑白的玉牒、日历修改过来,为赵汝愚平反昭雪。

权奸是害怕私史会记载他不可告人的罪恶的。因而当时士大夫记述时事的语录、家传,也都为韩侂胄所深恶痛恨。嘉泰二年(1202),赵彦卫望风承旨,特地向韩侂胄献媚,请他"禁野史。且请取李文简(李焘)《续通鉴长编》、王季平(王偁)《东都事略》、熊子复(熊克)《九朝通略》、李炳《丁未录》及诸家传等书,下史官考订。或有裨于公议,乞即存留,不许刊行,其余悉皆禁绝,街者坐之"(李心传《建炎以来朝野杂记》)。这就是说,私史对于韩侂胄有利的就留存,以便修国史时采用;有害的就禁绝,以免向外流传。如此严禁野史,和秦桧正是如出一辙。因而当时李心传编辑从高宗建炎年间(1127—1130)至嘉泰二年(1202)朝野所闻之事,以成《建炎以来朝野杂记》,尽管唯恐因此惹祸,"不涉一时之利害与诸人之得失者"。关心他的人还是对他说,"子之是书,其以贾祸也,可不虑哉"!也就使他越加害怕,"矍然而止"了!只有等到韩侂胄这个"权臣殂死,始欲次比其书",而且承宁宗允许,才敢刊行(《建炎以来朝野杂记序》和《乙集序》),不就可见韩侂胄禁私史之够严厉吗?

2. 史嵩之迫害李心传,篡改《四朝帝纪》。

理宗时(1225—1264),权相史嵩之专横独断,凡是政见和他有分歧的,都受到了他的排斥,致为公论所不容(《宋史》卷414《史嵩之传》)。先是嘉熙二年(1238),李心传受命撰修高宗、孝宗、光宗、宁宗《四朝国史》《实录》。(《宋史》卷42《理宗纪》)他自己专修帝纪,刚成三分之一,即被谏官所论罢。(《宋史》卷438《李心传传》)至淳祐二年(1242),《四朝帝纪》修成,献上朝廷,史嵩之又妄加毁誉,并将李心传所请史馆校勘高斯得所修《宁宗纪》末卷加以修改。因而高斯得和史官杜范、王遂都同他展开了争辩。杜范在答高斯得的书信中,指出了哪些是奸人剿入的邪说。(《宋史》卷404《高斯得传》)

3. 贾似道迫害王应麟,废置左、右史直前奏对的制度。

理宗时,贾贵妃的弟弟贾似道,已是窃弄政权,势震中外。到了度宗年间(1265—1274),他的权势,更是炙热得可怕,致使"正人端士,为似道破坏殆尽"

167

（《宋史》卷 444《贾似道传》）。而修起居注的王应麟,更是他的眼中钉,肉中刺。当王应鳞在玉牒阁门直前奏对时,立即遭到他的喉舌谏官的驳斥。从而王应麟不但受到了贬谪,就是左、右史官直前奏对的制度,都被废置了。(《宋史》卷438《王应麟传》)这就可见当时权奸不但可以任意贬谪一个史官,而且可以恣意破坏一代的史官制度。赵宋政权,腐朽败坏,已是如此。仅从这里去看,也就知道其灭亡之年(1297),不会很远了!

原载《兰州大学学报》1981 年第 4 期

关于宋代重修《唐书》的问题

一、重修《唐书》的原因——以唐为鉴

宋朝为什么要重修《唐书》？这当不是无缘无故，而是有一定的政治原因的。当时著名史家刘敞所为仁宗代作的敕词就曾说："古之为国者法后王，为其近于己，制度文物，可观故也。"（《直斋书录解题》卷4《新唐书》）

"殷鉴不远，在夏后之世。"唐宋之间，虽然隔了个五代，但毕竟相距较近，宋代君臣言行动静之应取法于唐代以为龟鉴，也就属于自然之事。所以宋代文史之士，便有以为撰修唐史有益于治体，而修唐史以为当代君臣之龟鉴者。（《宋史》卷310《李及之传》）

甚至有撰修史书，直截了当名之曰《唐鉴》的。诸如：石介《唐鉴》"以戒奸臣、宦官、宫女，指切当时，无所讳忌"（《宋史》卷432《儒林·石介传》）。范祖禹深明唐代300年治乱兴衰，以为"观古所以知今，彰往所以察来，"而"唐于本朝，如夏之于商，商之于周也，厥鉴不远，著而易见"。又说："今所宜鉴，莫近于唐。"（《范太史集》卷13《上太皇太后表》、卷36《唐鉴·序》）因为"人臣引古规戒，当近取前代，则事势相接，言之者有证，听之者足以监"（《容斋随笔》卷16《前代为鉴》）。宜乎宋人修史之近取唐事以为龟鉴，以至名之曰《唐鉴》了。至于孙甫著《唐史记》75卷，直言"唐君臣行事，以推见当时治乱，若身履其间，而听者晓然如目见之"（《宋史》卷295《孙甫传》），那就越加见得唐代君臣行事，对宋人感受的深切著明了。再加上：

第一，五代本来就是个纷争丧乱的时代。就后晋来说，既多内乱、灾害，又与契丹兵连祸结，国立仅仅短暂的10年（天福元年至开远三年，937—946），也就灭亡了。而在国难严重的5年内（天福五年至开远二年）所修成的《唐书》

（当时因避后晋高祖石敬瑭之讳，不叫唐书，谓之为《李氏书》，或《前朝李氏纪志列传》），时间仓促，粗疏不精，也就有重修的必要。

第二，五代混乱的局面，原是李唐天宝以来藩镇割据的继续。从而尽管藩镇在唐代是个极其重要以至关系到理乱兴亡的问题，刘昫等之修《唐书》，也都深怀顾虑，不敢创立什么《藩镇传》。宋太祖开建了他赵家的一代政权，为了消灭这个武人跋扈，控驭极难的祸根，首先即以杯酒释去了石守信等的兵权，又于宴会罢除了王彦超等的节镇。那么，在宋代士大夫的心目中，能够不重修《唐书》，创立《藩镇传》，尽力阐发它的来源以及酿成的祸害，以之仅仅列于四裔之前而深恶痛绝之吗？

第三，五代本是不知人间有羞耻事，道德败坏，风气污浊的时代。别且莫说，即以刘昫、赵莹、贾纬、赵熙这伙监修、撰修《唐书》的人们来谈，也都在五代中的两代，以至四代做过官；甚至还有背叛民族，在契丹做过官的。从而他们之修《唐书》，虽然不得不照例行事，立下《忠义传》，却更在《屈突通传》里，表扬其"尽忠于隋而功立于唐，事两国而名愈彰"，并厚颜无耻地连什么"一心可事两君，宁限于两国"的话都说了出来。（《旧唐书》卷59《屈突通传》）这又是宋太祖一经开国，即褒奖韩通，表彰卫融，以示意向的政权下的士大夫们所能允许，而不重修《唐书》，以至在《忠义传序》里，首先即大肆强调"忠义者，真天下之大闲……王者常推而褒之，所以砥砺生民而窒不轨也"么！（《新唐书》卷191《忠义传序》）因为忠义，乃是天地间最至关重要的大事，所以人的一生行为，都得"必在可以然之域！不在可以然之域，故虽死亡，终弗为也"（汉董仲舒《春秋繁露》卷3《玉英》4）。所谓生虽人之所欲，但一到有关忠义的关头，则是丝毫不能有所含糊，半点不准有所"出入"，绝对地只有舍生而取忠义。又怎能允许刘昫等的《唐书》，在这关于大是大非的《忠义传》里，一任"大德逾闲"而为自己辩解呢！

欧阳修等极其认真地对待了这件忠义大事，把《旧唐书·忠义传》中的王义安、苏安恒、王求礼、庾敬休这些不够忠义标准的人物，都改入了普通一般的列传里，这是一方面。另一方面，为了奖励忠节，又因《旧唐书》曾将张孝忠、田弘正和田承嗣合传，李洧、刘雍、王承元、史孝章附在他们的家传，都一个个提了出来，把他们一并列入了同一列传里面。人以类聚，真是一点也不含糊。此外，《新唐书》又增立了刘昫等旧书中没有的《奸臣传》《叛臣传》《逆臣传》。如此体例严明，无非都是针对旧书的严重缺陷，而精心为之增补的。

第四，五代文气衰微，史家记述史事，殊不足以对后世起劝诫的作用。欧阳修、宋祁则皆擅长韩、柳古文，这又使他们有重修《唐书》为当时政治服务，为后代千秋垂戒的必要。只看《新唐书》里,凡是遇到诏、诰、章、疏骈俪的行文,必尽力删除,凡是逢着韩、柳古文可以入史的,都采摘不遗,不就明白了吗?所以曾公亮《进新唐书表》就曾提出:"五代,衰世之士,气力卑弱,言浅意陋,不足以起其文,而使明君贤臣,隽功伟烈,与夫昏虐贼乱,祸根罪首,皆不得暴其善恶,以动人耳目,诚不可以垂劝诫,示久远,甚可叹也!"(《新唐书·进表》)于是君臣上下,全都认为有重修的必要。

从上所述看来,宋代重修《唐书》,既是事所必要,又是势所必须的。所以修成上进时,仁宗也就大事嘉奖欧阳修等"校雠有功"。说是"朕将据古鉴今,以立时治,为朕得法,其劳不可忘也。皆增秩一等,布其书于天下,使学者咸观焉。"(《直斋书录解题》卷4《新唐书》)

二、重修《唐书》的经过

重修《唐书》,诚然是当时士大夫们的共同愿望和要求。但正式把这个问题提出来而向仁宗建议的,则是庆历五年(1045)做了宰相的贾昌朝。仁宗因之诏令王尧臣、宋祁、杨察、赵概、张方平、余襄为撰修。中间宋祁以修庆历编敕不到局,赵守苏州,王丁母忧,张、杨皆外补,独宋祁一人秉笔。不久,祁又调守亳州,乃许以史稿自随。当时欧阳修既不为贾昌朝所喜欢,且又贬知在滁州,故不得参与。直至嘉祐初年(1056)回到京师,才领导刊修、分撰本纪、表、志。但以编敕不曾到局,周翰也未到局,公南调迁开封,不疑因眼疾辞职,乃用王畴补缺。不久,吕夏卿入局。刘羲叟曳修天文、律历志,将完成,而梅圣俞入局,修方镇、百官表。

至于提举,始为贾昌朝。贾罢相,乃用丁度。丁死,刘沆代之。刘罢相,王尧臣代之。王死,又用曾公亮。至嘉祐五年(1060),书始修成(以上据宋敏求《春明退朝录》卷下、叶梦得《石林燕语》卷4、凌扬藻《蠡勺编》卷12《新书告成之难》)。是宋重修《唐书》,提举既屡更改,修撰、编修又职不专一,要想把书修成、修好,也就困难了!

三、重修《唐书》的纠纷

"文人相轻,自古而然。"宋时重修《唐书》,是发生了一些严重的纠纷的。

第一,欧阳修以文章名天下,曾任馆阁校勘。(《宋史》卷319《欧阳修传》)但不是宰相贾昌朝所喜欢的人,重修《唐书》,开始也就未得参加。(叶梦得《石林燕语》卷 4）据张舜民《画墁录》所载仁宗嘉祐中重修"《唐书》卒业,所费缗钱十万有奇,既进御……谕执政等云:'当时何不令欧阳修为之? 魏公(韩琦)对曰:'修分作帝纪、表、志。'"这就可见欧阳修之于重修《唐书》,是始而未得参加,后来虽已参加,仁宗都是备受蒙蔽而不知道的。那么,欺君罔上,其罪甚大,为了不准欧阳修参加,竟不惜蒙住皇上。这就可见这次纠纷闹得不小。以怨报怨,于是嘉祐元年(1056),贾昌朝将要发表为枢密使,欧阳修便极力上疏反对,说是"昌朝禀性回邪,执心倾险,颇知经术,能文饰奸言,好为阴谋,以陷害良士。小人朋附者,众皆乐为其用。前在相位,累害善人。所以闻其再来,望风恐畏……罢昌朝,还其旧镇,则天下幸甚!"(《欧阳文忠公集》卷 110《论贾昌朝除枢密使札子》)欧阳修是至和元年(1054)才参加重修《唐书》的。贾氏如果当权,他还能继续撰修下去吗? 有你无我,纠纷是白热化了。

第二,据高似孙《纬略》:"仁宗诏重修唐书十年,而欧阳公至分撰帝纪、表、志,七年书成。韩魏公素不悦宋景文公(宋祁),以所上列传文采太过;又一书出两手,诏欧阳公看详,改归一体。公受命叹曰:'宋公于我前辈。人所见不同,讵能尽如己意?'竟不易一字。又故事修书进御,唯书署官崇者。是时宋公守郑州,欧公位在上。公曰:'宋公于此日久功深,我可掩其长哉?'宋公闻之曰:'自昔文人凌掩,斯事,古未有也。'然宋公却曾自撰纪、表、志,今其家亦有此本,世人未尝见之耳!"

从上可见韩琦不喜欢宋祁,便托故要欧阳修将他所修的列传改归一体。说来虽是冠冕堂皇,实际上则是借公报私。再则,欧阳修分修纪、表、志,宋祁分修列传,分工很明显。但宋却又自修纪、表、志藏在家中,不让人看见。这自然是因他对欧阳修所修的纪、表、志有所不满,只以官位较低,不敢和他计较罢了。至于欧阳修不肯改易宋修的列传,而请署宋的姓名的事,则都是张邦基从欧阳修的曾孙处得来的——详见张所著的《墨庄漫录》卷 4。明明是后代子孙溢美其先人之词,又哪里可以相信呢?

陈振孙就曾说:《新唐书》"列传,用字多奇涩……欧公尝卧听《藩镇传序》,曰:'使笔力皆如此,亦未易及也。'然其序全用杜牧《罪言》,实无宋公一语。然则欧公殆不满于宋名衔之著,固恶夫争名"(《直斋书录解题》卷 4《新唐书》)也。可见欧阳修之请署宋的姓名,正是他内心深处对宋不满,不屑与他争名的缘故,讥讽宋所作列传文字奇涩的表现。

总之,当时"议者,颇谓永叔(欧阳修)学《春秋》,每务褒贬;子京(宋祁)通小学,唯刻意文章"(《郡斋读书志》卷 2 上《新唐书》)。二人爱好不同,因而互相看不起。欧阳修分修纪、表、志,而宋又自修一套藏在家中;宋祁分修列传,而

172

欧阳修则讥刺他全用杜牧《罪言》的《藩镇传序》。互相鄙夷，不就充分暴露出来了吗？

第三，吕夏卿是当时精通唐史的专家，虽曾参与重修《唐书》，所著《唐书直笔新例》，既不承欧、宋二公采纳(《十驾斋养新录》卷13《唐书立笔新例》)，别有所见，也就只有私自撰修《兵志》三卷秘藏在家中，教诫子弟们不得妄传于世，唯恐会引起事故。这就充分地说明当时重修《唐书》，并非相安无事，而是意见分歧，纠纷严重，只是不曾公开地闹出来罢了。为了对这场纠纷有个比较清楚的了解，不妨将《宋史》《四库全书总目》关于此事的记载，抄录于下。

《宋史》卷331《吕夏卿传》："夏卿学长于史，贯穿唐事，博采传记杂说数百家，折中整比；又通谱学，创为世系诸表，于《新唐书》最为有功云。"

《四库全书总目》卷88《史部·唐书直笔》紧接着上文说："是其(吕夏卿)位虽出欧阳修、宋祁下，而编摩之力，实不在修、祁下也。据晁公武《读书志》……别载夏卿《兵志》三卷，称得于宇文虚中。季蒙题其后曰：'夏卿修唐史，别著《兵志》三篇，自秘之。戒其子弟勿妄传。鲍钦止吏部好藏书，苦求得之。其子无为太守恭孙偶言及，因恳借抄，录于吴兴之山斋云云。'然则夏卿之于唐书，盖别有所见，而志不得行者。特其器识较深，不肯如吴缜之显攻耳！"这就可见吕夏卿之修《唐书》，因为官位低于欧、宋，实在受尽了压抑，虽精通唐事，亦不得自行其志，只有闷在胸中，别作《兵志》，且又不敢公开传世，只有把它严密地藏起来。这都因为他心胸宽宏，能够百般忍耐，也就没有和欧阳公开滋闹起来罢了。

第四，据王明清《挥麈录》：仁宗"嘉祐中，诏宋景文(宋祁)、欧阳文忠(欧阳修)诸公重修《唐书》时，有蜀人吴缜者，初登第，因范景仁(范镇)而请于文忠，愿预官属之末，上书文忠，言甚恳切。文忠以其年少轻佻，拒之，缜軮軮而去。逮夫《新书》之成，乃从其间指摘瑕疵，为《纠谬》一书。"(《挥麈后录》卷2)

我们认为，吴缜虽然是个登第少年，却能恳切上书，请预官属之末而修《唐书》，作为一代名贤的前辈欧阳修，自应准予所请，给他有个学习、提高的机会。帮扶青年，正是前贤应负之责，何况欧阳修是乃"奖引后进，如恐不及"(《宋史》卷319《欧阳修传》)的前辈呢！且看吴缜自知蜀州，以后历典数州，都有惠政(《四库全书总目》卷46《新唐书纠谬》)，可见他确实是个洞明世故，练达人情，而非轻佻胡为之人。又何怪乎他怨恨而去，为《纠谬》一书，历指其乖舛错杂，而多中肯以讥讽之呢？

总之，欧阳修诚然是宋代以风节自持的名人，只因"天资刚劲"(《宋史》卷319《欧阳修传》)，缺少雍容度量，以故重修《唐书》，与人不协调，闹纠纷，"至于

173

吕夏卿私撰《兵志》,宋祁别撰纪、志,则同局且私心不满。书甫颁行,吴缜《纠谬》即踵之而出"(《新唐书·提要》),这都不能不由他来负责。再加上官修史书,种种牵制,就是那与欧阳修相与唱和的诗友,与物无忤而名重当时的文人梅尧臣(《宋史》卷443《文苑·梅尧臣传》),一生虽以不得一官职为恨,但晚年得奉命重修《唐书》,却又和妻子说:"吾之修书,可谓猢狲入布袋"(欧阳修《归田录》卷下),不得自行其志了!

江山易改,本性难移。尹洙本是提倡古文,深通《春秋》(《宋史》卷295《尹洙传》),与欧阳修志同道合,而为欧阳修所挚爱(《欧阳文忠公集》卷49《祭尹师鲁文》),所折服之友人。但欧阳修起初虽曾约尹洙分撰《五代史》,却因尹用编年体,他用纪传体,也就事不克成。(邵伯温《闻见录》、《曝书亭集》卷35《五代史记注序》)可见他实在难于与人合作,与人共同撰成一部史书。

四、所谓《新唐书》的"特点"

宋代重修《唐书》,最后以参知政事曾公亮典司其事,其书表曰:"其节增于前,其文省于旧"以夸耀其书的特点。马永卿受学于刘安世,撰集其师的言语以成《元城语录》,其下卷则说:"《新唐书》好简略其辞,故其事多郁而不明……《唐书》进表云:'其事则增于前,其文则省于旧'……病正在此。"按安世为名史家司马光的弟子,学有师承,而风裁岳岳,明辨是非,更是宋代有名的谏官,对重修的《唐书》,竟提出与进表如此绝然相反的意见,这是值得研究的。

(一)事增于前

陈振孙撰《直斋书录解题》,校核历代典籍,既很精详,又品题其得失,议论亦复纯正。他除了同样地指出《新唐书》"事增于前,文省于旧",正是它不及《史》《汉》地方以外,并申述其指责"节增于前"的理由说:"今唐史务为省文拾取小说、私记,则皆附着无弃。其有官品尊崇,而不预治乱,又无善恶可垂鉴戒者,悉聚徒繁无补,殆与古作者不侔。始唐史置局时,其同僚约日著旧史所无者三事,则固立于不善矣! 弊必至于此!"(《直斋书录解题》卷4《新唐书》)

这段话确是深中肯綮地指出了重修唐书事增于前的症结所在。设局伊始,同僚们便立意要找旧史中所无之事,动机便不纯正,故意与人为难! 为了达到这个既定的目的,也就不择手段,背弃原来修唐书是因《旧唐书》不足以使明君贤臣的善恶事迹垂劝诫、示久远之故,而竟拾取不可相信的材料,如《严武传》采唐人范摅(shu)《云溪友议》之说,而谓武欲杀杜甫。其实,杜甫集中之诗,凡为武而作的,几乎多达30篇,莫不都怀眷眷之情,哪里有什么欲杀之恨呢?(《容斋续笔》6《严武欲杀杜甫》)又如"《新唐书》采野史稗说,而不载"房琯诸王分镇的建议,如果没有程俱的《房太尉传后论》给予发扬,则这警破安禄山肝胆关于国家危亡的大事,也都湮没无闻了!(《困学纪闻》卷14《考史》)那么,所省之事既属真实而又关乎国家大局;而所增的却是不可靠的,则虽增于前,又有什么意思呢? 王鸣盛说得好:"《新书》务欲与《旧书》违异,《旧书》所有多削去,所无则增之,初不论其当否。"(《十七史商榷》卷74"顺宗纪所书善政"条)则这种的事增于前,还是不增较好了。(当然,《新书》较《旧书》所增事迹,固有必不可少的。容另为文论之。)

邵晋涵说:"曾公立表进其书,谓'其事则增于前,其文则省于旧',语似夸诩。夫后人重修前史,使不省其文,则累幅难尽;使不增其事,又何贵乎蜇修?故事增文省,自班固至李延寿,莫不皆然,不得以此为夸诩。《新书》之失,在增所不当增,省所不当省耳。夫《唐大诰》《唐六典》,为一代典章所系,今纪、传既尽去制诰之辞,而诸志又不能囊括六典之制度,徒刺取厄言小说以为新奇,于史例奚当乎?"(《南江文钞》卷12《新唐书提要稿》)我们知道,邵氏是乾嘉学术鼎盛之际,"经学史学并冠一时,久为海内共推"(阮元《南江邵氏遗书序》)的权威,为人又雅正醇和,言语温厚,则他以上对《新唐书》的评语,自是允当平正,值得后人信服、推许的。

何况"《旧书》当五代乱离,载籍无稽之际,掇拾补葺,其事较难。至宋时文治大兴,残编故册次第出现。观《新唐书·艺文志》所载唐代史书,无虑数十百种,皆五代修唐书时所未尝见者,据以参考,自得精详。又宋初积学之士,各据所见闻,别有撰述。如孙甫著《唐史记》75 卷……赵瞻著《唐春秋》50 卷,赵磷几追补《唐实录会昌以来日历》26 卷,陈彭年著《唐纪》40 卷。诸人皆博学勤采,勒成一书,必多精核,欧、宋得藉为笔削之地。"(《廿二史札记》卷16"新唐书"条)而宋中央,又"悉发秘府之藏,俾之讨论"(《新唐书·进表》)。那么,"其事增于前",最主要的,也都是客观条件造成的,并不是什么他们个人的关系,又有什么可以夸口的呢。

(二)文省于旧

欧阳修固然是以文章冠天下,上继韩愈,倡导古文运动,反对艳丽浮华,衰靡无气的骈文,而为一代文坛之领袖。就是宋祁,又何尝不是以能文著名,而犹自恨其"文章仅及中人"(《宋史》卷284《宋祁传》)的人物呢? 以他们来重修《唐书》,自然是认为"文有属对平侧,用事者供公家一时宣读施行,以便快;然久之不可施于史传,发修《唐书》,未尝得唐人一诏一令,可载于传者。唯舍对偶之文,近高古者乃可著于篇。大抵史近古,对偶宜。今以对偶入史策,如粉黛饰壮

175

士,笙匏佐鼗鼓,非所施云。"这段文字,虽然出于《宋景文笔记》卷上,却也代表了欧阳修的意旨。不见欧阳修修《唐书》"本纪,用《春秋》例,削去诏令"(《直斋书录解题》卷4《新唐书》),也就充分证明他俩在这一点上是见解相同,做法如一的。

然而诏令乃是一代帝王所颁发的命令、文告。举凡册文、制敕、诏、诰、策令、玺书、教谕,莫不包括在内。修史而不载诏令,则有关国家政治、经济、军事、社会的重要文件,也都删削不存,又将何以使人得悉当时重大的历史事实呢?所以王鸣盛说:"其(《新唐书》)尤不满人意者,尽削诏令不登也!"(《十七史商榷》卷70"新纪太简"条)

事实上从马、班以来,哪有修一代"正史"而不载诏令的呢?只有欧阳修尊圣宗经,重文而尤重道,倡言"学者当师经,师经必先求其意"(《欧阳文忠公集·外集》卷18《答祖择之书》),而"以通经学古为高,以救时行道为贤"(苏轼《居士集·序》),也就"专气抱一"于先圣孔子的《春秋》义例,修《唐书》而独特地不载诏令。尊圣宗经走到这种地步,又何怪乎明修《元史》,就得特别制订《纂修〈元史〉凡例》,规定:"按两汉本纪,事实与言辞并重,兼有《书》《春秋》之义。及《唐》本纪,则书法谨严,全傚乎《春秋》。今修《元史》,本纪准两汉史"而不准《新唐书》呢?这就可见全做《春秋》以修史书,实在是拘泥太甚,徒令人有所拘阂,而使明修《元史》不得不以使用这种义例为规诫了!

事实上以裴子野修《齐梁春秋》,姚察父子撰《梁书》《陈书》,都已摒弃了靡丽之辞,法古而用质朴的散文,魏征著《隋书》,不但文笔简洁,而且严峻地指责了"梁自大同(533—545)之后……词尚轻险,情尚哀思……盖亦亡国之音!"(《隋书》卷76《文学传序》)至于刘知几批评自六朝崇尚协调声律,雕琢辞藻之文,遂"有齿迹文章,兼修史传"(《史通·内篇·核才》),以致"骈章骊句……展卷烂然,浮文妨要"(《史通通释》卷6《言语》)的严重弊害。又复大肆讥刺地说:"大唐修《晋书》,作者皆当代词人,远弃史班,近宗徐(陵)、庾(信)。夫以饰彼轻薄之句,而编为史籍之文,无异加粉黛于壮夫,贩纨绮于高士者矣!"(《史通·内篇·论赞》)总之,修史宜尚质朴典实,无取浮靡淫丽之文,这是从裴子野以至刘知几莫不都是如此的。但却没有半个说是要将对偶文的诏令删去的。

然而"宋子京(宋祁)不喜对偶之文,其作史,有唐一代,遂无一篇诏令。如德宗兴元之诏,不录于;徐贤妃《谏太宗疏》,狄仁杰《谏武后营大像疏》,仅寥寥数言耳;而韩愈《平淮西碑》则全载之。夫史以记事,诏、疏俱国大之事,反不如碑颂乎?柳宗元《贞符》,乃希恩饰罪之文,与相如之《封禅颂》异矣,载之尤为无识。"(《日知录》卷26"新唐书"条)宋祁之修史书,只从兴趣出发,却不顾历史事实,不但不载攸关国家大事的骈文诏令,且不载同一性质的骈文章疏,即或载了,亦必节取其文,篡改字句。结果,弄得艰涩诘屈,词不达意。是仅因噎废食?抑且"削足适履,不亦剧乎?"反过来,对于爱好的韩、柳散文,则不问其内容如何,也都给予收录,也就偏颇太甚了!

试就《论语》来说,《论语》记孔子与群弟子回答之言,大都不过简短的几句;而《季氏将伐颛臾》一节,则所记孔子和冉有的诘对,很是详细。看菜吃饭,量体裁衣,不如是,不足以见体要各造其极矣!今宋祁修唐列传,则一意尚简,以为文章未有繁而能工者。因而不但削掉了原有的骈文,即是一般散文的原文,也都给予篡改,加以节录,以至完全删削,这就非是弄得文理不通,撰修减色不可了。

比如:《旧唐书》卷51《太宗长孙皇后传》,后崩,"后⋯⋯异母弟安业⋯⋯预刘德裕逆谋,太宗将杀之。后叩头涕泣为请命曰:'安业之罪,万死无赦。然不慈于妾,天下知之。'"而《新唐书》卷76《长孙后传》,则改"天下知之"而为"户知之"。则有欠通顺,不如原文明白晓畅了。又如,《旧唐书》卷52《德宗王后传》,后崩,"后母郕国郑夫人,请设祭。诏曰:'祭筵不可用假花果,欲祭者从之'"《新唐书》卷77《昭德王皇后传》,则改为"后崩⋯⋯后母郕国夫人请设奠。有诏'祭物无用寓,欲祭听之。'""无用寓"较"不可用假花果"所省的只有四个字,但不作注释,则意思不明;加注释,则是求简得繁,弄巧成拙了!

什么是文章? 文章,不但是色彩错杂的花纹,且是音声交配的乐艺。如果一意尚简,妄删一字,也都使它失掉原来响亮和谐、高亢清远之妙。洪迈就曾指出:"杨虞卿兄弟,怙李宗闵势,为人所奔向。当时为之语曰:'欲入举场,先问苏、张,苏、张尚可,三杨杀我。'而《新唐书》减去先字,李德裕赐河北三镇,诏曰:'勿为子孙之谋,欲存辅车之势。'《新唐书》减去欲字,遂使两者意义为不铿锵激越,此务省文之失也!"(《容斋五笔》卷2《唐史省文之失》)

至于"《旧唐书》的《杜甫传》把元微之一篇比较李、杜优劣的文章,完全登在上面,这是很对的。那篇文章,从《诗经》说起,历汉、魏、六朝说到唐,把几千年诗的变迁,以及杜甫在诗界的地位,都写得非常明白。《新唐书》把那篇文章删去,自谓'事多于前,文省于旧,'其实不然。经这一删,反为减色"(《中国历史研究法补编》第三章《作传的方法》)了!

以上将宋祁重修《唐书》列传省文之失,做了个概略的叙述。以下给欧阳修重修《唐书》本纪省文之失,同样地做个简略地叙述吧。

欧阳修撰修本纪,"减字缩句,专尚简严;且其立意务欲与《旧书》违异""较《旧书》减去十之七,可谓减极矣⋯⋯自一二行幸、拜除之外,纪载寥寥。而尤其不满人意者,尽削诏令不登。"甚至"顺宗一朝美政,刊削殆尽"(《十七史商榷》卷74"顺宗纪所书美政"、卷70"新纪太简"条)。那么,欧之与宋,分修纪传,所见虽有分歧,而一意删削《旧书》,却沆瀣一气。则欧文虽然明达,宋文简而晦涩,但文人好胜的习气,则又是二人共有的弊病了。

最后,我们要说的,文章之事,一如行云流水,贵乎自然。应该繁的就繁,应该简的便简。繁的不可之使少,一如简的不可增之使多。《左传》之繁,胜于《公羊》《穀梁》之简;马史、班书,互有繁简。立意尚简,则有不当简而简的;不当简而简,势必文义不明。所以王虚中的"解书决",便是"辞之内,不可减;减之,则为凿;凿则失本意"(子俞子《莹雪从说》上),还谈啥"文省于旧"呢。顾炎武就说过:"辞主乎达,不论其繁与简也。繁简之论兴,而文亡矣!《史记》之繁处,必胜于《汉书》之简处。《新唐书》之简也,不简于事,而简于文,其所以病也!"(《日知录》卷19《文章繁简》)

总之,宋祁的诗文,博奥典雅。试取《宋景文集》读之,即是以知其具有唐代以前的格律,残膏剩馥,沾丐后人多矣。而修《唐书》,则一意尚简,雕琢删削,有欠明达晓了。从而不但别人给他提出了很多批评,就是他自己到了晚年,也都因之"始悟文章之难。且叹曰:'若天假吾年,犹冀老而后成……天将寿我乎?所为固未足也!'"又"尝谓'余于文似莲瑗。瑗年五十,知四十九年非;予年六十,始知五十九年非,其庶几至道乎?'"(宋吴曾《能改斋漫录》卷10《著书须待老》)然而生米已做成熟饭,自噬腹脐,亦复何及呢!

诚然,欧阳修行文,是力求平易,认为"勉强简节之,则不流畅"(《欧阳文忠公集》卷150《与渑池徐宰书》),所修唐纪,是"其言简而明"(苏轼《居士集·序》)的。然而其言虽简而明,其事则简而疏陋,其病不同,其弊则一了。

五、简短的结论

宋以《旧唐书》不足以明善恶而垂劝诫,故重新加以撰修。然而修成进呈之时,仁宗即有谓《旧书》不可废;司马光日后修《通鉴》,且"悉据《旧史》,于《新书》无取焉"(《十七史商榷》卷69《通鉴取旧书》)。是《新书》未必有胜于《旧书》啊!所以王鸣盛说:"今平心论之,新、旧二书,不分优劣,瑜不掩瑕,互有长短"(《十七史商榷》卷69《二书不分优劣》)。

我们认为,以众人而修一史,则必有一人担任主裁,才能出于一例。《资治通鉴》之所以能将上自战国,下至五代的1363年漫长而繁复的史事,融会贯通,概括镕铸,修成一部编年系日,前后联成一线而成天衣无缝,史家绝唱的"宝书",最主要的,便是由于司马光善于组织史有专长的史家,群策群力,一心一德地分工合作,再由他自己一总其成,给予"删削繁冗,举撮机要"的缘故。

至于仁宗时重修《唐书》,则纠纷迭起,互不协调(已见前面);而欧阳修修纪,宋祁修传,互不通知,各从所好,纪有失而传不知,传有失而纪不见。若乃天文、律历志,则刘羲叟所修,方镇、百官表则梅尧臣所撰,礼仪、兵志,则王景彝所著,详略不一,去取不同,各行其是。而仁宗诏书,还说欧、宋"创立统纪,裁成大体"(《宋文鉴》卷37);王畴(景彝)等"网罗遗逸,厥协异同"(《直斋书录解题》卷4《新唐书》),又何怪乎吴缜作《唐书纠谬》,讥弹他们初无义例,终无审覆,不知刊修之要,而各徇私好呢!

欧阳修名高望重,一代瞻仰。然"《新书》最佳者,志、表;列传次之;本纪最下"(《十七史商榷》卷69"二书不分优劣"条),而本纪则正是欧阳撰修的。为什么却修得最差呢?这是因为"欧步昌黎,故《唐书》与《五代史》虽有佳篇,不越文士、学究之见,其于史学,未易言也"(《章氏遗书补遗·上朱大司马论文》)!只以世人怵于他的盛名,也就不敢对他有所批评。他人且不必说,就是刚正方直,敢于忤逆秦桧的汪应辰撰《唐书列传辨正》,也都"专攻列传,不及纪、志。"志写得最好,自然不能攻击;但丢掉最下的本纪不说,却专攻次下的列传,则就太不公平了。汪应辰尚且如此的世故,又何况受欧阳修极力延誉、推荐的苏轼要推"欧阳子之书……记事似司马迁"呢!(《居士集·序》)

且莫说宋代,就是明末清初的大师顾炎武,《日知录》原是他一生稽古有得,以至没凿才算定稿之书,而指责《新唐书》不载诏令,亦复只及宋祁,不及欧阳(《日知录》卷26"新唐书"条);甚至由学有专功的戴震、邵晋涵等编订,又经纪昀加工整理而成的《四库总目》,也将"一例刊除"唐代诏令的责任,归在宋祁个人的身上(《总目》卷46《新唐书》)。其实,列传不载诏令,尚且说得过去;本纪不载诏令,还载什么呢?而陈振孙《书录解题》,竟以"重欧阳公之名"(《十驾斋养新录》卷6《宋景文识见胜于欧公》),反而说"本纪用《春秋》例,削去诏令,虽太略,犹不失简古。"(《直斋书录解题》卷4《新唐书》)学问尚如此不讲真理,世上还到哪里去找真理呢!

原载《兰州大学学报》1984年第3期

从史学价值和政治意义的
两方面介绍《资治通鉴》

兰
州
大
学
文
库

《资治通鉴》至今还是我们研究中国古代史的一部必须阅读的著作。周总理就曾指示出版界,应该赶快出版《资治通鉴》(以下简称《通鉴》)。从而把它提到研究的日程上来,是有必要的。

介绍《通鉴》,诚然要肯定它是中国史学上的一部通史名著,在编纂方法上,有许多至今仍然值得学习的地方。但也更得指出,它是政治上的保守主义者司马光因为反对革新变法,不得其逞,便退而展开另一条政治思想斗争的战线,而编纂的一部具有强烈政治性的著作,以供他的统治主子,从历史上吸取经验教训,来反对王安石变法,以巩固他大官僚地主阶层既得利益的史书。于是有许多地方,又是我们必须加以分析,给予批判的。现从这两方面分述于下。

一、《通鉴》是一部中国史学史上的通史名著

1.《通鉴》是一部中国史学史上的通史名著。

《史记》,诚然是一部融会贯通,罗纲古今,创造性地上自黄帝,下至汉武时代的一部通史名著。但它以本纪纪年,而纪中所记之事却极简略,以至不得不将史事分载于书、表、世家、列传里面。因而要从《史记》里得出一条古今错综复杂的史事发展分明的线索,还是比较难的。然而一般编纂通史者,也都只以《史记》为蓝本,墨守成规,不能发凡起例,另有一套新的创造发明。诸如:梁武帝命吴均等从太古至齐所撰的通史,北魏济阴王晖业所修起自上古而终于宋的《科录》,在体裁上和《史记》并没有什么不同,只是无表而已。而所载汉以后史事,又因头绪纷繁,使读者难有脉络明晰之感,为时不久,也都散佚不传了。从而可见《史记》的体例只能为后世修断代史所沿用,而不足以成为修通史的典范。

我们知道,要综括历代头绪纷繁,门类复杂的史事,而编成一部成为一家之言的通史,必须具备学问足以贯通,见识足以鉴别,文章足以镕铸的三个条件。加以时代越向前进,史事越滋长繁复。而五胡十六国、五代十国的史事,尤其头绪万端,梳理概括,剪裁镕铸,使一般史家,更是感到困难。因而直到宋神宗元丰七年(1084)司马光的《资治通鉴》修成,才将上自战国,下至五代的1363年的漫长而繁复的史事,融会贯通,概括镕铸,修成了一部编年系日,鱼行雁贯,前后联成一线,至成"为史家绝唱",而使后代史家奉为样本的"宝书"(胡克家《重刊元本资治通鉴后序》)的通史名著。诚如南宋博学而尤精于史学的王应麟说的:"自书契以来,未有如《通鉴》"(《困学纪闻》卷13《考史》)这样好的通史著作呀!从而尽管南朝的宋、齐纂有编年的史书,只因后来有了《通鉴》也都失去了存在的意义。所以明人胡应麟说:"编年之史,备于司马氏……司马氏出,而宋以前之为编年者,废矣。"(《少室山房笔丛》卷5《史书占毕》一)清人王鸣盛又说:"编年一体,唐以前无足观,至宋有《通鉴》,始赫然与正史并列。"(《蛾术编》卷10《宋以后史学有五》)

我们知道,左丘明传《春秋》以列岁时——经年纬月,叙时事则铨次分明,是为编年体。司马迁作《史记》以记行事——纪以包举大端,传以委曲细事,是为纪传体。而这二种史书体裁,则是各有长短,只应相辅并行,不可偏废其一的。从而后代的史家,大都承用这两种体裁。然而浦起龙却和胡应麟有相同的看法,认为"上起三国,下终五季,弃编年而行纪传,史体偏缺者,五百余年。至宋司马氏光始有《通鉴》之作,而后史家二体,到今(清)两行。坠绪复续,厥功伟哉!"(《史通通释》卷12《古今正史》)这就又把宋、齐两代史家所修的编年史书,完全给予否定,而认为从三国至五代的500多年中间,只有到了北宋司马光的《通鉴》,才是中国史学史上的一部编年的通史名著了。

我们知道,明朝嘉靖的进士薛应旗、王宗沐都继司马光的《通鉴》之后,各自修了一部《宋元通鉴》。他们虽然"各不相知",但同样都存在了"空陋"的缺点。(《蛾术编》卷11《薛应旗王宗沐通鉴》)至于元陈桱所修陈腐迂谬、浅陋空庸的《通鉴续编》,以及明商辂所抄誊旧籍陈陈相因的《续资治通鉴纲目》,就更不必说了。所以胡应麟又接着说:"自司马之为《通鉴》也,汉、唐而上昭昭焉。自《通鉴》之止司马也,宋、元而下泯泯焉。间有续者数家,而弗能详也。夫《皇朝纲目》,续矣,而兹犹缺也,若之何可后也!"(《少室山房笔丛》卷5《史书占毕》一)这又是慨叹司马光以后,《通鉴》之作,简直是后继无人!直到清朝的毕沅,博通经史,又好著书,以至说"编年之史,莫若涑水"(司马光),因而广罗门客从事编纂《续资治通鉴》,虽是决心要做个司马光式的继承人,但《续通鉴》,也只有北宋部分较为精详,元代部分,则很简略。书中所采用的旧史原文,又短于镕铸裁缝。至于仿效《通鉴》之在本文下面的分注考异得不够精审详细,就更不必说了。那么,司马光的《通鉴》在中国封建时代的史学史上,简直是前无古人,后无来者,而属第一部的通史名著了。

2.《通鉴》之所以成为中国史学史上通史名著的原因。

《资治通鉴》之所以编纂得简明精审,炉火纯青,成为中国史学史上的一部通史名著,这当不是偶然,而是有它一定的原因的。原来司马光的父亲司马池,是宋皇朝殿阁里的一个侍制命、备顾问的官僚。日常向皇帝所对答、陈述的,大都是从历代统治阶级统治天下有关兴亡得失的事迹中,所吸取的一套统治经验。司马光从小敬承父教,爱好编年史体的《左传》,便感到有一种从春秋至五代1000多年间的史书,汗牛充栋,而使青年"诸生"无法从头至尾把它读完,更无法从中概括出历代的兴亡大略,致使他们"厌烦趋易",大半崇尚文学,而出现了一种"史学浸微""行将泯绝"的现象。于是仁宗嘉祐年间(1056—1063),司马光便同他得意的门生刘恕说:"予欲托始于周威烈王命韩、魏、赵为诸侯,下迄五代,因丘明编年之体,仿荀悦简要之文,网要众说,成一家书。"(刘恕《资治通鉴外纪序》)但苦于个人力量薄弱,撰修感到困难。后来遇到"英宗雅好稽古,欲徧观前世行事得失,以为龟鉴",来巩固宋的统治政权。他便趁机说:"旧史文繁,自布衣之士,鲜能该通。况天子一日万几,诚无暇周览。"乃请从战国以至五代,凡是有关国家兴亡,可为法戒的,删削其中的浮词,铨次以成编年的通史。(《司马温公集·十国纪年序》。以后引司马光的文章,见于他的集内的,都不再注书名。)于是得到了英宗的大力支持:许他以史局自随,并从国史馆里挑选刘恕、刘攽做编修的助手。从而不但"有贤杰辅相,攻坚析微"(宋晁说之《景迂生集》卷18《题长编疑事》),可以解决疑难,也不像在国史馆里修史,要受到种种的牵制。神宗时,司马光不但又请得了范祖禹做撰修的助手而承允许借龙图阁、国史馆、昭文馆的藏书,并"赐以颖邸旧书二千四百卷"(《宋史》卷336《司马光传》)给他们参考;赐御府的笔、墨、缯、帛,供他们使用;发御府的钱,做他们的果饵费(司马光《进通鉴表》);并经常派人去慰问他(《续通鉴·宋纪101》)。这就不但给他们在物质上提供了许多优越条件和保障,而且在精神上给予他们极大的鼓舞,至成为中国历代以来撰修史书的一个空前未有的盛事,所以后来参与《通鉴》校对工作的张舜民,在谢神宗的《资治通鉴表》里,要对这种种"给尚方之笔札,萃三馆之图书;许自辟官,用资检讨;量加常俸,不责课程"的优待,尽情歌颂,认为他们"君臣之际会,已极丹青"(《画墁集》),而为历史上撰修史书从来没有过的盛事!

司马光自"少好史学"(司马光《进通志表》),"有文学"才能(《宋史》卷336《司马光传》),有撰修通史的夙愿和政治上的目的(这一点详后),以及英宗、神宗的种种优遇,因而在撰修《通鉴》的过程中,也就态度非常严肃,工作格外认真。

(1)"严课程,省人事"(顾栋高《司马温公年谱》卷7)。"研精极虑,穷竭所有。日力不足,继之以夜"(《进通鉴表》)。

(2)所收史料,除"正史"外,举凡稗官野史,百家谱录,正集、外集、墓志、碑碣、行状、别传,一共300多种《通鉴》参据书目。(见高似孙《史略》卷4《通鉴参据书》)

(3)撰修凡例,几经和刘恕、范祖禹仔细商讨(清全祖望《结埼亭集·外编·通鉴分修诸子考》,宋洪迈《容斋续笔·资治通鉴》),才行确定。(讨论书简,编辑起来,竟成修书帖一卷。)

(4)分工合作,各就所长而分断代撰修:隋以前,由刘攽担任;唐,由范祖禹担任;五代,由刘恕担任(刘攽等所分撰的断代,说法不一。这里依据的,是经过考证的《通鉴分修诸子考》)。

(5)纂录史事,平平实实,不肯爱奇信怪。诸如剔去妖异怪诞,恢谐笑谑,符瑞难信之事,而仅取《后魏释老志》里可用的史事题材,附于崔浩的后面。(司马光《与道原书》)又将符谶之事以及四皓附翼太子刘盈,严光足加光武之腹,姚崇十事开说之类,大都削除不载。(记载了汉高祖斩蛇,梁寇祖仁藏金的事。)

(6)从收集的资料中先摘录每件史事的本末,注明出于某书的某卷某篇。然后再依年月日的次序,排成丛目。再行严加审核,决定去取:其中事同文异的,则选一条明白详备的录之;彼此互有详略,则错综铨次,用自己的文字修正之;彼此年月事迹,有相违背的,则选一证据分明,情理近于实化的修入正文;其余的则注明在它的下面,并说明其所以舍彼取此的意见。(司马光《答刘梦得》)因而往往有"一事,用三四处纂成"(高似孙《纬略》)。然后再缀辑起来,而成前后相连的长编,这就真正做到了"取材多出于正史之外;又能考诸史之异同,而裁正之"的工夫,收到了"事增于前,文省于旧"的效果。(《潜研堂文集》卷28《跋柯维骐〈宋史新编〉》)

(7)然后,由总其成的司马光自己,历经苦思深索,从长编中加以"抉摘幽隐,校计毫厘"(《进通鉴表》)的工夫;对长编给以"删削繁冗,举撮机要"地改造制作的工作。使它天衣无缝,浑然一体,镕铸而成一家之言的创作性东西,才行定稿。

(8)定稿后,熙宁六年(1073),由"博古通书"而任史局拾阅官的司马光的儿子司马康负责细心地检阅一遍。(《宋史》卷 336《司马康传》)元祐元年（1086）又由司马康、范祖禹、刘安世、孙仲武、吕公著、张舜民、黄庭坚、张耒等，将《通鉴》副本，重新加以校对、核定，才算最后的定本。

(9)总之，编纂《通鉴》，从收集史料，发凡起例，编辑撰修，以至检阅校对的工作，都是在极端严肃认真的情况下进行的。计从英宗治平（1065）四月，至神宗元丰七年（1084）十二月，已是快满 19 年。撰修的稿子，不但充满了两间屋而且历经"颠倒涂抹，迄无一字作草"（董更《书录》卷中）。毋怪司马光说他的"精力尽于此书"。从此"骸骨癯瘁，目视昏近，齿牙无几，神识衰耗"（《进通鉴表》），成书后为时不满两年（元祐元年九月）就死去了。

司马光编修《通鉴》，本来就是力求言约事详，古今贯穿，而给读者有一种脉络清晰之感的。复经神宗作序，给以博要周简的褒扬，自然功成圆满了。但他尚怕内容繁多，端绪难找，为了检阅方便，又撮取书中的事目和精要的语言，年经国纬地编成《目录》30 卷，以收提纲挈领而备检查。又恐《目录》对于所记的史事，不够尽其头尾，复作《举要》80 卷以备本末。又因所记史事，往往有一项目，而是用三、四个出处纂成的，则参考多种书籍，评比其异同，辨正其谬误，求得一个较为正确的说法，别成《考异》30 卷，以明去取的缘故，而去后人的疑惑。凡此辅翼原著，使之相互印证，相互为用的《目录》《举要》《考异》等著，都是中古以前的史家未曾有过的创作，《通鉴》也就越加成了中国史学史上不朽的通史了。

正因为《通鉴》的编纂得法，以后的史家修史，也都向他学习：南宋李焘的《续资治通鉴长编》，便是用《通鉴》的义例编成的。但终感到难以为继，只以《通鉴》的初稿——长编为名，就可见司马光编纂《通鉴》，是如何受到后代史家的推崇了。此外，清代徐乾学、毕沅，先后都采用《通鉴》的编纂方法，撰修了《续资治通鉴》。甚至陈鹤修断代史的《明纪》，夏燮撰断代史的《明通鉴》，也都仿效了《通鉴》的编纂体裁。而清代著名而又很自负的史家章学诚，与邵晋涵讨论撰修《宋史》，也还是要学习《通鉴》的先成比类的长编，然后再加严格地删削而"撰集为书"（《章氏遗书·文集三·邵与同别传论》）的方法。不都足够说明《通鉴》的编纂方法，是许多史家学习的样板吗？

3.《通鉴》的缺点。

然而任何事物，总是一分为二的。像《通鉴》这样的一部大著作，在编纂上只有优点，而不存在一些问题，又哪有可能呢？除已见于刘羲仲的《通鉴问疑》、洪迈的《容斋续笔》、王应麟的《通鉴答问》、顾炎武的《日知录》以及谈允厚所已列举的"七病"等等以外，这里且再提出两点。

（1）通史体裁，记事隔越年岁。

《通鉴》以年为经，以事为纬，而以年系事的这种编年体的通史，自然是鱼行雁贯，使读者较为容易地贯穿全书而有系统的著作。但同时因它是编年体的史书，而所记的史事过程，又非限于一年之内，以致不得不有所中断，散见于许多年代之间，而隔越地记载于几卷里面。这就给读者对于一件史事的本末，原始而要终地贯通起来，带来了一定的困难。杨万里序《通鉴纪事本末》就曾说："每读《通鉴》之书，见其事之肇于斯，则惜其事之不竟于斯……遭其初莫绎其终，揽其终莫志其初。"（宋杨万里《诚斋集》卷79《袁机仲通鉴本末序》）这的确是他在阅读《通鉴》的实践过程中，深切体会出来的经验之谈。杨万里是南宋有名的诗文学者，攻读《通鉴》，尚有如此的首尾不易联贯的感受，就更莫说"他人读未尽一纸，已欠伸思睡"（胡三省《新注资治通鉴序》）了。因此，爱读《通鉴》的南宋史家袁枢，便将《通鉴》所记的史事，区别门目，分类排纂，每事各详其起讫，辑成独立的篇章。并在每章里，各纪年月，使它自成首尾，而各自有个完整体系之以事为纲的《通鉴纪事本末》。从而每一史事的演变经过，也就易于贯穿起来，而给读者得有一个较系统的完备知识，以弥补《通鉴》的缺陷。

（2）削去革新变法屈原等人物之牢不载。

对于司马光削去屈原的事迹之不载入《通鉴》，首先提出疑问的便是参与纂修《通鉴》而最得力的刘恕之"读书万卷，能世其家"（吴炯《五总志》）的儿子刘羲仲。他认为"淮南王（刘安）、太史公（司马迁）皆称'屈原《离骚》与日月争光'，《通鉴》乃削去屈原投汨罗，撰《离骚》等事"。而父亲又已不在人世，乃向另一曾经参加纂修《通鉴》工作的范老伯祖禹请教（刘羲仲《通鉴问疑》）。可是原来修《通鉴》时，司马光虽曾对范祖禹说："诸史中有诗、赋等，若止为文章，便可删去。"是范已很明白司马光之所以删去屈原之事不载，是"欲士立于天下后世者，不在空言耳"（邵增《闻见后录》）。但当刘羲仲发问时，他虽称赞刘的"善问"，却未解答刘所提出的问题。因而后代读《通鉴》的人，对这个问题，还是一直存疑的。以为《资治通鉴》仿《春秋》而作（曹安《澜言长语》），而"《春秋》褒毫发之善，《通鉴》掩日月之光，何邪？（司马温）公当有深识。求于《考异》中，无之"（《闻见后录》）。也就愈加使人对这个问题，莫明其所以然了。甚至那个学有本原，博赡贯通，而尤好谈经世之务的一代大师的顾炎武，在花了30多年的精力才著成的"明体达用"，深悉"经世之务"（《日知录集释序》《日知录集释原序》）的《日知录》里，也还是不明司马光编纂《通鉴》反对王安石变法真正的政治底细，对司马光削去屈原之事不载，不但不给以批评，反而责备谈到《通鉴》不载文人的李因笃的知识低下。而说什么《通鉴》"此书，本以资治，何暇录及文人"(顾炎武《日知录》卷26《通鉴不载文人》)。难怪就连最尊崇他的后学黄汝成，也要说司马光"不载文人，是矣；而屈原不当在此数。谏怀王入秦，系兴亡大计，《通鉴》属之昭雎，而不及屈原，不可谓非脱漏也！"(《日知录集释》卷26"通鉴不载文人"条)黄汝成的这种说法，是从政治角度出发，而有他独特的见解，只是还嫌不够鞭辟入里。为什么呢？原来屈原是个热爱祖国，具有宏大的政治抱负，而制定法令来整顿、改革楚国腐朽、残暴贵族统治的大政治家。而司马光在政治上则是个唯一始终坚决反对王安石到底，以为新法非彻底罢除不可的保守主义者。(陈善《扪虱新话·王荆公新法新经》)他编修《通鉴》的唯一的真正目的，也就是为了维护他那大官僚地主阶层的既得利益，而在政治思想战线上积极反对王安石变法所展开的一场剧烈斗争。从而"怨恶和尚，恨及袈裟"，削去屈原在楚革新变法的事迹不载。甚至把屈原谏楚怀王入秦有关国家兴亡大计的不得不载的政治大事，也都故意属于昭雎的名下。他用心险恶，手段卑鄙，不就昭然若揭了吗？至于屈原的《离骚》，根本上就是根据当时实际生活的文学艺术原料加工提高，而创作出来的。不但在文艺上有独创性的高度成就，而且有丰富的政治内容，使人读之，感奋填膺，绝不是什么无益的空言。如果司马光不是因为坚决到底地反对王安石变法，又怎会借口不载文人，而将屈原"与日月争光"的《离骚》，也认为是一派无益的空言，而削去不载呢？如果司马光真的是不载文人，而不是因为屈原是政治上的革新者，便削去他的事迹不载，那么，战国许多并非以文学著名而只是以革新政治著称的人物，诸如：齐威王用邹忌为相，改革政治，齐国因之强大；赵烈侯用荀欣、徐越、牛畜在政治上选用贤能，在财政上节约俭用，《通鉴》为什么也一字不提呢？至于商鞅变法，赵武灵王胡服骑射，虽然载了，也都很是简略。《通鉴》是以"多采君臣善言……以资治名其书"(钱大昕《十驾斋养新录·通鉴多采善言》)的。那么，为什么要把商鞅、赵武灵王的把顽固守旧势力的反动谬论驳得体无完肤的"三代不同礼而王，五伯不同法而霸""汤、武不循古而王，夏殷不易礼而亡"，而极力主张"随时制法，因事制礼"，而以"变古""易古""反古"等为主要的革新名言(《商君书·更法》、《史记》卷68《商君列传》及《赵世家》)，全都删掉了呢？这不明显地是因为商鞅、赵武灵王革新进步人士的"善言"，而落后保守的司马光则认为是恶首，故不给予记载，而故意地把它删削了吗？总之，司马光是个反对政治改革，主张维持现状，坚决地要法先王，循古礼，认定法不能变，事不可生，以反对王安石推行新法的顽固保守的总头目。因而对于历史上的革新人物，非常仇恨。不是删了他们的史事不载，便是载了，也要削了他们和反对派展开论战的有理的言论，以免为王安石和其他变法者张目而有历史上的根据。这才是他所以削去政治革新家屈原的事迹不载的真正而唯一的原因。

其实，即就文学来说。文学也不但是服从于政治，而且是反过来又给予政治以一定影响的。哪里有什么与政治无关，"止为空言"的文学呢？而司马光却异想天开，故意唱出这个莫须有的论调，无非也还是针对他的劲敌王安石的。因为自从欧阳修倡导文学改革运动，王安石就起而和之，宋代文章，因趋于古雅真实，不复有浮靡声律的弊病，而在当时的文坛上产生了巨大的影响。如果在《通鉴》里记载文人岂不给政治上的敌人——王安石抬高了身价，当了吹鼓手吗？从而也就只认为"欲士立于天后世，不在空言"的文章，干脆不载文人了！

二、《通鉴》是一部具有强烈政治保守性资助统治主子统治天下的史书

1. 供统治主子统治天下的借鉴，阻挠王安石的变法。

《通鉴》是一部具有强烈政治保守性，资助统治主子统治天下的史书。原来在仁宗时代（1023—1063），因为国内外的矛盾严重，范仲淹、李觏便已从社会、政治两方面提出了改革方案。英宗时，苏东坡、欧阳修也都高谈政治改革。英宗自己，又是个"自有性气，要改作"（《朱子语类》卷130）的人。而司马光则因维护大官僚地主阶层既得利益，在政治上力主维持现状，便借口史本"纪传之体，文字繁多，虽以衡门专学之士，往往读之不能周浃，况於帝王日有万机，必欲遍知前世得失"而修了一部有关"国家盛衰，生民休戚，善可以为法，恶可以为戒""约自战国至秦二世"（《续通鉴长编》卷208《宋英宗》）的《通志》。企图通过历史"古训"（司马光《进通志表》），来供英宗统治天下的借鉴，以阻挠现实政治上的改革。等到神宗信用王安石变法，他便更加成了旧党誓死反对变法到底的最高首脑。只因在中央反对变法达不到目的，便"辞执政而不居，舍大藩而不为，甘就冗散"（《司马温公年谱》卷7《文献通考》卷193）不预政率的御史台（宋、叶梦得：《石林燕语》卷四："御史台旧为执政重臣休居养疾之地，故例不灌事"），组织起政治上志同道合的史家刘恕、范祖禹等，孜孜不息，夜以继日地撰修一部提供他的统治主子以至后代的统治阶级，统治天下借鉴的史书，来给以王安石为首的变法新党，以及后世的变法者，以致命性的打击。这是一方面。另一方面，因为史官权重宰相，宰相能制生人，史官兼制死人。（《新唐书》卷115《朱敬则传》）在司马光撰修《通鉴》之在西京的洛阳期内，中央的史官一职，也都被他们的旧党人士所占据，所有宝训、实录、闽史，极大部分，都是由他们所修成，借以污蔑新党，攻击新党的。因此司马光在纂修史书上向王安石和新党

人士进攻,在东、西京都是展开了一条战线,而和政治战线上的攻击,双管齐下,密切配合用以诋诬新法,排斥王安石和新党人士,而向他们脸上抹黑的。所以司马光退居洛阳,而邀请一帮在政治上志同道合的史学专家编修一部通史,既不是如胡三省所说:温公"分司西京,不豫国论,专以史局为事"(胡清《新注资治通鉴序》),也不是如王辟之所说:"司马公优游洛中,不屑世务,弃物我,一穷通"(《渑水燕谈录》卷5)。更不是司马光自己假惺惺地向范纯仁说的"闲居十五年……凡朝廷之审,未尝挂虑"早已"久绝荣进之心"(《与范尧夫经略龙阐书·第二书》)。又不是他自己欺骗吴充(王安石的亲家翁)说的"光自居洛以来,仕宦之心,久已杜绝"(《与吴相书》)。实实在在的,则是因为在中央经过多次的"肖(何)曹(参)画一之辨,不足以胜变法者之口"(《新注资治通鉴序》),便"饰诈邀名"(宋朱弁《瓶澥旧闻》卷10),甘就冗散。如苏东坡说的"揭来东观弄丹墨,聊借旧史诛奸强"(《东坡全集》卷2《送刘道原归觐南康》),来"兴复先王之治",来恢复他自己的相权,来巩固他大官僚地主阶层既得利益。这才是司马光"作史""以达其权"、《谰言长诸》的奥妙所在。假的就是假的,伪装应当剥去。那个南宋被称为"明英毅"(《宋史》卷33《孝宗纪·赞》)的孝宗,就曾体察出司马光的这种政治底细,而用非常巧妙的话挖苦他说:"读《资治通鉴》,知司马太师自是宰相手段"(《宋元学案》卷21《华阳学案》)。这种一针见血之言的确把司马光撰修《通鉴》的政治意义、政治手腕,揭露得穷根到底了!隐瞒是不能持久的,总有一天会暴露出来。尽管司马光老奸巨猾,不见光曾言:"新法不便,终用光改变此法。"(鉴兼《诗林广记》)这还能说是"朝廷之事,未尝挂虑""仕宦之心,久已杜绝"了吗?又不见光终究按捺不住,而从肺腑里吟出了《书怀诗》,来赞美自己退居修史,古为今用,来打击王安石和新党人士,是真正"得策"(《温公集》卷11)了吗?群众的眼睛,终究是雪亮的。毋怪司马光在修《通鉴》的19年"中间,受了人多少语言陵藉"(《容斋随笔·张浮休书》)呀!从而司马光所谓从幼时冒女仆脱胡挑之皮以为己力,遭父斥责后,便"自是不敢谩语"(郑暄《昨非庵日纂·治谋》),以及"自少称迂叟"(宋叶梦得《石林燕语》卷10),"自称曰'齐物子'"(《渑水燕谈录》卷5),都是自欺欺人之谈,让他见鬼去吧!

现就司马光所选请助修通史的人才标准以及所作"臣光曰"评语、所讲读《通鉴》故事,来谈谈《通鉴》鲜明而强烈的政治保守性质。

2.以政治作为选请助修《通鉴》人才的标准。

正因为司马光撰修通史,是有他极其强烈现实政治以至永远的政治保守性的。所以选请助修人才的标准,便是政治条件第一,而学问则是次要的。尽管你是精通史学的专家,只要政治观点不同,不能和他站在同一个大官僚地主阶层的立场,积极而顽强地反对变法,攻击王安石,他是决不挑选你当助修的。

（1）不选刘敞选刘攽。

比如所谓"清江二刘"（江西清江新喻人），本是当时学术界对刘敞、刘攽二兄弟在学问上之属于伯仲之间,而难分什么高低的一种称谓。那么,司马光选请助修人才,如果是以学问为标准,他们二兄弟,便当一同都入选了。何况欧阳修、曾巩、王安石,对刘敞的学问都是很佩服的。这是因为刘敞于书无所不读,而且都有他的心得。以故所撰经学方面的著作,经苑中的专家,谁都比他不上。而所写的文章又雄深雅健,独自虎步一时。就是欧阳修以不读书被他所讥笑,却还不敢对他有什么怨恨（《鲒埼亭集·外编·公是先生文钞序》）。相反,而是称赞他"博学"（宋吴曾《能改斋漫录·注疏之学》）"通且瞻"（《欧阳文忠公集·居士集》卷5《答刘原父》）,以他为难得的知音,而恨相得之晚（《居士集》卷8《奉答原甫见过宠示之作》《奉送原甫侍读出守永兴》）。每有疑难,便派人持信向他请教。而他即对着来人挥笔不停地作答,致使欧阳修信服他的渊博。因而刘敞的学问文章,实际上都在刘攽之上。至于他俩兄弟在当时"崇尚进士"科第的时代（马永卿《嫩真子》卷3）,虽是同为仁宗庆历年间的登科进士,而刘敞的名字则列在前茅为第一（《宋史·刘敞传》、《石林燕语》卷8）,那就不去说了。只是由于刘敞的学术观点（实际就是政治观点）,和王安石基本上是相同的。原来在仁宗庆历（1041—1048）以前,宋人的经学文辞,莫不谨守章句注疏之学。到了刘敞,就开始与汉儒立异。而王安石著《三经新义》以作为新法的理论基础,则是源自一本刘敞的新说,而加以阐发得来的。所以不但旧党中的晁公武（元祐党籍中的一个）的《郡斋读书志》说王氏经义,多剿取刘敞的《七经小传》,就连高宗时吴曾在所著的《能改斋漫录·注疏之学》一节里,也说"王荆公（安石）修《经义》,盖本于原父（刘敞）"。王安石著《字说》,旧党指责他的说法"入于佛、老"（《宋史》卷327《王安石传》、宋朱翌《猗觉寮杂记》卷上）,而刘敞却是个爱研佛、老之说的人。这就使得他俩相互酬唱,相得甚欢。刘敞赠诗推崇王安石有"古人风",王安石和诗,则推美刘敞"实高世才"人（《王临川集·答扬州刘原父》）。彼此恭维,一唱一和,足见他俩的情投意洽。这和"司马温公、范蜀公（范镇）皆不喜佛"（《扪虱新话·儒佛迭为盛衰》）,而和其他旧党人士谩骂王安石以己意解经,而变先儒淳实之风,讽刺王安石的《字说》穿凿破碎,迷惑学者,臭骂王安石之为"险巧小人"的完全相反了！何况当王安石实行变法,旧党群起而攻之,刘敞却站在王安石一边,在所著《公是先生弟子记》里,虽然说王安石的新法有些过火,却更寄寓着铖贬旧党的深刻意思。其中所说"八音不同物而同声,同声乃和贤能不同术而同治,同治乃平"（《公是先生弟子记·提

189

要》)。不是明显地指责旧党不肯摒弃政治上的成见,而和新党合作共治天下吗?所以刘敞在当时新旧党的激烈斗争中,并不可能骑墙中立,是一个什么"肖然于门户之外"的"淳儒"(《四库全书总目提要》卷91《子部》),而是属于王安石新党的人物。那么,像这样一个和王安石意气相投,而替他说话以指责旧党的人,尽管学问文章高出一时,司马光又哪里会选请他作为撰修通史的助手呢?

至于刘攽,既是王安石"所欲追攀""愿同醉醒"而曾成为"忘形论交"(《王临川集·过刘贡父燕集之作》)的好朋友,又是和王安石在学术上观点一致,政治上立场相同的刘敞的弟弟。所以司马光起初也就不肯选他助修《通鉴》。但终因他在政治上是个"守道不回",顽固保守,不但不肯帮助王安石推行新法,反而坚决和他对立,唱反调,而"贻安石书论新法不便"(《宋史》卷319《刘攽传》)甚至因为"好谈谑"(《渑夺燕》卷10《谈录》),"屡以庖人"(宋王巩《随手杂录》),而当"介甫(王安石)用事,诸公承顺不及,惟贡父(刘攽)屡当面攻之"(王昕《道山清话》),致触怒王安石,给以政治处分,把他从中央调为地方官的行政助理了。同时,司马光原已选请赵君锡。因为赵原是力斥王安石为奸党首脑,而为文彦博所称异,又曾充韩琦的幕府,极力吹捧反对变法的苏东坡为直臣的急先锋。只因赵以父丧不能应务到职(《宋史》卷287《赵安仁传》《续通鉴·宋纪64》),也就请了刘攽来代替。

(2)第一得力助手——刘恕。

刘恕和王安石的"亲朋旧谊",本来很是深厚,以至于感到"会合少",一相聚,"清谈"吟啸,尚是"兴极犹难尽",而恋恋难于分舍的。但所谈得相投的,只是一夕的风月;所共"一寻"的,只是和现实社会不肯关涉而摆脱尘世的西庄道人;所共往游的,只是"无于五浊"的净土佛寺而已。(《王临川集·与道原过西庄遂游·宝乘》)而在政治上所走的路线,则是有严重分歧的。从而王安石平时虽然深爱刘恕之才,但到变法时,想任用他"修三司(盐铁、户部、度支)条例",他就不但"固辞以不习金谷之事",不肯赴任,反而要王安石"宜恢张尧、舜之道,以佐明主,不应以利为先"。一和王安石见面,就要他复行祖宗的旧政,王安石也就忍无可忍,终于和他绝交(司马光《刘道原十国纪年序》)了。那么,推行新法的领袖王安石政治上的对立人物,便是反对新法头头的司马光最得力纂修《通鉴》的助手。原来刘恕曾做过自我检查,认为他在政治上是个"况古非今,不达时客"的保守主义者,是个"佻易辨急,遇事辄发,直语自信,不远嫌疑,执守小节,坚确不移;求备于人、年恤怨言,多言不中节,高谈无涯岸;臧否品藻,不掩人过恶,任推不避祸,议论多讥讽"的人。虽然"遇事未尝不悔,既悔复然"(《扪虱新话·刘道原能自攻其过》)而犯有极其顽强狂热病的冲天炮!所以司马光之所以特别"心服"刘恕,"慕重"刘恕(《刘道原十国纪年序》),并不只认为刘恕是个学问精通,"尤精史学,举世少及"(司马光《乞官刘恕一子札子》)的权威,而最主要的,则是因为刘恕是个当王安石积极推行变法,而能"奋厉不顾,直指其事,公议其得失……而无所隐恶之"(《刘道原十国纪年序》)的"急先锋"!(《渑水燕谈录》卷10)因此,王安石和刘恕绝交之后,刘恕便害怕有些山高水低,于是马上离开汴京,不远水陆千里,到了西京洛阳。司马光如鱼得水,也就立刻请他担任纂修《通鉴》的"全局副手"。士为知己者死。于是刘恕不顾有病在身,而为司马光鞠躬尽瘁:除了负责纂修"群雄竞逐,九土分裂,传记讹谬,简编缺落,岁月交互,事迹差舛。非恕精博,他人莫能整治"(司马光《乞官刘恕一子札子》)的五代的史事外,举凡修《通鉴》的义例,大多是由司马光和他商定;所有吏士上的疑难,又是由他校正(《鲒埼亭集·外编·通鉴分修诸子考》)的。直至病情加重,再也不能继续下去,才辍笔罢休,真是死而后已了!这就使得司马光衷心感佩,"以为得力最多",却又"不'幸早夭"(47岁),至《通鉴》竟修之时,不曾受到褒赏,而要乞官他的儿子刘羲仲了。

(3)第二得力助手——范祖禹。

范祖禹是帮司马光纂修《通鉴》的另一得力人物。他原来是个孤苦零丁的孩子,由旧党首脑之一的叔祖父范镇——指责新法为"敝法",王安石等为"险皮检滑"的"奸朋",而和司马光"议论如出一口"的人之所抚养、痛爱得如自己亲生,看重为"天下士"而长大成人的。(《宋史》卷337《范镇传》)同时,又是坚决反对推行新法,揭露王安石的过失,复旧守成的另一个旧党头目吕公著(《宋史》卷336《吕公著传》)的乘龙快婿。因而也就朝濡夕染,自然而然地秉承叔祖父、岳父的政治意图与司马光结成"心交"(《范太史集·布衾铭记》)契友,而谢绝王安石的召见,认为新党都是一些奸邪险恶的人,而非"端良之士"。尽管当时的一般大官僚们对于新旧之法,主张"兼用而两存之"(参阅《宋史》卷346《吕陶传》、吕陶《净德集·记闻》),他却极力"主之以静",罢去一切新法,而"复祖宗之旧"。并充当不准在他统治区里推行新法的富弼的爪牙,遵守他的遗嘱,而将他尽力用愤切之辞诬蔑新党害民,王安石误国,人人以为不可上的遗奏,都向神宗上奏。(《宋史》卷337《范祖禹传》卷313《富弼传》)像这样一个具有一贯坚决反对王安石的根深蒂固的传统性,而独特地全盘否定新法,且又对历史深有研究的人,其一切"所为本末",也就早为司马光所"最熟知"(范公称《遇庭录》),所"极奖识"(《能改斋漫录·范淳父焚进论不应贤良》),认为他是"于士大夫中罕遇其比"的人物,始而请他助修《通鉴》,继而请他校对《通鉴》,以致最后"专以书局委之"。(《温公年谱》卷5,时刘恕已死)《通鉴》纂修、校对的工作全部完成之后,又极力推荐他在秘书省工作,或者当经筵的待讲(司马光《荐范梦得状》、范蜀公《东轩日记》)。以便和他继续占领史学阵地,向统治主子对新党进攻。

总之,司马光选请助修《通鉴》人才的条件,政治是最主要的,学问是次要的,甚至用来校对《通鉴》的,范祖禹、司马康,且不必说。其他诸如:刘安世,根本就是个服膺他的教训,而不敢稍有违背的心腹弟子。孙仲武,则是恶毒地攻击王安石用《三经新义》取士在科举上造成了弊害,而请恢复"以诗赋取士"的守旧分子。吕公著更是多次列举王安石的过错,力劝神宗以"远佞人为戒",决不可"偏听独任"他而反对变法的一个大头目。张舜民则上书痛斥王安石推行新法是"便民所以穷民,强内所以弱内,富国所以蠹国。以堂堂之天下,而与小民争利,可耻也"的激烈分子。于是格外博得司马光的欢心,不但选请他校对《通鉴》,并推荐他充馆阁之选,称赞他"刚直敢言,竭忠忧国""愿而有立,力学修己"(司马光《举张舜民等充馆阁札子》)。且担保他以后不如所举,则甘当同罪(以上各见《宋史》本传),可见张舜民更是司马光的死党了。此外,黄庭坚、张耒,又何尝不是司马光的党徒,而反对王安石变法的呢。

三、所作"臣光曰"的评语和所讲读的《通鉴》故事

1. 所作"臣光曰"的评语。

司马光因为王安石变行新法,侵害了他们大官僚地主阶层的既得利益,便和他"犹冰炭之不可共器,若寒暑之不可同时"(司马光:《奏弹王安石表》),发生了绝对不可调和的严重矛盾,结成了不共戴天的怨仇。为了猛烈地向王安石和新党进攻,把他们一棍子打死,尽管他称赞刘恕,说什么"光之得道原,犹瞽师之得相者也"。如"瞽者之得相者",遇着史事上的疑难问题,则请他解决。然亦只许"道原在书局止类事迹,勒成长编。其是非予夺之际,一出君实"。(刘羲仲《通鉴问疑》附羲仲《与范祖禹书》)决不许刘恕得赞一辞。这种严肃认真,俨如孔子之作《春秋》"笔则笔,削则削",用以对待长于文学的子游、子夏的态度,是值得我们深思力索的。

首先,司马光以大官僚地主阶层的儒家正宗派而修贯穿古今的通史——《通鉴》。照说便当如孔子删《尚书》断自唐、虞,而将上古史编纂进去。何况刘恕自己对他说了修通史而"不起于上古"是一种"缺漏",也宁可由刘恕去另修一部起自包羲,终于周威烈王二十三年(前 403),而与《通鉴》相接的《通鉴外纪》,去做那不可补救的补救。但他却还装着一副假面孔,回答刘恕而自欺欺人

地说:起自上古,则"事包《春秋》,经不可续,不可始于获麟"(《蛾术编·通鉴外纪》),而硬要托始于战国的周威烈王二十三年之封三晋做诸侯,则就有他现实政治上的特殊用意了。

原来司马光是个腐旧落后的典型的保守主义者,这在前面我们已经说到。他为了维护他那大官僚地主阶层的既得利益,反对政治上的革新,在英宗时代,已经修了一部始于周威烈王二十三年的封三晋为诸侯的七国兴亡事迹的《通志》。现在神宗在位,王安石更是坚决主张变法,认为随着时代的前进,人口由稀少而繁多,万物不够供给。在这种形势下,推行新法,并不是什么向世人显示聪明,而是不得不采取的措施。一切好坏,由我自己去决定,人们批轻说重,是不足为"吾病"的!(《王临川集·彼狂·众人》)又说:太古之道,不可行于万世。否则,"圣人恶用制作于其间哉"(《临川文集·太古》)。而司马光则完全站在王安石的对立面,誓死与王安石对立,极力主张用古代圣王的礼治来维护、巩固他们大官僚地主阶层的封建政权。他不但以为"祖宗之法不可变",而且以为"禹、汤、文、武之法,虽至今可存"(《迩英奏对》)。世界只是一个永远凝固不能发展变化的结晶体,而在《通鉴》开端第一条"初命晋大夫魏斯、赵籍、韩虔为诸侯"短短 14 个字的记载中,即大肆阐述了他那开宗明义长达 1000 多字的正名定分的保守主义思想。以为周自平王东迁,虽是一蹶不振。然齐桓、晋文称霸,尚得假托尊周之名,以威服诸侯。(《群书拾补》、宋神宗《资治通鉴序》)今三家与晋的关系是大夫,与周的关系是陪臣,而竟篡夺晋的政权,瓜分晋的国土,这正是王法所必诛的。然而周威烈王却不能以世世相承的纲纪名分——礼治,来裁制三家,反而明令给予承认,也就奖劝了奸名犯分的乱臣贼子,导致了周的灭亡,"岂不哀哉"!像司马光这种特别庄严、郑重地强调以正名定分的礼治作为撰修《通鉴》"述作造端之所由",而托始于周威烈王二十三年(前 403)封三家为诸侯,其用意当在企图用古代圣王不可变易的名分礼治,来影射、压倒王安石变革宋代立国以来世世遵循的祖宗礼治,而妄自推行新法。为什么呢?这在司马光以为"我朝立国,先正名分"(《宋史》卷 437《真德秀传》)。而王安石却独自来个狂妄胡为,不遵守《春秋》以道名分(《庄子·天下篇》)的圣教,"不以《春秋》为可行。谓'天子有北面之仪',谓'君臣有选宾之礼'"(岳珂《桯史》卷 11),"谓'道隆德骏者,天子当北面而问焉'"(《宋史》卷 345《陈瓘传》),从而罢"黜《春秋》之书,不使列于学官,至戏目为断烂朝报"(《宋史》卷 327《王安石传》)。这就真是丧心病狂,离经叛道,不法祖宗,动摇了以赵家为首的大官僚地主阶层的政权,从而纂修《通鉴》、也就越加认为从上古开端,便包括《春秋》在内,"经"的神圣尊严,是不可替犯,而直接和它相续的。那么,只有托始于三家之为诸侯,而与左丘明终于憎恶智伯的事相连接了。

中国自古以来,是只有君子、小人之辨,而没有什么才、德之分的。但司马光在智伯之亡的史事里,却第一次提出了他的才德论。把他自己和他所统率的旧党,都尊称为忠信质直的"君子",指责王安石和新党,则是一群奸险谗佞的"小人"。一天获用,必将"扶才以为恶""遂其奸"而"为害必多""为恶无所不至""以至颠覆"国家而后已!"故为国家者,苟能审于才、德之分而知所先后",才无任人而"失人"的祸患。(宋真德秀《西山读书记》卷16《才德》)这种明显地要神宗黜退王安石和新党,而信用他和旧党执政当权之在《通鉴》里所作的评语,是和他在现实政治斗争中《奏弹王安石表》,向神宗指责王安石"妄生奸诈,荧惑圣听……首倡邪术,欲生乱阶;违法易常,轻革朝典……苟陛下不遏其端……诛逐乱臣,延纳正士""则安石为祸不小"的用意,是双箭齐发,密切配合的。在汉元帝向贡禹问政,禹劝元帝厉行节约的一节史事里,司马光又借题发挥,认为"当时之大患",是在"谗佞用权",而"禹不以为言"。如果是智慧不足"以知,乌得为贤?知而不言,为罪愈大矣"(《资治通鉴》卷28《汉纪》卷20),这不但把王安石等简直指责成"专权邪僻"的弘恭、石显(《汉书》卷93《佞幸传》),而且以为自己既然知道王安石等的奸邪,就得以贤者自居,把他们揭发出来,决不做那知而不言,或者那不足以知的罪人、愚人贡禹。司马光又指责弘恭、石显以"邪说诡计""之潜诉望之"而痛息汉元帝之"为易欺而难悟"的君主。(《资治通鉴》卷28《汉纪》卷20)慨叹京房明白恳切地晓喻汉元帝,而元帝终不能有所觉悟。便说是:"人君之德不明,则臣下虽欲竭忠,何由而入。"(《汉纪》卷21)这种用意,当完全是在叹息宋神宗过于信任王安石,而使他的尽忠之言,难于入耳。至于假借诸葛丰上书之告周堪、张猛的罪状,而说什么"人君者,察美恶,辨是非,赏以劝善,罚以惩奸,所以为治也"(《资治通鉴》卷28《汉纪》卷20)的一大套,无非又是要神宗垂察他们旧党之"美",王安石新党之"恶";辨别旧党之"是",新党之"非";奖励旧党以"劝善",处罚新党以"惩奸"了。

司马光又借席代党争之祸,大发其"君子小人不相容"的政治言论。说什么"君子得位,则斥小人;小人得势,则排君子;此自然之理也!然君子进贤退不肖,其处心也公,其指事也实;小人誉其所好,毁其所恶,其指事也诬,其处心也私。公且实者,谓之正直;私且诬者,谓之朋党;在人主之所辨之耳……文宗苟患群臣之朋党,何不察其所毁誉者为实、为诬,所进退者为贤、为不肖;其心为公、为私;其人为君子、为小人?苟实也、贤也、公也、君子也,匪徒当用其言,又当进之。诬也、不肖也、私也、小人也,匪徒当弃其言,又当刑之。"(《资治通鉴》卷245《唐纪》60)司马光如此借古非今,假唐骂宋,毋怪胡三省注《通鉴》说他这种评论,是为熙宁、元丰而发的。他如此地大肆诋毁以王安石为首的新党是奸佞、谗言的朋党小人,而称扬以自己为头目的旧党,则是公正直道的君子。君子处心正大,论事确切,小人则处心私邪,论事诬妄。以致互不相容,互相排斥,乃是一种自然而然的道理!他如此归美于己,推恶于人,真是令人愤愤不平!其实,仁宗至和年间(1054—1056),王安石还只三十六七岁,所任官职尚是个掌通古今的太常博士,并未掌握政治大权。而司马光却已植党营私,培植他那大官僚地主阶层的政治资本——特制一册《荐士录》,把他所延引推荐的106人,一个个的姓名写在上面,并在封面上题上"举贤能"三个大字(牟献《陵阳居士集》),以掩盖他拉山头、结党羽的不可告人的政治阴谋(恰恰和他自吹"平生所为未尝不可告人者"自欺欺人之言相反)。因为当时范仲淹"裁削倖滥,考覈官吏"的实行政治革新,致使"任子之恩薄,磨勘之法密",侵害了他那官僚地主阶层的利益,而"朋党之论"又已兴起(《宋史》卷314《范仲淹传》)。他便企图乘风作浪,大干一场。如果不是因为范仲淹顶风险不住,自诘罢黜政事,他的开花炮弹是不会按捺下去,留到给以后的政治革新者的王安石身上,才大肆发射出去的!司马光既然认为他与王安石展开激烈的斗争,是合乎"自然之理"的,应该,也就又进一步地借故指出唐代王涯、贾𫗧,"偷合苟容",而和那"穷奸究险"的李训、郑注比肩在朝,"不以为耻""一旦祸生不虞,足折刑剧"(音屋、诛杀大臣不刑于市的一种重刑),便是活该受到的"天诛"(《资治通鉴》卷245《唐纪》卷61)。又寄情于"孙光宪见微而能谏,高从诲闻善而能徙,梁震成功而能退"(《资治通鉴》卷279《后唐纪》),得免"亡国、败家、灭身之祸",来宣扬自己的能劝谏,能迁善,能引退之德保存了国家,保全了自己。

2. 所讲读的《通鉴》故事。

司马光处心积虑,千方百计去反对的,是王安石侵害了他那大官僚地主阶层既得利益的新法。因而在迩英阁向神宗讲读《通鉴》故事时,又大肆阐述他在政治上的保守主义,大骂其利口覆邦的小人。熙宁二年,司马光在讲肖何、曹参时,乘机大肆宣扬其反动的保守主义说:"参不变何法得守成之道。故孝惠、高后时,天下晏然,衣食滋殖。"神宗问,"汉常守肖何之法不变,可乎?"他便说:"何独汉也。使三代之君,常守禹、汤、文、武之法,虽至今存可也,汉武取高帝约束纷更,盗贼半天下。元帝改宣帝之政,而汉业遂衰。由此言之,祖宗之法,不可变也。"(《资治通鉴后编》卷77)其实,肖何原来约法三章,复又增至九章,已是随着客观现实的演变而自变其法。至于肖何法中的挟书律、三族令,既经惠帝除去妖言诽谤谣言法,又被文帝减削。是汉并非守着肖何的旧法不变,就可统治得了天下也。所以吕惠卿要向司马光展开激烈的论战,痛陈先王之法,有

195

一年、几年而变的,有十年而变的。(《宋史》卷 327《王安石传》《续通鉴》卷 67)这种一切先主之法,都随时代前进而处在变化发展中的说法——根据时代发展的需要而变法的生张,是合乎客观历史的现实,而不可依人们的意见妄肆争辩的。问题只在所变之法,是否能合乎现实的真实情况而已。但司马光却无视社会生活,而侈谈远古陈旧,落后不堪的保守主义,实是站在他那大官僚地主阶层的顽固立场,主张复古倒退,而阻挡历史车轮前进的。

熙宁三年,司马光向神宗讲《通鉴》,至汉贾山上疏时,又借着吕惠卿在座的机会,大肆阐发其"从谏之美,拒谏之祸"之说,而劝神宗"当察其是非"的症结之所在。并说"今条例司所为,独王安石、韩绛、吕惠卿以为是耳。陛下岂能与此三人共为天下邪?"讲到张释之论啬夫利口时,又对着吕惠卿大骂其利口覆邦的小人说:"孔子称'恶利口之覆邦家者。夫利口,何至覆邦家?盖其人能以是为非,以非为是,以贤为不肖,以不肖为贤人。人主信用其言,则邦家之覆,诚不难矣。"毕沅指出司马光这种讲法是针对吕惠卿而发的(《资治通鉴后编》卷78),确实是一点不错的。

司马光在撰《通鉴》中所作的评语,在讲《通鉴》时所述的故事,只要一有牵连得上的机会,便借古非今,指桑骂槐,大放厥词而向王安石和新党之士进行诬蔑攻击。他虽自命"自少至老,语未尝妄""自语无过人者,但平生所为,未尝不可对人言者",而是个"卑信""正直"的真君子。然而狐狸的尾巴,是夹藏不紧而会暴露出来的。王安石从他实际的言行中,也就揭穿了他那伪君子的画皮,看出了他那"外托游劘上之名,内怀附下之实,所言尽害政之举,所与尽害政之人"(《宋史》卷 336《司马光传》)的阴险狰狞的真面目。因而和他在政治上除进行激烈的斗争外,又得对他这种诬妄的史评、讲述,展开针锋相对的斗争。熙宁二年王安石做了和宰相共议朝政的参知政审便感到推行新法,势必更加引起司马光的"纷然惊异","惑动"他的党羽起来反对。(《宋史》卷 327《王安石传》)便因主管经义局,特命王雱、吕惠卿为撰修,撰修打破古训框框的书、诗、礼的《三经新义》来和司马光的《通鉴》进行寸步不让的论战。司马光修《通鉴》于予夺之际,绝不许刘恕得赞一词,一定要出于他自己的手笔。同样,王安石也亲自撰写了《三经新义》中的《周官新义》(《周礼》本名《周官》,以书中所说都是周的官制的缘故。至刘歆始改称为《周礼》),不准王雱得赞辞,把所推行的新法,尽力傅著在上面——明明是变常平仓而为青苗法,却说是《周官》泉府之法;明明是变差役而为免役,却"谓免役之法,合于《周官》所谓府史胥徒"(《文献通考》卷 13《职役考》)。其用意无非是借周公这块牌位,周公致太平是推行《周官》官制的缘故,来塞住司马光反对新法的口舌,无非是用经来压史,以充当捍卫新法推行的思想武器,来反击司马光在撰修《通鉴》中,在评论、讲读《通鉴》故事时所散播的毒素。到新党章惇掌握了政权,更是痛恨司马光"老奸擅国"(《宋史》卷471《章惇传》),摆在政治上的第一件急务,便是辩论"司马光奸邪"(《宋史》卷345《陈瓘传》),而薛昂、林自且要"禁戒士人,不得习元祐学术"(通鉴学)(宋周煇《清波杂志》卷9),"议毁《资治通鉴》"(《宋史》卷345《陈瓘传》),而以牙还牙了!

　　司马光用尽力量,费尽心机,纂修《通鉴》阐述他的保守主义,并作评语、讲故事以攻击王安石的变法革新。这不但给当时新法的推行造成了极其严重的阻碍,而且使"后世"想在政治上谋改革的人,莫不引"以为大戒。少有更张,则群起而非之。曰:'又一王安石也。'稍有损益,则曰:'又一王安石也'。由是相率为循默,不敢少出意见……视天下之坏而不敢为。斯时也,毅然敢任而不惧者,其亦难矣!"(明王鏊《震泽长语》卷上)这就可见司马光在中国历史上散布的保守主义的毒害,是如何的深远了!至于他妄想用他的主观观念来规定发展中的世界的客观现实,而给后代所传播的历史唯心主义,就更不消说了!不过《通鉴》终究是司马光和刘恕等,用尽精力所修成的一部贯穿1000多年繁复史事的简明精铄的通史,而给我们后人研究中国古代史留下了极其珍贵的参考资料的功劳,也是不容否定的。

1977年12月10日修改稿

原载张孟伦《中国史学史论丛》,兰州大学历史系1980年9月铅印本

李焘和《续资治通鉴长编》

　　李焘生于北宋徽宗政和五年（1115），死于南宋孝宗淳熙十一年（1185），正值祖国山河、赵宋政权发生巨大变化的时代。他是个爱国主义者，"甫冠，愤金仇未报，著《反正议》十四篇，皆救时大务……乾道三年（1167）召对，首举艺祖治身、治家、治官、治吏典故，以为恢复之法"（《宋史》卷388《李焘传》）。他是真正对国家兴亡，匹夫且有其责而有高度之感的士大夫！李焘是四川丹稜（今四川洪雅）人。四川"至周广顺中（851—953），蜀母昭裔""先为布衣，尝从人借《文选》及《初学记》，多有难色……后公果显于蜀……因命工，日夜雕版，印成二书，复雕《九经》诸史。两蜀文字，由是大兴"（孔平仲《珩璜新论》卷上、焦竑《续笔乘》卷4）。

　　李焘生活在这书籍易得的家乡，家中藏书又不少。（见《文献通考》卷202《经籍考·百官公卿表》）父亲李中又是以一进士而不乐于仕进，明习宋代典故的通儒。在这种社会环境、家庭关系中，朝濡夕染，子承父教，再经自己的努力，他就成了一位"博极载籍，搜罗百氏，慨然以史自任，本朝典故，尤悉力研覈"（《宋史》卷388《李焘传》），撰修《续资治通鉴长编》的著名史家。

一、先成《百官表》，然后分次撰进

　　李焘"耻读王氏（安石）书"（《宋史》卷388《宋史》卷388《李焘传》），而私淑于司马光，"于本朝故事，尤切欣慕"（《文献通考》卷193《经籍考二十·续通长编举要》），于是"日缮史册，汇次国朝事实，谓司马光修史，先为《百官公卿表》十五卷，后颇散佚。乃遍求正史、实录，旁采家集、野史，增广门数。起建隆（960年，宋太祖开国年号），迄靖康（1126年，宋徽宗南逃，钦宗即位改元的年号），合新旧官制一百四十二卷，其重编光者，仅七之一。《长编》之书，盖始于此。"（周必大《文忠集》卷66《敷文阁学士李文简公神道碑》）为什么修《长编》，要先撰《百官公卿表》呢？"盖建官为百度之纲，其名品职掌，史志必撮举大凡"（《四库全书总目》卷79《职官类》），然后一代之事，纲举目张，以故司马光修《通鉴》，就曾仿效班固之作表，以叙宋兴以来的百官除拜而与之相表里。何况徽宗一朝，"凡臣僚除罢年月最知者，其颠倒错乱，往往志不可晓，况其难知者乎？"（《宋会要辑稿·职官十八》）所以李焘说："彼百官沿革，公卿除拜，皆事之最大者也，年表又安可缺？"（《文献通考》卷202《经籍考·百官公卿表》）以故考其废置沿革，又多采故事，先行撰修《百官公卿表》，北宋一代之大事，则可纲举目张了。

李焘撰修《长编》，是分几次上表奏进的。

第一次是他知荣州时，于孝宗隆兴元年（1163）所上奏从太祖建隆至开宝（960—975）一朝的。他的奏状说："臣尝尽力史学，于本朝故事，尤切欣慕，每恨学士大夫各信所传，不考诸实录、正史，纷错难信。如建隆、开宝之禅授，涪陵岐魏之迁殁（魏王廷美被置房州，降为涪陵县公，忧悸成病而死），景德（1004—1007，真宗年号）、庆历（1041—1048，仁宗年号）之盟誓，曩宵谅祚之叛服，嘉祐（1056—1063，仁宗年号）之立子，治平（1064—1067，英宗年号）之复辟，熙宁（1068—1077，神宗年号）之更新，元祐（1086—1093，哲宗年号）之图旧，此最大事，家自为说。臣辄发奋讨论，使众说咸会于一。"（《文献通考》卷193《经籍考·续通鉴长编举要》）

我们知道，宋自开国，统治阶级内部，就是矛盾尖锐，斗争激烈的。而一代国史，又是一代政事组成的部分。因而他们在政治上的斗争，也都必然导致他们在撰修国史上的斗争。同一事实，往往记载却有分歧，以至完全不同，其将何以传信于世人？若不发奋研讨，加以鉴定平衡地折中，是没有公是公非的。

第二次是他任礼部郎时，于孝宗乾道四年（1168）所上奏从建隆元年至治平四年（1067）的五朝事迹。他的进状说："臣准朝旨，取臣所著《续资治通鉴》自建隆迄元符（哲宗年号，1098—1100），令有司缮写投进。今先次写到建隆元年至治平四年闰三月五朝事迹，共一百八卷投进。治平以后，文字增多，容臣更加整齐，节次投进。臣窃闻司马光之作《资治通鉴》也，先使其寮采摭异闻，以年月日为丛目，丛目既成，乃修长编。唐三百年，范祖禹实掌之。光谓祖禹，'长编宁失于繁，无失于略'。今《唐纪》取祖禹之六百卷，删为八十卷是也。臣今所纂集义例，悉用光所创立，错综铨次，皆有依凭。顾臣此书，讵可便谓《续资治通鉴》？姑谓《续资治通鉴长编》可也。旁采异闻，补实录、正史之阙略；参求真是，破巧说伪辨之纷纭。"（《文献通考》卷193《经籍考·续通鉴长编举要》）

以上说明了四个问题:1.《续通鉴长编》虽已写至元符,但为了力求精审,治平以后的事迹,待经整理,再行奏进。2.同是一件历史事实,往往记载各有不同,司马光因要范祖禹等广事收集,经过严密考核,去伪存真,作成长编,再由他删订成书。3.《续资治通鉴》虽然一切依凭《资治通鉴》成书,却只可叫着《续资治通鉴长编》不敢名为《续资治通鉴》。4.要攻破种种巧说伪辨,就必须旁采异闻,以补实录、正史的不足。

　　第三次是他在知泸州任上,于孝宗淳熙元年(1174)所上奏从治平以后至中兴以前60年的事迹。他的奏状说:"此六十年事,于实录、正史外,颇多所增益,首尾略究端绪,合为长编,凡六十年,年为一卷。以字之繁略,又均分之,总为二百八十卷。然熙、丰、祐、圣、符靖、崇、观、和、康之大废置,大征伐,关天下之大利害者,其事迹比治平以前特异。宁失之繁,无失之略,必须睿明称制临决,如两汉宣、章故事,无使各自为说,乃可传信无穷。"(《文献通考》卷193《经籍考·续资治通鉴举要》)

　　以上说了三个问题:1.继续纂辑自英宗治平至高宗中兴以前60年的事迹,则北宋一代史事,首尾完具。2.自熙宁王安石变法以来,新旧两党互相攻击,以致神宗、哲宗两朝实录,多次重修,各以私意变乱是非,比英宗时已是大不相同。3.尤其是"徽宗实录,疏舛特甚。"只有"取前所修实录,仔细看详",参以其他有关史书,加以比较研究,"是则存之,非则去之,缺则补之,误则改之",然究竟"如何删修,仍进呈取旨"。(《宋史全文》卷25《宋孝宗》)

　　第四次是他知遂宁府时,于淳熙九年(1182)所上最后的进表说:"臣累次进所为《续资治通鉴长编》,今重别写进,共九百八十卷,计六百四册,其修换事总为目一十卷,又缘一百六十八卷之事,分散为九百八十卷之间,文字繁多,本末颇难立见,略存梗概,庶易检寻,今创为建隆至靖康举要六十八卷,并卷总目共五卷。已上四种,通计一千六十三卷,六百八十七册。投进者,纪一祖八宗之盛德至善,义宁止于百篇?聚九朝三世之各见殊闻,事或传于两说。惟折诸圣,乃得其真。臣网罗收拾,垂四十年,缀葺穿联,逾一千卷。牴牾何敢自保,精力几尽此书。非仰托大君之品题,惧难逃乎众人之指目!汉孝宣称制决疑,故事莫高于甘露;我神考锡名冠序,《治鉴》莫毁于元符。豫席恩言,比迹先正,臣死且不朽!"(《文献通考》卷193《经籍考·续通鉴长编举要》)

　　总之,李焘撰修《续资治通鉴长编》,一切都是仿效司马光之修《通鉴》,而且许多情形也是相同的。1.不但采用了司马光的义例,为了检阅方便,且学司马光作了总目、举要,以之辅翼原著,而收提纲挈领的功能。2.司马光说修《通鉴》19年,"平生精力,尽于此矣"(《进通鉴表》)。李焘也说:"臣网罗收拾,垂四十年……精力几尽此书。"(《文献通考》卷193《经籍考二十·续通鉴长编举要》)3.允神宗为司马光赐书名,作序文;孝宗亦"许焘……用神宗赐司马光故事,为序冠篇"且"谓其书无愧司马迁"(《宋史》卷388《李焘传》)了。

二、关于《长编》评论的问题

　　事情总是一分为二的。李焘撰修《续资治通鉴长编》和司马光撰修的《资治通鉴》诚有相同之点,但又有不同之处。那就是,《通鉴》是一部从战国至五代的古代通史,《长编》则是一部北宋的现代史,二者也就大不相同了。为什么?

　　胡元瑞说得好:"史百代者,搜罗放轶,难矣,而其实易也。史一代者,耳目见闻,易矣,其实难也,予夺褒贬之权异也。"(《少室山房笔丛正集》卷5《史书占毕》一)这就是说,修现代史,对今人进行褒贬以明是非,比撰古代史的对待古人要困难多了!不见孔子作现代史《春秋》以拨乱反正,就曾说时人之见弹者,将罪我了(《孟子·滕文公下》)么!因而只有隐约其词,尤其对于当代"定、哀之际则微,为其切当世之文而罔褒,忌讳之辞也!"(《史记》卷110《匈奴传赞》)那么,宋自开国以来,统治阶级内部即在撰修国史上发生了严重的斗争。同是一件史事,往往各自记述不同,以至纷错难信。这在"以海含山负之学,松劲玉刚之节,式当代"(真德秀《西山文集》卷41《李壁神道碑》),"无嗜好,无姬侍,不殖产,平生生死文字间"(《宋史》卷388《李焘传》)的李焘说来,"若不就今文字未尽沦落,尚可着意收拾,同力整顿,日复一日,必至是非混乱,忠义枉遭埋没,奸谀反得恣睢,史官之罪大矣!"(《宋会要辑稿·职官十八》)于是他"慨然以史自任""自实录、正史,官府文书,以逮家录、野纪,无不递相稽审,质验异同"(李焘《续资治通鉴长编·提要》),而归之于至当。尤其是不避时难,时代越近,撰述越详,这就较孔子之作《春秋》,于定、哀之际不敢秉笔直书,故意隐微其辞,以明哲保身,都更显得特立独行了!

　　再则,司马光修《通鉴》,本之于《左传》的设辞"君子"而著"臣光曰"以为评论,其体例是有所承受的。李焘撰《长编》,虽然事事都向司马光学习,而于这一点却独不然,这就显得他们有所不同了。这到底是为了什么呢?岂非撰修现代史,只应依据原有的多种材料,经过精审的鉴别,做出不偏不倚、公正确切的叙述,不应轻加论断,增上半点个人的私意么?这种公正无私,实事求是的精神,是值得钦佩的!

　　且看叶适是当时"志意慷慨,雅以经济自负",言必"当审而后发"(《宋史》卷434《叶适传》),而"以人望召入朝"(《宋元学案》卷54《水心学案上·忠定叶水心先生适》)的名人,其推崇李焘的《长编》却无微不至。他说:"李氏《续通鉴》,《春秋》之后,才有此书……自史法坏,谱牒绝,百家异传,与《诗》《书》《春秋》并行,而汉至五季,事多在记后,史官常狼狈收拾,仅能成篇。呜呼,其何以信天下也!《通鉴》虽幸复古,然緜千有余岁之后,追战国秦汉之前则远矣!疑词误说,流于人心久矣!方将钩索质验,贯殊析同,力诚劳而势难一矣!及公据变复之会,乘岁月之存,断自本朝,凡实录、正史、官府文书,无不是正就一律也。而又家录、野记,旁互参审,毫发不使遁逸,邪正心迹,随卷较然。夫孔子所以正时月日,必取于春秋者,近而其书具也,今惟《续通鉴》为然耳。故余谓《春秋》之后,才有此书,之所聚也。"(叶适《水心集》卷12《巽岩集序》)史乃国家的法典,前人所以垂后,后人所以识古。然自古以来,一代之史,大都撰于后人。即以司马光的巨著《通鉴》来说,亦复收拾旧闻成书。所以史事也都不能免于人们的疑议。今李焘却能博采当代正史、实录以及家录、野记,参审是正,使之厘然有当于人心,是诚为《春秋》以后唯一的一部史书了!

所以李焘《长编》,在当时是受尽了好评,而无人对他非议的。朱彝尊就曾说:"宋儒史学,以文简(李焘)为第一。盖自司马君实(司马光字君实)、欧阳永叔(欧阳修字永叔)书成,犹有非之者,独文简免于议驳。张敬夫(栻)比之'霜松雪柏,生死文字间';叶正则(适)谓'《春秋》之后,才有此书',要非过论也!"(《曝书亭集》卷45《书李氏续通鉴长编后》)

因而清代带有偏见的王鸣盛指责"此书特辑其本朝事,专务多采,亦复何为?"为之作注的连鹤寿亦复说是"先生责之,过矣"(《蛾术编》卷11《通鉴长编》)。

至于元朝脱脱作《宋史·李焘传·论》说李焘"《长编》之作,咸称史才。然所掇拾,或出野史,《春秋》传疑、传信之法然欤?"《宋史》卷388《李焘传》则更幼稚得可笑,请问什么叫野史?野史只是别于史官之所记载而为私人所记的史书。野史是否可以掇拾以之撰修正史呢?史学名家刘知几给了我们很详细的回答。

《史通·内篇·采撰》说:"珍裘以众腋成温,广厦以群材合构。自古探穴藏山之士,怀铅握椠之客,何尝不征求异说,采摭群言,然后能成一家,传诸不朽。观夫丘明授经立传,广包诸国。盖当时有《周志》《晋乘》《郑书》《楚杌》等篇,遂乃聚而编之,混成一录。向使专凭鲁策,独询孔氏,何以能殚见洽闻,若斯之博也。司马迁《史记》,采《世本》《国语》《战国策》《楚汉春秋》,至班固《汉书》,则全同太史;自太初以后,又杂引刘氏《新序》《说苑》《七略》之辞。此皆当代雅言,事无邪僻,故能取信一时,擅名千载。"可见左丘明传《春秋》、司马迁撰《史记》、班固修《汉书》，之所以能成一家传诸不朽之言，就是因为他们能够博采事无邪僻而属雅言的私史（《晋乘》《楚杌》等）（注）野史（《新序》《说苑》等）的缘故。所以刘知几又说："学者有博闻旧事，多识其物。若不窥别录，不讨异书，专治周、孔之章句，直守迁、固之纪传，亦何能自致于此乎？且夫子有云：'多闻择其善者而从之，知之次也。'苟如是，则书有非圣，言多不经，学者博闻，盖在择之而已。"（《史通·内篇·杂述》）那么，李焘之撰《长编》，正是网罗正史、实录以及家乘、野史，旁互参审，择善而从，力去邪僻之言，而一切归之于至当，以之传真于当时，垂信于后世，怎能说他不该掇拾野史，不明《春秋》传疑、传信之法呢！且莫说北宋之世的正史、实录，往往疏舛特甚，变乱是非，李焘撰修《长编》就得博采野史，以资质正；就在孝宗的时代，史官记载亦复疏谬难信，撰述当时的史书，且"当质诸衣冠故老之传闻，与夹山林处士之记录，庶几善恶是非不至差误"（《建炎以来朝野杂记·乙集》）呢！则脱脱指责李焘不该掇拾野史，也就很不应该了。

至于李焘著《长编》，是不是没有错误呢？错误当然是免不了的。比如，"曾子宣《日记》之偏，王定国《甲申录》之妄，咸有取焉。"（《困学纪闻》卷15《考史》）又"有一事而重出者。如大中祥符八年（真宗年号，1015）六月，诏'自今选人，有罪犯者，铨司未得定入官资叙，并具考第及所犯取旨'云云，又见于九年六月，此类殊不少矣。"（《潜研堂文集》卷28《跋续资治通鉴长编》）莫不都是错误。

我们认为，任何一部史学名著，因为搜罗既广，疏失自是难免。所以洪迈尽管因与李焘以占城入贡的建议而对焘有所不满（《建炎以来朝野杂记·甲集》卷4），却也还是说，四朝史志，"多出李焘之手，其汇次整理，殊为有工。然亦时有失点检处。盖文书广博，于理固然"（《容斋三笔》卷13《四朝史志》），可见著史而有疏失，并不是不可以理解的。李焘自己不就说了"网罗收拾，垂四十年，缀茸穿联，逾一千卷，牴牾何敢自保"吗？（《文献通考》卷193《经籍考·续资治通鉴举要》）古话说得好，"泰山不让土壤，河海不择细流，偏驳之议起矣，而海、岱之高深自若也！"则对《长编》攻错的王鸣盛之流，其于李焘有何伤哉！

最后，必须指出，原来宋太宗在"烛影斧声"之下，不但结束了太祖的生命，夺取了太祖的皇位，且传之自己的子孙，而且使太祖的"后代仅同庶民"，以至"遭时多艰，零落可悯"！（《宋史》卷33《孝宗纪》）直到高宗因为没有亲生之子，而又迫于舆论（参阅《兰大学报》1981年第4期《宋代统治阶级在撰修国史上的斗争》）也就不得不于绍兴元年（1131）立太祖有贤德的七世孙赵眘（孝宗）为太子，才把政权交回到了太祖的后代手里，而为李焘打进了一个锲子。在一向被太宗及其当皇帝的子孙严峻地捂住了盖子,使史官不敢在国史上记载一字的"烛影斧声"之事,也就终于由李焘根据草野僧人的《湘山野录》记载下来,得到了孝宗的支持。既允许他外任地方官,得继续撰修国史《长编》,并每次见到他所进《长编》的奏章,莫不大加赞赏,以至待之以侍从之礼,而召他为秘书监兼国史院同修,且许为他"用神宗赐司马光故事,为序冠篇"(《宋史》卷388《李焘传》)。

李焘诚然是个刚直嫉恶,具有雪松劲柏之节的人物,但又是个认为非乾健则无以立,非巽顺则无以行,而计日用权宜,变通常法以适于道的人儿(李焘《巽岩记》)。所以高宗绍兴年间(1131—1162),奸相秦桧当权,多次要延揽他,他虽绝不与之相通,而所著之书,亦不敢公之于世。只有等到秦桧死后,才开始让朝廷知道。所以他对所撰的《长编》,是深"惧难逃人之指目",以至两次请求孝宗"如两汉宣、章故事""称制决疑""如我神宗之于《资治通鉴》""赐名冠序"则感恩戴德,"死且不朽"了!但终究还是遭到在秦桧卵翼下发家起来的提刑(主管司法、刑狱和监察的官)何熙志的攻击,说他所报泸州城中失火的焚烧数字不实;"且言'《长编》所记魏王廷美食肥貑语涉诬谤'",而要把他置之于法。如果没有孝宗亲自给他撑腰,说是"宪臣按奏火数失实,职也,何予国史"!(《宋史》卷388《李焘传》)则他的性命都保不住了!所以李焘之所以能够撰成他的垂之不朽的《续资治通鉴长编》,诚然是由于他自己能够以国史自任,费尽40年的心力的结果。但若没有孝宗的大力支持,纵然《长编》得以修成,亦只藏之名山,而不能传之于世了!

注:我国古代根据《春秋》大一统的意旨,因而以诸侯之国的史书为私史。刘知几《史通》就曾说:"晋有乘,秦有记,鲁有史,皆私史也。"

原载《上海师范学院学报》1983 年第 4 期

马端临和《文献通考》

　　马端临字贵与,江西乐平人,生于南宋理宗宝祐二年(1254),死于元英宗至治三年(1323),是中国史学史上一位杰出的史家。

　　他的父亲马廷鸾,是个"甘贫力学""以公灭私",以"忤逆"内侍、外戚尤其是外戚中的权奸贾似道而"名重天下"的直臣。他曾历任教授、史馆校勘、史院编修(著作很多)以及礼部侍郎,而进位右丞相兼枢密使等要职。因为贾似道所不容,就不得不辞职归家了!(《宋史》卷414《马廷鸾传》)

　　马端临生活的年代,民族灾难空前惨重:北中国早已在金统治者的血腥统治下,而又亲历野蛮残暴的蒙古贵族的南侵灭宋,自然是"百忧薰心"(《通考·自序》),他又深受父亲不幸遭遇的影响,感到济世扶危,力非所任,而只能"业绍箕裘"(《文献通考·自序》),在撰述上做出自己的贡献。尽管反元南侵的烽火熊熊遍地,反元的起义遍及江南,但他终究还是紧紧地关起碧梧书斋的门来,从事撰修他的《文献通考》,完成了他的名山之业!

　　他撰修的《通考》,与宋室南渡以来一般士大夫之所著述,是有许多不同之处的。

　　宋朝南渡之后,一般士大夫对于"靖康之难,至痛极愤!此上下深谋,不知寒暑寝食之时",决不可"视宗庙君父之仇,如疥癣之在身,忍而不搔"(叶适《水心集》卷4《始论二》)!以故高宗时代,胡安国著《春秋传》,便认为士大夫"无死难之节,又无克复之志,贪生畏死,甘就执辱,其罪为重"(罗大经《鹤林玉露》卷14)。

　　总之,南渡以来,一般士大夫,莫不慨然有感于报仇的大义,誓死恢复中原,坚决地认为"岂可坐而讲尧舜三代之旧,洋洋焉,熙熙焉,而不思内外之分,不辨逆顺之理,不立仇耻之义,一切听其为南北之成形,而与宋、齐、梁、陈并称而已者乎!"(《水心集》卷4《始论一》)

至于著《续资治通鉴长编》的李焘，则又是"愤金仇未报，著《反正议》十四篇，皆救时大务"(《宋史》卷388《李焘传》)。并于孝宗淳熙八年(1181)知遵宁府时，创办勤武堂，亲自训练士卒，可以说是始终不忘报仇雪耻的史学家。著《通志》的郑樵，则上书枢密宇文虚中，要求做个报国雪耻的"死义之士"(《夹漈遗稿》卷3《与景韦兄投宇文枢密书》)，投书给事中江常，请求"抒生灵之愤，刷祖宗之辱"(《夹漈遗稿》卷3《与景韦兄投江给事书》)，是与金人有不共戴天之仇的爱国主义者！

至于蒙元灭宋之后，宋的遗民郑所南著《心史》，胡三省注《通鉴》，以及其他著书立说，赋诗填词而抒其亡国之痛、灭种之恨，如汪元量、邓光荐、龙麟洲、孙嵩……是大有人在。只有马端临撰修《通考》，却故意阉割当时野蛮残暴、杀人如麻的蒙元的南侵；宋人负戈捐躯，悲壮淋漓的反侵略，以及反残酷压迫斗争的历史现实不载，而将一部贯穿25代，应该修到宋的灭亡，具有完整系统性的巨著，仅至宁宗嘉定五年(1212)，即告终止。甚至为了避免蒙元统治阶级的忌恨，把金灭北宋，统治北中国的血腥史，也都割断不载，而仅写到五代时候的秣辑即告辍笔。那么，就这一点来说，《通考》一书，虽是羽翼经史，资助考据，传之万代不朽的名著，亦终有极大的遗憾。

一、在宋儒中能撰一部关于历代典章经制的巨著，是难能可贵的

《史记·孔子世家》说："孔子之时，周室微而礼、乐废，诗、书缺，追迹三代之礼，序、书、传，上纪唐、虞之际，下至秦穆，编次其事。曰：'夏礼吾能言之，杞不足征也；殷礼吾能言之，宋不足征也；足，则吾能征之矣。观殷、夏所损益，后虽百世可知也。'"(《史纪》卷47《孔子世家》)可见孔子实为我国编次历代史事，且明其典章制度会通因仍损益之道的开山鼻祖。

马端临正是师承孔子之教，而撰修他的《文献通考》的。

首先，他认为"考制度，审宪章，博闻而强识之，固通儒事也"，而"典章经制，实相因者也。'殷因夏，周因殷，继周者之损益，百世可知'，圣人盖已预言之矣。爰自秦、汉以至唐、宋，礼乐兵刑之制，赋钦选举之规，以至官名之更张，地理之沿革，虽其终不能以尽同，而其初亦不能遽异。如汉之朝仪、官制，本秦规也；唐之府卫、租庸，本周制也，其变通弛张之故，非融会错综，原始要终而推寻之，固未易言也……独非后学之所宜究心乎？"于是他就"自早岁盖尝有志于缀缉"以

成一书了。至于"(孔)夫子言夏、殷之礼,而深慨文献之不足征",而他则"业绍
箕裘,家藏坟索,插架之收储,趋庭之问答……"(《文献通考·自序》),则是具
有极好条件的。

再则,刘秩仿《周官》之法,摭拾百家,分门铨次,作《政典》35 卷,杜佑以为
未备,因而推广其缺略,凡分食货等八门而成《通典》。而马端临又感到《通典》
虽然"纲领宏大,考订核洽",但只写到唐的天宝年间,天宝以后,则缺而不存。
何况"节目之间,未为明备;而去取之际,颇欠精审"(《文献通考·自序》)。于
是离析《通典》的食货、选举、职官、礼、乐、兵刑、州郡、边防八门,分为一十有九,
而增以经籍、帝系、封建、象纬、物异五门,共为 24 门。便将 25 代的典章经制,
首尾贯通,条分缕析,灿然明备。其巨大的成就,是值得肯定的。

清儒卢文弨就曾说:"宋儒又每以博闻多识比之'玩物丧志'。故其于史也,
略识兴亡之大纲、用人之行政得失而已。自谓括其要矣。其他典章制度因革损
益之粲然具列者,率无暇留意……其病皆由于谫谫拘拘(浅薄拘泥),不能广搜
博考以求其佐证;而且专己自用,不师古人。其或时异事殊有必不可以沿袭者,
而又不能得变通之宜。"(《抱经堂文集》卷 4《钱晦之后汉书补表序》)不但如
此,甚至朱熹以一代儒家的大师,且说什么历史上"谓这个是盛衰之由,这个是
成败之端,返而思之,关你身已甚事"(《朱子语类》卷 114),这简直是教人不要
去读什么历史,去关心什么国家大事了!而马端临却能阐述历代典章经制,以
明其会通因仍之道,在当时来说,是尤为可贵的了。

我们知道,宋代文治虽盛,而宋儒治学的门庭路径,却常出于佛、老,以至以
静言性而主乎静,"涤去世俗尘垢之念"(《朱子语类》卷 69《答甘道士》),以为
不立文字,可以识心见性,守虚灵之识,而暗借佛、老之言,以文儒者之说"便可
改头换面……说向士夫,接引后来学者"(《十驾斋养新录》卷 18《引儒入释》),
引儒入佛,以至"朱子误于老,陆子误于佛"(冯表《李恕谷年谱》),而真德秀且
沉溺于二氏之学了!

至于"明道先生,以记诵博识为玩物丧志"(《近思录》卷 2《为学》),读经史
而不着意于历代典章制度,这就是"升堂入奥",被称为程门高足,而秉性优柔,
言多平缓。而为明道先生之所最喜爱的杨时(《宋元学案》卷 8《龟山学案、上蔡
学案》),也都说是"今所谓博学者,特通历代之故事而已。必欲取尧、舜三代之
法,兼明而默识之,以断后世所为之中否而去取焉,盖未能也"(《龟山集》卷 10
《语类》)了!今马端临却能辛勤地博采经史以及百家传记,写出深明会通因仍
变革之道,中否而去取之的《通考》,宜其与郑樵的《通志》,王应麟的《玉海》,共
传不朽,鼎立而三了。(《通考》精审详瞻,超过了《通志》,容后再述。)

二、《文献通考》并非如章学诚说的只是一类书之学

章学诚既指责马端临"《文献通考》之类,虽仿《通典》,而分析次比,实为类书之学,书无别识通裁,便于对策敷陈之用"(《文史通义·内篇四·释通》),又颂扬郑樵"绝识旷论""独取三千年来遗文故册,运以别识心裁。盖承通史家风,而自为经纬,成一家言者也"(《章氏遗书》卷4《文史通义内篇·申郑》)。这种言论,明显地在申郑屈马,是极不公正的。

为什么?清高宗弘历命儒臣校刊《三通》既毕而为《文献通考》制序说:马端临"会通古今,该洽载籍,荟萃源流,综统同异,莫善于《通考》之书"(《四库全书·御制重刻文献通考序》)。可见《通考》实是《三通》中最好的一部,又怎能说是"虽仿《通典》,而分析次比,实为类书之学"呢?

举例来说,《通考田赋考》之叙历代田制之规,而谓"古之帝王未尝以天下自私也……故其时天下之田悉属于官,民仰给于官者也。故受田于官,食其力而输其赋。仰事俯育,一视同仁,而无甚贫甚富之民,此三代之制也。秦始以宇内自私,一人独运于其上,而守宰之任,骤更数易,视其地为传舍……以故秦汉以来,官不复可授田,遂为庶人之私有,亦其势然也。虽其间如元魏之泰和,李唐之贞观,稍欲复三代之规,然不久其制遂隳者,盖以不封建,而井田不可复行故也。三代而上,天下非天子所得私世,秦度封建而始,以天下奉一人矣。三代以上,田产非庶人所得私也;秦废井田,而始捐田产以予百姓矣。秦于其当与者取之,所当取者与之。然沿袭既久,反古实难,欲复封建,是自割裂其土宇,以启纷争;欲复井田,是强夺民之田亩,以召怨读。书生之论,所以不可行也。随田之在民者税之,而不复视其多寡,始于商鞅;随民之有田者税之,而不复视其丁中,始于杨炎。三代井田之良法坏于鞅,唐租庸调之良法坏于炎,二人之事,君子所羞称,而后之为国者,莫不一遵其法。一或变之,则反至于烦扰无稽,而国与民,俱受其病,则以古今异宜故也。"(《文献通考·自序》)这种对历代田赋之制,明本探源,以究其变革之故,而归之于时势使然,而非某个人的关系,正是马端临别具心裁,故能有这独断之学的缘故。又怎能说他只是辑录一些资料,编次成一部分门别类,仅备检查的类书呢?

再说,马端临撰修《通考》,上承《通典》的体例。然在唐玄宗天宝以前,则增补其事迹之所不足,离析其门类之所未详。从天宝以后,至宋宁宗嘉定之末,则续而成之。"凡叙事则本之经史,而参之以历代会要,以及百家传记之书,信而有证者从之,乖异传疑者不录,所谓文也。凡论事则先取当时臣僚之奏疏,次

208

及近代诸儒之评论,以至名流之燕谈,稗官之纪录,凡一话一言可以订典故之得失,证史传之是非者,则采而录之,所谓献也。其载诸史传之纪录而可疑,稽诸先儒之论辩而未当者,研精覃思,悠然有得,则窃著己意,附其后焉。"(《文献通考·自序》)可见马端临辑录文献,既经严密考订,去伪存真,又复运以别具心裁,而成一家之学。又怎能把他的《通考》,说成是分门编排的类书呢?

总之,我国研究历代典章经制,阐明其因仍损益之道的典籍,首推《三通》。《三通》之中,则莫"善于《通考》之书。其考核精审,持论平正,上下数千年,贯穿二十五代,于制度张弛之迹,是非得失之林,固已灿然备具矣。"(乾隆《御制重刻文献通考序》)"虽稍逊《通典》之简严,而详瞻实过之。若郑渔仲(樵)之《通志》,则仿通史之例……纪传及谱,皆剿袭旧史,稍为删润,殊无可观。其精华唯在《二十略》……各略中穿凿挂漏,均所不免。实未能与《通典》《通考》鼎力为三也!"(《退庵随笔》卷16《读史》)可见《三通》之中,实以《通考》为最好,而《通志》则最差了。

然而章学诚以一有学有识的史学名家,为什么硬要那么费尽心机,写下《释通》《申郑》《答客问》上、中、下,一共5篇文章,来大事申郑屈马呢?这当然是有原因的。所谓山里套山,戏中育戏,非戳破这层烟幕,是很难知道他的底细的。

原来乾、嘉之际,考据学正是风靡一时、极其鼎盛的显学。而章学诚却偏偏不善于作这种整理贯通的训诂、校对勘误的求真工作,想要在这方面和戴震一较雌雄,而"求名""干禄",则根本是不可能的(《章氏遗书》卷9《文史通义·外篇·答沈枫墀沦学》、《章氏遗书》卷28《文集·与族孙汝南论学书》)因而也就只有另辟途径,"悬古人之近己者以为准",向他"盖有天授"的史学发展(《章氏遗书》卷9《文史通义·外篇·与朱沧眉中翰论书、家书二》)了,而他和戴震恰好又都是个睥睨一切的人,于是戴震以其精于考据,而"痛诋郑君《通志》"之疏陋。而他这时"于史学,贵于著述成家,不取方圆求备,故于训诂考质,多所忽略"的人,便深责"其言绝可怪笑,以谓不足深辩"(《家书三》《答客问上》)。所以他的"申郑",实际上是申己;他的"屈马",实际上是屈戴。所谓借他人的酒杯,浇自己胸中的块垒,即所谓指桑骂槐,暗相讥刺是也。

三、《文献通考》也是有错误的

然而我们在上节所云,并不是说马端临《通考》就没有错误之处。诚如顾炎武所说:"马贵与《文献通考》皆以一生精力成之,遂为后世不可无之书。而其中小有舛漏,尚亦不免。"(《日知录》卷19"著书之难"条)这种说法,是近乎情理,合乎事实的。就拿《通考·经籍考》来说,尽管胡元瑞是明儒中"才高识高,而充之以学",会通经籍而著名的专家(陈文烛《经籍会通序》),他也说"大抵历朝坟籍,自唐以前,概见《隋志》;宋兴而后,《通考》为详"。又极称《通考》"类甚详核","有功千古!"(《少室山房笔丛》卷1《经籍会通》)

然而《经籍考》中的问题和错误,却依然是免不了的。

第一,失之伦类。

《经籍考》虽分类详核,但也有失之伦类的。诸如:南宋末年戴埴著《鼠璞》考证经史上的疑义以及名物典故的异同,持论很是精审。其所以名叫《鼠璞》,是因取郑人谓玉未琢的为璞,周人谓鼠未腊的为璞,同名异物的意义。而《通考》列入小说家,是失其伦类了。又,《经籍考》之所采辑,多是晁公武、陈振孙的说法。于是晁公武的《郡斋读书志》以《战国策》出于纵横家所著,不合于先王的正道,便把它从史部目录里挑出来列入子部。然"'子'之为名,本以称人,因以称其所著,必为一家之言,乃当此目。《战国策》乃刘向糅合诸记并为一编,著者既非一人,又均不得其主名,所谓'子'者安指乎?公武改隶子部,是以记事之书为立言之书,以杂编之书为一家之书,殊为未允。"(《四库全书总目》卷51《杂史类·战国策注》)今马氏竟承晁公武的错误观点,也不把它列入史部,而归之于子部纵横家类,不又是失之伦类么?又,李延寿的《南北史》,虽分南北两朝,却通南北的总要——以朝代为限,而又仍其通流。其书虽未以通标名,而体例实具通的意旨。盖史法有因有创,史例有正有变,要看得活络,不可固执拘泥啊!所以刘知几且以《南北史》和《科录》一同看作以通达上下古今为体,如同《史记》之类的通史(《史通·内篇·六家》)。至于郑樵的《通志·艺文略》,高似孙的《史略》,莫不都将《南北史》列入了通史部门,而《通考》却把《南北史》列入正史中的断代史,不是又失其伦类吗?

第二,缺载唐代典籍之事。

《旧唐书·经籍志》,历记贞观时购买、校订,开元时整比、缮写,文宗时搜访群书,以及安禄山之乱、黄巢起义典籍散佚殆尽之事,《通考》均缺略未载。又唐太宗甫定内难,即设弘文馆,聚书20多万卷,并选天下文学之士虞世南等更日直宿,至夜分乃罢,本是见于《通鉴》所记太宗留意典籍的盛事,《通考》亦复逸而不载,这都不能不说是一种缺陷。

第三,一书重见。

一书重见。如"陆德明《经典释文》三十卷,见卷百八十五经解类,又见卷百九十小学类。宋敏求《春明退朝录》五卷,见卷二百一故事类,又见卷二百十六小说类。郭茂倩《乐府诗集》一百卷,见卷八十六乐类,又见卷二百四十八总集类……盖著作之家多不免此弊,彼此相笑,自昔然矣。"(《十驾斋养新录》卷13《文献通考》)

第四,失于检照。

杜君卿《通典》志州郡,辟唐讳,改豫州为荆河州(因唐代宗名豫之故)。马氏《舆地考》,虽承杜典旧文,而改荆河为豫,得其当矣。乃于《古扬州篇》云:"分置南兖州,南荆河州。"又于寿州下云:"荆河州刺史祖约,云齐因之,兼置荆河州;云梁置南荆河州,云寻改为南荆河州。此数处犹沿杜本之旧,殆由卷帙重大,一时失于检照故耳。"(同上)

我们认为,任何一部著作(且莫说卷帙巨大之作),偶有差失,是免不了的。不见大儒郑玄就曾以祭公为叶公,良史司马迁又曾以子产为郑公子吗?智者千虑,必有一失。《通考》虽有错误,并无害于马端临之为杰出的史家矣!

原载《杭州师范学院学报》(社会科学版)1984年第3期

关于马端临《文献通考》人民性的问题
——与白寿彝先生商榷

白寿彝先生著《马端临的史学思想》一文(《学步集》),分《杜佑、郑樵史学传统的发展》《马端临史论的科学因素》《马端临史论的人民性》三大节阐述。因为《通考》是一部巨大的著作,不便在这一篇文章里进行全面性的讨论,兹且就《通考》人民性的一个问题,提出一些极不成熟的看法来和白先生商榷。

白先生说:"马端临的史论""表达出一定的人民性""有高贵的民族正义感""在没人敢大声儿咳嗽的元代""敢于作对现实的抗议"。这种说法,我尚不便同意。

我认为评论一部历史著作是否具有人民性,具有民族正义感,就得:第一,必须把它放在一定的历史情况下,一定的环境中去考虑。第二,必须从它本身的总的倾向性,全部的主要意旨去分析。如果不很顾到作者所处的时代,他的著作究竟是在什么具体历史情况下写成的,著作的总的精神实质是什么,而仅在某些枝节方面,搜集一些材料,把它组织起来,加以阐述,那所得出的结论,也就不免难于使人信服。

一、人民性、民族正义感的问题

《通考》的作者马端临,生于南宋理宗宝祐二年(1254),死于元英宗至治三年(1323)。在他一生活着的 69 年中,民族灾难空前惨重:北中国早在金的统治阶级血腥统治之下,自己又亲历着历史上从未有过野蛮残暴的蒙古贵族的南向攻宋、灭宋,以至统治全中国的非常时代。那么,作为一个史学家,尤其作为一个有人民性,有民族正义感的史学家,在他的著作里,就该把反映他那个所生活时代的情况,记载他那个时代惊天动地、悲壮淋漓的历史事实,当作义不容辞、庄严神圣的天责。用他那富有强烈而深刻的思想性的笔墨,去感动人民,教育

兰州大学文库

人民,打击敌人,消灭敌人。如北宋末年的黄翼之,自身陷于北中国金的统治区域之著《南烬纪闻》,在序文里,便阐发他著书的宗旨说:"愿此书南播,使宋之子孙,目其事,动其心,卧薪尝胆,誓灭凶丑,雪冤涤耻,廓清中原",而马端临却正是与此相反的。

马端临撰修《通考》,所深受影响的只是他那高官做到右丞相且兼枢密使,而又曾历任教授、著作郎、国史院编修,校勘、编修了许多有关经、史、子、集著作的父亲马廷鸾(《宋史》卷414《马廷鸾传》、《豫章丛书·碧梧玩芳集》)的深厚的栽培,以及他父亲巨量家产的承继。所以他修《通考》,作《总序》便说:"业绍箕裘,家藏坟索,插架之收储,趋庭之问答,其于文献,盖庶几焉。"尤其是承受了他父亲看见国事日非,借着与权奸贾似道在政治上不合的机会,便辞职家居起来,"自号'玩芳病叟'"(《四库全书总目》卷165《碧梧玩芳集》)。尽管宋朝要整个覆灭,民族要立即危亡,也都一切委心任运,而只一味观书玩芳,冀图保全自己的生命,自家财产的安全的衣钵真传。因而不论什么反元南攻战争的烽火,熊熊遍地,反元残暴统治的起义,弥漫江南,他个人还是紧紧地关起门来,静心一意地坐在碧梧书斋里,回避沸腾的现实,摆开火热的斗争,专心致志地去撰修《通考》,以完成他个人的名山事业。尽管平时他父亲以右丞相兼枢密使,是掌握国家军政大权,而仅次于皇帝的最高首脑,并且由于宋的制禄之厚,祠禄之厚,恩幸之厚,竭尽了人民的膏脂,而享受国家最优厚的待遇。就是他自己,亦以宋制恩荫之滥,以父荫而补了寄禄的承事郎(见《宋元学案·介轩学案·马端临传》、《廿二史札记》卷25"宋制禄之厚"等条)。那么,便当如民族英雄文天祥说的:"乐人之乐者,忧人之忧;食人之食者,死人之事。"(《宋史》卷418《文天祥传》)但到国难严重,民族危亡的紧急关头,别人虽能"感激赴义""捐躯徇节"(《宋史》卷446《忠义传序》),他却无动于衷,一切都与他毫无关涉!还谈什么"马端临的史论""表达出一定的人民性",有"高贵的民族感",敢于进行"现实的抗议"呢!甚至为了保全自家性命、财产的安全,不但将凶恶敌人蒙古贵族的攻宋、灭宋,以至统治全中国的事迹都一字不提,唯恐会因此引起忌讳,遭到杀身亡家之祸。读明嘉靖时程曾《书宋遗民录刻后》所说:"宋既亡……时之士,若王鼎翁、谢皋羽、唐玉潜辈,忠愤激烈……而不顾于祸患""每摭拾其残编断简而伏读之,其言劲如风霆,炜如目星,而黍离麦秀之感,溢于言意之表,殊使人不能终篇,固已毛发上指,涕泗交颐,如见其人于九京,而凛有生气,欲从之游而不可得也。"(程敏政《宋遗民录序》)这就可见在元代高压统治之下,敢于大声咳嗽,敢于对现实抗议,不是无人,而是大有人在,只是不是那怕死鬼马端临而已!

《通考》是马端临在宋灭亡后,"用心二十余年"(《通考抄白》),至元成宗大德十一年（1307）才写成的（《乐平县志》，李谨恩《通考序》）。那么，无论哪个史家去撰修《通考》，都当写到宋亡为止。既可使宋一代的典章经制有个自始至终的完整体系，又可使他那巨著得自成为一部朝代完整的著作。这当是理所当然，事所必然的。这就是马廷鸾著《读史旬编》，在序文里也都申说了他稽考古代典籍制作的始末，并以这个意旨教示过马端临儿辈。更何况古人著述历史，本来就是非常注重起讫的年限的。诸如：孔子作《春秋》之始于鲁隐公元年，止于鲁哀公获麟之岁。司马光修《通鉴》之始于三家分晋之年，迄于后周事实上已亡的显德六年（959）。而马端临编修《通考》，本来是遵守父教，以至许多地方都遵用了"先公"的意旨。但关于修史的年限起讫的一点，却独置父训和先人修史的义法于不顾，只到宋宁宗嘉定五年（1212）为止。即是宁宗一代，也还有12 年的史事，都不继续下去，更莫说修至宋亡的帝离祥兴二年（1279）了。这到底是什么缘故呢？还不明显的是因蒙古从嘉泰二年（1202）开始攻金，到六年已是攻入长城，包围了燕京（中都），迫使金将迁都于汴，并继续南攻，以至灭亡宋朝，统治了全中国吗？其间有许多应当大书特书，在反民族压迫斗争中英勇牺牲，悲壮激烈的事迹，只因马端临是个被敌人的威力吓得腿软胆破的人，为了保护自家生命财产的安全，因而也就只编修到嘉定五年即止，再不敢继续写下去了。

其实，每逢新建立的一个封建王朝，总得表彰封建道德，而使天下之人，忠实于它的政权的。因之对于前代的忠奸，也就必须分别地给予褒贬。元朝是以蒙古贵族占主导地位所建立的封建王朝，而脱脱等奉诏撰修宋、辽、金三史，讨论凡例，也还是同样地以为对于"前代忠义之士，咸得直书而无讳焉"（《宋史》卷446《忠义传序》），且经统治者所批准了（《金史·忠义传序》）的。所以《宋史》大都是就宋人所修的国史旧本，稍为加工编次，而内容则大半是一仍其旧（《廿二史札记》卷23"宋史多国史旧本"条），以存全它原来的一定的褒贬的。而元世祖君臣对宋的降臣们，又莫不尽情给以讽刺、侮辱。如世祖召宋诸降将问曰："尔等何降之易耶？……汝主何负焉。"（《元史》卷79《世祖纪》）又如宰相廉希宪，当时号称"礼贤下士"，但当"江南刘整以尊官来见，先兄毅然不命之坐"（元郑元祐《遂昌杂录》）。反过来，对宋死节之臣，则特加钦敬。如李芾守潭州（长沙），全家殉难，助功湖南的元参政崔斌和出使交趾的李两山，都赋诗哀吊（盛如梓《庶斋老学丛谈》卷3）。可见对前朝的忠奸，给予一定的褒贬，在元新政权看来，同样是必要的。但马端临却唯恐稍有不慎，即将遭犯元统治者的忌恨，而受到祸害。所以民族国家的观念，对他来说是很薄弱的，只是自己的生命康宁第一，自家的财产安全第一。从而不但将一部从唐、虞而贯穿到宋二十五代的巨著《通考》,仅仅写至嘉定五年即止,甚而在书中以屈辱于异族统治下的顺民自居,屡屡地称宋朝为宋朝,连国朝或本朝二字都不敢用!

其实,宋人修史,书法是非常谨严的。如欧阳修《新唐书》的一字不苟,又通过古代史事,而为当时政治服务的,且不去说。即如《炀王江上录》的作者,在《录》内莫不敌我分明。记金主亮,则曰"虏主";称宋,则名"大宋"。又如著《中兴御侮录》的作者,在书内称宋朝,则曰"本朝";称宋兵,则曰"王师""官军";称金兵,则曰"虏贼""虏帅"。至于其他当时宋人的著作的称号敌我分明,如在赵淳部下当幕僚的赵方年著《襄阳守城录》,称宋为"本朝",金为"金国";宋军为"我军""官兵";金军为"虏兵""虏贼",则就不必再说了。因为"别内外,明华夷",自孔子作《春秋》以来,史法就是如此地成了一条规律,否则,就得遭到一定的非议。试看丁特起著《孤臣泣血录》,对于大权奸秦桧的罪过,多加抹去,那就不但引起了一般公论的指斥(《三朝北盟编》卷86引赵甡《中兴遗史》),即是一般家庭妇女,亦"指其不然"(楼钥《攻媿集》卷85《先妣行状》)。所以尽管徽宗是个"怠弃国政""骄奢淫逸",做尽无益而害有益之事的"国破身辱"(《宋史》卷22《徽宗纪赞》)的皇帝,也得叮嘱记北迁之事的王若冲,要"善恶必书,不可隐晦,将为后世之戒"(熊克《中兴小纪》卷17)。今马端临著《通考》,独独打破历代以来修史的义法,抹掉元兵攻打灭亡宋朝的现实史事不载,并以元的顺民自居,从而也就给他是个没有本朝和民族观念的人,提供了决定性的证据。似乎更不必从一些小节上,说他的史论,能"表达出一定的人民性",有"高贵的民族正义感",说他"在没人敢大声儿咳嗽的元代",敢于"对现实的抗议"了。

在这里,用马端临修《通考》和同时的南宋遗民胡三省著《资治通鉴音注》进行比较,是有必要而有助于了解《通考》的人民性、民族正义感的问题的。

白先生说:"胡三省对于封建伦理的观念比马端临来得浓厚,他的人民性倾向就不像马端临的比较显著。"这种说法,我认为也是可以商讨的。蔡云慧先生说:封建伦理"不是封建统治者创造的,而是来源于人民",它是后来"被封建统治阶级所利用,所篡改"(1963年9月23日《光明日报》)的,所以它虽为统治阶级所利用,但在一定的情况下,一定范围内,也还是可以表达人民的愿望,符合人民的需要的。所以胡注石勒遗命"大雅(勒的二子)兄弟,宜善相保,司马氏,汝曹之前车",则说是"戒其兄弟自相残也"(《资治通鉴》卷95《晋纪》17)。八王之乱,诚然是司马氏统治阶级内部狗咬狗的事情,如能讲些封建伦理,则"兄弟阋墙,外御其侮",何至于会把统一的中国,闹得四分五裂,而给广大人民带来严重的灾难!又注宋世骨肉相残,则说是"为肖氏取宋张本"(《资治通鉴》卷133《宋纪》15)。这因刘宋子孙,没有一点伦理观念,骨肉相残,严重地影响了恢

215

复中原,违背了人民的愿望,而使人民陷于民族灾难的水深火热之中。可见胡三省如此去讲伦理,还是具有一定的人民性和民族意识的。

写到这里,不妨看看谢枋得的母亲桂氏反抗元兵的故事。《庶斋老学丛谈》卷2载:"天兵(元兵)南下时,叠山谢先生(谢枋得)率众勤王,溃散而遁。兵至上饶(今江西上饶市),拘谢母,必欲得其子。母曰:'老妇今日当死,不合教子读书,知礼义,识得三纲五常,是以有今日患难。若不知书,不知礼义,不识三纲五常,那得许多事,老妇愿得早死。'且语言雍容,略无愁叹之意。主者无如之何,遂释之。"可见三纲五常,虽是统治阶级为了巩固其统治地位所宣扬的一套封建伦理,制约人民犯上作乱的毒素。但当蒙古贵族兴兵攻宋,灭宋的过程中,却含有强烈的民族意织。谢枋得的能够坚强地反击民族敌人,誓死不肯仕元以至绝食殉难,以及他母亲在敌兵威逼下,而能语言从容,毫无所惧,把为民族而死,看作"义所当然"(《宋史》卷460《列女传》)。这都充分表现出高贵的民族正义,表达了广大人民的愿望,而且又是和封建伦理教育分不开的。从而在当时特定的历史条件下,也就不好说胡三省的封建伦理观念较马端临浓厚,人民性倾向不及马端临了。

马端临修《通考》,称宋朝为"宋朝",而以元的顺民自居。我们知道,元朝统一全中国之后,世祖是曾下令中外,只准称宋做"亡宋"(《元史》卷9《世祖纪》)的。而胡三省在元苛暴地统治下,注《通鉴》不但不接受这种逆命,称宋为"亡宋",而我行我素地称之为"本朝""我朝""我宋朝";甚至"释地理皆用宋州县名"(《日知录》卷13《分居》);注《通鉴》虽然是在元世祖至元二十二年(1285)完成的,但序文里却不用元的年号,而用干支纪年。这简直是处处不知有元,只知有宋;只以宋为我朝,而以元为敌朝,誓不承认元的统治政权,依然活在宋的岁月里了。胡三省如此敢于犯令遭忌,充分表现出他的强烈而高贵的民族正义感,还能说他的人民性倾向,不及以顺民自居的马端临吗?

胡三省在宋灭亡之后,不但与政治断绝了关系(在宋他是做过县尉、县令、府学教授以至淮东幕僚的),而且谢绝了人事,在宋亡后26年的生活里,专心致志,从事注释《通鉴》,至以文天祥、谢枋得的"守节伏死"(《通鉴胡注表微·书法》)自励。只要《通鉴》能够注成,遭到元政权的忌恨,是在所不计的;冒犯严寒酷热,是死而无憾的(《光绪海宁志》)。又叮嘱他的子孙,不要在元政权下为官(《表微·臣节》)。这都充分地表现了他的高贵的民族气节和爱宋的忠诚。这岂是那感到"仕进无路",不得已而书院山长也出来担任的马端临(详后)所可比拟的?从而也就不能说胡三省的人民倾向性不及马端临了。

胡三省注249卷的巨著《通鉴》,在参考图书极不易得的情况下(与马端临修《通考》之家富文献的，自是大不相同），是非常艰巨的。尤其是他秉着古人的意旨，往往借古讽今，影射现实，以抒发他的高度民族正义感，在当时是代表了人民的呼声，反映了人民的意志的。诸如：他注晋向契丹上降表，说是"亡国之耻，言之者为之痛心，矧见之者乎"（《资治通鉴》卷285《后晋纪》卷6），以寄托他对宋奉表向元称臣的深切隐痛！这岂是在元政权统治下，特意避开一切现实生活不谈，唯恐遭忌、惹祸的马端临所能比拟的吗？注释韩非给秦出主意，而想覆灭他自己的祖国（韩），则说："欲亡韩，死犹有余罪也"（《资治通鉴》卷6《秦纪》卷1）。借以痛责刘整、吕文焕、吕文福等以宋的边防大臣，而相继降元，引导元兵以攻江南亡宋之为民族罪人！并通过杜重威的被磔于市，市人争食其肉，而说是"怨杜重威卖国，引虏入汴，而都人被毒也。"（《资治通鉴》卷287《后汉纪》卷2）用此痛骂刘整等之引敌兵残害自己的种族，覆灭自己的宋朝之罪该万死！这和马端临的故意中断蒙古贵族南攻之事不载的相比，愈加显得他的民族气节，洋溢纸上了！注释殷仲文请刘裕讲求音乐，则说："世之嗜音者，可以自省矣。"（《资治通鉴》卷114《晋纪》卷36）借以痛恨南宋君臣的荒淫无耻，歌舞湖山，而徒"不知亡国恨"，寓意是极其深刻而沉痛的！然而这种借古讽今，在马端临这个只顾生命财产安全，毫无爱国思想、民族意识的胆小鬼，固然是不敢为的。何况他的父亲马廷鸾以南宋居第二位的当权头头，当民族矛盾最是严重而激化的时代，却在碧梧轩里悠闲自在，玩芳钓鱼，弹琴赋诗，寄情于林丘之间。（《碧梧玩芳集》卷22《题王氏琴清堂》）甚至妄想驾空腾云，遨游物外，而去"空山学仙子"（《碧梧玩芳集》卷22《次韵周公谨见寄》）。马端临敬受父亲的庭训，深受父亲的影响，只以忙于撰修《通考》而感到亦步亦趋父亲的优游岁月的生活之不暇，哪里还有人民性的倾向，民族正义感，一违衷心凤愿肯给歌舞湖山的当权派的荒淫嬉戏分子以针砭呢？这就不能说胡三省的人民倾向性、民族正义感，不及马端临了。

总之，胡三省身经宋朝灭亡的惨痛，因而注释《通鉴》，感古伤今，以抒发他黍离麦秀的悲痛之处，也就不胜引说了。较之马端临修《通考》以述历代的典章制度，本以宋代的最为详细，却又害怕遭受元的猜忌，故意阉割宋朝灭亡的惨史不载，就高出万倍了。胡三省在宋亡后，隐居不仕，坚持与元政权进行到底的民族思想斗争，较之马端临修《通考》而供元政权统治人民的大经大法，并出任书院山长，在文化教育上为元政权效劳，又有其天渊之别了。所以曾思廉撰《元书》，从《元史类编·儒学传》里，将胡三省改入《隐逸传》里，表示他誓志不为元政权所用，而继续与之抗拒、斗争，以及陈垣老先生著《胡注通鉴表微》，对胡三省的民族气节，爱国热诚，进行精详的分析，都是极其正确而有必要的。反过来，白先生所说：胡三省的“人民性倾向，不像马端临的比较显著”，则就缺乏实际感，而有待于商榷了。

如果再举它例，以为鲜明的对比。那么：

第一，南宋遗民郑所南，不但著《心史》，署名为《大宋铁函经》（罗振玉《抄本心史》）；著《太极祭炼文》，题名《大无工十空经》（空字去工而又加十，则成大宋。程敏政《宋遗民录·郑所南传》）匾其住室，则曰“本穴世界”（以本之十置于下文，则成大宋）；改其名字，则曰思肖、所南，以示“义不忘赵，北面它姓也”。（陶宗仪《辍耕录》卷20《狷洁》）。就是吟一首诗，昼一棵兰，也莫不寄托他“不知今（元）日月，但梦宋山川”（明王鏊《姑苏志》卷55《郑所南传》）之深刻地眷恋大宋山河的感伤。而《心史》又复“历纪南宋陷元之悲，元朝腥秽之政”（刘鎣《五石瓠》《庚辰长编》排印本）。“其志吞逆虏，慷慨复仇，不啻三复言之”（徐树丕《识小录》《涵芬楼秘籍》一集本）。那么，两相比较起来，越使我们感到马端临的史论之没有民族正义感，没有人民倾向性了。

第二，南宋遗民，写书、赋诗、填词，以抒泄他们亡国灭种的痛恨。如汪元量、邓光荐、龙麟洲、孙嵩以及徐君宝的妻子，悲愤满怀，意致凄切，令人不忍卒读的，更是大有人在。其中为《宋史》《元史》《宋遗民录》所没有记载，经黄节老先生收集在《宋儒略论》（《国粹学报·社说》）里的，就有王幼孙等50多个。只有马端临修《通考》，对于宋朝和种族覆灭的巨大灾难变故，半句也不敢提及，这就不好说他有“高贵的民族正义感”“敢于作对现实的抗议”了。

如果说马端临著《通考》，为了保存25代的典制的文献，而不避开现实，以阐发他的民族气节和爱国思想，则在元政权统治下，又怎能传之后代？那么，郑所南的《心史》，以及其他许多南宋遗民以忠肝义胆抒发亡国灭种之恨的著作，也都同样地传到了后代呢？

马端临修《四裔考》，在《东夷考》里，明明写了黑水靺鞨。但至五代，即告辍笔。这不又很明显的是因南、北靺鞨分号“生女真”“孰女真”，曾纳贡服属于辽，而“生女真”的部长阿骨打（金太祖）终于叛辽称帝，建国号金，其弟吴乞买（金太宗）复灭辽与北宋，至蒙古兴起，又复灭金。从而马端临以为金、元一体，害怕在编写这种错综的史事中，会引起元统治贵族的仇恨而遭文字之祸，便将这些事实，都阉割不载了吗？否则，详今略古，本是中国史家修史一贯的优良传统，而马端临修《通考》，对于宋事，亦复较前代详细。为什么在《东夷考》里，却反割掉金人南侵，以至灭亡北宋，统治北中国的现代史事，全都不予记载呢？

因此，尽管在南宋初年，反抗金兵南攻的民族战争中，张俊“与韩世忠、刘锜、岳飞并为名将，世称张、韩、刘、岳”（《宋史》卷369《张俊传》）。但马端临修

《兵考六》，不但不秉着爱国主义精神，对这四位号称中兴名将的民族英雄给予褒扬，反而首先搜集那"天资高放"，而"言砭古人多过"其实的叶适（《宋元学案·水心学案》上、《宋史》卷434《叶适传》）的苛责"诸将自夸雄豪……各以成军雄视海内"之言，作为自己立论的根据。这就必须指出，宋儒本来就是好为过高之论的，何况马端临所依据的，乃是遇事"推之使高，凿之使深"宋黄震《黄氏日抄》的叶氏之言。因而便说"张、韩、刘、岳之徒，以辅佐中兴，论功行赏，视前代卫、霍、裴、郭，曾无少异。然……一遇女真，非败即遁。纵有小胜，不能补过。而卒不免用屈己求和之下策，以成宴安江左之计！"（《文献通考》卷154《兵考》）但我们认为用此责备张俊，那还说得过去，用以责备韩、刘、岳，则未免抹杀历史事实，不近人情了。

为什么呢？因为张俊虽曾屡破金兵，得称"安民靖难功臣"之一。然亦不曾守住越州（今浙江绍兴市），放弃四明山（在今浙江鄞县西南，余姚县南），尤其是附和秦桧主和，陷害岳飞，也就应该受到人们的指斥。至于韩世忠，则忠义英勇，金兀术统兵10万南侵，他以兵8000大败其军于黄天荡（今南京市东北）。以后金军与刘豫伪军分道来犯，他又设伏兵大破之，当时称为中兴第一大功勋。这就很难说他只是"小胜"，更难说他"一遇女真，非败即遁"了。他又誓志恢复中原，反对秦桧主和，也就不能说他"用屈己求和之下策，以成宴安江左之计"。又刘锜一生，志在报国。顺昌（今安徽阜阳）之战，使金军丧魂破胆，甚至想放弃燕南之地归还宋朝，并使金军以后一望见他的军旗，即行退走。这当正是一次"大胜"而非"小胜"。可见是女真遇着刘锜"即行遁走"，而非刘锜"一遇女真，非败即遁"呀！

再说岳飞，则更是中国历史上杰出的民族英雄。他"骁武精悍，沈鸷有谋；临财廉，与士信"（《金陀续编》卷28引孙道《鄂王事·江东邵缉献书》）。他军纪严明，号令如山，屡次大败金兵，收复许多失地。尤其是郾城（今河南县名）大捷，不但使宋得以偏安江左，而且大大地鼓舞了北方人民！他又请高宗下令各军并进，直捣黄龙（今吉林农安县，金的故都），以雪耻辱。因而岳飞之在当时，是受着一般士大夫所推重（邓广铭《岳飞传·士大夫心目中的岳飞》），广大中原人民所支持、所热爱而"时誉翕然"（《皇宋两朝圣政》卷2）的抗金名将。即以后朱熹之对中兴诸将不满，痛论他们之"殖私利"，而力主"修明军政，激劝士卒，以强国势"（《宋史》卷429《朱熹传》）。但对岳飞，还是称"他识道理"（《朱子语类》卷52），而为"张、韩所不及"（《朱子语类》卷127）。

马端临修《通考》，正值江南人民反民族压迫起义的烽火遍燃于福建、广东、广西、浙江等地共计400余处之多（《元史纪事本末·江南群盗之平》），以及这种火种在其他各处从未平息过的时候,不但不去颂扬岳飞忠义军在抗金卫国战争中所取得的辉煌胜利,以鼓舞江南人民抗元的声势,反而不顾事实,把这位伟大的民族英雄诬蔑成一个"自夸雄豪,雄视海内"的大军阀。胡骂他"一遇女真,非败即遁。纵有小胜,不能补过,而卒不免用屈己求和之政策"。这难免不是因为马端临住在江南乐平碧梧书斋里,生怕当时广大人民的起义,会给他那大官僚贵族地主的家庭引起不测的大祸,便故意写出一种民族斗争的泄气论,来寄寓他怨恶的心理,期望江南人民同他自己一样服服帖帖地去在蒙元异族统治下,做个安分守命的顺民。然则白先生选用马端临这种"论述宋朝养兵,只能祸国殃民,而不能对外"的材料,来说明马端临的史论里"埋藏了高贵民族正义感",也就不一定妥当,而有待于商榷了。

毛主席曾指示我们:"中华民族……是酷爱自由,富于革命传统的民族……反对外来的民族压迫,都用反抗的手段,来解除这种压迫"(《中国革命与中国共产党》)的。所以元世祖至元十七年(1280),刚刚统一天下,江南到处便爆发了汹涌澎湃的人民起义,充分表现出顽强不屈的斗争精神。而且终元一代,这种激烈、曲折的斗争从来都没有间断过。最后在广大人民普遍唱出"石人一只眼,挑动黄河天下反"的歌谣声中,终于在至正二十八年(1368),将元贵族的统治政权推翻了。因而也就不能说在元代是个"没人敢大声咳嗽"的时代了。

二、尽力散布消极因素

历史著作,本来就该是一种具有强烈政治思想性的理论武器。尤其是在南宋最严重的历史震荡时期,人民是如何殷切地期望能从历史上来说明当时所发生的那种巨大变故的意义,来鼓舞、帮助他们所展开的反压迫统治斗争。但马端临在当时沸腾的历史条件下所修的《通考》,却毫无当时的历史现实意义。尽管南宋之亡极其惨痛(《骨董续记·南宋亡国之惨》),人民起义的烈火遍燃了江南,以至在全国版土上也不曾中断过。他却好像生活在世外的桃花源里,一切都避而不见、不闻,从而尽力散布消极因素于《通考》里面,以涣散广大人民反元统治斗争的激烈情绪。

儒家主张行三年的久丧,不但墨子曾经极力反对,说是人民不能从事生产,"国家必贫";统治者不能治理政事,"刑政必乱";男女隔绝离居,"人民必寡"(《墨子》卷6《节葬下》)。就是孔子的学生宰我亦以为"期已久矣"(《论语·阳货》);孔子的信徒孟子在齐做官,归鲁葬母,又"未尝终丧于家"(《七修类稿》卷26《孟子不行三年丧》),即返归于齐。这就可见三年之丧,在儒家讲来虽是通丧大礼,而在实际上就在他们自己还是认为难行,而不肯遵行的。所以就是马端临也说:"愚考之三年之丧,自春秋战国以来,未有能行者矣。"(《文献通考》卷121《王礼考》16)然而马端临就是在这个中国封建社会发展已到最后阶段,撰修《通考》又值本朝人民向蒙元统治阶级展开阶级斗争,民族斗争极其激烈的时期,却宣传要守上古三代的三年通丧的礼制。说什么"古人所谓方丧三年,所谓为天王斩衰者,亦以资于事父以事君,其义当然!"但"自春秋战国以来,未有能行者矣!""至秦始皇以七月崩于沙邱,九月葬。汉高祖崩,凡二十二日而葬。葬之一日,而惠帝即位。文帝崩,凡七日而葬,葬之三日而景帝即位。盖葬期愈促矣!"从而不禁感叹:"汉初礼文,大率皆承秦旧。秦,无礼义者也!"又以"翟方进后母死,葬后三十六日起视事",为"俗吏薄孝敬,而耽荣禄"。并引司马光之言,而说"三年之丧"是"自天子达于庶人,此先王礼,经百世不易者也"!如果"变古坏礼",便是"绝父子之恩,亏君臣之义"(《文献通考》卷121《王礼考》16)!

其实,在中国封建社会里的孝亲,真正的首要意义,并不在于形式上的丧期长短,而在于内心中有没有孝亲的真意,事实上能不能完成父亲交遗下来的没有完成的事业。尤其是汉朝,认为"后世为嗣君之人,应体念祖宗功德,否则即为不孝"(《两汉文学史参考资料·霍光传注》)。所以班固之赞美汉景帝"永思孝道",是因景帝能够遵循他父亲文帝的"恭俭"遗志,继续使汉初"五六十载之间,至于移风易俗,黎民醇厚"(《汉书》卷5《景帝纪及赞》),使汉成为一代强盛王朝的缘故。至于翟方晋升为宰相,政务繁重。平时事后母极其孝敬,则实行短丧。葬后母36日,即除服视事。这不但说明他"不敢逾国家之制",也正是他号为"通明相",称为"儒宗"(《汉书》卷84《翟方进传及赞》),而又不为儒家礼制约束的特色,怎能因此而说他"薄孝敬"呢?如果时至西汉,生产既已发展,生活之事日繁,还要认为变易三年之丧的古礼,便是"薄孝敬",也就过于迂腐疏阔,而属唯心论了。何况马端临修《通考》,所强调的是了解会通因仍之礼,阐明历代典章经制变易弛张的缘故。但在事实上,则在全国人民处在元朝的残酷剥削压迫下,一切都该服从民族斗争、阶级斗争的时代,却偏偏散布要遵行三年之丧的古礼。这无非是要全国人民,在家尽孝,对国尽忠,和他马端临一样做元统治者的顺民。还谈什么"马端临的史论",有"高贵的民族正义感"呢。

儒者周公,本是周王朝典章制度的创制人。儿子伯禽在鲁,又曾变革旧的风俗礼制,实行三年的丧礼。但以淮夷徐戎作乱,为了服从紧急战争的需要,也就不守三年的丧制,戴孝出征了(《史记》卷33《鲁周公世家》《礼记·曾子问》)。所以三年的丧制,虽是儒家创制的,却又因客观情况的变化,不得不作一个"金革之事无辟"(《曾子问》)的注脚。这就是说,平时遵行三年之丧,如在国家紧急有战事的时候,还是可以灵活掌握,因时制宜,而出征作战的。就是宋朝注重名教礼节,文天祥中了第一名进士,因父丧未受官职。但当蒙古贵族南侵,也就不等服满,即"起复为帅阃"(谢枋得《叠山集》2)急图恢复了。至于太学生黄恺伯等上书攻击史嵩之不奔父丧,而即"起复"做右丞相,则是因为史嵩之无捍卫边防的能力,无经理财政的本领,徒然想借制叙的名誉,来劫制朝廷(《宋季三朝政要》)的缘故。也就是说,所攻击的是史嵩之借"起复"以祸国殃民,而不是攻击他不守三年之丧。那么,当蒙元贵族大肆攻宋、灭宋以至统治全中国,民族矛盾白热化的时代,马端临却偏要散布守三年丧的毒素,而反认为是天经地义不可变易的永恒礼制。这就够说明他没有人民性,没有民族感,更莫谈高贵的民族正义感了。

马端临既主张回避火热斗争的现实,深居家中,遵行三年之丧的礼制。所以最敬服而最赞美的,只是那些在《东汉书·方术传》所载"终身肥遁,不求闻达"(《文献通考》卷38《选举考》8)而遨游物外的人物,这正是他处世的人生哲学。从而在他的思想意识里,充分表现出一种极端利己的个人主义。一切不顾,只在明哲保身,隐遁自肥,而养生全年。所以他虽批评"道家之术"为"杂而多端"的异说,但对炼丹养生的一派以其能"养生全年",则独称之为"山林独善之士,以此养生全年,固未尝得罪于名教"(《文献通考》卷225《经籍考》52),而没有什么不对了。可见他虽以儒家卫道者自居,但对炼丹养生的一派,不但不指斥他们为异端,反而称许他们做善士而未得罪名教,这明显的是给他自己辩护。当全国人民受尽了元贵族的残忍杀害,以及残酷地压迫剥削,帝昺被元兵紧紧追迫,陆秀夫负之投海而死的时候,而他马某却忍心坐在碧梧轩里去准备修撰《通考》,还配称善士,还能说没有得罪名教吗?真是毫无心肝的恶人了!

因此,马端临对于那个明明精通长生不老之术,而且活到了百岁,自有一套经纶世故,明哲保身的哲学之老人于吉,犹复不能隐居匿处于山林之中,以保其天年,"而乃召集徒众,制作符水,袭黄巾、米贼之为,以取诛戮,则亦不足称也"(同上)而深致其惋惜之意了!这还不是想通过于吉的事件,来劝诫领导人民起义的领袖如黄华、钟明亮等,在元贵族的残暴统治下,只应俯首帖耳地去当顺民,不要号召人民去斗争,以取杀身亡家之祸吗?

总之,马端临所衷心敬佩的,是隐居匿处,保身自肥之士;所唯一崇尚的,是养生全年的道家炼丹之术;所害怕而怨恶的,是广大人民反元的斗争;尤其是反元统治之家乡的江南人民起义。因而我们认为,这就决定了在他身上,很难找出一点什么人民性、民族正义感了!

军事学术,本是按照一定的规律性向前发展变化,而不是什么一成不变的。那么,古代的车战,在后代新的历史条件下,当然是不适其用而该被淘汰的。但马端临却对古代的"车战之法废"于后世不采用而叹息。这就可见他的历史观点,是唯心主义的。他又进一步地认为"兵虽曰凶器",然在古代"之以车战,其坐作进退,整暇有法,未尝掩人之不备,而以奇取胜"为可耻。因之他又叹息"秦、汉以后之用兵,其战胜攻取者……何尝有堂堂正正之举乎"!因之极力主张在战争"杀人之中,又有礼焉"(《文献通考》卷 158《兵考》10)。这简直是在重弹宋襄公蠢猪式的迂腐的仁爱之说了。

我们知道,蒙古贵族在南向攻宋的进程中,是曾用西域人所献的火炮,猛攻樊城(今湖北襄樊市)的;屠杀掳掠,在江南地区,尤为凶残;而为了镇压汉人、南人,在各省重要地区,又驻扎了一定数目的军队。同时,宋与外敌作战,因讲仁恩腐朽之说,如程琳力言不可"幸人之丧"(《宋史》卷 288《程琳传》),徐禧主张"王师不鼓不成列"(《宋史》卷 334《徐禧传》),都曾吃了大亏,吃过大败仗。那么,当江南人民反元统治而起义如火如荼,以及这种斗争相继不断的紧急时代,马端临为什么还要宣传这远远地落在时代后面的车战?为什么主张对付野蛮而残暴的元贵族,还要讲"堂堂正正之举"而"又有礼",整暇有法?而不可掩其不备,出奇制胜,消灭他们这种敌人呢?归根起来,无非是要人民在元朝的统治下,去当柔服的顺民罢了。试看胡三省注《通鉴》范雎之"屠大梁",因为痛感蒙古贵族的屠常州、屠沙洋,便详细地注释:"屠,杀也。自古以来,以攻下城而尽杀城中人为屠城,亦曰洗城"(《资治通鉴》卷 5《周纪》5)。注潘聪助燕王德取青州,便说:"后人泥古,专言王者之师,以仁义行之,若宋襄公可以为鉴"(《资治通鉴》卷 111《晋纪》33),借以痛责徐禧学宋襄公"不鼓不成列"的愚蠢,结果给西夏大败而丢掉永乐城和自己的生命。那么,一经比较,马端临的史论,也就成了一棵大毒草了。

总结以上三点看来,马端临修《通考》,可以说完全是从他的个人利己主义和大贵族官僚地主阶级的观念出发。一面回避现实,对宋朝覆灭,民族危亡的惨痛事实一字不提。一面无视现实,尽力散布消极的因素,而要守三年之丧,隐居匿处,养生全年,不要领导人民起义,不可以奇取胜,而要对残暴凶恶的元统治者,好整以暇,堂堂正正地在杀人的战场上去讲礼。用以企图不要触犯元朝统治者,而保全他自己的生命和家产的安全。这都和人民性与民族正义,是极不相容的。

三、反对王安石变法

在这里为了说明马端临是否真有人民性，不妨从他是如何反对王安石变法进行具体地说明。但在阐述他反对王安石变法以前，且先从他的阶级本质谈起。

白先生说："对于人民的负担，马端临再三指出名色的日多，设辞的日巧，人民的日困""很注意揭露人民受封建专制主义剥削的沉重"，而有它一定的人民性，这固然是可以说的。但更得指出，马端临因为家庭出身和受了父亲的严格教育（《碧梧玩芳集·书课历后序》，马廷鸾《读书课子·愈老愈勤》），他那大官僚地主阶级的思想是极其严重的存在的。

第一，马端临在《职役考·分序》说："役民者，官也，役于官者，民也。郡有守，县有令，乡有长，里有正，其位不同，而皆役民者也。在军旅，则执干戈，兴土木，则亲畚锸，调征行，则负羁绁，以至追胥作之任。其事不同，而皆役于官者也。役民者逸，役于官者劳，其理则然。然则乡长里正，非役也。后世乃虐用其民，为乡长里正者，不胜诛求之苦，各萌避免之意，而始命之曰户役矣。"（《文献通考·自序·职役考分序》）这无非是承袭孟子"劳心者治人，劳力者治于人"之说，而将社会上的人分成两类：一是官僚，什么体力劳动都不要干，是享受逸乐的阶级。一是人民，什么体力劳动都应当干，是该劳动的阶级，是理所当然的。为了维护统治阶级的长远利益，而得永久奴役劳动人民，也只是要乡长里正的不要苛求而虐用其民。因此，与其说他的这种言论，是同情人民而有人民性，倒不如说是为了他那大官僚地主阶层的既得利益的一种政治手腕和策略。

第二，从马端临在《选举考·分序》说："古之用人，德行为首，才能次之……魏、晋而后，九品中正，得以司人物之柄，皆考之以里闾之毁誉，而试之以曹橡之职业，然后俾之入备王官，以阶清显。盖其法虽有愧于古人德行之举，而犹可以得才能之士。至于隋，而州郡僚属皆命于铨曹，缙绅发轫悉由于科目。自以铨曹署官，而所按者资格而已。于是勘籍小吏，更得以司升沉之权。自以科目取士，而所试者，词章而已。于是操瓢末技，得以阶荣进之路。"（《文献通考·自序·选兴考分序》）我们知道，九品中正，完全是一种巩固世家豪族独占政府官位的制度。推行之后，造成了"上品无寒门，下品无士族"的阶级对立的不平等现象。隋、唐行科举制，用意虽在加强中央集权，但也打击了高门豪族，使一般知识分子，通过考试，得有参加政治的机会。这在当时，还是有一定的进步意义的。马端临本着他家的门阀豪族的观念，以为行九品中正之制，可以得着人才，而反对科举使人才之由于科目,给寒门之士掌握政权,这又充分说明是他的阶级本质,决定了他没有什么人民性了。

白先生说:"马端临的史学思想的人民性,又表现在对进步事物的肯定上。"如"肯定商鞅变法的积极作用"。我们知道,凡是宋代反对王安石变法的顽固保守派,都是"非商鞅"(《临川文集》卷32《商鞅》)的,马端临一家,更是一贯反商鞅,以至咒骂他应该"车裂以徇"(《读史旬编·商鞅》)的。他自己更是认为商鞅变法,是"君子所羞称"(《通考·自序》),所不足道的。但却又如白先生所说,他借用了杜佑的话,承认"商鞅……齐井田,制阡陌,任其所耕,不限多少。数年之间,国富兵强,天下无敌"(《文献通考》卷1《田赋考》),这也是可以理解的。这因秦经商鞅变法,在法律上宣布了土地私有制和卖买制的成立,从而在土地商品化的过程中,促使地主经济得以正式成立、巩固、发展。这正符合了马端临的大官僚地主的阶级利益。所以他就从反商鞅的角度转过来说:"后之为国者,莫不一遵其法。一或变之,反至于烦扰无稽,而国与民,俱受其病"(《田赋考分序》),所以这并不能表明他的史学思想的人民性。相反,而只打上了他的阶级烙印,暴露了他的阶级利益的本质。

综上看来,马端临是站在他家庭出身的阶级立场,主张地主经济永远不能改变,该向农民残酷剥削。门阀世族的政权,永远不可开放,而该对广大人民压迫。官吏是该享乐安逸,人民是应辛苦劳役的。这都充分暴露了他的大官僚地主阶级的本性。只有明白了他的这种精神实质以后,便可知道他在200多年后,还是坚决反对王安石变法,是有深厚的阶级根源的。而他是否有人民性,也都容易明白了。

现在且来谈谈马端临是如何反对王安石变法的。

在封建社会里,统治阶级内部,一般可分为两派。一是改良派,一是顽固派。前者主张对人民让些步,采取一定的措施以缓和阶级矛盾;后者为了维护其官僚地主阶级的既得利益,对人民是一点也不肯让的。马端临出身于大官僚地主阶级的家庭,千方百计地保全自己的生命,自家财产的安全,也就自然而然地反对损害大官僚地主阶级的既得利益,而有利于中、小地主和手工业者的王安石变法了。

王安石变法,当时诚然遭到了以司马光为首的旧党的大官僚地主阶级集团的激烈反对。但他们击败王安石,而由司马光当权后,便将王安石的新法全部罢除了。这就在旧党中一些较为明智的人,也都不以为然。诸如:

范纯仁原是积极地同司马光反对王安石变法的。但因司马光重新掌权之后,将新法全部都给予废除,还是禁不住而对他说:"'去其太甚者可也。差役一事,尤当孰讲而缓行。不然,滋为民病,愿公虚心以延众论,不必谋自己出。'……光不从,持之益坚。"(《宋史》卷314《范纯仁传》)所谓"愿公虚心以延众论"就是反对罢去免役法的很多,而愿光虚心采纳;所谓"谋自己出""持之益坚",就是旧党中坚持主张罢去全部新法的,也只有司马光一个。又苏轼本是反对王安石变法的急先锋,终复在《与滕远道书》中,深悔他们当"新法之初,辄守偏见,至有异同之论。虽此心耿耿归于忧国,而所言差谬,少有中理者"(《东坡全集》卷77《与滕远道二十四首》)。又张商英曾当面反对章惇,又曾力诋蔡京,固然也是元祐党籍里面的人。但当旧党变更新法,亦复上书哲宗,借口"三年无改于父之道",而说:"今先帝(神宗)陵土未干,即议变更,得为孝乎?"其后且上疏"乞夺司马光赠谥"。可见原来反对新党的人,亦因司马光"援引朋俦,敢行讥议"神宗任用王安石所成之"大业"(《宋史》卷351《张商英传》),也又调转头来反司马光了。又彭汝砺本是王安石所憎恨的人,但当司马光罢去王安石所行的取士、免役法,使得"士民皆怨"的时候,则力言其不可,而主张应该还到熙宁的旧政上来才对(《宋史》卷346《彭汝砺传》)。彭在当时,原是个无党派人士。他所说的,"皆是据事理而言,并非祖护王安石者。可知司马光当日,实则客气胜心不协舆情"(杨希闵《王荆公年谱考略节要》),而使"士民皆怨"了! 至于哲宗因为母后秉政任用司马光而罢去了新法,但对光的死党范祖禹所修的《神宗实录》,终究认为所载之"事不实,而刊定之(以安石之)《金陵日录》。徽宗当失国替迁之际,闻有携《日录》来者,亟辍衣而鬶视之。是二君终不以安石为过也"(陈汝锜《甘露园长书·四论司马光二》)。

综上看来,自从司马光重掌政权,坚决反对王安石,罢除了全部新法,于是上自皇帝,下至士民,内而旧党,外而一般官吏,虽然程度上有所不同,但莫不一致地对他表示不满,甚至深怀怨恨。但马端临却因出身于大官僚地主阶级的家庭,为了维护他的既得利益,时间过了200多年,尚在所修的《通考》里,处处和王安石对立,对他的新法加以否定,加以诋毁:

第一,在《通考》里,凡是提到王安石的地方,总是直称其名,或称其字介甫,很少称荆公的。并用"狠愎"字眼,骂他任性孤行,凶恶残忍。又指斥他推行免役法,"不能熟议缓行",而意在"聚敛",搜刮民财。结果,遂至"征利毒民"(《文献通考》卷21《市籴考》2)。其实,役法的改革,王安石是采取了极端慎重态度,而以为只可"缓而图之",不可"急而成之"(《临川文集》卷41《上五事札子》)的。因此,从熙宁二年(1069)经中央和地方官几经讨论、改订,历时三年,然后才始推行。而京东路且到七年,才制定簿书。又怎能抹杀事实,说是"不能熟议缓行"呢? 至于王安石之"所以汲汲于差役之法",用意本在"以农事为急。农以去其外国,抑兼并,使趣农为急"(《续通鉴长编》卷 220《神宗》)。以故推行的结果,就是马端临自己也曾说:"而民便之,元祐诸君子,皆以为善"(《文献通考》卷 13《职役考》)。为什么却又说是"聚敛",说是"征利毒民"呢?对于其他的新党人士,马端临又一概骂之为一群险邪佞技的憸人(《文献通考》卷 31《选举考》,《文献通考》卷 46《学校考》),一群卑诡善辩的奸回(《文献通考》卷 21《市籴考》),一群"谋利取息"(《文献通考》卷 8《钱币考》)的"苛刻小人"(《文献通考》卷 12《职役考》1、《文献通考》卷 153《兵考》)。至于章惇,则更被骂成为"热荒要做官"的"奸人之雄"(《文献通考》卷 21《市籴考》)者。一句话,马端临因为王安石变法,危害了大官僚地主阶级的既得利益,王安石和其他新党人士,也就成了他口诛笔伐的对象!

反过来,对于反对王安石变法的大官僚地主阶级的旧党大头目司马光,则尊称为"负天下重名"的"温公"(《文献通考》卷 50《职官考》)。对于其他旧党人士,不是称文彦博为"潞公"(《文献通考》卷 12《职役考》),便是称苏轼兄弟为"长公""少公"(《文献通考》卷 180《经籍考》)。以至不加区别,一律称之为"熙宁诸贤"(《文献通考》卷 180《经籍考》),尊之为"元祐诸贤"(《文献通考》卷 153《兵考》),推之为"元祐诸君子"(《文献通考》卷 13《职役考》)。马端临如此对旧党人士一律加以推崇,完全是因他们的立场观点相同,认定变法会给他们大官僚地主阶级的既得利益带来严重危害的缘故。

第二,逐条指斥王安石所变之法。首先,马端临剿取郑注《周礼》"国服为息之说"以行"青苗"法,是"专为谋利取息"而"误天下"(《文献通考》卷 8《钱币考》)。并肯定青苗法的"极弊处",是"抑配之弊"(《文献通考》卷 21《市籴考》)。其实,推行青苗法,由州、县政府借钱或实物给当地各等级的民户,取息二分,使农民可以不向富豪借债,而受高利贷的盘剥,而富豪亦因抑配而得向政府纳息。所以自行青苗法以来,农民"应募之人,不召而至"(陈舜俞《都官集》卷 5《奉行青苗新法自劾奏状》),"固不愿请领"(《韩琦家传》卷 9)者,只是富豪人家。那么,所利的,是天下广大人民,所误的,是天下少数富豪。马端临站在大官僚地主阶级的立场,当然要反对青苗法了。

其次,原来宋行差役法,凡是富豪地主家里,都可受到免役的优待。所谓"富者休息有余,贫者败亡相继""或弃田与人,以免上等。或非命求死,以就单丁"(《宋史》卷 177《食货志》)。如此弃田不耕,求死免役,农民的命运既然悲惨,统治阶级的政权,又哪能维持下去呢?王安石废差役而行免役,依家庭财富的多寡,令人各自出钱雇人充役,也就减轻了中、小地主和农民的差役,取消了富豪地主的特权,而缓和了阶级矛盾,所以在开封府施行之后,当地人民,莫不皆大欢喜。

马端临却因出身大官僚地主阶级的家庭,为了维护他的既得利益,便坚决与人民为敌,反对王安石变法,而不惜抹杀事实,说什么"荆公新法,大概主于理财。所以内而条例司,外而常平使者,所用皆苛刻小民。虽助役良法,亦不免以聚敛亟疾之意行之,故不能无弊"(《文献通考》卷12《职役考》1)。其实,王安石推行免役法,对人事问题,是曾慎重考虑过的。他向神宗《上五事札子》,即已恳切而明白地说:"免役之法,出于《周官》所谓'府史胥徒',《王制》所谓'庶人在官者也'。然而九州之民,贫富不均,风俗不齐,版籍之高下不足据。今一旦变之,则使之家至户到,均平如一。举天下之役,人人用募;释天下之农,归于畎亩。苟不得其人而行,则五等必不平,而募役必不均矣。"(《临川文集》卷41《上五事札子》)可见王安石是曾仔细地注意到当时因为积习太深,风俗不一,要行免役而均平如一,如果"不得人而行",是决不可以的。今白先生反而仅仅根据马端临上面在《职役考》里所说的话,却不注意王安石的《上五事札子》,便说:"马端临虽也认为王安石助役在推行时出了毛病……是因为王安石没有好好地为百姓打算……所用皆苛刻小民"的缘故。这就未免有些轻信了马端临是个进步而有人民性的史家,而未曾注意他说话的阶级立场。至于王安石之行免役,用意本在以"农事为急",而曾"好好地为老百姓打算",不曾"聚敛亟疾",而是几经讨论、改订,为时3年至7年,然后才开始推行,而使"农民便之",上节都已说及,这里就不再赘述了。

至于马端临说文彦博对答神宗"与士大夫治天下,非与百姓治天下"的话为有错误的真正意义,并不是如白先生说的"对于助役法,马端临认为是可行的良法",而是因为文彦博对神宗的话,也如"流俗干誉不足恤",未能打中王安石推行免役法的要害,致给神宗有"于百姓何所不便"的借口,而不能"绳其偏而救其弊",使免役法罢除不再实行的缘故。如果像白先生所说:"马端临在对待助役法的态度上,恰好和文彦相对立"——文彦博反对推行免役法,马端临认为免役是可行的良法,那很可能是一种"皮相"之言。

总之,马端临是站在维护大官僚地主阶级的立场而反对王安石变法的。因而他在口头上虽说:"助役良法……指其法为不可行则过矣。"但那也指的是和他站在同一阶级立场的司马"温公此奏言之于英宗之时,所谓募人充衙前(以主官物为职)"(《文献通考》卷12《职役考》1)而言。至于王安石领导变法,从"熙宁助役之法既行,凡品官形势以至僧道,单丁该免役之科者,皆等第输钱,无所谓复除"的特权,危害了特殊阶级人们的利益,则尽管"行之熙(宁)、(元)丰而民便之,元祐诸君子(除了司马光),皆以为善"(《文献通考》卷13《职役考》2);

神宗"询访(京畿)邻近百姓,亦皆以免役为喜"(《文献通考》卷12《职役考》1)。但在马端临看来,只因"士夫豪右不能无怨,而实则农民之利"(《文献通考》卷12《职役考》1),则认为终属"病民"之政,而是"厉民之一大事"(《文献通考》卷13《职役考》2)。于是他对司马光的罢除免役,尽力为之鼓吹、喝彩,说什么"元祐初,温公入相,诸贤皆进用,革新法之病民者,如救头。然青苗、助役,其尤也"(《文献通考》卷21《市籴考》)。其实,施行免役,有怨的是士夫豪右,有利的是农民,又怎能说这条"新法之病民"呢?其实,司马光罢除免役,苏轼、范纯仁都曾竭力反对,而请重新颁行,又怎能说革除免役,是"诸贤"的主张呢?即是马端临自己也曾说:"至于役法,则诸贤之是熙宁而主雇募者,居其半。"(《文献通考》卷21《市籴考》)这就由他自己供认出,坚决主张罢除免役的,只是司马光,一意指责免役病民的,只是他马端临。在马端临的身上,还能找出人民性来吗?

再则,原来宋王朝所募养的军队,虽然多到180万,但不仅毫无抵御外族侵略的战斗力,而且堕落到军需粮饷,都得劳苦人民代为输送。为了强兵雪耻,王安石便在吴育知蔡州(今河南汝南县),燕度知陈留(今河南开封县)之行保伍法的基础上,提出了保甲法,使每个保丁都受军训,组成义勇队,平时巡逻放哨,战时补充兵额,既可发挥清乡除奸的作用,又能革去重文轻武的积习。不能不说是一种全民皆兵而防辽、夏南侵的良好制度。

但马端临却认为:保甲是一种"无益而有害"的"厉民"之法。而王安石之所以变法,则是因为"刻核亟疾之意多,慘恒忠利之意少。故助役虽良法,保甲虽古法,而皆足以病民",不可以"经武强兵"(《文献通考》卷153《兵制考》)。其实,当时不想推行保甲法的,只是那些"执政大臣",经王安石"召乡人问之,皆以为便利"(《宋史》卷192《兵制》),而和马端临所说"病民"的情况恰好相反。这都因为他站在大官僚地主阶级的立场,为了保护自己的生命,自家财产的安全,也就不敢在元朝统治之下,而在兵制上谋改革,经武强兵,以抵抗异族的南侵,而惹起对自己不利的缘故。那么,他还有什么民族正义感、人民性呢?

总之,由于马端临立场的反动,对于历史的发展,虽在口头上强调了对历代的典章经制,要明其会通因仍之道。但在实际上,则是对历史上的因时制宜的改革,抱着坚定的反对态度。这都因为他出身于大官僚地主阶级的家庭,为了维护他的阶级利益,也就没有民族正义感、人民性,以至迁怒反对变法图强以抵抗异族侵略的王安石了。

其实,王安石"以文章节行高出一时,而尤以道德经济为己任"(《王荆公年谱考略·杂录·五伦考序》)。就连坚决反对他到底的司马光,也还是称许"介甫文章节义,过人处甚多"(《司马温公集·与吕晦叔简二》)。而马端临却骂王安石"狠愎",批评他变法"刻核瓯疾之意多,惨恒忠利之意少"(《文献通考》卷153《兵制考》5)。认为《周礼》主财之法,是乃"先王视民如子,洞察其隐微,而多方济其缺乏"的一种"仁政",而王安石所行的青苗法,则是"专为谋利取息"(《文献通考》卷8《钱币考》)的弊政。认为"古之所谓役者",即是"孔夫子所谓'使民以时'",而后代的"军旅土木之徭役",则是驱民"至于破家荡产"(《文献通考》卷13《职役考》)。认为古之"籍民为兵",无害而有益,宋之保甲"虽古法","则无益而有害"(《文献通考》卷153《兵考》)。

因此,我们的结论是:在一般人(包括一向反对王安石变法的旧党人士在内)反对王安石变法的态度有所向好的方面转变,为时达200多年以后,而马端临指斥王安石还是很尖刻,反对王安石变法还是很坚决。这在全国人民在残暴的元朝统治阶级铁蹄统治下的时代,竟如此指斥历史上一个伟大的进步政治家变法之"无益而有害",其用意无非是要广大人民去当服服帖帖的顺民,莫妄想在政治上有什么改革(即有改革,也是"无益而有害"的),更莫谈去做带有严重的冒险性和危难性的反异族压迫统治的斗争了。因此,如果说在马端临的史论里,"表达出一定的人民性",有"高贵的民族正义感","在没人敢大声儿咳嗽的元代",敢于作"对现实的斗争",那都是使人不很信服的。

四、简短的结论

一部历史著作,本来就该是富有强烈的政治意义的。尤其作为一个有人民性,具有高贵民族正义感的史家,就必须在某种特定的历史条件下,认清当代的历史意义和自己所负的历史使命,本着高度的爱国主义,去精详地处理历史题材和现实问题,以唤起人民的觉醒,激发人民的意志。

马端临亲历着蒙古贵族南侵,以至灭亡祖朝宋的惨祸。撰修《通考》,又在全国人民处于残暴元朝统治的水深火热之中,而江南人民到处起来与之进行激烈的斗争,以及这种斗争火种在全国版土内,从未熄灭的时代,他却完全站在大官僚地主阶级的反动立场,唯恐在当时的历史情况下,会使他不能保障生命财产的安全,便故意阉割当时惊天动地、悲壮淋漓的历史现实不载,而将一部贯穿25代,应该修到宋的灭亡,具有完整系统性的巨著,仅至宁宗嘉定五年,即告终止。甚至为了避免元统治阶级的忌刻,将金灭亡北宋统治北中国的惨痛历史,也都割断不载,而撰修到五代时的鞯鞯即行辍笔。反过来却对抗金的民族英雄岳飞等,加以批评、指责,对号召人民起义的于吉,深表不满。并说即使与敌人作战,亦得从容有礼,而不可以袭奇取胜。甚至完全以元的顺民自居,不敢称宋王朝为本朝,且大谈其隐居匿处,养生全年,对君、父要久丧尽孝而反时代现实的逆调。不但自己不敢进行反元的斗争,而且要全国人民都和他一同去当元的俯首降心的顺民。

正因为在《通考》里,不但没有半点民族意识和丝毫的爱国主义,反而使元的统治阶级对于历史上25代的"制度张弛之迹,是非得失之材"(乾隆《御制重刻通考序》),得以明白了然,而为他们统治天下提供了大经大法,毋怪他们访辟《通考》修成,即视为枕中鸿宝,由英宗于至治二年(1322)下令"官为镂版,以广其传"(《通考抄白》),来供他们统治人民的工具。

我们知道,蒙古贵族兴起时,尚处在落后的社会发展阶段。其发动南向的侵略战争,只是会掠夺财赋,俘虏人民,侵占土地。至于如何建立一套典章经制,来统治全国,则是他们极所短绌的。最令人切齿可恨的,便是那些为虎作伥,教猱升木的民族败类:刘文忠、张文谦、窦默、姚枢、刘整、吕文焕、陈奕、范文虎等奸人,背叛祖朝,为他们的蒙古贵族主子效劳,来击溃祖朝的军队,奴役本族的人民。不幸的是马端临又从他极端的个人利己主义出发,紧紧步着他们的后尘,而给元的统治主子提供了一部统治全国人民的极可参考的历代典章经制的巨著。因而蒙古贵族,本来虽然贱视儒者(谢枋得《叠山集》卷2《送方伯载归三山序》),以至在法律上硬性地规定儒者处于社会最低的地位。所谓:"一官、二吏、三僧、四道、五医、六工、七猎、八民、九儒、十丐。"(郑所南《心史》)甚至以所俘虏的儒生为奴隶(《元史类编·世祖纪》),处之在百般虐待、侮辱下以供他们驱使。但对马端临却称赏备至,而称他是一个"行履端纯"的"有道之士",是一位"治国安民"的"济世之儒"(《通考抄白》《介轩学案》)。而马端临当"元初南土既附,科目犹未设,一时士人无仕进之路"的时候,便迫不及待地"就有司之辟召""附首以丐升斗之禄",而为"庠序学官"(万斯同《群书疑辨》卷11)的衢州路的柯山书院山长。如此地热衷名利,而在文化教育上去向知识青年散布毒素,给元统治者效劳,还谈什么有人民性、高贵的民族正义感呢?

最后必须指出,作为关于典章制度的史籍来说,《通考》在中国史学上的价值,又是极不可以否定的。

第一,马端临以经、史为主要资料,参以历代会要和百家传记,将历代的典章制度分门别类,按时代先后,逐段排列,加以概括叙述。然后详引历代臣僚的奏疏、近儒的评论,以及燕谈稗录,以议论其是非得失。经他一番精研覃思,别有心得,则写出长短不同的按语,尽管这些按语和议论,因为立场、观点的不同,而有待于批判地接受。但终究提供了许多珍贵史料,且给历史考证学起了一个先导作用。章学诚说《通考》"无别识通裁",只是一种"分析次比"的"类书之学"(《文史通义·释通》)。这种说法,是很不全面的。

第二,宋是中国封建社会后期的第一个封建王朝,一切生产事业,较唐都有了某种程度的发展。从而马端临便能觉察到"时有古今",则所述典章经制,自有"详略"的不同。并从这一观点出发,批评杜佑的《通典》,"节目之间,未为明备,而去取之际,颇欠精审"(《通考自序》)。于是离析杜著,将《通考》修成《田赋》《货币》《户口》《职役》《征榷》《市籴》《土贡》《国用》《选举》《学校》《职官》《郊祀》《宗庙》《王礼》《乐》《兵》《刑》《经籍》《帝系》《封建》《象纬》《物异》《舆地》《四裔》24 考,共 349 卷。以致将 25 代的典章经制,首尾贯通,条分缕析,而得粲然明备。这种重大的功绩,是应该肯定的。这在宋儒讲学,竞谈理性而空疏无本的时代,更属一部难得的巨著,而与郑樵的《通志》、王应麟的《玉海》,并称于后世了。

原载《兰州大学学报》1980 年第 1 期

《辽史》的纂修及其评价

元修宋、辽、金三史都是仓促成书,其中《辽史》时间最短。因此,错误、重复、缺漏之处也最多,故为后世史家诟病。本文拟就《辽史》撰修的过程及存在的问题略加评价。

一、辽修辽史

1. 历经撰修、粗称完备。

辽从阿保机(太祖)建契丹国"用汉人,汉人教以隶书之半"而"增损之,制契丹字数千"(叶隆礼《契丹国志》、陶宗仪《书史会要》卷 8),耶律罗卜科则以制国字有功"监修国史"(《辽史》卷 76《耶律罗卜科传》)是为辽史撰修的发端。

此后,辽人撰修辽史,约分下列几次。

第一,太宗耶律德光会同四年(941)诏修始祖奇首事迹(《辽史》卷 4《太宗纪下》);景宗耶律贤以邢抱朴与室昉同修国史,撰成 20 卷。(《辽史》卷 80《邢抱朴传》,卷 79《室昉传》)

圣宗耶律隆绪"诏修日历毋书细事"(《辽史》卷 14《圣宗纪五》)。兴宗耶律宗真诏耶律玦修国史(《辽史》卷 31《耶律玦传》),玦以文学史儒萧韩家奴集遥辇可汗至重熙(兴宗年号)以来事迹 20 卷上之(《辽史》卷 103《文学传上·萧韩家奴传》)。又诏耶律谷欲、耶律庶成等编辑国朝上世以来事迹及实录。(《辽史》卷 19《兴宗纪二》,卷 89《耶律庶成传》)然未完成,谷欲即已死去。(《辽史》卷 104《耶律谷欲传》)

道宗耶律洪基大安元年(1085),史臣所进太祖以来七帝实录,实就耶律谷欲等之所编辑加以审订而成的。(《蛾术编》卷 11《说录·辽史所采取》迮鹤寿按语)此外,道宗又曾以耶律良修起居注。(《辽史》卷 96《耶律良传》)

天祚帝耶律延禧乾统三年(1103),诏耶律俨监修国史,纂太祖以下诸帝实录,共成70卷。(《辽史》卷27《天祚纪一》,卷78《耶律俨传》)于是辽自太祖、太宗、世宗、穆宗、景宗、圣宗、兴宗、道宗八朝的事迹,总算初告完备了。

2.辽史是不容易撰修的。

综观上节,辽自太祖建国以来,还是重视撰修国史的,但辽代的史书又是不容易修的。

第一,上世事迹邈远,又无文字记载的资料可供参考,也就难于追述详明了。

第二,圣宗既诏令日历官不得记述细事,道宗又以观起居注不得,将修注郎不撷等各杖二百而罢之(《辽史》卷23《道宗纪三》),这就可见辽的史官是难于执行他们庄严正直的天职的。那么,辽人所修的史书,又将何以传信于后代呢?

第三,辽时所修的史书,建国以前,只有简略的事迹,建国以后,又只是实录、日历、起居注。但实录只是每一皇帝统治时期的大事记,起居注则是左右史官记载皇帝的言行的。何况"道宗并罢史官预闻朝议,俾问宰相书之"(《廿二史札记》卷27《辽史》)呢。

至于日历,则不过是因起居注加以润色而成的。所以这三种东西,只能是撰修国史的重要资料,并非真正的国史。从而道宗太康年间(1078—1084),耶律孟简针对这种情形,曾上表说:"本朝之兴,凡二百年,宜有国史,以垂后世。"道宗因之诏令置局监修。但孟简又"谓余官曰:'史笔,天下之大信。一言当否,百世从之。苟无明识,好恶徇情,则祸不测。故左氏、司马迁、班固、范煜,俱罹殃祸,可不慎欤?'"(《辽史》卷104《耶律孟简传》)这就可见辽史是如何的难修,致令史官唯恐遭到不测之祸了!

正因为辽史是难修的,从而道宗大安元年(1085),史臣之所修成的,还是太祖、太宗、世宗、穆宗、景宗、圣宗、兴宗七朝的实录(《辽史》卷24《道宗纪四》),并非辽的正式国史。寿昌二年(1096),刘辉虽曾上书,以为"宋欧阳修编《五代史》,附我朝于四夷之末,妄加贬訾……臣请以赵氏初起事迹,详附国史",且受到道宗的称许。然辉一经擢拔史馆修撰,即行死去。(《辽史》卷104《文学传·刘辉传》)所以辽的正式国史,依然没有修成。到了天祚帝乾统三年(1104),诏耶律俨所修成的,仍然还是太祖以下至道宗八朝的实录。且去辽亡,已只22年,是为辽时撰修辽史的最后一次了!

3.书禁严峻。

辽与宋对敌,斗争激烈,唯恐机密泄露,从而禁制书的传播,是极其严峻的。沈括就曾说:"契丹书禁极严,传入中国者罪至死。"(钱曾《读书敏求记》卷1《龙棄手卷》)这就可见辽的书禁是极其严峻的。梁章巨又说:"辽制书禁甚严。凡国人著述,唯聆刊行于境内,有传于邻境者,罪至死。盖国之虚实,不以示敌,用意至深。"(《退庵笔记》卷16《读史》)甚至民间私自刊印文字,也都严加禁制。(《辽史》卷22《道宗纪二》)以故"记注典章,可裨国史者,求之簿录家,不少概见;即家集野乘,亦散佚无传"(厉鹗《辽史拾遗·自序》)。至于宋神宗时传入中国所谓"稀世之珍"的《龙龛手鉴》(亦称《龙龛手镜》),也是那离尘绝俗的辽僧行均所撰关于《说文》《玉篇》以及佛经之字,讲均韵训诂,而非记录世事、政治的书籍,可备撰修辽史采择的!

二、金修辽史

辽史之在金代,曾撰修两次。熙宗时,由耶律固、萧永祺撰成75卷。(《金史》卷125《文艺·萧永祺传》)理宗时,诏令民间有辽时碑、铭、墓志及诸家文集,或记忆辽的旧事的,一概上送政府,由党怀英、郝俣、移剌益、赵沨等据以为撰修资料,但未完成。章宗时,因命翰林学士陈大任继承之。(《金史》卷125《文艺·党怀英传》)

然金以武得国,起初并无文字,至太祖完颜阿骨打始得辽人而使用他们语言之中,才开始有些文气;太宗吴乞买取宋,收汴京图书,宋的士人,又有向之归降的。所以到了世宗、章宗的时代,宰相也就多有从科第中来的。然士人中了进士之后,又只是学习吏事,不再从事读书,不但没有名家之学,就连唐书中的史事,也都知道不多了。(《金史》卷125《文艺·序》及《党怀英传》)那么,在这种情况下所修的辽史,又能取得多大成绩呢。

三、元修辽史

元世祖忽必烈中统二年(1264),始建翰林国史馆,王鹗即请修辽、金二史,并请以右丞相史天泽监修国史,左丞相耶律铸、平章政事王文统监修辽、金史。世祖接受了这个意见。(《元史》卷4《世祖纪一》)是元开始建国史馆,即提出撰修辽、金史的问题了。

再则,王恂受世祖之命而为太子伴读,辅导裕宗时,"又以辽、金之事近接耳目者,区别其善恶,论著其得失,上之"(《元史》卷164《王恂传》)。裕宗亦"每与诸王、近臣……讲论王恂、许衡所述辽、金帝王行事要略"(《元史》卷115《裕宗传》)。是以元诸王、诸臣亦有论著辽、金事迹,讲论辽、金事迹的。

至元元年（1264），参知政事商挺建议史事附修辽、金二史，宜令王鹗、李冶、徐世隆、高鸣、胡祗遹为之，很合世祖的意思（《元史》卷159《商挺传》）。王鹗又上奏："自古帝王得失兴废可考者，以有史在也。我国家以神武定四方，天戈所临，无不臣服者，皆出太祖皇帝（成吉思汗）庙谟雄断所致。若不乘时纪录，窃恐久而遗亡，宜置局纂修实录，附修辽、金二史。"（《元史》卷160《王鹗传》）修太祖实录，怕的是不及时纂录，则元代开创的事迹将致遗忘。修辽、金二史，则说是"自古有可亡之国，无可亡之史。盖前代史册，必代兴者与修；盖是非与夺，待后人而可公故也"（《春明梦余录》卷13引王恽记王鹗事）。但无论是王鹗，还是商挺，都是请将辽、金的事迹，附录在元史之中，而非为辽、金另修专史的。

直到至元十六年（1279）灭了宋朝，世祖乃令词臣撰修辽、金、宋三史（《进辽史表》）。英宗硕德至治元年（1321），又令袁桷撰辽、金、宋三史。桷虽上采访遗书条例，只以英宗遇弑，事不果行（《新元史》卷189《袁桷传》）。尤其是义例问题，争辩不休，一直拖到顺帝时，元政权已经面临崩溃的前夕，始以右丞相脱脱领都总裁，铁木尔达世、贺惟一、张起岩、欧阳玄、吕思诚、揭傒斯为总裁；并选儒臣宗文太监、廉惠山海牙、王沂、徐昺、陈绎鲁分撰辽史。至正三年（1343）四月开撰，四年三月告成，为时不满一年，实在是太短了！

四、辽史的评论

撰修前代的史书，首先就得给予较长的时间，得便严肃认真地进行工作。清初朱彝尊以学问渊博，识趣高远，征入史馆撰修《明史》，即因总裁命令"具稿宜速"，便向他上书，历举《史记》《汉书》《北齐书》，"皆再世而就"；《梁书》《陈书》《隋书》之成，则"岁月更久"。而明修元史，则因"迫于时日"，仅13个月成书，虽"以宋濂、王祎一代之名儒，佐以汪克宽、赵㧑……诸君子之文学经术，宜其陵轶前人，顾反居诸史之下"，而请"幸少宽其期，毋或如元史之牵率"（《曝书亭集》卷32《史馆上总裁第三书》）了！

至于乾、嘉之际的史学名家赵瓯北晚年著《廿二史札记》，首先也提出了这个问题，并直接指出元修辽、金、宋三史之最劣的原因，是时间仓促的缘故。他说，司马迁《史记》之成，凡20余年，班固《汉书》之作，积20多年尚未完全告成，司马温公作《资治通鉴》，凡19年。"可知编订史事未可聊尔命笔矣！元末修宋、辽、金三史，不过三年……毋怪草率荒谬，为史家最劣也！"（《廿二史札记》卷1"司马迁作史年岁"条）

因为撰修史书，首先必须将所收集的材料，编成丛目草卷，经过精审鉴别，去伪存真,去粗取精,然后加以文笔叙述,再经总裁点定,才算成稿。如果草卷不立,鲁莽编次,自然是漏洞百出,错误多端。今《辽史》仅就辽、金的旧文,稍加编次,不满一年即告完成,自然是多所失检。则重复烦费,疏忽遗漏,以至采用资料不广,而所根据的最主要的资料,又是属于原来对辽有所忌讳、回护的辽的国史,还能把《辽史》修好吗?

第一,重复烦费。

如皇帝"每年游幸,既具书于本纪矣,复为《游幸表》一卷;部族之分合,既详述于《营卫志》矣,复为《部族志》一卷;属国之贡使,亦具见于本纪矣,复为《属国表》一卷"(《四库全书总目》卷46《正史类·辽史》)。须知表的功用,在通纪、传之穷,而补纪、传之不足。以故帝王公卿事迹,有书之不胜其书,而又不能不书的,既可载之于表;又帝王公卿事迹,纪、传书之未全备的,也可载之于表。但事实已详于纪,又列表载之,便是蛇下添足,颊上增毛了。至于既作《营卫考》,复为《部族志》,则更不消说是卷多文烦,类皆重出了。

第二,疏忽遗漏。

辽,初号契丹,至太宗耶律德光,始改号曰辽,圣宗隆绪又改号契丹,道宗洪基复改称辽,从此以后,才始终称辽,不再有更改现象。这样改国号,复国号,自是一代最重要的政治大事,而《辽史》却不予记载。疏漏之处,也就太大了!

刘恕以宋史家著《十国纪年》,各以王蜀、孟蜀、吴、南唐、吴越、闽、楚、南汉、荆南、北汉为主,书本朝事,则一律称宋。这种称法,是极其严明而又极其必要的。而《辽史》于本国兴兵之事,诸如:具州之战、戚城之战、邺都之战……都自称辽兵或辽军。这就好像是出自别国的史书记载了。一字之差,主体不明,疏忽之处,也又不小。

第三,采用资料。

撰修一代史书,首先就得占有丰富的资料。"苟无事迹,虽圣人不能作《春秋》",这是自然的道理。

元修《辽史》,所取资料,据都总裁脱脱所说,主要的则是耶律俨、陈大任两家之书(《进辽史表》)。陈氏事迹,无从稽考;俨则为求媚于君的无耻之徒。《辽史》本传说他"善伺人主意。团结上心,他勿恤也。由是权宠益固。"(《辽史》卷98《耶律俨》)则这种卑鄙龊龊之徒所修之史,自然是遵循主子的意旨,"语多辟忌",笔多回护。用这种史书来作为最主要的原始资料,还能修好《辽史》吗?

辽人所著之书,固然因为禁制甚严,不能传于邻国,从而撰修《辽史》,原始资料缺乏,这都自在意料之中。但到元修《辽史》时,则宋人有关辽史的著作还是不少,只因撰修时间仓促,不及参考罢了。诸如:富弼《奉使录》《奉使别录》《契丹议盟别录》,蔡绦《北征纪实》,程大昌《北边备对》《庆历边议》(《宋史》卷203《艺文志二》),赵志忠《阴山杂录》,武珪《燕北杂录》(《直斋书录解题》卷5《伪史类》)。王曙《战斗奉使录》,张舜民《浮休居士使辽录》,寇瑊《生辰国信录》(《郡斋读书志》卷2下)。此外,还有不知作者姓名的《契丹国王记》《契丹疆域图,契丹地理图》(《宋史》卷204《艺文志三》)。哪一种不可征录?只因急于成书,也就疏于稽考了!

原载《西北民族文丛》第1辑,1984年

顾炎武《日知录》中的"四权"史观

顾炎武研究历史,诚然是把它当作一种具体学说来对待,从中吸取经验教训,针对客观现实,以期古为今用,而收经时济世之效的。但他终究是个典型的封建官僚地主的名门望族的世家子弟,在社会关系中所结识的又是与他出身相似,生活相同的徐夜、张尔岐、傅山、王宏撰等人。从而他虽生长于手工业已很发达而出现了资本主义生产方式萌芽的江南地区,而他从历史中所总结出来的学说,却是从他的阶级本质、宗族观念出发,不能从经济基础出发,只能从上层建筑出发,企图以政权、族权、神权、夫权共同拧成一股束缚广大人民的大绳索,来建立他理想中的一个永恒不垮的封建地主阶级的政权的。

一、"寓封建于郡县之中"的"政权"史观

顾炎武认为一个封建王朝一经建立,就必须分封宗室亲戚到全国各地去做诸侯以为中央王室的屏藩,则它的政权才能巩固传之久远。如此,即使遭到灭亡之祸,也可以依赖宗室的力量把它中兴起来,否则,势孤力弱,便很容易丢掉政权。他从历史上举了许多例子加以说明,比如:太康失国,就在未封"厥弟五人"。西汉灭亡,就因"抑损诸侯"。反过来,"少康封其庶子",禹祀便能奉守二十多代;周公"封建亲戚",故能有国长久;"光武中兴,实赖诸刘之力"(《日知录》卷2"厥弟五人"、卷9"宗室"条)。他认为这些朝代推行封建之制与否的利弊,都是在历史上做出了历历不爽的论证,而值得后代的王朝引为龟鉴的。

但他又认为封建制度推行已久,则不能没有弊病,不得不变行郡县制,郡县制有了弊病,则其势又"将复变"。然则要怎样去变呢? 那便是"寓封建于郡县之中"——也就是要皇帝不要"事事而制之",而应给地方官"以生财治人之权",则他们就肯为民兴利,而民富国强。(《亭林文集·论封建》)这是什么道

239

理呢？他说："尽天下一切之权,而收之在上,而万几之广,固非一人所能操也……守令无权,而民之疾苦不闻于上,安望其致太平而延国命乎!"(《日知录》卷9"守令"条。以下《日知录》都简称《录》)所以他并不是要废掉封建制度,而是以为一切之权,不宜完全操在皇帝一人之手,而要给郡守县令以地方的财政、民政之权,上下分治其事,"寓封建于郡县之中"——在封建政权下,推行郡县制。既可如臂使指,避免尾大不掉之弊,又可免中央过于集权,没有地方百废莫举的弊病,则一代封建王朝的政权,便可永远地巩固下去,传授下去。

顾炎武既然主张从皇帝、诸侯、郡守以至县令分治其事,而县以下又怎样分治其事呢？他又用他的历史眼光,斟酌古今而为之说曰："以县治乡,以乡治保,以保治甲。"(《录》卷8"里甲"条)则自上而下,纲举目张,有条不紊,取得大小相维,上下相保之效而无庶政集于县令一人身上,百事办不了的弊病。其实,这种保甲制乃是封建地主阶级反动政权的基层组织,是地主和官僚直接压迫和剥削人民的工具。而保、甲长则是由地主恶霸、地痞流氓充当,他们都是反动统治者深入到社会各个角落的爪牙。因此,如谢国桢先生所谓顾炎武的"政治主张""实含有民主主义之精神""从而树立人民民主自治之思想"(《顾亭林学谱》44、45页),则是把封建地主阶级政权下的爪牙——为郡守、县长、保长、甲长的人,看成了没有阶级性的抽象之人了!

最后,顾炎武根据历史上的三代、秦、汉,管仲治齐,叔敖治楚,子产相郑,北魏采用乡制而成功的经验,吸取隋文帝罢去乡官所失败的教训,并针对当时乡治之制"一切荡然无存"的客观现实,从而得出结论说："天下之治,始于里胥,终于天子,其灼然者矣!故自古及今,小官多者其世盛,大官多者其世衰。兴亡之涂罔不由此!"(《录》卷8"乡亭之职"条)这便是他"由一国、一省、一县以至一乡"的国家系统(政权)之"寓封建于郡县之中"的政权史观。

二、加强宗法制度的"族权"史观

顾炎武又本着他出身于封建官僚地主阶层中所谓名门世族家庭的立场,大发其"不能复封建之治,而欲藉士大夫之势以立国者,在建氏族"(《顾亭林诗文集·裴村记》)的一套政治理论。这是因为他在历史上鉴于西周为了巩固其封建体制的秩序,曾利用以血缘为基础的氏族组织演变而成的宗法关系,树立起一套有严密系统的宗法制度,而取得了极其显著的国祚绵长的效果。所以他主张要崇尚氏族,树立宗法制度,而说什么"宗子之次于君道""然后原父子之亲,立君臣之义",而使"天下之宗子各治其族,以辅人君之治"。这就是说"一家之中,父兄治之,一族之间,宗子治之。其有不善之萌,莫不自化于闺门之内","是故宗法立而刑清……而民自不犯于有司"(《录》卷6"爱百姓故刑罚中"条)。用这种宗法制度在全国建立一套最严密的统治法网,一套极有系统的氏族族权,则家齐族治,不会有犯上作乱之人,而天下自然而然就太平无事了!

宗法制原是由父系家长制逐渐演变而成的一种维护封建贵族统治的制度。推行宗法制,便可束缚全国人民的手脚,而使天下之大宗(中央的皇帝)具有强大的宗仰向心力(《录》卷13"分居"条)。而氏族的宗子,则以族长的身份,负责本族的祭祀,管理本族的成员,而成一族代表封建政权最基本的统治力量,最底层的执行者。只要氏族组织强而有力,则封建国家的地主阶级的政权,就根深蒂固,安如磐石。

顾炎武又以为在这种宗法制之下,"子孙不得别财异居",而应该轻财尚义,"以分居为耻",同居为荣,代代"同籍共居以敦风教",以化民成俗(《录》卷13"分居"条),则平时一家一族,既易约制;有事之时,且可"得豪家大族之力",以御外来的侵略、侮辱,而保州县不"至于残破"。这不但是他游历山东、河北,亲自耳闻目睹的事实(《顾亭林诗文集·裴村记》),而且是他亲自组织顾氏大族,抗御清兵南下实践中得来的切身经验。从而这就成了他之所以要大"论宗姓氏族",力主推崇大宗(《录》卷13"周末风俗"条),实行宗法制的根据。

顾炎武既然认为氏族有关一代兴亡的重要性,而顾氏又是江东的巨族,所以他就进一步主张要"重族姓""重谱牒",决不可听任族姓谱牒"荡然无存"而"不便问"(《录》卷6"娶妻不娶同姓"条)不追问。同时,因为他鉴于当时的客观现实——最近"五十年来,通谱之俗遍于天下""近日同姓通牒,最为滥杂。其实皆植党营私,为蠹国害民之事"。如果不"严为之禁""亟为澄别",则滔滔之势,将不可返"而"忘本"。所以他针对这种弊病,又提出了纠正的办法:"欲合宗者,必上之于官,使谱悉古今者为之考定,岁终以达礼部,而类奏行之。其不请而私通者,屏之四裔,然后可革其弊。"并引经据典,从历史上找注脚,以为他的有力证据,而说什么"古之姓氏有专官掌之,《国语》曰:'使名姓之后,能知其上下之神祇,氏姓之所出者为之宗'。又曰:'司商协名姓',春官宗伯,其属有都宗人,家宗人,而女官亦有内宗、外宗。今日姓氏婚姻二事,似宜专设一官,方得教民之本。"(《录》卷23"通谱"条)

顾炎武为什么要如此地主张同姓通族必上报中央核准,而将私自通族之人摒之四裔,并要国家设专官来管理这种氏族之事呢?这是因为他根据历史上的记载:"自隋、唐而上,官有簿状,家有谱系,官之选举,必由于簿状;家之婚姻,必由于谱系。历代并有图谱局,置郎、令史以掌之,仍用博古通今之儒知撰谱事。凡百官族姓之有家状者则上之,官为考定详实,藏于秘阁,副在左户。若私书有滥,则纠之以官籍;官籍不及,则稽之以私书。此近古之制,以绳天下,使贵有常尊,贱有等威者也……自五季以来,取士不问家世,婚姻不问阀阅,故其书散佚而其学不传。"(郑樵《通志·氏族略序》)到了明末,"同姓通谱,最为滥杂"(《录》卷23"通谱"条)。则官之选举,家之婚姻,还有什么凭借来"使贵有常尊,贱有等威"呢?顾氏是江东的望族,而"氏所以别贵贱,贵者有氏,贱者有名无氏"(《通志·氏族略序》);顾炎武是世家子弟,而当时"则因无荫叙,遂弛严防"(《录》卷23"通谱"条);则他这世家子弟,他这顾氏巨族和一般的家族子弟,又将有什么贵贱之分,等威之别呢!然而时代在前进,不但同姓通谱之事之势必不可禁,而且谱姓之学都将被历史的车轮压得粉碎,都是事所必然,势所必至的。所以不但我们今天要对他这种复古的妄想提出批评,就是杨简在,也认为他这种说法近于迂阔而不可行(《录》卷23"通谱注"条)!总之,顾炎武认为明朝封建政权所在地北京,离天下四方甚是遥远而不容易控制,只有加强宗族之制,建立一套极其周密的统治网,而以皇帝为天下的大宗,政治上的共主,而同姓诸侯在其国内虽是大宗,而对皇帝则是小宗以尽其屏藩大宗,捍卫京都的责任。至于其他氏族的宗子,又得掌一族之权,一家之长,又得管一家之事。然后家齐族治,从家族以至整个天下都太平无事。这便是他"由宗祠、支祠以至家族系统(族权)"的宗法制度的族权史观。

三、天人相应的"神权"史观

顾炎武本是个大肆反对言心性天道,而对明末诸儒所讲空虚不切人事的心学有他极其深刻的批评,而要代之以修己治人、经世致用之学的。然而他毕竟是个官僚地主世族家庭的子弟,富有儒家正统的思想,具有一种极其深厚的天人相感的神学世界观,从而又主张从天象中去观察时变。总之,他是叫广大劳苦人民不要注意、不要探讨具体的现实世界,而要注意那抽象的上天世界;不要触及现实世界中的现实问题,而要注意冥冥中的上帝意志。从而麻醉他们,使之服服帖帖,不要起来反抗封建地主阶级的反动政权。这正是由他的阶级本质决定的。

首先,《易》是一部儒家讲天道的书,顾炎武便引来结合历史上天人感应之说,作他自己强有力的证据,而说什么"《易传》言先天后天。考之书史所载,人事动于下,而天象变于上,有验于顷刻之间而不容迟者。宋武帝欲受晋禅,乃集朝臣宴饮。日晚坐散,中书令傅亮叩扉人见,请还都谋禅代之事。及出已夜,见长星竟天,拊髀叹曰:'我常不信天文,今始验矣'"以下顾还引了隋文帝立晋王广,唐玄宗将诛韦氏,唐文宗召郑注时于浴堂门,以及荆轲刺秦王、卫先生画长平之事,都有天变,以作他的历史证据(见《录》卷 30"人事感天"条)真的好像天象每有一变,都必定有一人间的政事相应验。其实,天自天,人自人,空虚寥廓,与人事有何半点关涉,有何有机联系呢?

顾炎武又说:"善恶报应之说,圣人尝言之矣!大禹言'惠迪吉,从逆凶,唯影响'。汤言'天道福善祸淫'。伊尹言'唯上帝不常,作善降之百祥,作不善降之百殃'。孔子言'积善之家,必有余庆;积不善之家,必有余殃'……善与不善一气之相感,如水之流湿,火之就燥,不期然而然,无不感也,无不应也!"(《录》卷 2"惠迪吉从逆凶"条)这都是从他家庭出身的阶级本质以及他所受的儒家正宗思想教育的说法:克尽纲常伦理,对封建统治阶级尽其忠顺之责便是善,"犯上作乱"便是恶,便将如禹、汤、孔子等圣人所说,受到天上的处罚。好像上帝就是主宰人间的善恶果报的。其实,这种用神道的意志解释人间的凶吉祸福,亦徒证明他是个客观唯心主义的史家,他的史学观点是直接和宗教结合的罢了。他的一切"天之降命""天之降威",以及"保天命而畏天威者,后人不可不谨矣"之言(《录》卷 2"酒诰"条),都是为神道说教,给封建地主阶级的政权服务而已。

顾炎武又阐扬日食是灾难的象征,是一代灭亡的凶兆,而说什么"崇祯之世十七年而八食,与汉成略同",乃是"天象见于上,而人事应于下",明祚将要灭亡的变象。从而他还进一步指责那"谓日食为一定之数,无关于人事者,岂非溺于畴人之术而不觉自蹈于邪臣之说乎"。又痛骂那以为"日月之在于天,莫非一定之数"之"言者,殆于后世以天变不足畏之说进其君者"。这就可见他是如何坚持"日食之咎"(《录》卷 30"日食"条)的诬妄之说,用以麻醉广大的劳苦人民,因而反过来责骂那些不相信日食有关于人事者的人了!其实,自万历年间利玛窦等东来传教,以为其侵略中国的张本,便已传入西方的历法,中国也就有人逐渐地以为日月之食,五纬之行,都有常道常度,而与人事的吉凶是没有关系的。顾炎武是个探求天文仪象而号称进步的学者,只因他的阶级本质,也就决定了他落后到如此的地步。只是一味地引导人家抱残守缺,且不准人家宣扬新的学说。

因为顾炎武的阶级本质,也就决定了他是个宣扬唯心生义的宿命论者。他常常认为历史是由一种不可知的力量即命运所预先决定了的,人是无能为力的,而要人听天由命。说什么:"'死生有命,富贵在天'。若是则无可为也,无可行也"(《录》卷1"卜筮"条），一切听天由命，安分守己，不要起来改造环境，革封建地主阶级的命。所以他明明知道天道"有时可信""有时而不验"(《录》卷30"岁星"条）；有时同是一样的"五星聚""四星聚"，而反映在历史上的事实却有吉凶、兴亡不同而且相反的情形(《录》卷30"五星聚"条），这就可见天道是没有的，是完全不可相信的。但他却还要自欺欺人地说："星气之失，如宅舍之有妖祥。主人在则主人当之，主人不在则居者当之。此一定之理"(《录》卷30"外国天象"条），是无可避免的。

从上可见顾炎武是从他封建地主阶级政权的利益出发，秉着唯心史观去对待社会历史现象的——他不可能用社会存在去解释社会意识，而只是用社会意识去解释社会存在。在他宣传封建纲常伦理去愚昧人民，以为封建地主阶级的政权服务的时候，神学是唯一的、占绝对统治地位的意识形态。所以他说："人君谓之天子。故仁人之事天，如事君"(《录》卷2"元子"条）焉。认为朱元璋诏令"神人之际"，必须"正名分，不可以僭差""可谓卓绝千古之见"(《录》卷30"古今神祠"条）。如果以父祭子，以夫祭妻，则"不但名分有所不当，而以尊临卑，则死者之神，亦必不安"(《录》卷6"父不祭子夫不祭妻"条）。这就明显地说出了他讲事天祭神是有政治目的，是在宣扬封建伦理纲常，使天下之人，事君如事天，决不可以犯名分，更莫说革命造反了！

顾炎武出身于所谓屡代书史的"流风善政之所存"(《录》卷2"武王伐纣"条）的名门望族的书香世家，因而以为只有"循乎《诗》《书》，执《礼》之常而不越焉，则自天祐之吉，无不利矣"。而孔"夫子平日不言《易》，而其言《诗》《书》，执《礼》者，皆言《易》也。"(《录》卷1"孔子论易"条）我们知道，《易》是谈天道的，《诗》《书》《礼》则是讲先王典法的。而孔子"临文教学，读之必正其音"，以全其义而无所讳，而使人人"揖让周旋执而行之"(《十三经注疏》之《论语·述而》）。则顾炎武上面所说的意思，是谓孔子讲先王典章法制，皆寄寓于天道之中，而要人们揖让周旋之间，不得犯分越礼，则可得到"天祐之吉"，而后封建统治阶级的政权无人反抗，可以巩固下去而传之万代。

顾炎武并进一步地认为："占事知来之术，唯正人可以学。"(《录》卷30"星事多凶"条）什么叫"正人"？无非指的是诗书地主门第的知识分子。又认为：天文大法，只可让统治阶级习而知之；而对其他私自学习的，则应悬为厉禁(《录》卷30"天文"条）。否则，天机泄漏，又怎能以其中的玄奥微妙来欺骗人民，麻痹人民，使之不敢犯上造反呢？否则，如刘秀(汉光武)为符命之说以自神，而"不轨之徒"的张满也借符命以惑众(《后汉书》卷20《祭遵传》），不就太危险了吗？顾炎武对于历史有深刻的研究，鉴于隋炀帝焚烧与谶纬相关的书籍

（《隋书》卷 32《经籍志》），唐禁私家有天文图谶兵书（《唐律义疏》卷 9），后周太祖禁私家藏天文图书谶记（《五代会要》卷 11），宋真宗烧毁民间天象谶纬之书（《宋史》卷 70《真宗纪》），而使天下想推翻他们政权的人，不得以"妖言惑众"，是深表赞扬的。那么，他当然要吸取隋、唐、周、宋的经验，不准一般人学习占术和天文了！

我们知道，豪族世家是一代封建王朝政权的社会基础，而封建王朝政权又是豪族世家的政治靠山。二者之间不但是相依为命，而且是合成一体的。顾炎武本来是反对当代的儒家空谈性命天道空虚之学的，但又宣扬天道谶纬荒诞不经的邪说，企图建立一套奴役人民的精神枷锁。这种神权的思想本质，只有从他的家庭出身、社会生活中才能找到它产生的物质根源。否则，顾炎武是个深明历史事变的人，"然以二十一史观之，或同一灾变，而事应各异，或灾变甚大，而绝无事变"（《思辨录辑要》卷 14《治平类》）。他为什么硬要不厌其烦地宣传这种不可相信，不可得闻于孔子之言的天道呢？顾炎武是个研究历史极有心得的人，司马迁在《太史公自序》里，既已认为原始状态的"混混冥冥，光辉天下"，无以名之的气，才是一切事物的本源，而没有什么天道、上帝的存在；杜佑著《通典》，又无天文、五行的项目；脱脱修《辽史》，也都不志天文。他为什么硬要不厌其烦地大讲特讲天文星聚之史事，甚至受命之符，儒家五经并无其说，他却为之详征博引，且说是"不可谓不验"呢？只因他是封建地主阶级的代言人，为了给封建地主阶级的利益服务，也就大肆传播荒唐怪诞的神秘主义去神化封建地主阶级的政权，麻痹广大劳苦人民的革命意志。这便是他一套系统的天人相应的神权史观。

四、"夫尊而妇卑"的"夫权"史观

宗法封建性的地主阶级是中国几千年封建专制政治的基础。顾炎武由于站在他那封建地主阶级中的所谓名门望族世家子弟的立场，除了主张女子和男子同受三种有系统的权力——政权、族权、神权的支配外，女子还须受男子的夫权的支配。从而他就成了代表全部封建宗法的典型政治理论家。

我国防民正俗，严禁淫逸之风，在古代是男女平等的。《周礼·媒氏》："仲春之月，令会男女，于是时也，奔者不禁。若无故而不用令者，罚之。"这里所谓"不禁""罚之"，男女双方，都是平等对待的。所以春秋时代，宋朝私通南子，人们便将宋朝比为老猪，南子比为母猪（《左传》哀公十四年），是一律看成淫乱之徒的。再看秦始皇刻石立碑以禁淫风，又是将淫夫荡妇，都比为壮猪。而且规定：丈夫淫乱别人妻子的，杀了无罪；丈夫死了，妻子抛弃儿女而嫁人的，是乃背了死夫不守贞操（《史记》卷6《秦始皇本纪》）。是秦所定淫荡刑律，男方且重于女方了！

《白虎通·嫁娶》既说："何谓妻者，齐也，与夫齐体。"《说文》又说："妇，与己齐者也。"可见东汉的典制，汉儒的论点，都是一致地认为夫妇之间的关系，是齐一相等的。所以樊英有病，其妻使奴婢前来拜问，英即下床答拜，说是"妻，齐也。共奉祭祀，礼无不答"者也（《后汉书》卷82《方术列传上·樊英传》）。而且夫妇间这种平等的关系，是一生到老都不能改变的。《礼记·郊特牲》不就曾说夫与其妇，"一与之齐……终身不改"吗？

顾炎武本是明末清初的大师，精通小学，深明历代典章经制，对以上所述的话言、事实、典制，也都视而不见，听而不闻，以至说出了"妻之所天者夫"的话来。这就是认为：夫乃妻之天，妻乃夫之奴——丈夫生前，妻子是他的奴仆；丈夫死后，妻子是不能再嫁而有"二天"的（《录》卷5"三年之丧"条，并参考《后汉书》卷84《列女传·曹世叔妻传》）。这在他认为："王道之大，始于闺门……君子之道，造端乎夫妇。及其至也，察乎天地。"只要一家闺门之内，妻尊其夫，则"布之为政……而天下国家可得而正也！"（《录》卷6"鬼神"条）为什么？顾炎武说："昔圣人制礼，教以人伦，使之父子有亲，男女有别……夫礼者，以情义言也。情义者，有所限止，不可遍给也……是以父尊而母卑，夫尊而妇卑，君尊而臣卑，皆顺是而为之也。"（《录》卷6"同母异父之昆弟"条）这就是说，一家之内，等级森严，丈夫高居妻子之上，妻子是该绝对服从而无一点地位的。只有如此，才能"家齐而后国治，国治而后天下平"。如果妻尊而夫卑或夫妻平等，则不但家道反常，"名分有所不当，"而天下一切纲常伦理，都从这根本上乱起来了！所以他又说，一代封建国家的权衡度量，正朔服色，器械文章，都是可以变动的，而男女之别，则是不可以变革的。（《录》卷7"子张问十世"条）这就把一条封建伦理名分的极其沉重的绳索，永远套在妇女的脖子上，使她们没有翻身之日了！

其实，顾炎武最衷心崇仰的圣人是孔子，而孔子的爱人、媳妇（伯鱼的爱人）、孙媳妇（了思的爱人），都曾再嫁丈夫（《礼记·檀弓》及注、疏）。顾炎武极力推崇汉、唐的制度，而汉文帝的母亲，也是魏豹的宫人（《汉书》卷97《外戚传》）；汉武帝的母亲，也是嫁过金氏的（《汉书》卷38《高五王传》）；刘先主的穆皇后，也是转嫁来的寡妇（《蜀志》卷34《先主穆后传》）。顾炎武尽力歌颂"三代以下，风俗之美，无尚于东京（东汉都洛阳，故称为东京）者"（《录》卷13"两汉风俗"条），而那尊儒明经，崇节义、厉名实的光武帝，却和新寡的姐姐湖阳公主共同讨论朝中大臣,谁是她意中的新夫(《后汉书》卷41《宋均传》)。可见女子再嫁,是东汉法制所允许,而于风俗是没有妨害的。至于唐太宗贞观年间所颁布的婚姻法,则是"男年二十、女年十五以上,及妻丧达制之后,孀居服纪已除,并皆申以婚媾,令其好合"(《唐会要》卷83《嫁娶》)的。是男子既可再娶,女子同样可以再嫁了,为什么女的就不可再嫁而有"二天"呢?

顾炎武又尽情歌颂宋仁宗时"风俗醇厚,好尚端方"(《录》卷13"宋世风俗"条)。然而偏偏这位仁宗的母亲曹氏就是嫁过李化仙的(王定国《甲申杂记》)。理学大家程颐虽曾提倡"饿死事小,失节事大"的吃人肉的礼教,但至南宋对这种不近人情之事,还是存在着一种"自世俗观之,诚为迂阔"(《晦庵文集》卷16)难行的情况。所以叶适给翁诚作墓志颂扬他的生平,尚述及了他的女儿再嫁何进士的事情(王应奎《柳南随笔》卷1)。就是到了元代,孔齐作《至正直记》还说:"妇人以不嫁为节,不如嫁之以全其节"(卷1)。到了明朝便严厉地强迫女子"不许再嫁",尤其是"妇人因夫得封者"(《皇朝制书·吏部职掌》)。但归有光作《贞女论》,即曾加以反对说:"女未嫁人,而或为其夫死,又终身不改适者,非礼也……阴阳配偶,天地之大义也……以此言之,女未嫁而不改适,为其夫死者之无谓也!"(归有光《震川集》卷3《贞女论》)归有光是明世宗嘉靖、穆宗隆庆年间(1522—1572),早于顾炎武半个世纪以上的人,即提出了夫死而妻不嫁是"非礼"的,是"不合天地大义"的,是没有意义的。又与顾炎武同时而比较年轻一些的朱彝尊也说:"先王制礼,用以防民之所不足,期合乎人事之宜而已。未婚而夫死,既葬而服除,服除而嫁,人事之常也。其或终身不嫁,盖礼过焉者也。此经传之所未详也!呜呼!自婚姻之礼废,而夫之道苦民,至有自献其身者矣!""女子未嫁而夫死,终身不嫁焉,可谓异矣!"(朱彝尊《曝书亭集》卷58《原贞》)可见夫死不嫁,过门守节,实是经传中所不言而苦民的邪说、怪事!而顾炎武反而说男女有别,夫尊妇卑,是圣人根据情义所制定之礼,女子所应该顺从的。则他的思想还远远地落后于半个世纪以上的归有光和同时期的朱彝尊了!实在是一种历史的嘲讽。这岂不是从他的嗣母未嫁守节而得受明封建政权旌表的虚荣出发,便大肆吹捧吃人肉的礼教为天经地义的礼制吗?胡寅著《读史管见》说得好:"凡人之心,己以为是,则欲天下皆是",其顾炎武之谓矣!

其实,女子不许再嫁,而视丈夫如天,实是最不合人情的。因为男女之情,乃是一种自然的属性,人类的共同本性,并非具有一定的阶级特性的社会属性。也就是人类原来的本性,才是真正的人性。所以女子未嫁而过门守节,实是反乎人类原来的本性的。何况妻子对丈夫的关系和儿子对父亲、臣子对君的关系,即在封建时代也是不同的。这在前于顾炎武的谢肇淛(万历进士)已经提出来了。他说:"古者妇节,似不甚重。故云:'人尽夫也,父一而已'……圣人制礼,本乎人情。妇之事夫,视之子之事父,臣之事君,原自有间。即今国家法令,严于不孝不忠,而妇再适者无禁焉。淫者,罪止于杖而已!"(《五杂俎》卷8)又说:"'人尽夫也',此语虽得罪于名教,亦格言也……委禽从人,原无定主。不但夫择妇,妇亦择夫矣。谓之'人尽夫',亦可也。"(《五杂俎》卷8)顾炎武在他最称精心之作的《日知录》里,虽曾多次引用谢肇淛的《五杂俎》中的语言,然于其中有关女子可以再嫁的记载,则熟视无睹,而坚持他自己的观点,说是"父尊而母卑,夫尊而妇卑,君尊而臣卑,皆顺是(情义)而为之"(《录》"同父异母之昆弟"条)。可见他的思想是远远地赶不上他的前辈了。

　　正因为顾炎武是极力为封建伦理说教,而主张夫尊妇卑的,所以尽管他平时对于历史事实必须经过精密地考证而后才取信,却因他主观上轻视女性,因而就连他所最推尊的先王周武王、先圣孔夫子所称美过的贤才女子,也认为不是记载的文字上有错误,便是在理由上有所不通。他说:"'予有乱臣十人,同心同德',此陈师誓众之言。所谓十人,皆身在戎行者。而太姒邑姜,自在宫壸之内,必不从军旅之事,亦必不并数之以足十臣之数也。古人有谚曰:'牝鸡无晨,牝鸡之晨,唯家之索',方且以用妇人为纣罪矣。乃周之功业,必藉于妇人乎?此理之不可通,或文字传写之误,阙疑可也。"(《录》卷7"有妇人焉"条)是的,武王"予有乱臣十人"之言,根据《左传》昭公二十四年传苌弘所引《泰誓》"纣有亿兆夷人,亦有离德;余有乱臣十人,同心同德"的话言看来,确实是与商纣的军队战于牧野时的誓师词说的。然其实则指和武王"共理天下者十人"(《论语正义·太伯》)。因为周的王业,实始于内治。观《毛诗·卷耳序》所说"后妃之志也,又当辅佐君子,求贤审官,知臣下之勤劳,内有进贤之志,而无险诐私谒之心,朝夕思念,至于忧勤。"以及《周南》《召南》所称后妃之德。则武王之母太姒,实是当时共理天下十人中的一个。她对周的王业所起的作用,并不仅在于行军作战之时。所以《汉书》卷97《外戚传序》说:"周之兴也,以姜嫄及太任、太姒。"(参阅《列女传》关于周室三母的记载)如果说女子只在"宫壸之内,必不从军旅之事",然而即在《费誓》疏里却偏偏说了"古人或以妇女从军"。顾炎武是个正宗派的儒家,极力主张要明经通疏,对此又当作何解释呢!

　　我们知道,殷的诸妣可以特祭(王国维《殷礼征文》)。殷周之际,骊山之女可以执政(《汉书》卷21《律历志上》)。则太姒平时可以共理国政,战时为什么不能从军呢?只以顾炎武顽强地轻视女性,故特作出极其武断的言论,一反其平日考据的精神,而谓女子从军"此理之不可通,或文字传写之误"(《录》卷7

"有妇人焉"条)了! 但我们从《论语·述而》这段全文看来,实在看不出有"文字传写之误"的理由。如果说"理不可通",则北魏代父从军12年之久的木兰(《乐府诗集·木兰辞》),唐高祖起兵太原,女儿平阳公主率兵与秦王分定京师,韩世忠与金兵大战黄天荡,夫人梁红玉亲自擂鼓助战,不都是女子从军作战的辉煌事迹吗? 甚至顾炎武的时候,率兵出关抗击后金的秦良玉以及四川从军六、七年的韩氏女子(李默《孤树裒谈》卷1,钱谦益《国初群雄事略》卷5),都是理不可通,捏造出来的事实吗? 其实,韩女从军,顾炎武即是没有亲自目睹,也当亲自耳闻了。然则又怎能说太姒"必不从军旅之事"呢,不能"身在戎武"呢? 岂非"志有所存,顾不见泰山"(《论衡·书解》)了吗?

正因为顾炎武是轻视女性的,所以很同意宋度宗时李伯玉认为孝宗时有女童林初玉中试得封孺人,非所以成人才,厚风俗,因请罢童子科不准女子应试的意见(《录》卷17"年齿"条)。所以他只看到男的人才不振,是由于"禁防束缚至不可动",而对于女子,则主张把她们陷于"绳约"之内! (《录》卷9"人材"条)

以上便是顾炎武一套女子须受男子支配而有系统的夫权史观。

五、简短的结论

顾炎武研究历史以考究先王之典制,而综当代之急务,诚然对明代的各种制度提出了许多确切的批评和改革办法。但他始终是从他的封建官僚地主的豪家世族的利益出发的(容当为文另论之)。

顾炎武诚然参加了江南地区人民激烈的抗清斗争,深入到最广大、最火热的战场。但他自己既是个典型的封建官僚地主阶层中的名门望族的世家子弟,而和他一道参加抗清斗争的,又是一些士大夫分子中的嘉定秀才吴其沆、昆山县长杨永言,在上面的领导人物,则是隐居在家的反对民兵向地主征粮取饷的杨廷枢和复社领袖夏允彝、陈子龙等。从而他就不可能观察、体会、分析广大人民群众的一切生活情形和斗争的实质,通过这些客观现实去看历史上的问题,以阐发他经时济世的学说。恰恰相反,而是从他的阶级利益出发,"常欲以古制率天下",以儒家的礼教维护天下的风俗廉耻(《清史稿》卷481《儒林传·顾炎武传》),以期建立一个将"四权"——政权、族权、神权、夫权共同扭成一股的大绳索,套在人民脖子上的地主阶级的封建政权。

最后,必须指出:《日知录》的著成,首先经过精勤地搜集丰富的资料,然后把它一一罗例出来,加以综合别择,以求其确切。又几经镕铸,使之前后照应,互相衔接,而成一件天衣无缝的精制品。用顾炎武自己的话来说,便是采山之铜,销冶镕铸之所铸成而无粗恶之弊的新钱。以故一年之中,仅得 10 多条。这种认真钻研、一丝不苟的精神,就是那目空一切,自视甚高的史家章学诚对这种做学问的方法,也极为之钦佩地说:"札录之功,必不可少。即顾氏所为《日知》,义本子夏氏教。然存为功力,而不以为著作。亦俟类次既多,积久而胸有定识,然后贯穿前后,去其不合与不定者,慎取而约收之。"(《章氏遗书》卷9《文史通义·外篇三·与林秀才》)然顾炎武尚不以此为满足,害怕"学之不博,见之不卓",不敢以为定稿,而要质之于同志,欣然采纳阎若璩的意见,再加增改,"而以临终绝笔为定"(《顾亭林诗文集·与潘次耕书》、赵执信《饴山文集·阎若璩墓志》)。这种谦虚谨慎的态度,都是值得我们后人学习的。

原载《兰州大学学报》1982 年第 3 期

王夫之的史论

王夫之出身于湖南衡阳中等地主家庭,生于明万历四十七年(1619),死于清康熙三十一年(1692)。这正是中国历史上一个惊天动地的时代。崇祯十六年(1643),张献忠攻克衡州,招致王夫之。王夫之逃藏在南岳,便执其父为人质。于是王夫之用刀刺自己的肢体,使人抬去调换父亲。义军见他满身重创,就把他们父子都释放了。次年(1644),李自成攻取北京。接着,清贵族侵入关内,王夫之悲愤绝食,写下了一百韵的长诗,吟罢而大哭之声不绝!从此,他化悲痛为力量,当清贵族继续南侵,组织衡山义王被孙可望劫迁于安隆所,深知大事已不可为,乃从事著述。在极端困苦的环境中,从文化战线上宣扬他的社会历史观点。从而他的史论观点,自民族主义来说,是极其可贵的;自反对农民起义来说,又是可非议的。

王夫之的史论(《读通鉴论》《宋论》)的特征,是由当时的社会历史条件和自身的经历决定的,而他则是个用他一生所积累起来的儒学正统派思想的继承者。从而他作出的史论,既是客观现实的强烈反映,又有其思想的深厚渊源。

一、高度可贵的民族正义感

王夫之受着《春秋》"尊周攘夷"思想的影响,深深地感到明封建王朝政权的灭亡,不但是改朝换代,而且是灭了种族,亡了天下!因而在他的史论里,往往充满了强烈的种族观念,而将胸中所存的悲痛、垒块,通过对前代的史事论述出来。

本来王夫之是个儒家正宗派的地主阶级的知识分子,十分强调封建纲常伦理名分的(详下节)。但因清贵族统治了中国,便认为刘裕能北伐中原,"东灭慕容超,西灭姚泓",乃是"自刘渊称乱以来……永嘉以降,仅延中国生人之气者"!乃是"以功力服人而移其(晋)天下",不能"没其挞伐之功而黜之"(《读通鉴论》卷15《宋武帝》)者!他甚至说:"桓温之北伐,志存乎篡也。"然而"即令桓温功成而

251

篡,犹贤于戴异类以为中国主"(《读通鉴论》卷13《晋成帝》)。这就可见他的种族观念是如何的强烈！这是因为当时的种族矛盾已成为主要矛盾,应该如此呀！

正因为他的种族观念强烈,所以他极力反对宋(赵宋)之称后唐、后晋、后汉之为"代",而指责"李存勖、石晋瑭、刘知远,则沙陀犬羊之长也！""名不可以假人,天下裂而不可合,夷盗(朱温)而不可纵""何足以称'代'哉！"(《读通鉴论》卷28《五代》)

他的这种历史观点,正是他"为时而著,为事而作",而且有强烈的客观现实,鲜明的社会生活气息的反映！也是他终身不薙发易服,至死尚自题其墓曰:"明遗臣王某之墓"(《清史稿》卷480《儒林传一·王夫之传》)的自我写照！总之,他写史论,是抒发自身感慨,寄托胸中怀抱;论的是历史事实,指的是现实问题;从而也就难免有些矫激,但却又是富有血性,富有高度的民族正义感的！

宋自南渡,一般士大夫,诚然是好谈恢复,而大都属于迂阔之言,不能解决实际问题的。但李纲在当时却算是个庸中佼佼,能从实际出发的抗战派代表人物。因为他不但制定了总的抗战纲领,而且提出了各项实行的具体措施。而王夫之却说李纲只是虚设了一套"纲宗之言"。认为李纲所谓"亲君子,远小人;议巡幸,决战守;择将帅,简兵卒;抚河北,镇荆襄",只是一套堂而皇之的大道理,却拿不出一点具体的办法来。那么,虽是"琅琅乎言之矣,一言而气已竭矣",又"恶足以拯吾君于危殆而措之安哉？"(《宋论》卷10《高宗》)这又正是他深有感受,说来也就与历史上记载的事实大不符合了。

试看李纲在钦宗面前指斥白时中、李邦彦居宰相之职,却一味主和而不敢抗战,不就是公开地指责他们是"孱佞""浪子"之小人吗？怎能说他对小人"有定名而无定指者也"呢？何况李纲自己又敢字当头,在万分危急之中,担任他人不敢担任的东京留守,力筹守战工具,一再督战以破金兵。这就充分说明了李纲的赴汤蹈火,积极奋战,敢于战斗,敢于胜利,又怎能说他"琅琅乎言之,一言而气已竭",而不能提出一点具体办法呢？

李纲上陈边事御敌八事,为主和的耿南仲所阻,耿又催李纲往救太原,把他排挤出去。等到李纲既行之后,朝廷又遣散他所召集的士兵,以致战守都无办法。则李纲所说的"小人在朝,蠹害难去",不正是指的耿南仲吗？李纲又指出"唐恪、聂山之奸,任之不已,后必误国";而"力争李纲者",则是"议论恺切"而"为一时之俊"的许翰。那么,李纲所谓"亲君子"的君子,不是指许翰又是指谁呢？所谓"远小人"的小人,不又指的是唐恪、聂山吗？又怎能说他是"止于空言""而无指定"落实到具体的人的身上呢？

李纲对高宗所陈巡幸的计划,曾明确指出:"长安为上,襄阳次之,建康为下。"又曾力说"自古中兴之主,起于西北,则足于据中原而有东南;起于东南,则不足以复中原而有西北。盖天下精兵健马,皆在西北。"又怎能说他开陈巡幸之计,"止于空言",未曾"进而加详"呢?至于王伯彦、黄潜善主张高宗巡幸东南而与纲站在对立面,纲便以去就和他们展开针锋相对的斗争,说是靖康大臣不和的失事,都是他们在那里捣鬼,而请高宗加以审察。这不是要高宗莫听小人之言,而指责汪、黄是小人吗?

关于"决战守"的问题,李纲更是不曾虚设空言,而是分别言之极为详尽的。首先,他指出"议战,谓军政久废,士气怯惰,宜一新纪律,信尝必罚,以作士气。"已是将革新军纪的理由,说得很是透辟,"并申明改革军政者九十条""又请以车制颁京东西制造而校阅之。又奏造战舰,募水军,及询访诸路武臣材略之可任者以备用"。是将改进军事方面的办法都说得很具体了。又怎能说是在李纲执政之后,依然是"天子匹马以前,疲卒扶羸以进""卫之、伍之",而无"其制,教之、练之、督之、绥之",而无"其将"呢?其次,李纲指出"议守,谓敌狡狯,势必复来,宜于沿河、江、淮,指置控御,以扼其冲"。并极力推荐宗泽担任留守东京开封的职务,而宗泽一任留守,便"抚循军民,修治楼橹,屡出师以挫敌"。这就不但防御工作做得很完备,将帅选荐得很得当,而且收到了战事上的效果。又怎能说是无"行伍之凭借""择将帅"以为"干城"呢?

至于李纲之所以用张所招抚河北,是因所在靖康围城时招募河北,而在军民中曾具有一定的威望。李纲之所以用傅亮经制河东,又是因亮演兵河朔曾立多次战功,又怎能说"张所、傅亮未足以任"呢?

总之,王夫之因为明末辽东边防的败坏,是由于万历末年以来,先后巡抚辽东的,多是优游岁月,丝毫提不出一点办法的庸才,袁应泰经略辽东,疏于规划,防御松弛,因而沈阳、辽阳都告失陷。继用熊廷弼,又因好大言吹嘘,轻视敌人,致使一切兵马、军仗、粮草、营垒都任之不闻不问的巡抚王化贞,从而从中作梗,致使熊的防御计划不得实现而丢掉广宁。于是王夫之伤时感怀,在史论中悲愤激切地责备李纲是个"疏庸之士",而谓李纲所上抗金的奏疏,都是不切实际而"无当"的"空言"。这种史论,虽是属于激情"发愤之作",因之也就不曾顾忌历史事实,而与实际情形有所出入。(以上见《宋论》卷10《高宗》《宋史》卷358、359《李纲传》《宋史》卷371《白时中传论》《宋史》卷352《李邦彦传》)但终是"至情之文",而有高度可贵的民族正义感的!

二、反对人民,抑制人民

儒家的政治学说,是阐述封建纲常,为封建地主阶级的政治服务的。王夫之因家庭出身的关系,本来就是剥削农民,与农民阶级对立的。尤其经过张献忠的招致,刺伤全身把父亲弄了回来,对农民起义军的推翻明封建政权有了切齿刻骨的仇恨。因而秉承他一贯宣扬"天子者,天所命也"(《读通鉴论》卷14《晋安帝》,以下《读通鉴论》都省作《读》),是"继天而为之子""奉天以行常罚"(《读》卷6《汉光武》),代天统治天下而高居于万民之上的天生最高的统治主。所以"彝伦(伦常)之大者",便是君君、臣臣、民民的名分! 而世界上一切"善于不善的分歧",都得用君君、臣臣、民民的"彝伦为其纲"(《读》卷29《唐僖宗》)来加以衡量! 请看,这是何等的为封建纲常说教,而强调君君、臣臣、民民的名分关系,以图巩固封建制的社会秩序。因为在他看来,"君臣之义,上下之礼,性也",这种天生的人的本质,是"无所逃于天地之间"(《读》卷15《宋文帝》)的天经地义的纲常大道! 他认为:臣之"所事者君也,吾义之所不得不事也! ……不得不事、不得不交者,性也。事君交友所以审用吾性,以顺吾性,而身之得失系焉"(《读》卷14《晋安帝》)。总之,臣之事君,是义之所当然,情之所必然,是顺乎人性,合乎常道,顺乎天理的,而一切是非善恶的分歧,得失的关键,统统都在这里! 所以为臣的只有忠心耿耿地事君"而匡维世教以救君之失",而"存人理于天下"。即是昏暴之"君虐民",为臣的也不能"以诋讦为直,以歌谣讽刺为文章之乐事",以免"递相流传,蛊斯民之忿懟""而奖逆叛"(《读》卷29《唐僖宗》)! 以上所述这些,都是王夫之坚决维护封建地主政权,强烈反对农民革命的鲜明的反映,也是他誓死拒绝农民起义军的招致,至死还得自题其墓而为"明之遗臣",还得与人民为敌的自我表白!

王夫之甚至认为就是"司隶校尉督察三公",已是以"陪隶告其君长……洵然三纲沦、五典斁"(《读》卷6《汉光武》)了! 那么,做臣子的,又怎能揭发君主的罪过,致引起人民的犯上作乱呢? 其实,远在秦末,孔子的八世孙孔鲋,也起来参加了陈胜所领导的农民反秦暴政的革命。至于明末农民起义的社会基础,更是极为广阔。许多地主阶级内部分裂出来的知识分子都归附了闯王,而给闯王殚精竭虑,筹谋划策的杞县举人李岩,且是明封建王朝兵部尚书李精白的儿子。而王夫之却尚在那里顽固地死守着儒家封建伦理的教条,死后还要当"明的遗臣",则就可见他的思想实质,是如何顽固地反人民! 这又何怪乎他把历代起义的农民,都一概骂之为盗贼,为"乌合之众"(《读》卷19《隋炀帝》);都一律视之为"游惰骄桀""恣睢放荡"地"掠食而饱,掠妇而妻"的"不逞之徒"(《读》卷6《汉光武》);对于起义的农民领袖"而称帝王",更是不共戴天,而污蔑为"悖乱之尤"(《读》卷19《隋炀帝》)者呢。

其实,中国几千年前的封建专制政权,一直都被一小撮盗贼所把持。他们的那种国权,正是一个盗主国权;那种政权,正是一种贼民政权;那种政权下所谓的"神圣皇帝",不是盗主,便是盗子盗孙,不是盗子盗孙,便是盗亲盗臣。本来国家的政权,就不该被他们这一伙少数的盗贼所把持,而应由广大人民所掌握。而王夫之反说是"天之使人必有君也……安于其位者,习于其道,因而有世及之理,虽愚且暴,犹贤于草野之罔据者!"(《读》卷1《秦始皇》)这种认为皇帝的子孙就是再愚蠢,再暴虐,都该世世代代永远地当皇帝而比起自民间再贤明,再能干的人地当皇帝要好得多的不合理的论述,就是几千年来封建地主阶级的知识分子,也是很少说过的! 当然,"贤明""能干",本来就是具有阶级性的。贤明能干起自民间的人民掌握了政权,不就要对地主阶级专政吗? 所以在王夫之看来,桂王朱由榔由西南地主阶级各派联合起来所建立的肇庆政权,才是朱皇帝一家世及的正统政权,而张献忠的大西政权则只是个大逆不道的"草野罔据"的匪巢罢了! 所以张献忠招致他,他便以死拒绝,但一经人推荐,他便参加了肇庆政权。因为他正是个地主阶级的知识分子,便该为明封建王朝的地主阶级的政权发愤而忠心耿耿地为之救亡图存呀!

王夫之的史论,总是代表地主阶级尤其是中层地主阶级知识分子的利益说话的。首先,他大骂韩侂胄、张居正等之禁"鸿儒"主讲书院以课"草茅之士""育山陬海澨之人材,而使为君子"去当官食禄,是"妬贤病国之小人"(《宋论》卷3《真宗》),并极力鼓吹一个国家政治上最重要的一招,就是"养士"。因为中小地主阶级的子弟"业已为士,聪明才干,不后于人,诗书之气,目已系见,安能一旦弃若委士"而不给以当官食禄的机会呢? "学而得禄者,分之宜也""语有之曰'得士者昌'"。得士,则"如网在纲,以群效于国""岂能舍此而求椎鲁狂悍之丑夷,以与共天下哉?"这就是说,国家只有选拔中小地主阶级家庭聪明才干的知识分子当官任职,才是纲举目张、办好政事的办法。哪能弃掉他们不用,而求钝朴愚昧、蛮犷凶悍的平民子弟来共治天下呢!

其次,他指出对于地主阶级内部犯了罪的知识分子要施仁政,而不可以"治士"。因为封建地主政权下的法庭等国家机器,只是阶级压迫阶级的工具,怎能拿地主阶级的专政作为压迫本阶级知识分子的工具,实行独裁呢?

再次,王夫之认为魏晋"以九品进退人才……非华族弗与延誉",致使"寒人不得与于荐绅之选",虽是违背了"公天爵于天下"的道理,但总还是在地主阶级内部"靳取华胄之子、清流之士,以品骘而进退之,亦未甚为过"。置于农民阶级中的子弟,则应该把他们排斥于被选举之外,使之永远处在社会下层,世代代地当农民——所谓"农之子恒为农",则是理所当然。为什么? 他说:因为农民"耳限于所闻""目限于所见",是"必不可使为善者!""故曰:'习与性成。'性成而严师益友,不能劝勉,厚赏重罚,不能匡正矣!"(《读》卷10《三国》)这就是说农民的本性,被环境习俗的见闻所限,是无法改正使他们为善的。其实,人对客观世界的认识,并不单纯地决定于客观世界的本身,而是决定于人对客观世界的三大实践,而生产实践又是第一大实践。由于农民在生产实践过程中深刻地认识到他们在生产关系中处于被剥削的地位,也就是,他们认识到,乡村中的宗法思想和制度以及恶劣的风习,都是跟着地主阶级的恶劣政治环境而来的。从而这种东西,便成了农民所攻击的目标。何况环境能作用于人,而人又能反作用于环境、改变环境。王夫之认为由于乡村中的"见闻行习",便使农民成了环境的奴隶,使他们完全被动地、消极地受着环境支配,听着环境摆布,便该世世代代地受剥削压迫,不管环境怎么恶劣,也不能主动地去改造它,这便是彻头彻尾的宿命论。王夫之认为农民是天生的笨虫,只能使之供驱使、被奴役,而不能使他们知道任何道理(《读》卷10《三国》引《论语》:"民可使由之,不可使知之")。这正充分暴露出他那地主阶级知识分子愚弄人民的本质!

大官僚地主的后代,本是惯于剥削、压迫广大人民最凶恶的敌人。征用他们当官来统治人民,也就不但没有民意的基础,而且容易激起人民的仇恨。而王夫之却强奸民意而说什么"以族姓用人""而所征皆世胄",是"人心之所趋""民望属焉"。反过来,则认为用平民农商参与政治,乃是"乱君臣父子之彝伦";而"科举孤行,门阀不择,于是而市井锥刀、公门粪除之子弟,雕虫诡遇,且与天子坐论,而礼绝百僚……一乱而无不可乱矣!"这还了得! 这在他看来,平民子弟,都是小人!"引小人而纳之君子之徒""则廉耻丧于天下,而人无异于禽兽!""小人杂于君子,而仕与同官,学与同师,游于同方,婚姻与同种姓。天下无君子,皆小人矣!"那将成了一个什么世界呢?"呜呼""可胜痛哉!"(《读》卷15《宋文帝》)这就是说,封建国家的政权,是地主阶级所私有,所专有的;封建政府,是地主阶级专政的权力机关,是镇压人民的总枢纽,哪能给人民以丝毫的政治的权利呢! 这就充分说明了他是个极力主张实行地主一个阶级的专政制度者,而他们这个地主阶级的知识分子,便是地主阶级封建国家统治的基础,便是鞠躬尽瘁,死而后已为明封建政权救亡图存的士大夫! 那么,在他的心目中,受教育,读诗书,只是"君子(地主阶级知识分子)所以调性情"而忠心耿耿地为封建主义服务者的特权,如果给了一般平民以读书受教育的机会,将见"俗子通文择健讼"多事,"而悖逆"犯上造反了! 所以只可使他们绝对服从,决不可让他们有什么知识(《读》卷7《汉安帝》)! 哪里还能准许他们参与科考,让他们登上政治舞台呢! 这就可见王夫之排斥人民,压制人民,是无法可以给他辩护的。

三、轻视妇女,论点是进步的,又是保守的

王夫之一向是被人推崇的学者。如讲经世之学的刘献廷于许多友人中,却独尊一个王夫之(《鲒琦亭集·刘继庄传》),以至称之为"洞庭之南,天地元气,圣贤学派,仅此一线"(《广阳杂记》卷2)。"物以类聚,人以群分。"这从儒家卫道先生们的立场说来,并不是不可理解的。但中华人民共和国成立后,还有许多人称许王夫之是个伟大的进步思想家,那就不一定妥当了。

在上节已经叙述王夫之是如何不厌其烦地说教而强调君君、臣臣、父父、子子、兄弟、夫妇的封建纲常伦理的名分关系,反对人民,抑制人民的!然而历史的逻辑终究是向他的主观意志的论述的反面发展的!须知我国从明中叶后资本主义的因素已经有了萌芽,这反映在吴承恩的《西游记》里,便有孙悟空大闹天宫反抗昏庸的玉皇大帝的黑暗统治,冲破某些传统束缚而要求平等之朦胧可贵的民主思想。反映在谢肇淛的《五杂俎》里,便有女子可以自己选择她的爱人,可以再行转嫁的男女平等的思想。而王夫之生长在吴、谢之后,反而如上节所述那样大肆宣扬封建主义的纲常礼教,反对农民起义,抑制农民永远世世代代去当受剥削压迫的奴隶。又大肆阐发他的"三从"之道,而说什么"妇者夫所蓄也""男子位乎外,女子位乎内",女子是由男子所养蓄备以奴役,"听治于人者也"!在家从父,"既嫁从夫,夫死从子,妇道之正也!虽有庸主,犹贤哲归。""恶用牝鸡,始知晨暮哉?""故圣王之治,以正俗为先,以辨男女内外之分为本",是诚"天之经也,地之义也,人之彝伦也,事之纲纪也""古今之通义,不可违也!"如果"以女制男""以女子干丈夫",那就真是天翻地覆,又"何殊乎以夷狄令中国,以小人治君子乎?"这种反常悖理的情形,如果"天下有之,天下必亡;国有之,国必破;家有之,家必倾。父子、君臣、兄弟、朋友之伦,以之而泯;厚生、正德、利用之道,以之而蔑!"(《读》卷5《汉哀帝》,《宋论》卷7《哲宗》、卷4《仁宗》)整个世界,都得毁灭!所以他的《读通鉴论》,尽管是用历代皇帝之名,分册议论史事的,然却删去了汉之吕后,唐之武后,坚决主张"母后之不宜与政!"难道男女真的不可一样,不能平等,男子能办到的事情,女子却不能办到吗?为什么硬要把女子当成奴隶和附属品呢!我们诚然"不是根据历史活动没有提供现代所要求的东西,而是根据他们比他们的前辈提供了新的东西"(列宁《评经济浪漫主义》)。那么,以王夫之和他的前辈吴承恩、谢肇淛相比较,那他就显然是站在"山下",而不是站在"山上"了。是往后看,不是往前看了。其实,就是轻视女子以至把她们看成为"难养"之"小人"(《论语·阳货》)的孔子,也还在

《诗经》的《周南》《召南》里留存了赞美太姒兴周功劳的诗篇,并在《论语·泰伯》里称述太姒是武王开国功臣的一个。可见王夫之轻视女子,较之春秋时代的孔子且变本加厉了!

诚然,王夫之是曾用进化论的观点,从历史的发展上看问题,而是值得称许的。比如他说:"唐、虞以前,茹毛饮血""狉狉獉獉",是个与禽兽无分的时代,经过文化上的逐渐熏陶,也就"视唐、虞、三代初兴,政教未孚之日,其愈也多矣!"但他却把推动历史车轮前进的力量,完全归之于"尧、舜之德,汤、武之功"(《读》卷20《唐太宗》),一点也不知道文化正是劳动人民创造出来的,创造历史的动力乃是人民群众,也就陷于历史唯心主义英雄史观的泥坑了!

又如王夫之论由封建制而行郡县制,乃是历史发展必然的趋势,并肯定郡县制比封建制要好(《读》卷1《秦始皇》);且能认识到采用古代的法制,必须体察它的精神实质,考虑到具体的时间条件。所以他说:"郡县之以封建殊",则"三代乡里选举之遗法",也就"不可以之于郡县制"的后代,只有"用今日之才,任今日之事,所损益可知已""三代之王者,其能逆知六国强秦以后之朝野,而豫见万年之制哉?"(《读》卷3《汉武帝》)这就可见他是认为社会制度,是该以历史的变化而变化,而不可以教条主义,不顾实际情况,将三代所行的社会制度,死搬硬套地全用在六国、强秦的时代了!这都又是值得称许的。但他毕竟是个封建地主阶级中的正统派的儒家知识分子,也就认定儒家的政治学说是一种至善至美,最终完成的永恒绝对的真理的体系,儒家政治学说成立之后,就达到了真善美的绝对境界,再也不能逾越一步。试看他说:"法备于三王,道著于孔子"(《读》卷1《秦始皇》),不就是认为后代再也没有更好的大道,更好的法制了吗?有了这种的信条在他背后作怪的幽灵,所以他虽认为社会制度是将因时制宜而有所改易的,但又认为《尚书》中所述"敬殆仁暴"的"圣治之本",则是"以治唐虞,以治三代,以治秦汉而下,迄至于今,无不可以此理而推行之"(《读》·卷末《绪论四》),永远不可变易的。因而他说:"儒者之统,儒者之道",是永远"亘天垂地而不可亡者!"(《读》卷15《宋文帝》)并得出结论:"一代之治,各因其时,建一代之规模,以相扶而成治。故三王相袭,小有损益,而大略皆同",而绝不可以多所变革。因而王安石变法,就遭到了他的反对(《读》卷10《三国》)!这就是说,历史虽是进化的,但儒家的政治学说的基本原则,则是必须永恒地遵循沿用而万万不可违背的!从而他的进化论观点,说来是进化的,实质上则是保守的。在当时历史发展的条件下,他不正是个誓死反对张献忠率领的农民起义反抗明封建王朝地主阶级统治的反动人物吗?如此说来,说他是个明末的伟大进步的思想家,还是可以打折扣的。

原载张孟伦《中国史学史论丛》,兰州大学历史系 1980 年 9 月铅印本

赵翼《廿二史札记》中为清政权服务的论点

清贵族只用了 40 天的工夫便奠定了北京,却花了 40 年的工夫才占有全中国。积 40 年之经验,他们感到制服那些投降的文臣、武将并不困难,而最难对付的,则是那些有民族气节的知识分子。因而采取两面手法:一面用高压政策,大兴文字狱来威吓他们;一面开科取士,用怀柔政策来笼络他们。日子久了,在新朝生长起来的知识分子,也都尽入它的彀中,而给它充当政治战线和思想战线上的忠实服务者。江苏阳湖(武进)的赵翼(雍正五年至嘉庆十九年,即 1727—1814),便是其中的一个。

清王朝至乾隆(1736—1795 年在位)中叶以后,由于土地高度集中,统治阶级贪污腐化,阶级矛盾与民族矛盾日趋尖锐,农民起义此起彼伏。赵翼中举而为内阁中书,成进士而预修《通鉴辑览》,出知广西镇安府,调贵州兵备道(总兵处整理文书商榷机密之官),都在乾隆时代,以至于成了当时军机处大学士傅恒(满人)特别器重的人。赵翼又曾应福建总督李侍的邀请,献计镇压台湾林爽文的起义。所以他无论在军事上,还是文化上都给清王朝尽了最大的努力,立了一定的"功勋"。从此,他辞官归家,以"有经世之略,未尽其用"(《清史稿》卷485《赵翼传》),又著《廿二史札记》,而为清政权说教以麻痹广大人民,向清政权献策以镇压农民起义。所谓"身虽不仕,而其言有可用者"(《廿二史札记小引》),则竭力笔之于书,正是他写《廿二史札记》以期巩固政权的自我表白。

一、为清政权说教以麻痹广大人民

清贵族入关统治全国,引起尖锐的民族矛盾和激烈的民族斗争。赵翼为了给他主子效劳,便大肆宣扬中国历史上少数民族的统治者的聪明才智,是纯粹生理上的禀赋,是上天授予他们的。也就是说,他们是生而有智能的上等人,而愚昧无知的广大人民,便该无条件地服从他们的统治。

　　首先,赵翼把北魏鲜卑族的孝文帝拓跋宏吹捧成一个天生的有政治本领,有文学才能的人,而说什么"魏孝文帝生本北俗,五岁即登帝位。此岂有师儒之训,执经请业,如经生家所为?乃其聪睿夙成,有不可以常理论者。史称其……才藻富赡,好为文章,诗赋铭颂,任兴而成,有大文笔,马上口授。及其成也,不改一字……可见帝深于文学,才藻天成,有不能自讳者……其急于迁洛,欲变国俗,而习华风盖发于性灵不自止也。"(《魏孝文帝文学》)这就完全是用一套唯心主义的先验论,把孝文帝的文学才能、政治本领,都说成不是后天的社会实践的产物,而是天赋给他的了。这种用意很明显的是借鲜卑族而统治北中国的孝文帝来鼓吹清圣祖玄烨(康熙)是"智勇天锡……圣学高深";清高宗弘历(乾隆)是"至诚先觉,敷文奋武"(《清史稿》卷8《圣祖纪三论》、卷10《高宗纪一》)的天生皇帝,应该统治全国,高居万人之上,只该服从,不可反抗!

　　其次,赵翼又鼓吹辽(契丹)太祖耶律阿保机、金世祖完颜劾里钵这两个兄弟民族"开国之祖""都有异秉与神为谋……辄预知来事"。故能"征讨如意,遂成帝业""不可以常理论者"(《辽金之祖皆能预知》)。这更明显地是用兜圈子的办法去借起源于兴安岭东的契丹,数代居住在松花江的女真,来宣扬建州女真人的清太祖努尔哈赤的"天锡智勇""沈几内蕴"(《清史稿》卷1《太祖纪及论》),能预知一切而非常理可论,故能创建后金汗国。赵翼这种把人的认识才能归之于天才、神谋,而不是来自于客观实在的反应,不是来自外界事物的刺激,而是阿保机、劾里钵、努尔哈赤天生就有的,是他们主观自生的,这简直是一种主观唯心主义。而把阿保机等说成是天差下来的物质世界的唯一创造主,故能征讨如意而成帝业;把阿保机等看成是世界上唯一有感觉的"发疯的钢琴"一样,宇宙全部的和谐音调,都是由其自己弹奏出来,谁都无法扰乱的。这实在是故弄玄虚而假辽、金为名,以给清政权统治中国说教罢了!

　　清贵族起于关外而统治全国,致激起民族的尖锐矛盾和斗争,是难以缓和的。赵翼便又大肆宣扬唯心主义的王气钟聚的怪诞之说,去给他们找历史的注脚,企图麻痹人民,不要起来反抗他们。他说什么:"两间王气,流转不常,有时厚集其力于一处,则帝王出焉。如南北分裂,其气必各有所聚……魏之亡,则周、隋、唐三代之祖,皆出于武川(今内蒙古自治区武川)……区区一弹丸之地,出三代帝王(周文帝宇文太、隋文帝杨坚、唐高祖李渊)。周幅员尚小,隋、唐则大一统者共三百余年。岂非王气所聚,硕大繁滋也哉!"(《周隋唐皆出自武川》)这就是说,统治北中国的周是出于辽东南单于之后的鲜卑族(《通志·氏族略》);统治全中国的唐,"流源出于狄"(《朱子语类》卷136);隋文帝杨坚虽然是华阴（今陕西华阴县）人，但都是从蒙古区武川发展起来的。那么，发迹于长白山东的野俄朵里的女真族爱新觉罗氏，则当然是由于王气钟聚其地，其统治全中国，自当瓜瓞绵绵，长发永昌，为什么要激起民族间的矛盾、斗争，而不好好地服从其统治呢？

赵翼企图用怪诞不经的王气之说，以为清政权之缓和民族矛盾，消弭民族斗争，用心是无所不至的。因而又特作《长安地气》一条，阐述他的历史上的"地气之盛衰，久则必变"以迷惑人心的邪说，而认为地气转变的关键，则在唐的开元、天宝时代，从此以后，长安地气由盛而转，从西北逐渐转到东北去——自唐昭宗出走，最后"被迁于洛（阳），而长安自此夷为郡县矣！当长安夷为郡县之时，契丹阿保机已起于辽"，至"金源遂有天下之半，元、明遂有天下之全，至我朝（清）不唯有天下之全，且又扩西北塞外数万里，皆控制于东北，此王气全结于东北之明证也！"总之，他的逻辑是：清王朝统治全国，以至向西北扩展，都是历史上的地气转移，王气结集在东北的缘故。这是天命所至，天是社会最高的主宰者，谁都只能服从，是反抗不了的。

所以他认为"国之兴亡，全系天命"（《元世祖嗜利黩武》）。一方面说，"辽、金、元三朝，皆当勃兴之运，无之所兴，固非人力可争"，应以秦桧、汤思退等"以和保邦"的政治路线为是，而以胡铨的复仇雪耻之政治路线为非（《和议》）。一方面说尽管"如卢象升、洪承畴剿流贼最有功，而一遇大清兵非死即被执。盖兴朝之运，所向如摧枯拉朽，彼亡国之师，自必当之立碎。《明史》所谓'天命有归'，莫之为而为者矣！"（《明季辽左阵亡将士之多》）这就是认为辽、金之统治北中国，元、清的统治全中国，都是出于天意的安排，人民只有服服帖帖地安心于被统治的地位。如果兴兵抵抗，就非失败覆灭不可。这不是赤裸裸地力图用唯心主义的天命论来维护渐在动摇中的清政权的统治秩序吗？

二、向清政权献策镇压农民起义

赵翼既有丰富的历史知识，又有镇压林爽文起义的实践经验，因而对历史上许多农民起义的事实，把它一一写成专条，并提出自己的论点，以备清政权的采用。

首先，他感到他当官食禄，以至"中岁归田，遭时承平，得优游林下，寝馈于文史以送老"（《廿二史札记小引》）的幸福，都是他的清朝主子给的。因而第一步对威胁清王朝统治的农民起义军，表示深恶痛绝，用尽了历史上所有给农民起义军的恶称，来咒骂他们是什么"盗"（《黄巢李自成》）"贼"（《明边省攻剿兵

261

数最多》《用兵有御史劾奏》)"盗贼"(《明宋辽饷剿饷练饷》)"流贼"(《明季辽左阵亡将士之多》《四正六隅》等条)"闯贼"(《明代宦官》)"流寇"(《唐节度使之祸》)。又认为《新唐书》义例虽严,作列传而有差等,但"黄巢未仕于唐,而列于逆臣,殊觉名实不称,此《明史》所以有《流贼传》也!"(《新书改编各传》)这就可见他是如何的对于农民起义的领袖力主严厉地"口伐笔诛"了!

其次,赵翼将《明史》中没有专作列传记载农民起义的领袖领导起义的事迹,而仅"附见于诸臣列传中"的,特地把它一一摘录出来,辑成《明代先后流贼》一条,以供清政权阅览,得便从中吸取经验教训,来镇压当时农民的起义。

再次,为了向清政权筹谋献策,赵翼又总结历史上许多农民起义的事实,提出了一套整体的镇压办法,以供清政权参考。

第一,赵翼鉴于当时虽然号称强盛,实则统治阶级内部已是贪污腐化,阶级矛盾、民族矛盾已是日愈尖锐,而原来清贵族入关和进行征服的主要依赖的八旗兵,因为生活奢侈腐化,早已失去了原有的战斗力,自雍正时代以来,在对外征服战争中,不得不依靠绿营兵。至乾隆中叶后,绿营兵又纪律败坏,士气低落,不得不依靠地方汉族地主组织的乡勇。这对清政权来说,实在是太危险了。为了巩固清政权,他便借着清的始祖布库里雍顺自称是金的后代,太祖努尔哈赤又曾建立后金汗国,而说"金之初起,天下莫强焉。盖王气所钟,人皆鸷悍,完颜氏父子兄弟,代以战斗为事,每出兵,必躬当矢石,为士卒先,故能以少击众。十余年间,灭辽取宋,横行无敌……迨南北通好四五十年,朝廷将相,既不知兵。而猛安、谋克(金初兵制:千夫长称猛安,百夫长称谋克)之移入中原者,初则习于晏安,继则困于饥乏。至泰和之末,与宋交兵,虽尚能扰淮、楚,捣环、庆,然此乃宋韩侂胄之孟浪生事,易于摧败、而非金人之不敌也!及蒙古一起,金兵遇之,每战辄败,去燕迁汴,弃河北于不问……可想见是时兵力之积弱矣……统前后观之,其始也以数千人取天下而有余,其后以天下之兵力支一方而不足。然则承平之世,安不忘危,蒐练军实,振作士气,岂非国家急务战?"(《金用兵前后强弱不同》)他又鉴于金初重马,而说"军旅之事全持马力,此固有国家者所当留意耳!"(《金俗重马》)这都是针对当时清的兵力已由强大而出现了积弱的现象,因而大声疾呼,要他的主了注重军事训练,重视养马,以防此起彼伏的农民起义共同起来革命,就可把它镇压下去。

赵翼鉴于明代"攻剿"边省农民起义的武装,都是就近调用"民兵"之不但兵力易于集中,而且可以减省粮饷。因而又作《明边省攻剿兵数最多》一条,历叙宪宗成化年间(1465—1487)的攻剿广西大藤峡猺獞,孝宗弘治年间(1488—1505)的镇压永安猺的农民起义,以及王守仁的"攻剿"桶岗、俐头等地的农民起义,都是就近调用"民兵"。而洪钟的"进剿"川民起义,陈书的"进剿"赣民起义,又都是就地调用"土兵",而说是"若必一一皆官兵,安得如许兵数?且费亦不訾。则调用'民兵''土兵'之法,不可废也!"要"当于无事加惠土司,使之勤操练,以备调遣……按季肄习,以防不虞,其法亦当讲求于平素",以免"一旦欲用之,且将骇怪而莫肯应命"。这就可见他是如何的处心积虑而给清政权筹谋划策,要它防患于未然,平时要训练"民兵""土兵"以便一旦有事,即可调来镇压农民起义了。

第二,赵翼认为刘福通领导的农民起义,虽然爆发于元顺帝至正十一年(1351),但"弥勒佛当有天下"的谣言,则早在泰定时(1324—1327),在民间就已传播开了。只因元朝"法令玩弛",不曾严密注意,结果弄得"流寇蜂起,遂至亡国"。因而极力主张于农民动乱之初,就该把他们斩尽杀绝,连根拔掉,免得"蔓延而不可救!"(《弥勒佛谣官》)这很明显地是因为乾隆中叶以后,清王朝长期积弱的破绽已经暴露出来,农民起义不断暴发——湖南、贵州的苗民起义,北方秘密结社的天理教,大有"山雨欲来风满楼"之势,作为清政权的忠实筹谋划策者的赵翼,便为他的主子献计,要严厉地将这农民起义初起时的星火神子,斩草除根,免成燎原之势而不可扑灭!

明英宗朱祁镇正统十三年(1448),福建沙县佃农邓茂七领导农民拒绝送租而要地主亲自来取,并不许地主在正租以外再向佃农有所勒索。巡检率兵镇压,邓茂七杀死官兵,树起起义旗帜,攻下了 20 多个州县。是为明代中期最大的一次农民战争,也是正统年间社会诸矛盾最激化的表现。赵翼鉴于清朝当时的农民起义,因之感到这件明农民起义的事真是"糟得很",而说什么此种"恶佃恃强,辄敢拒官倡乱,此风亦不可开,是在长民者……惩奸民之凶悍,则……不至滋事矣!"(《明乡官虐民之害》)其实,明封建王朝设在地方掌兵、刑、钱谷等事的官吏,都是对农民进行残酷的经济剥削和政治压迫的凶恶敌人,而靠剥削农民为生,压迫农民立威的不法地主阶级,则是封建政治的基础。他们互相勾结,鱼肉农民,致使农民用自己的工具去耕种地主阶级的土地,而以收获的大半,且加上其他的勒索,奉给地主阶级享用,逼得农民起义,以反抗地主阶级的统治,这是势所必至而"好得很"的事。但赵翼却认为"糟得很",农民拒官倡乱的风气绝不可开,而要地方官严厉地把它镇压下去,以免蔓延滋事,闹到不可收拾。这不是给他清代的统治主筹谋献策,又是什么呢?

第三,明末李自成领导的农民战争,规模之大,在我国历史上是空前的。一贯替清政权筹谋划策镇压农民的赵翼,便又对明扑灭起义农民的战略,提供了自己的看法。首先,他认为杨嗣昌、陈奇瑜外设十面之网,调重兵堵截,以防义军东奔西突而得轶出,内以大军专任征讨,深入虎穴而把它全部消灭。实是根据义军"朝秦暮楚,本无定居"的情势所定的作战方略,其"策固未为失"。其次,他认为陈奇瑜的错误,是在轻信李自成的伪降,而义军遂不可制约。因此,他主张对义军,首先"当痛加歼戮",然后再来招抚。"不抚,则数十万匪徒,亦岂能尽杀?"故只有先歼戮,后招抚,使他们"畏死悔祸,而后以一赦散其胁从,归农者不复穷治,则党羽自离,贼势孤而易灭矣!"并认为"赦与抚不同。抚者,抚其头目而不散其部伍。赦者,赦其党羽而不复属凶酋也。故非先加痛剿,亦岂易言赦哉?"(《四隅六正》)总之,他对义军,是想尽了千方百计,要使它易于消灭的。"剿杀"不尽,则招抚它的首领,赦免它的党羽从内部来瓦解它们,使它们分崩离析,则自然而然地容易消灭了!

第四,赵翼本曾赞美宋太祖赵国胤之令天下的重大狱案,不得擅自处理,枉法杀人,而须将原案上报中央,交刑部复核,然后才能定夺的。但对张泳在四川,擅自斩决违反他的意志的小吏,则说是"正当王均、李顺等叛乱之后,固宜用重典以儆凶顽",不必"录案奏闻,付刑部覆视"(《定罪归刑部》),然后执行。我们知道,张咏在成都,原是对人民非常"严猛",擅作威福,枉法杀人,而令蜀民害怕而成了一个十分厉害的魔王(《宋史》卷293《张咏传》)。有一天,他见一个士兵抱着小儿在走廊下玩,小儿用手打了一下他的父亲。张咏就纠集众人而向他们说:你们"这个地方悖逆成了风俗。小时如此,大了哪有不作乱的?"当即下令把小儿杀了!过了几天,又有两个士兵互相殴打。张咏得知其中一个是上等兵,一个是下等兵,便把那个下等兵杀掉(《麈史》附集引)。像这样一个枉法杀人的魔王,反而得到主张地方决狱,须录案上报中央才能定夺的赵翼的认可,则就可见赵翼对起义后的四川人民,是如何的深恶痛绝,要向他们反攻倒算,坚决不准他们再有一点犯上的事情发生了!

总结以上四点,可知赵翼对于农民起义的镇压,是经过深思熟虑,而提出了一整套极其周密的办法的:第一,为了防患于未然,就主张平时要重视练兵、养马,并训练"民兵""土兵",以便一旦事故发生,即可调遣把它镇压下去。第二,农民倡乱之风决不可开,一经动乱,便当斩尽杀绝,以免蔓延而至不可收拾。第三,农民既已起义,首当痛剿,再行招抚它的头目,赦免它的党羽,瓦解他们,以彻底消灭。第四,起义之后,必须反攻倒算,严加杀戮,不准再有任何犯上的事情发生。一句话,就是在农民起义之前,起义之初,起义之中,起义之后,都提出了镇压的办法,赵翼之为清政权筹谋献计,真是周到而无微不至了!然而哪里有压迫,哪里就有反抗,压迫得愈凶,反抗得愈厉害。清王朝还不是终究被孙中山领导的民主革命推翻了吗?

原载张孟伦《中国史学史论丛》,兰州大学历史系1980年9月铅印本

章学诚的史学

清代乾、嘉考据学,是中国封建文化的一个重要组成部分,在中国学术史上是起过重大影响的。为了说明章学诚的史学以及他是怎样对待考据学的,且先说说考据学是在清代一定的历史条件下产生的,而考据学本身又是有它一定的政治意义的。

一、清儒的考据学是纯学术之举吗?

清贵族侵入关内统治全中国,这在有心胸、有骨气、有才干的顾炎武、黄宗羲等的意识里,实是社会的大耻辱,大罪责。他们除组织武装奋勇反抗外,更抛弃了明心见性的空谈之学,专讲经世致用之术,以"综当代之务"(《日知录》卷7《夫子之言性与天道》),以"应当代之务"(全祖望《鲒埼亭集·外编·甬上证人书院记》)了!

清统治者为了巩固其新建立的政权,便针对顾、黄等的反抗情形,极力推广理学的传统思想,颁布了《理性全书》,提高朱熹的社会地位为十二哲,抬高朱熹的理学为国家哲学,以封建伦理纲常来钳制全国人民的思想。又严禁全国生员纠党结社,陈言军民利害(《清会典》36),并屡兴文字狱,使之屈服于其淫威之下。另一方面,又采取怀柔政策,鼓励知识分子埋头书斋,从儒家"经典"的纸堆中考订训诂,探讨出一套义理,以便既可供他们作为统治天下的借鉴,又可从思想领域里加强对知识分子的统治,这是一种双管齐下的政策。

当时一般的知识分子,大都感到在那极其险恶的风浪中,只有从事考据,在象牙塔里去尚友古代圣贤,才可免触忌讳,又能在古代的经籍中为现实政治找注脚,而受到清政权的垂顾。这对从事考据学的知识分子来说,确实又是一种两全的办法。所以清代考据家之事考据,并不像某些人想象的:态度客观,作风朴实。他们并非为考据而考据,而是服务当时的政治的。

当时的考据家王鸣盛就曾说:"正文字,辨音读,释训诂,通传注,则义理自见",而稽考古代典章经制,则可"俾数千百年建置沿革,瞭如指掌"(《十七史商榷·序》),以供统治者参考。钱大昕作《经籍纂诂序》也说:"有训诂然后有义理。训诂者,义理之所由出,非别有义理出于训诂之外者也……《诗》述仲山甫之德,本于古训是式。古训者,训诂也。训诂之不忘,乃能全乎民秉之懿。训诂之于人,大矣哉!"简直是把训诂学捧上了天。他又在《小学考序》里说:"六经皆载于文字者也。非声音,则经之文不正;非训诂,则经之义不明……因文以载道,审音以知政,孰谓文学(考据家研究声音训诂的文字)与经济(经世致用之学)为两事哉?"(均载《潜研堂文集》卷24)

可见,他们在古籍里逐字逐句地做精密细微的考据工作,绝不是脱离实际生活,去发思古之幽情。相反,是他们为现实政治所支配,上承最高统治者的意旨,去钻研古圣贤为封建政权说教之道,使之重新昌明于世,为清王朝封建主义的统治找论证。并不是什么如戴震自欺欺人地所谓他们的"治经先考字义,次通文理,志存闻道,必空所依傍"(《戴东原集》卷9《与某书》)之超现实、超阶级的客观东西。恰恰相反,乃是志在求得儒家先圣之道,去为清政权找麻痹广大人民,窒息各地此起彼伏的农民革命运动的理论根据。否则,要想清统治者在没有深刻的现实政治意义下,去笼络他们,豢养他们,是根本不可能的。

就是这个自欺欺人,曾说什么"空所依傍"超然一切的戴震,终究又在《与某书》里,泄露出他从事考据的政治底细。说到"我辈读书,原非与后儒竞立说,宜平心体会经文,有一字非其的解,则于所言之意必差,而道从此失……君子或出或处,可以不见用,用必措天下于治安。宋已来,儒者以己之见,硬坐为古贤圣立言之意,而语言文字,实未之知。其于天下之事也,以己之所谓理,强断行之,而事情原委隐曲,实未能得。是以大道失而行事乖。"这就比王鸣盛、钱大昕更明白地告诉人们,他们之所以考据古圣贤经籍中的字句的确切解释,原是不要失掉儒家封建传统的统治之道,用之措置天下于治安。宋儒因为不曾从事这种考据工作,武断地以自己主观上所谓义理处理一切,便失却古圣贤治天下的真义,也就找不着事情的原委而乖戾失败了!所以他和得意学生段玉裁通信时,便以他从事三十多年考据工作的实践,说明一个人如果"有志闻道",探求"今古治乱之源",而不从根本上钻研语言文字,便"是犹渡江而弃舟楫,欲登高而无阶梯"(《戴东原先生年谱》),便根本没有办法。这就把他之所以从事考据的政治目的,全盘托出来了。

戴震又曾进一步地指出,他的考据,是在古圣贤的政治哲学指导下进行的。所谓"义理,即考据、文章二者之源也。"(同上)这就是说,他所考据的一切,都是本着儒家的政治理论,做出经世的文章,供清政权参考,以统治广大人民的。

所以段玉裁又概括他这位老师的考据学之在政治上的作用说:"先生之治经,凡故训、音声、算数、天文、地理、制度、名物、人事之善恶是非,以及阴阳气化、道德性命,莫不究乎其实。盖由考核以通乎性与天道,既通乎性与天道,而考核益精,文章益盛。用则施政利民,舍则垂世立教而无弊。浅者乃求先生于一名一物,一字一句之间,惑矣!"(《戴东原集序》)这就可见戴震的考据,确实是本着他所代表的封建地主阶级的利益,从儒家经籍中探求理论,来为统治者统治人民著书立说的。所以说"(戴)震之学,由声音、文字以求训诂,由训诂以求义理。谓:'……义理非他,存乎典章制度者也'"(《清史稿》卷481《儒林传二·戴震传》),以统治天下者也。如果我们今天仍然相信资产阶级史学家所谓考据家研究历史,是秉着"纯粹客观的态度",是只考核琐屑的名物字句,而无政治意义,那就是忘记了马克思主义所指示我们的:"学术思想,乃是一种社会意识形态,是从属于不同阶级的政治要求的,绝没有不从属于阶级要求的所谓自由的客观的学术研究的"教导了!

二、章学诚是怎样对待考据学的

以上谈了考据学是在清代一定的历史条件下产生的和考据学本身的政治意义。那么章学诚究竟又是怎样对待考据学的呢?

一般研究章学诚学术思想的,总以为他对考据学是持着一种反对态度的。试看他批评南宋王应麟长于搜罗遗逸,所成之书,只能说是一种"纂辑"的东西,不能说是自己的"著述",只能说是一种"求知之功力",不能说是"成家之学术"。从而他指责当时做学问的,因为宗仰王氏,疲精劳神地去寻择经传子史,而终身得不到一点真正的学术,都是错误地以为"襞襀补苴,谓足尽天地之能事也"(《章氏遗书》卷2《文史通义内篇·博约中》,以下凡引自该书者只列篇名)的结果。这不是很明显地批判当时考据家徒以掇拾补苴的功夫为学问,却不能得到真实的学问吗?

在章学诚看来,搜罗遗逸,从事一字一句、一名一物的考订,乃是一种"琐屑"饾饤、"竹头木屑"之学(《报黄大俞先生》《与邵二云书》)。这种考据之学,实在"征实太多,发挥太少,有如桑蚕食叶而不能抽丝"(《与汪龙庄书》),不曾将所征实一点一滴的东西,镕铸创造,使它上升为理论,又怎能说得上是自己研究所得的真正学问呢!

然而,章学诚反对的只是作为琐屑饾饤、少所发挥的考据之学。事实上,他大力提倡"考证以实义理""考据之家,亦不易易。大而《礼》辨郊社,细若《雅》

267

注虫鱼，是亦专门之业，不可忽也！"甚至强调过考据、义理、文章三者之相互为用（《答沈枫墀论学》），是不可偏废的。因为在他认为：古圣贤的"经旨闳深，非可限于隅曲"，所以只讲"训诂章句，疏解义理，考求名物，皆不足以言道也，取三者而兼用之"，才"足窥古人之全体"（《原道下》）。这就可见他还是肯定考据是一种极不容易从事的专业，考据对阐述儒学宏深的经籍意旨，是和义理、文章同属重要的。只有三者相互为用，才能相辅相成，探求出古圣贤学术的全貌而足以言道。因而他指出了三者各有独到之处，强调了三者相得益彰的好处。这当不是无缘无故，而是有他一定的政治原因的。

原来考据、义理、文章三者，都是有阶级性的。章学诚强调考据、义理、文章三者相互为用以阐述儒家之道，就是要将搞三者的人团结起来，共同对付攻击清政权的"异端""俗学"，而不要自相水火，给敌人乘隙的机会。正如他在《与族孙汝楠论学书》中说："学问之途，有流有别：尚考证者薄词章，索义理者略征实，随其性之所近，而各标独得。服（虔）、郑（玄）训诂，韩（愈）、欧（阳修）文章，程（颢、颐）、朱（熹）语录，固已角犄鼎峙，而不能相下。必欲各分门户，交相讥议，则义理入于虚无，考据徒为糟粕，文章只为玩物。汉、唐以来，楚失齐得，至今嚣嚣，有来易临决者！唯自通人论之则不然。考证以实此义理，而文章乃所以达之具。事非有异，何为纷然，自相鹬蚌，而使'异端''俗学'得以坐享渔人之利哉！"所以，文人袁枚反对考据，他便骂袁"非丧心病狂，何出于此"（《与吴胥石简》），徒给"异端""俗学"以钻空子的机会！虽然杨升庵因为博赡，费锡璜因为"于学有所得，能自道其所见"被他推崇，但终以费氏"不甚学而喜穿凿"，杨氏"附会缘饰"（《书贯道堂文集后》），又受到了他的批评。

我们知道，乾、嘉之际，正是中国人民传习白莲教义起来反清的极其广泛而勇猛激烈的时代。章学诚一再强调义理、考据、词章要相互为用，大声疾呼搞这三种学业的知识分子要团结起来，共同阐述儒家封建纲常、名教伦理之说的精微，其用意当在以之"横扫"教民（农民）起义的声势，息弭"异端""俗学"（教义）之流行，来巩固清朝封建地主阶级的政权。这就可见章学诚之认为"考证以实义理"之阐发儒圣之说以济世，和考据家王鸣盛所谓经过考据，"则义理自见"，可以经时。钱大昕所谓"有训诂，然后有义理"，足以济世。戴震所谓不经考据，而要研究经史以求古今治乱之源，便同过河而弃舟楫，登高而无阶梯的说法，不但没有矛盾相背之处，而且完全一致，而且更进一步地指出了义理、考据、词章三者之相互为用，"不可偏废"（《与朱少白论文》）了。

考据学诚然不能代替史学，但它却是研究历史的第一步不可缺少的环节。因为它是形式逻辑中的归纳方法，可以用之清除史料上的许多障碍：判别其真伪,确定其时代、作者,校勘其文字、版本,尽可能地使其恢复本来的面目。尽管章学诚认为"世上以博稽言史,则史考也……以故实言史,则史纂也",二者都不足以言史学(《上朱大司马论文》)。但他要写成一部历史著作,如果不经过这一博稽故实的阶段,便是舍路无由,达不到目的地的。

章学诚是个"有良史才"的史家,要充实他的著作,使之有征有据,具有足够的说服力而为封建主义的政权说教,无论如何,他都是不得不主张考据,不得不讲考据,不得不做考据的。试看他在《丙辰札记》里,对于作治家格言的朱柏庐的名字、居处,陆故翁的周旋韩侂胄是牵于爱妾、幼子的过错事迹等详为考核,不都主张要做考据吗? 又看他在《乙卯札记》里,指责欧阳修《集古录》言韩擒虎为州刺史,乃史官拥阙误,属于疏忽,杨慎《丹铅录》之言古人避讳改字,必须同音的说法,是附会不确。不都是批判他们不讲考据,以致发生了错误吗? 在《报谢文学》的信里讲音义训诂,《与乔迁安明府论课业简》里谈文字形义及说文归类之说,《评周永清书其妇孙儒人事》中说古文辞里不多见记时刻,"乙科二字不可以称乡举"等等,不都是正文学、辨音读、释训诂、举例证,而大做考据吗? 其实,《信摭》《乙卯札记》《丙辰札记》的极大部分都是谈考据的。

再则,从章学诚的社会关系、现实生活和学业承受来说,他都得要做考据,而且非做不可。首先,他虽中了进士,却怕做首当一面之官要负职责而会惹祸,为了"遑遑升斗",只得"终岁奔驰"(《答沈枫墀论学》)去依傍人家,以做封疆大吏的幕僚为职业,才是最保险的。从而他不惜"裹粮跋涉,不远万里"恳承毕沅收容他在门下"充实宾客之数",以救其"穷阨",而事事"窃愿听命"(《上毕制府书》《上毕抚台书》)。他平时治学虽然"勇于自信"(《清史稿》卷485《文苑传二·章学诚传》),到为了现实生活,却没有一点独立的人格了! 而毕沅这位抚台,不但自己是个主张经义专宗汉儒,说文专宗许氏的考据家,而且对考据事业,是个极为有力的奖进者。在他一生当巡抚、总督的几十年中,所招致的一批高级知识分子,帮助他校勘秦汉古籍和集当时同好著述以成《经训堂丛书》的孙星衍、汪中等,哪个不是对于三代典礼、文字训诂、名物象数,都得考其原委? 章学诚当然不能例外。为了给毕总督编纂《湖北通志》,就得旁征博引,精密考据,在这方面做出成绩,以博得毕氏的信任和欢心,其后给《湖北通志》作《跋》的湖北逝抚彭祖贤就曾说:"实斋先生所纂《湖北通志检存稿》……征引繁富,考据精确,则固犹是先生搜剔之功。"可见封建官僚地主之推许章学诚在方志学方面有巨大的贡献,还是和他能做考据分不开的。

再次,章学诚曾从朱筠学做文章,给朱当过幕僚,又由于朱的吹嘘,才在京师渐露头角(《跋甲乙剩稿》)。因而章学诚在做学问上,很是听"信其说"(《与汪龙庄简》)的。而朱筠又是个"谓为学必先识字""说经宗汉儒,诸史百家,皆考证其是非同异"(《中国学术家列传·朱筠》),而主张考据,奖励考据的。章学诚治学既然听"信其说",而在生活上又依赖他以就业,露头角又是靠着他的吹嘘,这就决定他非做考据不可了。

但在另一方面,如本文前面所提及的,他自己又是确曾批评过考据是"饾饤琐屑"之学,不足以言著作,而"尽天地之能事"(《博约中》)的,因此,他又不愿在考据学上多下功夫,这又是什么原因呢?

(一)乾、嘉之际,正是考据学极其鼎盛的时代,无论是以惠栋为首的吴派,还是以戴震为首的皖派,都已在考据学上做出了特殊成绩,成了"汉学"的权威,尤其是戴震。章学诚虽然具有良史之才,而又"好辩论,勇于自信"(《清史稿》卷485《文苑传二·章学诚传》),惯于自负,但想要在考据方面超过戴震,用之以做"干禄""求名"的敲门砖(《与族孙汝楠论学书》),却是绝对不可能的。何况考据学与他治学的兴趣又不相近呢!一切从现实、名利出发,所以他就不愿在考据方面多花气力,而向另一方面发展了。

章学诚这种虚弱的本质,在他《答沈枫墀论学》里完全暴露出来了。他说:"考订主于学,辞章主于才,义理主于识,人当自辨其所长矣……人生有能有不能,耳目有至有不至,虽圣人有所不能尽也。"这就是说,他是很有自知之明的,他对古籍上的字义,去做整理贯通的训诂工作;对古籍上的文义,去做校对勘误的求真工作;若都是很不相近,很不擅长的,便不必向这方面发展。因而又在《与朱沧眉中翰论学书》说,一切当"求诸己也。世之所重,而非吾意所期与,虽大如泰山,不遑顾也,世之所忽,而苟为吾意之所期与,虽细如秋毫,不敢略也。趋向专,故成功也易,毁誉淡,故自得也深。即其天质之良,而悬古人之近己者以为准,勿忘勿助,久之自有会心焉。所谓途辙不同,而同期于道也。"这就可见他不曾在考据学上多下功夫,是因他的性情不相近,不易取得与吴、皖二派同等的成果,便只有朝着另一方向发展。这在他看来,所谓殊途同归,最后还是"同期于道",同样阐述儒家的封建主义而为清政权服务的。所以他说:"学业之事,将求此心之安,苟不悖于古人,流俗有所毁誉,不足较也"!

(二)章学诚原是"丁古今学术,辄能条别而得其宗旨,立论多前人所未发"(《清史稿》卷485《文苑传二·章学诚传》),而有独到之处的。他的义理、考据、词章三者相互为用、各有所长的说法,既肯定了考据之与义理、词章相辅相成的作用,同时又否定了考据的独立功能。他认为,三者只讲其一,"此皆道中之一事",实未窥道之全景。"而近人所谓学问,则以《尔雅》名物六书训诂谓足尽经世之大业"(《与陈鉴亭论学》),便是过高地估计了考据学的功用了。

从而他要反潮流,矫时习,而谓"君子之学,贵辟风气,而不贵趋风气"(《淮南子洪保辨》)。"风气未开,学业有以开之;风气既弊,学业有以挽之。"(《天喻》)因而异军突起,独树一帜,而挽狂澜于既倒了!

(三)章学诚、戴震都是具有一身封建官僚地主阶级的知识分子的本质,只知有己,不知有人,各自抱着"家有敝帚,享之千金"态度的极端狂妄者。

从而戴震所一味强调的,便是"不明训诂声音之原",便不能辨"古籍传写递讹"(方东树《汉学商兑》),而求得古圣贤之道。并讥议"今人读书……文字之鲜能通,妄谓通其语言;语言之鲜能通,妄谓通其心志;而曰傅合不谬,吾不敢知也"(《戴东原集》卷3《尔雅注疏笺补序》)。一句话,不通文字训诂,便不能求得古籍中的真正知识。并认为他勤于考据,在学术上的造诣,也就超过了历史上所有的前人,"乃思一切以专宗汉学为至"(姚鼐《惜抱轩集·复蒋松如书》)。既看不见古人,也看不见今人,真是睥睨天地之间,只有他自己一个了。再加上考据学在当时成了风靡一时的"显学",而戴震便是这"显学"中具有最高声望的"权威",因而越是坚持宗派主义,与人讨论学术,一言相左,便盛气凌人,大肆攻击,这又怎能使人忍受得了,而不以牙还牙,反击他们的考据学呢?

至于章学诚,则以为他是天才史学家,自谓"吾于史学,盖有天授"(《家书二》)。他认为他的论述,凡是"有关文史者,不言则已。言出于口,便如天造地设之不可摇动"(《与朱少白书》),而成了一种"为后世开山"(《家书二》)的"绝业"(《家书三》)。于是他目空一切,把古今史家都一概骂倒:什么欧阳修修《五代史》,是活"类孺子之学步。王(安石)与苏(轼)之高论史事,殆于群瞽拍肩;王欲苏修《三国志》,尤为梦中说梦"(《信摭》);什么"员兴宗……史学全无所见,其三史六经论,直是乡里小儿妄说";什么全谢山记胜国遗事,"文辞不免冗蔓,语亦不甚选择,又不免于复沓,不解文章互相详略之法"(《乙卯札记》);什么赵耘松所撰诸种方略概要,"笔力不健,铢铢拾掇,颇见竭厥"(《信摭》)。总之,谁都不擅长修史(《信摭》中曾批评戴东原、程易田于史学非所擅长),只有老子天下第一。且莫说我们今天要批评他过高估计了自己,低估了别人,就是他自己也曾说他的"论锋所指,有时而激,激则恐失是非之平"(《跋丙辰山中草》),使人不能接受,而不得不和他闹别扭了!

从上可见章学诚和戴震都是极端狂妄自大,把自己的学问看成一朵花,把别人的著作看成豆腐渣的人。所以他们在讨论编修方志的体例时,戴一听章"言史事,辄盛气凌之",骂他为"庸史",章立刻向戴回敬,骂他"不解史学",是个"俚儒"。刀来枪往,谁也不肯让谁。但在这次争吵中,章学诚还是认为"戴君学术淹贯"(《记与戴东原论修志》)的,然尚对之如此,那么,章著《文史通义》,

而讲"史学义例",在当时不但为"通人所弃置弗道"(《家书二》),"为不知己所诟厉"(《与汪龙庄书》),即是少数的几个知己,也不与他"同道"(《家书二》),而对他的《原道篇》"皆不满意"(《原道下》邵晋涵按语),也就是很自然之事了。一个极端自负的人,其最称心得意之作,却偏偏遭到考据家的鄙弃,自然是义愤填膺,而大骂他们是"矜所托以为高"(《说林》)的"贱儒"(《情杂》);大骂考据是一种"流弊不在小"(《上钱辛楣宫詹事》)的"伪学"(《与邵二云书》)了!

三、"六经皆史"的论点

章学诚在当时汉学(考据学)成了一时的"显学",宋学被尊为国家哲学之异军突起所打的学术旗帜,是他在《文史通义》中开宗明义所标举的"六经皆史"的论点。这是他的创见,也是他的历史哲学的核心。他的"经世致用"之说,都可以说是围绕这一轴心而加以阐发的。

首先,他认为六经都是先王纲维天下的政教典章(《易教上》《经解上》),而典章是由宫师所守,政教则是由史臣所载的(《诗教上》)。诸如:"《易》掌太卜,《书》藏外史,《礼》在宗伯,《乐》隶司乐,《诗》领于太师,《春秋》存乎国史。"(《原道》)因而"六经皆先王之政典也"(《易教上》)。"故夫子(孔子)之述六经,皆取先王典章,未尝离事而言理"(《经解中》),未尝离开人事日用而空谈述古。

章学诚综合"六经皆史"之说,归纳到史的功用。得出结论说:"史学所以经世,固非空言著述者。且如六经同出于孔子,先儒以为其功莫大于《春秋》,正以切合当时人事耳。后之言著述者,舍今而求古,舍人事而言性天,则吾不得而知之矣!学者不知斯义,不足言史学也。"①(《浙东学术》)

章学诚在当时学术界所开辟新的风气,便是著述要切合当代的人事。用他的话来说,便是因为当时的"学者昧于知时,动矜博古""诵先圣遗言,而不达时王之制度,是以文为鞶帨缔绣之玩,而学为斗奇射覆之资,不复计其实用也"。所以他一再强调研究学问,要以"礼时为大",要"贵时王之制度"。并进一步指出:"三王不袭礼,五帝不沿乐,不知礼时为大,而动言好古,必非真知占制者

①注:史部之书,在刘歆《七略》、班固《艺文志》,都依附于《春秋》之末,《春秋》是经又是史了。隋王通《文中子》就曾说:"王通曾以《诗》《书》《春秋》为昔圣贤所述之史"。所以说"夏商之前,经即史也"(《少室山房丛书·经籍会通》二)。因为"以事言曰史,以道言曰经:事即道,道即事。《春秋》亦经,虽经亦史"(王守仁《传习录》卷一)也。这就做了章学诚"六经皆史"的来源。而章学诚在《书教中》亦曾说:"滥觞流为江河,事始简而终巨也。"然而"六经皆史"之说,终究到了章学诚才算发挥得淋漓尽致,津优衍渥。这种发展的工夫,也便是他创造的成绩。

也!"(《史释》)他又将史的功用归纳到"开来"两个字上。这同当时考据家研究学问之从事训诂考据而徒明古圣贤之道者相比,确是一种新鲜而别开生面的创见。他又说:"道备于六经,义蕴之匿于前者,章句训诂足以发明之,事变之出于后者。六经不能言,固贵约六经之旨,而随时撰述以究大道也!"(《原道下》)这种说法,在当时固然是进步的,却又是保守的;是革新的,但却又是反动的。而保守、反动,则又是他的最主要方面。

为什么说他的这种说法是进步的、革新的?顾炎武是清代的开国儒宗,他提倡经世致用之说而又能贯彻到实践之中,受到了人们的推崇。他所提倡的"经学即理学",实际上就是墨守孔子所述六经之旨的教条,做他经时济世的教条,做他经时济世的准则。至于当时的一般考据家当更是"守六籍以言道,则固不可以言夫道矣!"(《原道中》)须知时会不同,事变多样,老是搬用周公、孔子的那么僵死的一套,也就不但不能经时济世,反而损时害世了! 而章学诚却独异军突起,开辟新的风气,倡言"道者,非圣人智力之所能为,皆其事势自然,渐形渐著""有所需然后从而给之,有所郁然后外而宜之,有所敝然后从而救之",随"时会"以"创制",然后"法积美备""穷变通久之理亦大备"。(《原道上》)像这样以为圣人之道,当随时会以实际需要而加以补充,才能解决所出现的新问题以应变于无穷,绝不死死地抱着它以为万世不可改易之教条,则较之当时考据家之死就六经而求"天下之教一于常,天下之性一于德"地不顾及事变,不注意时会,而一味刻板地以求古先圣贤之道以治世的,当然是进步了,革新了。

为什么又说章学诚的说法,是保守的,反动的,而且是他最主要的一面呢?因为他虽然认为孔子所述六经之道,不能不随"时会""事变"而给以补充,否则便不足以穷变而解决现实问题。但他又把"历代相传"的儒家"所守先王之道"(《原道中》),看成了施之万代而不可改易的基本原则,"时会"不同,"事变"出现,也只有沿袭历代儒家的正统学说的基本原则去加以补充,而儒家正统的原则却是不能违背的。补来补去,到头来还是万变不离其宗。所以他又说:"儒者不得不自尊其所出""以存周公之旧典",绝不许"百家杂出而言道""而思以其道易天下"(《原道中》)! 这不是"罢黜百家,专尊孔子",而以儒家的封建主义永恒地占统治思想,去阻滞历史的车轮前进吗? 这就不是从经济基础而是从上层建筑出发,企图树立周、孔的永恒原则作为社会的理论准则。

章学诚讲"时会""事变""创制",其实都是承袭儒家之道为准则,绝不许越出这个范围之外的。所以他说周公集羲、轩、尧、舜以来之道法而于前圣所传损益尽其美善。孔子尽周公之道法,不得行而明其教。后世纵有圣人,不能出其范围,只有如此,才算"继之者善,成之者性"。在他说来,只有以儒家学说为指导思想的理论基础,所制作出的典章制度,才算"一先于道体之适然",才可"至于无可复加之际"(《原道上》)。至于其他一切学术,则是"伪学""俗学""异端",都得排除干净!

因此,我们对于章学诚的学术思想,决不可估计过高。伍崇曜为《粤雅堂丛书》所收《文史通义》作《跋》,说他"每竖一义,独开生面,前无古人,后无来者"是不对的。相反,甚至不及古人(更莫说后人)。如司马迁作《史记·六国年表序》,就曾敢于指责当时讥笑秦制而不敢称道的人。认为秦虽残暴,却能法后王而革新制法,随着时代变易而变易,结果成功很大。为什么儒家学术思想在中国封建社会占统治地位几千年,到乾、嘉之际,已是千疮百孔,不足以应时变,章学诚还要只尊周、孔,而指责其他一切学术思想都是"异端""伪学""俗学"呢?

章学诚又在他的《史释》篇,大发这种议论:"孔子曰:'生乎今之世,反古之道,灾及其身者也。李斯请禁《诗》《书》,以谓儒者是古而非今,其言若相近,而其意乃大悖!后之君子,不可不察也!夫三王不袭礼,五帝不沿乐。不知礼时为大,而动言好古,必非真知古制者也,是不守法之乱民也!故夫子恶之。若夫殷因夏礼,百世可知。损益虽曰随时,未有薄尧、舜而诋斥禹、汤、文、武、周公而可以为治者!李斯请禁《诗》《书》,君子以谓愚之首也!后世之去唐虞三代,则更远矣。要其一朝典制,可以垂后世而致一时之治平者,为有不于古先圣王之道,得其仿佛者也。故当代典章,官司掌故,未有不可通于《诗》《书》六艺之所垂!"足可见他是坚持认为历史上的世次虽然祖继不断,典章制度虽要随"时会""事变"加以修补,但只能因循唐虞三代古先圣王之道,给以损益,绝不可越出诗书六艺所垂于后世的义理,而薄尧、舜,斥三王。因此,他将李斯请禁《诗》《书》,为适应新的经济基础而改革上层建筑之举指责为"大悖",就并非偶然的了。由于他死死地认为只有"六经大义,昭如日星,三代损益,可推百世"(《博约下》),否则,就是大逆反常,而不可以为治;便是居今反古,而将灾及其身!所以他绝对地谈不上通今,实质还是主张复古。他认为历史上只有量变,梦想不到有什么质变,而大骂那图谋推翻清王朝而另立新的农民政权的广大白莲教民"是不守法之乱民也"!

总之,章学诚所讲的"时会""事变""创制",便是针对当时的政治现实,从古先圣主的典籍中找理论根据,企图依法炮制出一套修补的典章制度,来束缚、压迫广大人民,以为清封建政权服务。穷本探源,这也还是先自《论语·为政》所记殷因夏礼,周因商礼之说;后从《宋书·礼志》所谓"圣人制作,必从时宜。故五帝殊乐,三王异礼。此古今所以不同,质文所以迭用"继承、发展而来的陈腐不堪的老调子。他对这种三纲五常、文质三统之说,继承发展得越多,越透彻,也就显得他越保守,越反动。

四、结语

　　章学诚说当时的考据家,只是"舍今而求古",好像戴震、钱大昕、王鸣盛等人只是一味地在古纸堆中讨生活,他们从事考据,是与当时的政治现实无关的。这实在是故意抹杀考据学在当时现实政治上的作用的无根之言。难道真的还有为古而古,为历史而历史,不从属于阶级斗争的考据学吗?试看戴震等正文字,明训辨,有哪一件不是为阐明儒家之道,以为清朝封建政权服务的呢! 不过,戴震等专事考据经籍的文字训诂,以之经时济世,这到底是间接的,软弱的。这对章学诚这个热衷于歌颂清政权的史家来说,当然是不满意的。

　　在章学诚看来,"自唐虞三代以还,得天下之正者,未有如我大清……天与人归";他虽深知科举取士的弊害,但还说什么"科举产而倖世少,则真才易出";他不惜用曲笔讴歌清廷开史馆修《明史》,是什么"于故明但有存恤之德,毫无鼎革之嫌。《明史》权衡,又屡颁公训。是以史臣载笔,毫无顾忌";为防范人民群众团结斗争,他指责《三国演义》"俱以《水浒传》中崔符啸聚行径拟之""惑乱观者,清漓人心"(以上均见《丙辰札记》)。他还主张以封建伦理束缚人民,对汪中主张"女子许嫁"而反对"婿死从死"等守节吃人礼教(《清史稿》卷481《儒林传二·汪中传》)大加攻击,特作《述学驳文》,硬说"未婚守贞……岂非秉彝之良,出于天性?是则本人心之所有,非矫强而不情";他赞扬"程朱之学,乃为人之命脉"(《丙辰札记》),歌颂清朝礼教的精严为三代以来所未有等等,皆足以证明他是个对清政权死心塌地的忠实奴才。像他如此一味对清政权的歌颂,就从为封建主义说教的儒家典籍里,又哪能找到恰当的论证呢?毋怪他要批判戴震等之专事考据,是"昧于知时,动矜博古",是"舍今而求古""而误以檗襮补苴谓足天地之能事"之实不足为时政服务了! 只有他才是个"真知古制"而"贵时王之制度"的史学专家,能够事事以"礼时为大"。因而只要是当时清封建王朝的制度,则不管它坏到怎样,阴狠惨毒到怎样,都得附会六经之说,尽情为之补充穿凿,竭力给它辩护赞扬。这就是他之所以引经入史,之所以主张"六经皆史"的唯一而独特的政治目的!

　　章学诚曾特写《史德》一篇,借以宣扬他在继刘知几所谓史家之兼有才、学、识三长之不容易的基础上,能进一步地指出"文史之儒竞言才、学、识,而不知辨心术以议史德"。并说:"德者何?谓著书者之心术也。"好像只有他这位史家,才是才、学、识、德四者都兼备的。其实,他的心术却是不好的。他自命为浙东学派,并说:"浙东之学,虽源流不异,而所遇不同。故其见于世者;阳明(王守仁)得之为事功,蕺山(刘宗周)得之为节义,梨州(黄宗羲)得之为隐逸,万氏兄弟(万斯大、万斯同)得之为经术史裁。"(《浙东学术》)至于他自己得之,则成了一个为清政权的说教士。打着浙东学派的旗帜而反浙东学派的"事功气节",则简直不是浙东学派的学者了!

最后,我们的结论是:章学诚在当时之所以提出他的"六经皆史"的论点,是由他阶级本能、政治品质决定的。他以为当时学术界之以经书而述统治天下的义理,史著是记统治天下的事迹(如给《廿二史札记》作《序》的李保泰便是其中的一个),是不恰当,是不足为时政服务的。因为专言史,则嫌玩物丧志;专言经,则嫌空疏迂阔。所以他要发个宏愿,专心著述,来"专为著作之林校雠得失"(《与陈鉴亭论学》),提出"六经皆史"之说,倡言"经之流变必入于史"(《与汪龙庄书》),以建立他的有体有用的经史合一的历史哲学,以为"时王之制度"做出贡献(《史释》),才算通乎致用,才是"知行合一之道"(《原学中》)。所以他的"六经皆史"的史学,较之当时赵瓯北等的史学之专从"古今风会之递变,政事之屡更,有关于治乱兴衰之故者,亦随所见附著之"(《廿二史札记·小引》),以供统治阶级借鉴的,所以体系更为完整,观点更为反动。诚然这与章氏之"逼于困苦饥寒,呼吁哀号,失其故态"(《上朱梁相公书》)有关。然一念及刘宗周的"慎独""节义",则他这位浙东史家,终当自惭形秽了!

最后,必须特地指出且给以郑重声明的:章氏的《文史通义》与刘知几的《史通》,诚然都是讲史学的名著。但刘言史法,章言史意。言法则具体而易言明,言意则高深由难阐述。而章氏却独发前人所未发,为后世所开山,《文史通义》也就成了中国史学史上一部空前未有的杰作了。表章前贤,后学之责,容再专篇论述,这里就从略了。

原载《高等学校文科学报文摘》1984 年第 3 期

评嵇文甫老先生两本评价历史问题的著作

嵇文甫老先生是我们马克思主义学术界的耆宿。中华人民共和国成立初年,他不辞辛苦,不但为党为人民,作了许多关于历史问题的报告,而且把那些报告加以整理补充,先后交出版社印成《关于历史评价问题》《关于历史评价问题及其他》两书,来"帮助历史教师们解决一些教学上的疑难问题⋯⋯批判胡适资产阶级学术思想"(《关于历史评价问题》1 页,以下简称原书一)。这在当时对新中国文化教育事业所起的作用,的确是很大的。今天嵇老先生虽然离开了我们,但他那两本著作,还是一般历史教师们所阅读、参考的书籍,因而从那两书中提出一些问题给予讨论,还是有必要的。

我们认为,作为一个历史唯物主义者的两本帮助历史教师解决教学疑难,批判反动思想观点的著作,对于运用材料和理论分析,似乎该更严谨些,慎重些。否则,就不免有些地方不很妥当、正确,而良好的主观动机产生了不好的客观效果。因此,我读了这两本著作后,诚然获得了一些启示,解决了一些处理历史上的疑难问题,但还存在一些问题。诸如,事实不正确,理论欠妥当,事实不确与理论欠妥三点,提出初步意见,虽然不能受到嵇老先生的指示,却可就教于历史界的同志们。

一、事实不正确

1.嵇老先生从"窃钩者诛,窃国者为诸侯,诸侯之门,而仁义存焉"这几句话中,证明"庄子具有强烈的人民性"。诚然,"这几句话把当时统治者'大盗不盗'的丑恶,揭露得痛快淋漓"(原书一,6、7 页),然却不能引此来说明"庄子具有强烈的人民性",只可说是一般人民的"强烈的人民性"!

事实是这样的,春秋以来,列国人民都为战祸所苦,在宋且演成了"易子而食,析骸以爨"的"国毙"惨痛！因此,前579年（周简王七年）,便由宋华元提倡弭兵运动,约合晋、楚以成西门之盟（《左传·宣公十五年、成公十二年》）。后来（周简王十一年,即前575）楚虽违背西门之盟而有鄢陵之战,然弭兵"以靖诸侯",已成当时之急务,向戌受华元之使,又奔走晋、楚、齐、秦等国之间,于前546年（周灵王二十六年）以成蒙门之盟。这因弭兵除害,已成各国人民之迫切要求,晋、楚大国为情势所迫——怕会失去盟主资格,亦不得不为之允许（《左传·襄公十五年、成公二十五年、二十八年》）。到了战国,人民更是遭尽战争的惨祸了！

社会意识,是实际生活的反映,是实际生活最沉痛的反映。所以春秋战国时代的一般言论,莫不激烈地反对战争。诸如:孔子不对灵公之问阵而去卫,不答孔文子之问战而离鲁（《论语·卫灵公》《左传·哀公十一年》《史记》卷47《孔子世家》）。孟子以五霸为三王罪人,主张把"善战者服上刑"（《孟子·告子下》及《离娄上》）,尤其是墨子力主"非攻",力言"窃桃李""攘人犬豕鸡豚""天下之君子皆知而非之,谓之不义",而对"大为攻国"的,"则弗知非,从而誉之,谓之义,此可谓知义与不知义之别乎?"以至"以非攻之义"贯彻到实践上,率领弟子们来制止楚的攻宋（《墨子·非攻上》及《公输》）。这对保卫人类和平,更做出了一定的贡献,反映了广大人民热切的要求。同时,春秋战国以来,由于反战情绪逐渐积累的结果,在社会上便形成了一种"窃钩者诛,窃国者为诸侯;诸侯之门,而仁义存焉"的谚语。所以这种谚语,只说明了当时千千万万人民长期积累起来强烈反战的情绪,反映了当时整个社会人民的迫切要求。所以,要了解这种谚语产生的内部规律,只有密切地注意产生这种谚语的社会历史,社会现象。绝不可以因为庄子曾引用过,便以此来说明这是什么他个人"具有强烈的人民性"的具体表现。

诚然,庄子是"具有强烈的人民性的"。试看《胠箧篇》说田成子（陈恒）为盗贼。《大宗师篇》又说"藏舟于壑""藏山于泽",以及"藏天下于天下"的比喻,以斥"遯生于藏"的过错,便是以盗贼而比喻统治的君主,便是贱视统治者而斥之为盗贼。所以他力斥统治者之"能治"。而主张一任万物之自为、自在,恢复人民天然的自由,而以天下一切盗贼的行为:谲伪、贪盗等都归之于统治者的身上。因之,我以为不妨从这些地方来说明庄子的人民性,至于"窃钩者诛……"只是他引用社会上流行的谚语用来加强他一己的说法罢了。

2."秦始皇修长城,在当时它死了多少人。"嵇老先生这样说,当然是对的。但认为"直到现在民间还流传着孟姜女哭长城的故事,这就是人民痛恨秦朝虐政的反映"（原书一,16页）。这在我们看来,一般地以这样来讲故事,唱词曲,当然是可以的,但以一个实事求是、科学的历史学者也来这样说,则未免有欠妥当的地方。

孟姜女哭长城,是我国民间流行最煊赫的故事之一。本来在几千年的封建社会里,民间牵合附会的故事是常有的,但却都没这一个来得利害。本来杞梁妻的事情,具见于《左传·襄公二十三年》(公元前550年,周灵王二十二年)、《礼记·檀弓篇》。说的是齐暗袭莒国,杞梁死于战争之中,他的妻子迎接棺枢而哭,并没有城崩的事情。到了刘向的《列女传》《说苑·立节》,赵岐《孟子·告子》注,崔豹《古今注》以及《琴操》等书,也就都有了城崩之说,而于故事本身,却尚没有什么变异。直到五代前蜀的得得和尚贯休《赋杞梁妻》,则明白地说:"秦之无道兮四海枯,筑长城兮北迁胡,筑城挖土一万里,杞梁贞妇啼呜呜……"(《西岳集》)。这就把相去336年(公元前550年杞梁妻哭棺,至前214年秦筑长城)的两种事情,打合而成一调。好像杞梁是死于秦始皇时筑长城之役,而其妻哭城求骨以归葬似的。(孟姜女故事,参柴萼《梵天卢丛录》卷16《孟姜女》、顾炎武《菰中随笔》卷1、《日知录》卷5"杞梁妻"条)我们认为一个科学的历史学者引用这个故事,不妨用极短的字句,于故事本身加以说明,既可使人们知道这个故事之不归到旁人而却归在秦始皇身上,以增加其痛恨秦代的繁苦徭役,又可使人们得知这个故事演变经过的梗概。否则,用意虽在帮助历史教师的教学,结果却使历史教师们走入迷途,真的以为孟姜女哭长城,是秦始皇时候的事了!

最后,尚待指出,秦人民在痛恨当时虐政之下之被迫去远筑长城是不是曾哭唱出长城之歌呢?肯定地说,是曾哭唱出的,只是与孟姜女没有什么关系。《汉书》卷64《贾捐之传》,载贾捐之言曰:"秦……长城之歌,至今不绝。"这个反秦繁酷徭役,被迫而筑长城之歌,可见到了汉代,犹为人民所泣唱。但据《补注》沈钦韩引杨泉《物理论》曰:"秦筑长城,死者相属。民歌曰:'生男慎勿举,生女哺用脯,不见长城下,尸骸相支柱。'"这才是秦人民哭筑长城之歌,与孟姜女没有丝毫的关系,只是嵇老先生不曾注意罢了!

3. 嵇老先生要历史教师们"研究客观事物本身",要"看见事物的本质和事物彼此间的内在联系",这肯定是对的。然而一具体到他自己身上,却因为对历史事实不曾经过详细地研究,便又恰恰如他自己所指责的,"只看见表面的、片面的偶然的现象,而看不见这些现象后面的本质"。比如他说:"汉武帝为着取大宛的'天马'而远征绝域。他的主观动机实在说不到光明。"这种说法,假使能够成立,那么,也就过于强调帝王个人的作用,而与唯心主义史学家认为凭帝王一时的意愿,便可揭起一场战争的意思完全相同了! 所以这只能说是"就现象论现象,完全表现出他没有能力来解决关键性的重要问题"(《关于历史评价问题及其他》81、82、83、84、87页,以下简称原书二)。现且分两方面来说。

第一,谁都知道,汉通西域的目的,在折断匈奴的右臂。所谓寻求与国,觅得助手,以夹击匈奴。从张骞第一次联结大月氏的计划失败后,因乌孙与匈奴相邻接,又出使乌孙,谋与它结为兄弟。同时,由副使去大宛、康居等和诸旁国。于是西域诸国才开始与汉相通。骞死之后,汉益遣使到安息等国,安息也遣使随同来汉。等到宛西小国罐替、大益,宛东姑师、杆深、苏薤之属,都随汉使来向武帝进贡,是葱岭以东各国,都服属于汉了。所谓通西域以断匈奴右臂,指的就是这。然而在宛以西其他的国家,自以为离汉既远,而又有匈奴的势力可恃,汉不可能以藩属之国对待他们,也就骄傲得很。汉王朝为了联络乌孙、仑头等国,于是不得不对大宛进行征伐。太初元年(前104),恰好宛王不但对于武帝的请求善马不曾允许,而且攻杀汉使,并掠夺他的财物。武帝乃以李广利为将军以伐大宛。可见武帝之征西域的原因,客观上早已存在,而"为着取大宛的'天马'",只不过是这个战争爆发的一根导火线而已。所以作战最主要的目的,是"自贰师伐宛之后,西域震惧,多遣使来贡献"(《汉书》卷96《西域传序》),与之共同结成一个反匈奴的联合阵线,而取得好马多少匹,则尚在其次了!

第二,就马这件事来说。"马者,甲兵之本"(《后汉书》卷54《马援传》),是古代作战制敌的重要武备之一。所以周设校人(马官之长)以掌王马之政;夏官卿主戎马之事,以掌国家的征伐。然这犹只以马驾车而已。到了战国,随着生产的发展,战争方式的变化,已有"单骑""骑战"。而边防接近匈奴的国家,由于匈奴之用"骑兵""骑战",更不得不"变服骑射",在作战中而用骑兵为主力。秦始皇统一中国,便收天下之骑6万匹(《玉海》卷148《马政》),以便继续对付匈奴(主要的)。汉承秦制,虽设太仆以掌舆马,只因初建国,社会败坏,经济凋敝,马价一匹,长至百金,以至皇帝尚且不能用纯色的驷马驾带车子,而北国匈奴的边患又很急迫。于是到了文帝便实行"令民有车骑马一匹者,复卒三人(复三卒的算钱,或免除三夫不复甲卒)"作为奖励人民养马的政策(《汉书》卷24《食货志》)。在养马政策下,马匹有了增加。至景帝时候,更是造苑牧马以推广马的用途。而政府里的车马,也就越加增多了。武帝即位,为了进行反匈奴侵略的战争,越加大量养马。于是马之往来刍食长安的有几万匹。但从卫青围攻单于以后,因为汉马尚感很少,好久也不敢再伐匈奴。于是一面令边防上的百姓可以畜马,一面令封君以下至300石以上的官吏差出壮马,并用善于养马的金日磾当马监主持养马(《汉书》卷24《食货志上》)。可见注重养马,巩固边防,乃是自古以来我们祖国立国的重要政策(所谓"马政"见《文献通考》卷159)之一；尤其在武帝时代,反匈奴的侵略战争时机已经成熟。那么,好马也就显得越加重要,因而垂意于马,也就说不上是什么武帝个人的行为,"主观动机"了!

总之,嵇老先生虽然是个马克思主义者,向来反对用孤立的眼光去看问题,而要把握和研究事物的全体,一切联系和媒介。然而事实上却仅从"为了大宛'天马'"这一单独概念出发,把它说成是"远征绝域"的唯一原因,而不把它放在整个汉通西域的问题上,历代王朝——尤其是汉王朝"马政"的总体上去看。因而也就不能遵循客观程序,去认识它与汉王朝整个对外政策的相互联系的地方,而使它变为片面地和任意地不可理解的东西,以至使自己陷于主观主义的错误。

4.嵇老先生既说"蒙恬造笔,固然秦始皇、秦二世也用,但直到现在我们也还在用"(原书二,3页)。又说"蔡伦造纸……不仅可以供当时统治者的使用,直到现在,我们不是还在使用么?"(原书一,5页)这个意思当然是说蒙恬造笔,蔡伦造纸,在当时都只供给了统治者使用,到了后来,才为广大人民所使用,才有利于人民的。这种说法,在我们看来,依然是很成问题的。

因为自从文字发明之后,便得刻画出来,才能发生效用。既要刻画,那么,凡是刻画的人,就都得用笔——尽管是极其原始的笔。发展到了战国,楚、吴、燕、秦各国,都有它自己出产的笔,而且各有其笔的名字。所谓"楚谓之'聿',吴谓之'不聿',燕谓之'拂',秦谓之'笔'"。1954年长沙发现的战国木椁墓里,有一枝笔锋长约一寸,笔杆细圆精巧,楚国所造的笔。可见这种精美之笔,也并不是制造出来专供最高的统治者如秦始皇、二世享用的。

至于蔡伦"用树屑,麻头及敝布、渔网以为纸"(《后汉书》卷78《宦者列传·蔡伦传》),不但麻头、敝布、破网是废物利用,就是树皮,也还是极便宜而容易得到的东西,而都用来造纸,且不经过繁杂的打茧、漂絮等手续,制作手续也都简化轻便了。从此,也就免去了过去"缣贵而简重"的弊病,而得普及于全社会,不再有像牧羊儿路温舒只采摘泽中的蒲草截编起来以写字的事情(《汉书》卷51《路温舒传》)。"故天下咸称'蔡伦纸'"以纪念他。可见蔡伦所造的纸,当时实已为一般社会所使用,"不仅可以供当时统治者的使用"了。

相反的,官僚统治阶级雅尚高贵,是不怕什么"缣贵",而却嫌纸贱的。试着崔瑗总算能够常食蔬饭菜羹的人,却因出自官僚家庭,而又历任官吏(《后汉书》卷82《崔瑗传》)。因此,对于只是用纸而不能用缣帛写书信给人,便引以为不安了(《北堂书钞》卷104《纸四十》)。至于蔡邕,更是骄傲得了不得,以为自己的说法高妙,非是纨素不肯妄下笔的(《北堂书钞》卷104《笔三十九》)。

总之,嵇老先生口头上虽然强调马列主义教我们"要从事实出发,不要从概念出发"(原书二,47 页)。但在事实上却偏偏只从"历代官僚都是为专制皇帝服务的"(原书二,2 页)这一概念出发,因而也就错误地说出蒙恬造笔、蔡伦造纸是专供统治者以至统治主使用的话来。

二、理论欠妥当

1. 嵇老先生说,历史"这里面具有战斗性,阶级性,所以就连反动统治者,也向来都把修史当作一件大事,紧紧抓住这历史武器"。这当然是对的。因为历史是具有阶级性的,在阶级社会里,它自然要最强烈地受到统治者的社会阶级的支配,它的内容自然要受到它所属的阶级世界观及利益的支配。

不过,若就"寓褒贬,别善恶",这一点来说,则并不如嵇老先生所说,其旨只是专在为反动统治者"造定典型,树立旗帜,企图把人引入自己给他们所规定的道路"(原书一,1 页)的一方面。另一方面,对于阶级社会里的统治者的胡作非为,且更具有警戒的深意。因为中国的文官,在秦汉以前,大概"皆圣人之徒",(《章氏遗书》卷5《文史通义·史释》)——品质比较高尚的人,而在职位上更有它一定的尊严:所谓"据法守职,而不敢为非者,太史令也"(《韩诗外传》卷5)。所谓"史之为务,申以劝诫,树之风声"(《史通·内篇·直书》)者也。所以"史官记事,善恶必书"(《后汉书》卷90 下《蔡邕传注》)。以寓"善善而恶恶,褒正而嫉邪"(《章氏遗书》卷5《文史通义·史德》)的赞美刺非之至意,以示"中正"(《说文·又部》)无畏之精神!试看《汉书》卷3《艺文志》说:"古之主者,世有史官,君举必书,所以慎言行,昭法式也。"

《大戴礼记》卷3《保傅》云:"太子既冠成人,免于保傅之严,则有司过之史。太子有过,史必书之。"

《礼记》卷29《玉藻》言:"动则左史书之,言则右史书之。"

综上所说,可见史官的职务,责任是在昭明法式,而司统治者的言行,"有美必著,无恶不显"(《孟子正义·离娄下》)。而使统治者对于"出入起居,发号施令,必九思三省,奠而后发,兢兢慄慄"(《学规类编·史学》),而深深地感到"得失一朝而荣辱千载"(《申鉴·时事》)。绝对地不敢任意胡作非为。原来在阶级社会里,尤其是"外史献书,瞽史教诲",以给国王行政处事有所斟酌,使他不至悖逆荒谬。这对一国的政治,更起了一定的积极作用!统治者至高无上,胡作非为,不负任何责任,不受任何约束。今竟对史官的记载不能不有所戒惧,对史官的言论不能不有所斟酌。这对被统治被剥削的人民而言,当然是有些好处的!

正因为史官对于"'贼臣''逆子''淫君''乱主'""直书其事",也就充当了"烈士殉名!""若南董之仗气,直言不避强御;韦、崔之肆情,奋笔无所阿容。"他们这种"宁为芝摧玉折,不作瓦砾长存"的,"遗芳余烈,人到于今称之"(《史通·内篇·直书》)者,正是中国古代历史文化出色的地方,未可轻易加以否定的(参阅张采田《史微·史官沿革考》)。所以史官所说的话,也就成了"公是公非,举天下莫之能移"的格言,而为古代一般人所引用(如《左传·隐公六年》,《论语·季氏》引周任,《左传》之僖公十五年、成公十四年引史佚的话);甚至今年曾纪经先生编写中国历史文选教学大纲,首列章学诚的"史德""史释"以端正初入大学的青年学习历史的态度,当然都是很正确的。就是嵇老先生自己,也曾引文天祥的正气歌里所诵的那等伟大史官"在齐太史简,在晋董狐笔"之忠正不阿,以身殉职的烈义精神,以说明"我们民族的高贵品质"(原书二,5页);而在这里又将史官之褒贬善恶,说成是中国历史的弱点,恐怕还是要重新考虑的。否则,不但我们不以为然,就是嵇老先生自己也先后自相矛盾了。

2.嵇老先生说"孟子痛骂'独夫''民贼',大声替人民呼吁,可以说是具有强烈的人民性。可是一拿出自己的正面主张和根本见解来,却又是'劳心者治人,劳力者治于人''无君子莫治野人,无野人莫养君子'的那一套贵族思想。他的道貌岸然的正统气味,把他的人民性竟掩蔽起来了"(原书一,6页)。

我们知道,社会分裂为阶级的基础,乃是建立于生产手段私有制的生产形势。因之在阶级社会里,人的意识是反映他一定的阶级利益的,绝不是什么个人"自己的""主张"。事实上"四民之制既严,十等之名复立,平民贵族,荣悴殊观"(刘申叔《古政原始论》),社会上阶级等级之所以如此森严,用意当在使人"民服事其上,而下无觊觎",以祈"建国"之"能久"(《左传·桓公三年》)。所以我们要了解人民的思想意识,便须求之于人们的阶级地位,求之于人们的阶级利益。所以不但出身一个没落的贵族的家世,又曾"为委吏,为乘田吏"(原出《孟子》与《史记》卷47《孔子世家》,并参《洙泗考信录》)的孔子,著"春秋以道名分"(《庄子·天下》)。一般的儒家,主张"礼不下庶人,刑不上大夫"(《礼记·曲礼上》)。就是力主"兼爱"之墨子,亦因身入统治阶级——曾为"宋之大夫"(《史记》卷74《孟荀列传》),而认为"听狱治政",是"王公大人"分内之事。治官府,收赋税,是"士君子"之事。至于农民分内之事,则是"早出暮入,耕稼树艺,多聚叔粟"(《墨子·非乐上》),以供养统治阶级。

以上可见"劳心者治人,劳力者治于人""无君子莫治野人,无野人莫养君子",实是统治阶级里的人们的共同思想,绝对不能说成只是什么孟子自己个人的"正面主张和根本见解!"因为由于社会生产的发展,出现了剩余产品,可以使一部分人不劳而食,专门从事管理实务和学术研究,而奴隶阶级则担任体力劳动,二者处于极端的不平等地位。脑力劳动者因之妄自尊大,强调精神作用,看不起体力劳动者,故意地降抑他们的地位,说是"劳心者治人,劳力者治于人""无君子莫治野人,无野人莫养君子"。这种代表阶级利益的说话,还有什么奇怪吗?还能说是什么某某个人的行为吗?同时,如果我们也认为战国尚是奴隶社会,那么,这种脑力劳动和体力劳动的分工,乃是历史发展过程中应有的阶级和现象,在当时有它一定的进步意义。因为就文化方面说来,奴隶社会之所以高出原始社会,就是因为体力劳动和脑力劳动的分开,使脑力劳动者得有时间从事文化之研究,对科学、文学和艺术做了大力的推动。这样看来,正如任继愈先生在 1956 年《中国青年》18 期所说:"孟子主张劳心和劳力的分工……倒是应该说是进步的、现实的!"

孟子之"痛骂独夫民贼",当然就是"以倾覆政府之权与民族"相号召,这种热爱人民,以"民为贵"而鼓吹人民革命,痛恶暴君的思想,在奴隶制时代的确是一种最为难能可贵而仅有的政治理论。嵇老先生却仍不肯"轻易送他一个人民思想家的称号"(原书,6 页)。这从现代的政治观点看来,当然是可以的。但嵇老先生却是一个历史唯物主义者,假使能够秉着历史主义的观点,对于孟子的评价,划清时代界限,认识到他们的局限性,而不作过高的估计。那么,尽管孟子说了"劳心者治人"等等的话儿,又何尝不可给他一个"人民思想家"的称号呢?

嵇老先生曾引斯大林的话认为农民起义的领袖,都是皇权主义者。(原书一,9 页)他自己也说:"农民革命的最高要求是好皇帝。如果你说,只要求个好皇帝太落后,怎么不组织个人民自己的政权呢?这不仅陈胜、吴广不能提,就是在太平天国时代也不能提,提出来就是违反历史主义。"(原书一,13 页)那么,孟子正是皇权主义者,正是要求好皇帝尧、舜的人,正是主张诛杀暴君桀、纣的人。为什么从秦末的陈胜、吴广以至清代的洪秀全,不能组织人民自己的政权,只得称农民革命的领袖;而战国时的孟子,只是说劳心者治人的话,就是说"从人民方面溜开了……终不能把他一直放到人民的阵营里,轻易送他一个人民思想家的称号"(原书一,6 页)呢?

总之,嵇老先生所做的这种历史评价,还是如他自己所指责的,是"放在空中所做的",并不是"放在一定条件下,一定具体的历史环境中来进行的"(原书一,22 页),因而也就很自然地得出了一种错误的结论。同时,真理是具体的,而我们又不是唯成分论者,我们便不能对统治阶级的历史人物评价要求得格外高些,而于首倡起义之人便可推为农民的领袖,于大骂"独夫纣"而认为可以把他杀掉的孟子,却不肯"轻易送他一个人民思想家的称号!"

3."秦国自从商鞅变法以来",诚然建立了集权的地主政权,破坏了领主的宗派制度,限制了地主的家族制度,而"代表着一种新兴力量"。但因此就说秦便"解脱了旧贵族腐朽势力的束缚"(原书一,37、38页)则未免疏阔了些。事实上,商鞅之遭车裂,根本就是秦旧宗室贵族之强大势力的猛烈反抗与殊死斗争的结果。

再看昭王时候,魏冉相秦为政,既封于穰(今河南邓县),复加封定陶。于是富饶过于王室而得拢权于诸侯。同时,泾阳君、高陵君之属,亦复极其侈靡而富过王室(《史记》卷72《穰侯列传》)。这更证明"秦国自从商鞅变法以来",并没有"解脱了旧贵族腐朽势力的束缚"!

其至到了秦王政(始皇)即位以后的八年(前239),尚有王弟长安君成蛴造反的事实发生。九年,又有长信侯嫪毐作乱的大变故(《史记》卷6《秦始皇纪》)。同时,吕不韦为丞相,封文信侯,招养宾客以削弱秦的政权,且修《吕氏春秋》,俨然要用一家的春秋,而为一代之典礼以兼天下①。这岂止是束缚了秦统一政权的发展,简直是与秦政权势不两立了。所以秦王虽然"为其奉先王功大……不忍致法",亦不得不把他免相而迁徙于蜀!

事实上,无论在自然界或社会里,都不会有什么纯粹的现象,而且也是不可能有的。因此,秦自商鞅变法以后,虽然建立了新的集权的地主政权,同时也必然存在着旧贵族腐朽的势力。因为新的集权的地主政权,正是从旧的贵族腐朽势力中发展出来的。所以二者之在当时,并不是在彼此绝对的机械孤立的状态中存在的,而是在相对的相互作用中存在的。一方面新的东西在逐渐成长以至于建立,另一方面旧的势力在逐渐萎缩以至于灭亡,但在一定时期内,却显得仍很坚强地存在着。所以说秦从商鞅变法,便"解脱了旧贵族势力的束缚",只是嵇老先生这里忘记了应用唯物主义辩证法——发展学说,而未免有些简单化、草率化了。

4.嵇老先生说:"苏武牧羊流放十五年,你说对我们有啥具体的好处?但他就表现了中国人坚毅忠贞的高尚品质。"(原书二,5页)这种说法,的确是过于简单化,而是大有问题的。试看李陵以步兵5000深入匈奴,而能以寡敌众,以劳破逸,再战再捷,致使率领几万骑兵来包围他的单于,不得不感到不利而想退去。如此"威震匈奴",真是"虽古名将不过也"!然陵终至战败投降,不就是因

---

① 《史记》卷85《吕不韦传》、元陈皓《礼记·集说》:"吕不韦相秦十余年。此时已有必得天下之势,故大集群儒而损益先之礼,而作此书,书名《春秋》,欲为一代兴王之典礼也。"

《史记·始皇记》:"吕不韦为相,封十万户;号曰文信侯,招致宾客游士,欲以并天下。"

为早已亡降匈奴的军侯管敢把李陵军没有后援,射矢快完的消息告诉了匈奴,因而单于便使骑兵急攻汉军的缘故吗?管敢只是一个小小的军侯①,在封建制的国家里,不可能知道国家其他方面重要的秘密。一旦投降匈奴,对于祖国所造成的军事损失,且有如此的重大,何况苏武以中郎将持节而使匈奴,如果也屈节辱命地投降,将他所知汉朝真实情形,全部告诉匈奴,而"教单于为兵以备汉军",以至引匈奴之兵以进攻祖国。那么,他对祖国所造成的具体灾害,也就不可想象了!所以苏武之宁死不降匈奴,绝不仅如嵇老先生所说"表现我们民族的高尚品质",而且更为祖国立下了伟大的功劳!因此他得归祖国以后,也就受尽了汉王朝特殊的优宠,并图画他的相貌于麒麟阁以表彰他的伟大功勋和高尚的品质。如果真的如嵇老先生所说,苏武对我们没有啥具体的好处,那么,莫说苏武,就是文天祥也不能至今令人异常敬爱,洪承畴也不会至今令人万分仇恨了!嵇老先生曾大讲其"爱国主义教育"(原书二,42页),如果不注意事实而徒轻作理论的判断,那所起的作用是会与主观愿望相反的!

三、事实不确与理论欠妥

嵇老先生说张仲景所著的《伤寒论》是"充满了阴阳五行,乌烟瘴气,不科学的东西"。如果"责备他道'为什么不根据解剖学呢?'这就未免开玩笑。请问当汉时候哪里去找解剖学呀!"(原书一,9页)这种说法,事实既不正确,理论又欠妥当,显然是错误的。因为《伤寒论》中的"阴阳",并不是什么"乌烟瘴气不科学的东西"。相反,而是一套辨证论治的辩证法。同时,不但汉朝有了解剖学,就在汉朝以前也就早有解剖学。现在容我一一分述于下:

我们祖国医学的解剖学,是和其他学科一样,有着它的悠久的历史的。《内经》(合素问灵枢两种),诚然不是黄帝(这里且不讨论黄帝的问题)时候的著作,然经崔述、梁启超考订,它却是战国秦汉间人所著(《补上古考信录》《中国历史研究法》),也就是说,它是从周、秦以至西汉初年医学上的总集。然而在它里面,却明明有解剖学的记载。如《灵枢经·经脉》所谓"八尺之士,皮肉在此,外可度量切循而得之,其死可解剖而视之。其藏之坚脆,府之大小,谷之多少,脉之长短,血之清浊,气之多少,十二经之多血少气……皆有'大数'。"所谓"大数",是平均数、常数之意。不可能设想,不积累大量的解剖学知识,而能提得出

①李陵事,见《汉书》卷54本传。王先谦《汉书补注》:"凡领军皆有部曲,部有校尉。部下有曲,曲有军侯一人。"可见军侯的职位是很低下的。而管敢之"亡入匈奴",便是"被校尉笞之五十"的缘故。

286

藏、府、脉十二经等"常数"。其他记录在《内经》之《本藏》《肠胃》《平人绝谷》等篇里的解剖学说尚且很多,恕不一一提及。这不是在汉朝以前,祖国早就有了解剖学吗?

至于汉代的解剖学说,在王莽逮捕翟义党人王孙庆以后,就令太医尚方加以解剖,对内脏进行观察,并用竹挺导其血脉,以知血脉的终始,而得尽诊疗的道理(《汉书》卷99《王莽传》及注)。可知西汉时代不但有解剖学,而且解剖学已经有相当精深的造诣。然则哪里还有经过200年的时间,到了东汉建安时代(张仲景是东汉末年献帝时人),还会有"请问到哪里去找解剖学"的事情呢?所以解剖王孙庆,虽然是一种残暴的行为。然就医学上来说,却是一种开解人们的躯体,查验骨骼筋肉和内脏而进行实验观察的实事求是的科学态度,毋怪学问满身的杨树达先生,要推许"此事甚有理"了。(《汉书窥管》卷10,649页)

再则,东汉末的华佗,这位对于内科、外科以至产科,都有极深造诣,而成了一个能"医未病之病"(孙思邈《千金方论诊候》)的"神医"(《玉洞杂书·医不能起死回生》)。照理说,我们对他总不会有什么陌生吧,他"精方药……若病结积在内,针药所不能及,当须刳割者,便饮其'麻沸散'。须臾便如醉死无所知,因破取。病若在肠中,便断肠湔洗,缝腹膏摩,四五日差,不痛,人亦不自寤。一月之间,即平复矣。"(《三国志·魏志》卷29《方技传·华佗传》)如此的治疗手术,假使对解剖学没有精深的造诣,了解人类的躯体,查验其骨骼筋肉及各器官之位置,又哪有它的可能。然则还要说汉朝没有解剖学,真的"这就未免开玩笑"而太抹杀事实了!

阴阳五行,在我国古代哲学史上占很重要的地位。《周易》谈阴阳不谈五行,《洪范》说五行不谈阴阳,内中含有不少的质朴的唯物因素。起初两种是分开的,后来汇合成一道洪流,又演出许多支派,一切科技文艺,都或多或少的各从阴阳五行中寻找自己的理论根据,不免蒙上了一层神秘的唯心色彩,留下了许许多多迷信荒诞自误误人的毒害。但我们接受古代文化遗产,应该分析哪些是精华,哪些是糟粕。对于阴阳五行之说,是否全部都是坏东西?最好写部专书进行总结,不能轻易地按照主观一概加以抹杀!

而一般人谈到阴阳,便不加考虑地以为是什么荒诞鬼怪的术数,便以此为焦点,为漏洞,来对中国的医学加以攻击和轻视,认为中国的医学理论是非科学的。其实,中国医学之以阴阳为它的理论基础,中国医学之从阴阳对立的观点来理解病的原因和现象,正标志着我们祖先利用阴阳观察病理变化之向疾病斗争取得了一定的胜利。所以阴阳学说是我国古代原始的朴素的辩证论在医学领域中的应用,是中医基本理论的核心,占据着基本理论的主导地位。因而阴

287

阳也就构成中国医学里的一种最基本的原则,一切诊断治疗,莫不以之为准绳。凡举身体的强弱虚实,病势的亢进衰减,都是以阴阳来代表的。

张仲景所讲阴阳,本是将病情分为三阴(太阴、少阴、厥阴),三阳(太阳、阳明、少阳),合之而为六经(经界之经,非经路之经),来辨症施治,这是伤寒论的基本精神。总的说来,即是先定是阴是阳:1. 用阴阳来说明疾病性质——三阳是代表机体部位不同,程度不同的热性和亢进性的病症;三阴是代表机体部位不同,程度不同的寒性和衰弱性病症。2. 以阴阳来说明疾病的原因和现象。中医认为疾病发生的总的原因,只有一个,就是"阴阳失调"。阴阳失调有两种:一种是由于人身的内在的阴阳失调而产生——因为人体得了病,内部机能和作用失去了平衡的缘故。平时人身内的阴阳能维持其平衡,故生理平常而健康,失去平衡则必反常生病——即是"内因病";一种是由于人和天地间的阴阳失调,六淫外感——天地间正常气候称为"六气",即是风、寒、热、湿、燥、火。而把不正常发生的"六气",称为"六淫",即所谓的"邪"(邪之中又按它的属性,分为"阳邪"和"阴邪",风、寒、湿是"阴邪",燥、热、火是"阳邪")产生,即是"外因病"。总之,中医的病因学说,在阴阳失调的基本原则之下,分为了内、外二因。《伤寒论》是以治外感病为主,即外因较多。这正所谓阴阳失调,则生疾病。所以有病为阴阳的对立,无病为阴阳的统一。这种对立与统一,本是一个普遍的规律,一条基本的原理。因为任何事物,都是对立的统一。在《伤寒论》里,正体现了辩证法的丰富思想,体现了朴实的唯物主义观点。它的六经为辨证施治的纲领,是从实际经验中总结出来的,是符合疾病发展的一般规律,而和鬼怪迷信之术数,是丝毫没有共同之处的。因而它能够准确地指导临床实践,并使祖国医学初步建立了比较明确的系统和一定的内容。直到今天,仍然具有很大的实用价值和科学价值。现代磁学也讲阴极、阳极,电学讲阴电、阳电,化学讲酸性、碱性,为什么中国医学一讲阴阳,便说是"充满了乌烟瘴气"呢?何况事实上《伤寒论》虽是一种以阴阳来辨识疾病的辩证法则,但全书 398 条中,说及阴阳的也只有 30 多条(据赵开美本),"充满了阴阳"的说法,实是有些过分的。

至于"五行",同样是中医基本理论之一,中医同样选用它来观察生理、病理作为诊断治疗的准则。它与阴阳学说有互相配合不可分离的关系。阴阳是事物的矛盾对立,五行是事物的普遍联系。"行"有行动、流动的意思,事物在这种相互依存相互制约矛盾统一的自然规律下运动发展,阴阳、五行配合起来,才不是孤立的静止的东西。所以中医里面借阴阳五行等名词,是用以说明自然界和人体内部的对立统一及其相互联系相互制约的符号,是有它丰富的物质的内容的。总之,五行代表了实际的客观事物,即不是空虚的术数了! 何况事实上《伤寒论》,并没有什么五行的明文,只是个别条文内,含有五行相克的意义。如所谓"肝乘脾"。然肝属木,脾属土,则"肝乘脾",即寓有木克土的意思——怎么又能说它充满了五行之说呢?

嵇老先生热爱祖国的文化遗产,对于毛主席的发扬、重视中医的政策,尤其极端地加以赞美推爱(原书一,7页),这当然是非常正确的。然而他虽然说的是"尊重事实,尊重证据,是一种普遍的科学态度"(原书一,29页),但事实上却因不能"尊重事实,尊重证据"而将祖国医学上素有悠久历史的——在汉以前已有的解剖家,在汉时造诣精深的解剖学,说成是"请问在汉时候哪里去找解剖学",将从阴阳来辨证论治,经过中医差不多2000年临床经验的实践证明完全正确,又经中华医学会认为学习中医必修的经典著作《伤寒论》,说成是"充满了阴阳五行,乌烟瘴气不科学的东西"。这可以说是因为运用材料和理论分析,不曾十分严谨和慎重的缘故。因而也就得出了这个主观动机与客观效果恰好相反的结论。

四、简短的结论

概括以上看来,初步可以得出下面的结论:

第一,嵇老先生在书内虽然一再提到毛主席对我们所做的指示,但却忘记了毛主席教导我们的最重要的"每一个问题加以调查研究""要详细占有材料"(《整顿学风党风文风》《改造我们的学习》)的话,而只根据普遍历史常识,或一般寻常材料,不肯作进一步的研究。因此,他虽然说是不要"歪曲历史",并批判"不是历史唯物主义者应有的实事求是的态度"(原书一,31页)的人们,而有时自己却因对于史料没有精细研究,也就不能归还历史的本来面目,而得出了错误的结论。

第二,嵇老先生虽然一再自称为历史主义者,却不曾仔细地考虑历史主义的精神和实质。因而有时难免简单、粗疏、主观、片面,不能抓住马克思主义的灵魂,来具体地分析具体的情况,而将历史中的实际问题,给予理论上的正确解释。

有此两点,因而著书的原意,虽在帮助历史教师解决一些教学上的问题,结果却使历史教师难免会错解了一些教学上的问题;虽在阐扬祖国的优秀文化,结果却对祖国的文化没有进行正确的估计。

最后,还得说一声,嵇老先生两本评价历史问题的著作,虽是将几篇报告加工整理,补充改写而成的,但在读者们看来,却看不出有什么谦虚谨慎的态度。相反而是感到先生有些自视过高,睥睨一切,说些什么"关于历史人物和历史事件的评价问题,过去我也曾作过一些很原则的讲话"(原书二,15 页)。这当然是说他先后所作关于历史问题的讲话,对一般历史教师们都是做出了原则性的指示,要大家奉为金科玉律,一味尊崇,不可能有什么不同的意见了!"虚心使人进步",假使他能够从这方面多体会一些毛主席的教导,对于历史问题做出的评价,可能会更妥当,更正确一点。因而帮助历史教师们对于历史评价问题所起的作用,也就会更大一些。

油印未刊稿

谈谈整理古籍

关于整理古籍这个问题现分三点来谈。

一、整理古籍,是极有必要,极其及时的

党中央号召我们、组织我们整理古籍,是极有必要,极其及时的。我们国家,版图广大,人口众多,历史悠久,文化发达,遗留下来的古籍,的确是浩如烟海、汗牛充栋;现在又正呈现出一个安定团结,而为历史上空前未曾有过的大一统,经济建设之欣欣向荣而崭新的大好局面,则更有整理古籍与之相适应,相配合,发扬中华民族悠久传统的文化,建设社会主义精神文明、物质文明的必要。

据估计,我国的古籍,现在约有 12 万多种,已经整理的,则尚只有 4000 多种,所以很需要我们去花大力气加以整理。

又得知道,古籍有不见于当时,而出现于后代的,如《萧何法令》《张苍章程》,都是汉的法典,虽曾见诸于《史记》《汉书》的纪、传之中,但刘歆《七略》、班固《艺文志》,都未收录。然而按之晋的故事,也就是汉的章程。而《汉朝驳议》《汉名臣奏议》这种章程之书,却至隋、唐尚有存在的。至于历代刑统之书,则又是根据《萧何法令》增修而成的,这就可见古籍,其已散佚不全,未经收录在当代目录书中的,要在后世校雠家历经稽考,为之辑佚、釐正罢了。又有古籍,在古时不曾发现,而出现于后代民间的。诸如《古文尚书音》,李唐、北宋,未有其书,而出现于南宋漳州的吴氏家中;陆机《正训》,唐、宋二志,并未收录,却留藏在南宋荆田氏家里。更有不完全藏存于国家图书馆,而收存于山间寺庙、道院里的。如全藏唐人文集的,则是南宋的一个道士;全藏北宋名人笔记的,则是南宋的一位和尚(《通志》卷 71《校雠略·亡书于民间论、收书之多论》),是知古书散落民间,未为国家所收存的,实又不在少数。所以,无论明朝纂辑《永乐大典》,清代

纂辑《四库全书》，都得收集民间的藏书，以补国藏典籍的不足，从这点来说，都是必要的。

总之，我国在中央这次指示之下整理古籍，将有许多民间储藏的古书出现，这是可以想象得到的。在这种形势之下，也就更加迫不及待地需要我们认真而又积极地去整理了。

何况现在全国各省、各地区以至各县，都在撰修他们的志书，整理他们先贤的著作。诸如湖南之于周濂溪、王船山、王先谦等，江西之于陶渊明、欧阳修、曾巩、王安石、朱熹、文天祥、汤显祖等的著作，都在广泛搜集，则在过去未曾出现而有待于整理的古籍，势必愈来愈多。同时，我们又是个多民族的国家，中华民族的文化，本来就是各民族共同创造的。所以我们更得整理各民族的古籍，来繁荣中华民族的文化。因而我们整理古籍范围之广泛，意义之重大，都是我国历史上空前未曾有过的，那就更加使我们兴奋之至而要认真为之整理了。

二、我国历史上第一次之由国家、私人的整理古籍

我国历史上之由国家、私人整理古籍，次数是较多的。现以篇幅关系，仅就国家、私人的第一次的整理来进行初步的研究于下：

1. 孔子私人之删定《诗》《书》。

我国历史上，以私人而整理古籍，是从孔子开始的。孔子为什么要整理古籍？马端临说："孔子生于周末，睹史籍之繁文，惧览者之不一，遂乃定礼、乐，明旧章，删诗为三百篇，约史记而修《春秋》……讨论坟、典，断自唐、虞，以下迄于周"（《文献通考》卷174《经籍考·总序》）。这就是说，孔子以当时的诗篇、史籍，繁复杂乱，担心读者迷惑不清，因要加以整理，"修明圣经，以绌缪异"（《新唐书》卷57《艺文志序》），现且分论于次。

（1）删定《诗经》。

孔子为什么要删定《诗经》？因为诗的作用很大。试看《毛诗序》说："先王以是经夫妇，成孝敬，厚人伦，美教化，移风俗。"是说诗乃先王所以经纪世道人心，移风易俗，统治天下之必不可少的典籍。然而时值春秋，礼、乐崩溃，诗多衰世之音，很是缪乱不正。孔子因将当时三千多篇的诗，重新加以整理，"釐正遗文，缉其精华，褫其烦重"（孔颖达《毛诗正义序》），而"取其可施于礼义者，自契、后稷，中述殷、周之盛，至幽厉之缺"（《史记》卷47《孔子世家》）的，"凡三百五篇"（《汉书》卷30《艺文志》），佼之各得其所，而起其"止僻防邪"的作用。结果，《国风》也都"好色而不淫"，《小雅》也都"怨诽而不乱"（《史记》卷84《屈原

贾生列传》)。总之，诗经删定，"《风》《雅》变而还正"(《晋书》卷 91《儒林传序》)了，这就是孔子，尽管为人恭慎谦让，对自己删诗所起的作用，也都评定很高，说是"一言以蔽之，曰'诗无邪'"(《论语·为政》)了。这就可见诗在当时，实有整理的必要。

至于孔子，又是怎样删定诗的呢？

第一，"风"有十五国，篇、章次第，已是颠倒错乱，孔子因而详为釐正而次第之。(《毛诗正义》、《欧阳文忠公集》卷 41《诗谱补亡后序》、崔述《读风偶识》)

第二，欧阳修《诗本义》说，孔子删诗，"非止全篇删去。或删其章，或删其句，或删其字"。朱子发又本欧阳修之说，而谓孔子删诗，有"全篇删去者"，有"篇中删章者""句中删字者"(王应麟《困学纪闻卷 3 诗》)。

第三，顾炎武说："孔子删诗，所以存列国之'风'也，有善与不善，兼而存之，犹古之太师陈诗以观民风，而季札听之，以知其国之兴衰。正以二者之并存，故可以观，可以听……是以《桑中》(鄘风)之篇，以《溱洧》(郑风)之作，夫子不删，志淫风也。《叔于田》为誉段之辞，《扬之水》《椒聊》(均是唐风。但王风、郑风，也有《扬之水》)为从沃之诰。夫子不删，著乱本也。淫奔之诗，录之不一而止者，所以志其风之甚也……选其辞，比其音，去其烦且滥者，此夫子之所谓'删'也。"(《日知录》卷 3"孔子删诗"条)这就是说，孔子对诗的釐正刚定，是善与不善的并存的。所以，郑、鄘的淫诗，不曾淘汰。又，诗必协之于韵，以求合于韶、武、雅、颂之音，其中音律不协，烦而且滥，不成其为乐章的，都得删去。

（2）删定《尚书》。

孔子为什么要删定《尚书》？自周东迁，王纲不振，242 年之中，"弑君三十六，亡国五十二，诸侯奔走不得保其社稷者，不可胜数"(《史记》卷 130《太史公自序》)。而孔子则"守先王之道"，以为"政教典章，人伦日用之外，更无著述之道"(《章氏遗书》卷 2《文史通义内篇·原道中》)。因而删定《尚书》，以记先王之事而明其政，以期"拨乱反正之正"(《春秋繁露·玉杯》)，所谓"载之空言，不如见之行事之深切著明也"(《太史公自序》)。

从而以尧能让天下于舜，舜又能遵循尧之道而让天下于禹，以故删定《尚书》而起自唐、虞。又因秦穆公之作《秦誓》而能悔过迁善，乃将《秦誓》系于帝王之末(宋陈经《尚书详解》)，而给当时以及后代的统治者，起一种"过则勿惮改"(《论语·子罕》)；"过而能改，善莫大焉"(《左传》宣公二年)的典范作用。

总之，孔子删定《尚书》，原是为了阐发他儒家的政治理论以为统治者留下一部统治天下的大经大法。每篇里面，莫不富有强烈的政治内容。明儒郎宝《语录简端录》就曾说："《书》以道政事，仲尼删《书》，岂徒以文乎哉？篇有一大义焉,其间小节目不论也。是故典、谟,禅继也;《汤诰》《牧誓》,征伐也;《太甲》,复也;《盘庚》,迁也;《大诰》,摄也;《顾命》,终也;《康王之诰》,始也。他篇准是,盖无无义者。"正因为如此,所以不待这位成化进士,古代先贤早就指出:《书》者,古帝王之书"(《论衡·正说》),"政事之纪"(《荀子·劝学》),"记先王之政事,故长于政"(《太史公自序》),而是儒家为推行其政治理论的一部典籍。

孔子又是怎样删定《尚书》的呢?

第一,春秋之时,"上古之书,不可胜计",所诵习的,都是《三坟》《五典》(《文献通考》卷174《经籍考·总序》)。然而《三坟》乃是什么伏羲、神农、黄帝之书;《五典》则是所谓少昊、颛顼、高辛、庚尧、虞舜之书。在孔子看来,这种古籍,"所起远矣,其可信乎?"(《汉书·艺文志》)且又"简编脱落,不可通晓"(《文献通考》卷174《经籍考·总序》引程子)。经过研究,高辛以上,既质朴疏略而难传于后代;唐、虞以来,才"垂文立制又著明",则"焕乎其有文章"(《论语·泰伯》及注),足为万代的法典,于是断自唐、虞,以至于周,采集其典、谟、训、诰、誓、命之文,为之"蔓夷烦乱,剪截浮辞,举其宏纲,撮其机要,足以垂世立教"(孔安国《尚书传序》及疏),而恢弘儒家统治天下的道术。

第二,孔子原是一位"信而好古"(《论语·述而》)的学者。眼见当时已是少有"有疑则阙"(《论语·卫灵公》)的史家;而只穿凿附会,妄作一些篇籍(《述而》);以至出现"是非无正,人用其私"(《汉书》卷30《艺文志》)的不良现象。因之不禁感叹地说:夏、商之礼,我可以讲说,只是文献不足,不敢征信(《论语·八佾》),文献既不足征,修史也就是附会其意,牵合其辞。于是为了删订《尚书》,便西去周室,收集丰富的资料,得见虞、夏、商、周的史书,加以删订,以成足以"疏通知远"之从唐尧、虞舜以至秦穆的政治史。

2. 刘向父子之为国家整理古籍。

我国历史上第一次由中央组织专家整理古籍,是西汉成帝之命光禄大夫(掌议论及顾问、应对、诏命之官)刘向等,和哀帝时之续命刘向的儿子刘歆继承之开始的。兹分述于下:

(1)西汉末年,为什么要整理古籍?

西汉末年政府之所以要整理古籍,并非事出偶然,而是有其由来,逐渐形成的。原来经秦焚书坑儒,制挟书之令,书籍遭厄,学者逃藏,造成了一次惨重的大灾难。至汉惠帝四年(前191年),始除挟书之令;武帝时且开献书之路,置写书之官,将书藏之秘府①。至成帝时,秘府之书,又多散佚,乃佼谒者(掌朝觐宾赞受事)陈农求遗书于天下,而命刘向校经、传、诸子、诗赋,步兵校尉任宏校兵书,太史令尹咸校数术(占卜书),侍臣李柱国校方技(医药书,见《汉书》卷30《艺文志》),而由刘向总其成。

(2)刘向的整理古籍。

刘向是怎样整理古籍的呢?

第一,校正书名、篇目。

如《战国策》这一书名,在当时已是纷繁杂乱,或叫《国策》,或叫《国事》,或叫《短长》,或叫《事语》,或叫《长书》,或叫《修书》,而无确定的统一名字,刘向以书的内容,既是战国游说之士,为所辅之国所筹划的策略,因而定其名曰《战国策》。

古籍篇目,有错乱重复的,乃一一为之改正。如《管子》原为484篇,经过校去重复的,定为86篇。又如《晏子》,原凡30篇,838章,经校去重复的22篇,623章,釐定为8篇,215章。其中"文辞颇异"的27章,不合六经之义的18章,都各共合为一个外篇。(姚振宗《师石山房丛书·别录佚文》)

第二,改正讹误文字。

如《晏子》,原本中之以"芳"错为"夭""牛"错成"先""章"错为"长"的例子,很是不少。又如《列子》中,以"尽"为"进",以"贤"为"形"的例子,也很多,都一一校正(同上)。

第三,简述作者的生平。

任何一部著作,和作者一生的经历,都是有密切的关系的。因此,"诵其诗,读其书,不知其人何乎?"(《孟子·万章下》)司马迁就曾说:"西伯囚羑里(今河南汤阴)演《周易》,尼父厄陈、蔡作《春秋》,屈原放逐著《离骚》,左丘失明厥有《国语》,孙子膑脚而论兵法,不韦迁蜀而有《吕览》,韩非囚秦《说难》《孤愤》。"(《太史公自序》)这个不但是说古人遭遇不幸发愤而著书立说,更是说他自己受李陵之祸,胸怀郁结而撰述《史记》。是知刘向之整理《管子》《晏子》《列子》……对管、晏等人的生平事迹,都做了简明叙述,使世人读其书,知其人,易于了解其中的深藏意义,是有必要的。

第四,辨章学术泾流。

刘向整理一书既毕,则求索它的舆旨,穷究它的源流,"撰为一录,论其旨

---

① 我国储藏图书,其来很久。如《世本》说彭祖在商为守藏史;又有说周穆王藏书于大酉山、小酉山(二山在今湖南沅陵县西北)的。至于周有藏室柱下史老聃、秦有柱下史张苍,司马迁且说藏之名山,副在京师,就更不必说了。

归,辨其讹谬,叙而奏之"(《隋书》卷32《经籍志·序》),然后再整理各书的《叙录》,加以编次而成《别录》,上报中央。总计《别录》20卷,实际上也就是后人所说的解题。虽说如此"辨章学术泾流,似有得于太史叙传,及庄周《天下篇》、荀子《非十二子》之意"(章学诚《校雠通义·篇二·补校汉书艺文志》)。甚至如王应麟所说:"孔子删书,别为之序,各陈作者所由;韩、毛二《诗》,亦皆相类。汉时刘向《别录》、刘歆《七略》,各有其部,推寻事迹,疑则古之制"(《汉书》卷33《艺文志》),非是创新之作。然而我们认为,这种文法,虽说本之于前人,但无所因则无所创,无所本则无所精。非是刘的"博物洽闻,通达古今"(《汉书》卷36《刘向传》)。是绝不可能在前人原有的基础上,继续发展、推广,取经传九流百家以辨章其源流,考究其得失,而撮述其主旨的,以故博学通才之班固撰《艺文志》,亦复"谨守刘《略》遗法。唯出刘氏之后者,间为补缀一二"(《补汉书艺文志》)而已。反过来,"戴圣、戴德之于《礼记》,既加删削致使篇章不全;小戴所取各篇,且又多所节略;而《隋书·经籍志》尚沿二戴之位置,不循中垒(刘向曾为中垒校尉)之纪纲,吉凶迷其条贯,经纬贸其本末,沿流昧源,积非成是。"也就使魏源引为遗憾了。(《魏源集·礼记别录考》)这又何怪乎那个以深明史义的名家章学诚之撰《校雠通义》,也都特别推崇刘向,而作《宗刘》一篇,以示意向。对于郑樵,则多微词,而有《补郑》之作了。

刘向死后,哀帝乃使其子刘歆续成其业。歆因总结群书,列其书目,著为《七略》,以之上奏。有《辑略》辑与集同,故《隋志》作《集略》,也就是群书的总要。有《六艺略》,六艺,非指礼、乐、射、御、书、数六种科目,乃指《易》《礼》《乐》《诗》《书》《春秋》,也就是六经,当时史书甚少,以之附入《春秋》,是合乎义例的。"郑樵讥《汉志》以《世本》《战国策》《秦大臣奏事》《汉著记》为《春秋》,是郑樵未尝知《春秋》之家学也"(《校雠通义·郑樵误校汉志》)。有《诸子略》,有《诗赋略》。按赋本六义(风、雅、颂、赋、比、兴)的附庸,列诗于前,叙赋于后,是有得于文章承变之次第的。有《兵书略》,有《术数略》,指阴阳术数。有《方技略》,分医经、医方,而以房中(讲阴阳交合及种子的邪术书。西汉末年,曾盛行于世)、神仙两家附入其内,大凡33090卷,是为我国目录学史上最早的一部图书分类的书。故从班固以来,莫不争相论述。《汉书》《新唐书》《宋史》《明史》,都有《艺文志》,而《隋书》《旧唐书》,都有《经籍志》。甚至《二十四史》中,没有《艺文志》的,清代学者,亦复纷纷为之补作。诚以"《艺文志》者,学问之眉目,著述之门户"(《十七史商榷》卷22"汉书艺文志考证"条)。然则刘向父子对后学首创的津梁作用,是极其重大而深远的了。

三、严肃认真的工作

整理古籍,当然是一种扎扎实实,实事求是,力求恢复其本来面目的工作。中央颁下的文件,就曾告诫我们,"整理研究古籍,是严肃的工作,要有比较高的学术造诣"。这是我们首先必须严格认真遵守的指示。否则,即以郑樵学问之博识力之高,当他从事校雠之业,亦因不曾精意虚心地深究其故,从而卓见虽多,而错误亦复不少。尤其他因为心怀不平,嫌恶班固,以至校雠《汉书·艺文志》,错讹杂出,欲知其详,且请参阅章学诚的《郑樵误校汉志》一文好了。须知"古书坏于不校者固多,坏于校者尤多。坏于不校者,以校治之;坏于校者,久且不可治"(段玉裁《经韵楼集·重刊明道二年国语序》)矣!然则我们整理古籍,只有兢兢业业,严肃认真,以完成这攸关我们中华民族悠久的传统文化之千秋万代的伟业。兹就下列几个问题来谈谈。

1. 广搜版本。

整理古籍而为之校勘,首先就得广泛搜集各种版本,以至有关的多种资料,严密地加以对比,以审定其是否篇章有错乱,字句有异同,然后才能实事求是,恢复它原来的面目。清代著名的校雠学家,曾受孙星衍、胡克家敦请,为之主持刊书,每书刊成,都得综合其所校正的撰成《考异》,或《校勘记》的顾广圻①,就曾根据他从实践中得来的经验说:"校本之异,夐若径庭,不识其为何本,则某书之为某书,且或有所未确,乌从论其精粗美恶"(《思适斋文集》12《石研斋书目序》)哉?然则整理古籍,而得辨定其精粗,校正其讹误,第一步就得广搜不同的版本了。

现在再举一些实际的例子来说。

第一,唐太宗贞观中,令狐德棻、魏征相次为秘书监,上言"经籍亡逸,请行购募;并奏引学士校定"(《旧唐书》卷46《经籍志序》)。是先购募不同版本的古籍,才奏引学士校正的。

第二,唐玄宗命昭文学士马怀素、崇文馆学士褚无量整理图书,首先就是广泛借阅民间异录(《新唐书》卷57《艺文志》),精心细致地加以对比,然后再行校勘的。

第三,宋仁宗嘉佑七年(1062),校雠宋、齐、梁、陈、北魏、北齐、北周七史。

---

① 顾广圻著《思适斋笔记》,校正六经诸子,勘定文字,是为刘向而后校雠的大宗师,曾受到龚自珍的极端推崇。(《龚定盦全集·杂诗》)

事前苏洵等即以馆阁所藏,既多脱误,不足以供校对,仁宗因诏京师及天下藏书之家上之。至七年,书才开始稍稍集于京师,而得借以校雠。(《廿二史札记》卷9"八朝史至宋始行"条、《十架斋养新录》)

再回到刘向等的整理古籍来说,这在前面已经述及成帝于事前曾使陈农求遗书于天下了。章学诚因之说:"校书宜广储副本。刘向校雠中秘,有所谓中书,有所谓外书,有所谓太常书,有所谓太史书,有所谓臣向书,臣某书。夫中书与太常、太史,则官守之书不一本也;外书与臣向、臣某书,则家藏之书不一本也,夫博求诸本,乃得雠正一书,则副本固将广储以待质也。"(《校雠通义·校雠条理》)

总之,整理古籍,首先必须广搜副本,以便参互比较,以求得一个较为正确可靠的说法,则是必不可缺的第一步,从来就是如此,现在也还是必须如此的。

2. 不得自以为是。

在上已是论及整理古籍,要当首先广搜异本,考其异同,辨其正误,再行择其善者而从了。然而校勘之时,又当慎之又慎,注意以下两点,决不可自以为是。

第一,注明原文,保留异说、阙目。

刘向父子,原是校雠名家,但他们整理古籍,凡是遇"有错误,更定其文者,必注原文于其下;其两说可通者,亦两存其说;删去篇次者,亦必存其阙目。所以备后人之采择,而未敢自以为是也。"至于班固撷刘的精要以成《艺文志》,亦复附"注并省之说于本文之下",决不师心"自用其例,而不顾刘氏之原文",使后人无得从而考证(《校雠通义·校雠条理》)。是校雠古籍最好的方法,值得我们注意而且学习的。

又如朱熹竭尽一生精力,钻研经训,校正群书。然所釐定的《大学》《孝经》,亦必详注其旧本,以备后人便于再行考校,决不轻于专断,独自为是。

第二,校而不改①。

---

①改易古书原文,始于春秋之时。《汉书·艺文志》及颜注:"古制,书必同文,不知则阙,问诸故老。至于衰世,是非无正,人用其私。故孔子曰:'吾犹见史之阙文也,今亡矣夫'。盖伤其漫不正""任意改作也"。到了汉朝,则更"有行赂改兰台漆书,以合其私者"(《日知录》卷18"改书"条)。

北宋之时,苏东坡尚见前辈不敢轻于改书,故蜀本大字书,尚是善本。但就在他的时候,却都改《庄子》"用志不分,乃疑于神"之疑而为凝;都改陶渊明"采菊东篱下,悠然见南山"之见而为望;而宋敏求且改杜子美"白鸥没浩荡"之没为波,致使全篇神气索然了(《东坡志林》卷5)!

明万历年间,士人爱好改窜古书,肆意妄为,毫无忌惮。(《日知录》卷18"改书"条)到了末年天启、崇祯时代,则风气越盛,凡《汉魏丛书》之类,都被割裂、删句改字,古籍原来的面目全都失真了。至清,名学者辈出,校刊古书,实事求是,一扫明人庸亡恶劣的习气(《第六弦集文抄》卷1),然这并不是说,清人就不改书,不见毕沅就是依据它书的考订,而去注存旧本的一个吗?

清代儒家黄廷鉴,精于校勘,凡所校定之书,多至数十百种,却以不改为主。这在他认为,"《史记》《汉书》,凡引《诗》《书》,其文多与今书不合。而裴骃、司马贞,如淳、师古之注,皆悉仍本文释之。由此言之,书之不容轻改,明矣"(《第六弦溪文集》卷1)。须知古人同述一事,同引一书,字句多有异同,以至点窜涂改原文,也是司空见惯的。诸如:庄周点窜《列子》,司马迁点窜《战国策》,以至《论语》中的《接舆》一歌,庄周也都增改了其中的文字。但不仅无损于旧文的本意,而且有胜于前人,而自有其妙境,然而没有庄子、司史迁的才学,是极不足以语此的,所以校雠古籍,终究以校而不改为是。因为"校"与"改",是有严格的区别的。凡校一书,依据多种不同版本中的差异之点,择其善者照着改正的,叫着"校";采摘它书,凭臆窜乱,借以更改本书的,叫着"改"。试看明人校书,往往鲁莽草率,轻于删句改字,致使古籍的面目,全失其真,也就不如不校更好了。

四、要有比较高的学术造诣

在前面我们已是说及中央颁下的文件,说是整理古籍,"要有比较高的学术造诣"了。现根据这个指示的精神,分述几点看法于下。

1. 懂点文字学。

我国古籍,历经汉、唐、宋、清的专业名家注释考订,至今读之文从字顺的,固然不少;但扞格难通,也是依然存在的。为什么会存在这个问题呢?不能精通文字学,便是其中的原因之一。

我国文字,古代不多。东汉许慎《说文解字》,仅有9000多个字;清初的《康熙字典》,则有47000多字;1915年中华书局出版的《中华大字典》且多至48000多字了。正因为古代文字不多,因而古籍里面,凡是声音相同、相近的字,假借通用的例子是很多的。清代精于音韵训诂之学的名家王引之所著《述文通说》,其中就曾历举前人所未涉及的经籍中的通假字,列成经文假借专条,且请读者自行参考,这里就不去说了。

正因为王引之和父亲王念孙,都是文字学的专门名家,父亲所著《广雅疏证》,凡汉以来的古训,都经搜括加以疏证,订正了诸本的舛误衍漏;所撰的《读书杂志》,于古籍传写的错误,校正颇多;而自己的《经义述闻》《经传释问》,又都是今天我们整理古籍所当留心研究之书,而对我们读通古籍,起了很大的作用。1983年10月17日,他们父子的纪念馆在高邮揭幕,全国许多训诂专家,也都不辞舟车辛苦,前去参加,无非都是对他俩津逮后学钻研古籍的功绩,表示最高的崇敬。

2. 具备较高的阅读水平。

古书词义,往往艰深隐奥。如果阅读水平不高,在整理的过程中,首先也就难于了解其中的意义,更莫谈增补其中的脱文,删去其中的衍文,纠正其中的前后或上下倒置之文,以及错入正文中的注文了。

反过来,如果水平颇高,深明各时代的文体,以及书中的奥义,则就辨别一部书的真伪,也都很容易了。比如,东晋晚出的《伪古文尚书》,较之今文的《周诰》《殷盘》,文体就截然不同,只要具有高度阅读古典文专家展眼一过,就可知道它是伪书,更不需要做什么考证了,所以整理古籍,具有较高阅读古文的水平,是不可缺少的。

3. 熟悉历史事实,典章经制。

整理古籍,在文字上虽然没有遇到阻滞,但因其中所涉及的历史事实,或典章制度不很明悉,问题也就来了。古代许多名家学者,阐述历史上的某个问题,既已穷究它的初始,又得要会它的终末,而将它的来源、沿袭、变革,叙述得有机的一串相连,曲尽原委,就是因为学力深厚,熟悉历代事实、典制的缘故。这种例子,只要一读赵翼的《廿二史札记》所论述的问题,就足够明白了。

反过来,如清初之有勘书的,因为不知道汉贾山所说"秦为驰道于天下……道广五十步,三丈而树,厚筑其外,隐以金椎,树以青松"(《汉书》卷51《贾山传》)的历史事实,从而校勘梁简文帝《长安道》诗"金椎抵长乐,複道向宜春",便误作金槌,且改为椎轮了。又《晋书》卷126《秃发傉檀载记》,曾记鲜卑人河西王秃发傉檀的历史事迹,而为他立传。但校刊者因为不知道唐阎朝隐《送金城公主适西蕃诗》"还将贵公主,嫁与傉檀王",正是用了上面《晋书》中的典故,便误作耨檀,而又改作褥檀了。(《日知录》卷18"勘书"条)总之,校雠古籍,不明历史事实,是易发生问题,出现问题的。

再就典章制度,且举避讳之事为例来说。

我国避讳制度,是从西周开始的。唐代避讳之制很严。以故唐人修诸史时,避讳之法有三。如虎(高祖的祖父名虎)、渊(高祖名渊)字,或前人名有同之者,有字则称其字。如《晋书》,公孙渊称公孙文懿,刘渊称刘元海,褚渊称褚彦回,石虎称石季龙是也。否则,竟删去其所犯之字,如《梁书》肖渊明、肖渊藻,但称肖明、肖藻。《陈书》韩擒虎,但称韩擒是也。否则,以文义改易其字,如李叔虎称李叔彪,陶渊明称陶泉明(《廿二史札记》卷9《唐人避讳之法》),鲍照和鲍昭是也。如此改易前人名字,也就淆乱了古籍。如果不明唐人撰修前代史书避讳的法则,校勘《晋书》《梁书》等,也就容易发生错乱了。这就可见校雠古

300

籍,熟悉古代的典章经制,是有必要的。

五、世业与专职

我们国家的这次整理古籍,绝不是一时一代所能完成的。因而从现在起,最好就得注意整理人的专职、专业的问题。

校雠名家章学诚就曾说:"古者校雠书,终身守官,父子传业,故能讨论精详,有功坟、典"(《校雠通义·校雠条理》)。不就明白地告诉了我们,要把古籍整理得很好,就要有一批专职、世业的人么?至于精于校雠之学的郑樵,对于这个问题,则说得更是具体,且举例以明之,更是值得我们注意了。他说:"校书之任,不可不专……司马迁世为史官,刘向父子校雠天禄,虞世南、颜师古相继为秘书监,令狐德棻三朝当修史之任,孔颖达一生不离学校之官。若欲图书之备,文物之兴,则校雠之官,岂可不久其任哉?"(《通志》卷71《校雠略》)

不过,我们认为,要调某个学有根底的同志,去任专理古籍之职,并不见得困难,但要拥有一批世代相传的专家,就得未雨绸缪才好。须知深通古代学术的世业专家,较比专职人才,是更为重要的。所以古人之谈学术,也都注重世传其业。《礼记·学记》,原是一篇教人求学之道的文章,其中也就提到了"良弓之子,必学为箕;良冶之子,必学为裘",这个世传家学之业的问题。试看孔子一家,从春秋、战国以至秦、汉,没有一代不以儒家经义为业;伏氏一门,自伏生以后,历经两汉四百年,也都代传儒家的经学。至于司马迁一家,自唐、虞经周以至西汉,皆掌太史之职;而班彪、班固、姚察、姚思廉、李百药、李延寿,莫不父子相承,世传史学之业。从而孔、伏两家之于经学,马、班等家之于史学,也都做出了极大的贡献。所以马端临撰述《文献通考》,首先在序里,就说他的这部书,是乃"业绍箕裘"的世业,以明渊源有自,父子相承的家学了。

原载《河南图书馆季刊》1984 年第 2 期

杂记小说是撰修史书所必需的重要资料

兰
州
大
学
文
库

何谓小说？"小说者，街谈巷语之说也。"（《隋书》卷34《经籍志》）

小说是怎样采辑、编缀而成的呢？三国郡丞如淳注《汉书·艺文志》说：古者"王者欲知闾巷风俗，故立稗官（小官）"，采缀"街谈巷说""细碎之言"，"使称说之"。是"小说家者流，盖出于稗官"（《汉书》卷30《艺文志》）；而小说则是稗官所采民间细言琐语而缀成的杂记野史，有别于正史，故谓之稗史——小说。

东汉议郎桓谭说："小说家合丛残小语，近取譬论以作短书（杂记之书），治身治家，有可观之辞。"（《昭明文选》卷31江文通《杂体诗·李都尉》注引《新论》）这就是说，杂记小说对于修身治家，是有可观，有裨益的。

以上桓谭、如淳所说杂记小说产生的事实，是合乎实际的。

至于班固说小说杂记，只是"街谈巷语，道听途说者之所造"（《汉书》卷30《艺文志》）的迂怪妄诞、子虚乌有之辞，那是因为他本来就是属于端门儒家正统的史家（见拙作《中国史学史·班固和司马迁的分歧》），有些看法，固不足深责；而唯物主义的进步思想家王充也说："在经、传者，较若可信；若夫短书俗记，竹帛胤文，非儒者所见，众多非一"（《论衡·骨相》），则实在令人遗憾。

在一般人的印象里，也都认为只有官修的一代国史，才是最正宗，最权威，最重要的，至于稗官野史，则是采集街谈巷说，编缀而成的，纵有可观，究属异说小道，不足征信。其实，事情并非那么简单，还得加以研究，才能得出较为正确的结论。

一、官修史书有失诬妄，只有求之于存直的野史

一代国史——官修的正史，是以一代实录为底本修成的。顾名思义，实录自是左、右史直载帝王的言行，无文饰，无隐讳的。但实际上，则是"实录所记，

止书美而不书刺,书利而不书弊,书显而不书微,书朝而不书野"(清李建泰《何乔远名山藏序》)。这就根本谈不上什么无文饰隐讳,文直而事核了。反而不如那"野史传奇,往往存三代之直,反胜秽史曲笔者倍蓰……'礼失而求之野',唯史亦然"(清王士禛《香祖笔记》卷10)。

以明代为例,朱彝尊《孝宗大记书后》说:"榻前议论,斯时政有纪;柱下见闻,斯起居有注。类而次之,谓之日历;修而成之,谓之实录;然后一代之典则备焉。明则第有实录、宝训而已。建文革除,景泰附录,何以成一代典章。"(见《曝书亭集》卷45)且莫说成祖以"靖难"之故,不编《建文实录》;景帝经"夺门之变",实录致被附入《英宗秀录》;就是开国的《洪武实录》,历经三次撰修,其中是非黑白,已翻来倒去,尤其是任三修总裁的杨士奇,以侍建文而降附燕王(成祖),"心薰利禄,志怵祸机"(清凌扬藻《蠹勺编》卷16《三杨不知王振》),"而于革除多失实,徒徇爱憎"(黄宗羲《谈君〈迁〉墓表》)。故《洪武实录》也不成其为实录了。

于是张岱慨叹"有明一代,国史失诬",而自身又"不入仕版,既鲜恩仇,不顾世情,复无顾忌",乃于明亡后的艰难岁月中,屏居深山,继续着笔,"事必求真,语必务确,五易其稿,九正其讹"(《石匮藏书·自序》),终于完成了他那部且为谷应泰编撰《明史纪事本末》,都得重价购备,以取其中资料的《石匮藏书》。如此看来,岂不是有明一代,失诬的是官修的实录,存真以证其讹的,倒是在野私人所撰的史书?这就充分说明,正史失诬,尚须求之于野史了!

二、杂记小说,应与正史参行并存

刘知几在《史通·杂述》篇里,详尽地论述了自古以来,诸凡偏记、小说,便是自成一家,能与正史参行共存的。并在篇末指出:"蒭荛之言,明王必择;葑菲之体,诗人不弃。故学者欲博闻旧事,多识其物,若不窥别录,不讨异书,专治周、孔之章句,直守迁、固之纪传,亦何能"撰就一部完美的史书?要择其善者而从之,这种说法是极其正确而又极其精辟的。故撰修一代国史,首先就得广搜文献。一则周悉寻详,以免必须记载的事迹有所遗漏;一则相互稽考,以祈所记不失其真实。兹且分叙于下:

1. 拾遗补阙。

钟锓《习斋言行录》卷上说:"相关一代之治乱,史系千年之是非,史之集思广益,与为相同。当……采搜野史遗事,穷一代之故实,文献无遗憾,方可删录成书。"这说明,非广求野史,博采杂说,是不足以补救官府旧闻的缺略,撰成一代国史的。

试看孔子之作《春秋》，并不以为"鲁是周公之国，礼文物备，史官有法"（《汉书》卷30《艺文志》），有了这种优越条件，便可编著成书；他还得参阅百十二国宝书，又对于一切"秘书微文，无所不究"（《论衡·效力》），连类比义，探赜索隐，然后删余补缺，得其是非，而定其一字褒贬。

东汉时代，撰修史书之事，已是归于东观，所记只重攸关治乱兴亡的大事，余则略而少书，"虽有良史，不过致谨于书法之间"（近人张尔田《史微·史官沿革考》），立传之例严峻。安、顺帝时，便有那出自屡代经学家庭的陈留太守袁汤，乃使"户曹吏部追录旧闻以为耆旧传"（《后汉纪》卷28），而补国史的遗缺。从此，魏晋以来，作者相继。裴松之注《三国志》，刘孝标注《世说新语》，皆得广采传记、杂说，以补正史之所不及，致成为注记中千古不朽之名著。

到了唐代，士人之撰杂记小说的很是不少。今虽已不多见，然而收入《太平广记》的，尚有百几十种。其中多是史官之所不记的朝廷遗闻轶事，为补国史之缺略提供了丰富的资料。五代革易纷扰，典籍散佚，宋初薛居正撰修《五代史》，只得依据实录为底本。以故王禹偁网罗散轶，著《五代史阙文》，不但增补了缺失，而且"辨诬精严，足证史官之谬"（王士禛《香祖笔记》卷4）。陶岳又访辑搜求五代十国遗闻轶事，成《五代史补》五卷。

至于明朝，私家杂记，尤其不少。虽以分门户，结恩怨，党同伐异，记录有失真实，但采各家之说相互加以稽核，斟情酌理给予处理，则所得终足补史料的遗失。所以阎若璩《上明史馆诸子书》说："实录之中，非大臣不得刊传，而人或略矣；非章奏不得载入，而事或略矣；故必参之郑晓（《吾学编》《今言》）、雷礼（《列卿纪》）、王世贞（《嘉靖以来首辅传》《觚不觚录》）之撰，然后旁搜于野史，取证于家传"（《潜邱札记》卷4上），才足修成一代国史。

2. 综核求实。

撰修史书，为什么要广泛访辑搜求，互稽参正呢？明进士伍袁萃说得好："缘秉笔者，或见闻之未广，或综核之未精，或有所比而增饰，或有所讳而篡改，将来何所折衷？是故有资于野史也。"（《贻安堂稿》《全集·翼史篇》）因为史事繁复，关系弥杂，如欲少所讹误，就得收罗宏富，连类比义而综核之，才能明辨是非，论释蒙滞，改订讹谬，求得历史的真实面目。

试看司马光撰修《资治通鉴》，所收史料，除正史外，举凡稗官野史，百家谱录，正集、外集、外传、行状、墓志、碑碣，就多至300余种（书目见高似孙《史略》卷4）。其间传闻异词，往往记一事，需稽考三、四出处，方行定稿。又复参考异同，成《通鉴考异》30卷，辨正讹误，祛去疑惑。尤其在真宗编修《册府元龟》，

"异端小说,咸所不取"之后,能做到这一点,更是难得,宜其成为传之不朽的史书名著。

薛居正《五代史》所叙事迹,虽说较为详细,但因仅以各代多有回护、诬饰的实录为稿本,故沿袭谬误之处很是不少。于是欧阳修另修新书,并不专据薛史,而是博采杂史小说,参互考订,求其真伪,明其是非,以故"文直事核,所以称良史也"(《廿二史札记》卷21"欧史不专据薛史旧本"条)。

可见,撰修史书,要当博采杂记小说,相互稽考,检校异同,求得真实。

王鸣盛说:"实录与小说,互有短长,去取之际,贵考核斟酌,不可偏执。"(《十七史商榷》卷93"欧史喜采小说薛史多本实录"条)这个论断是合乎事理的。

三、广采杂记稗史所撰成的几部有代表性的史籍名著

1. 司马迁的《史记》。

司马迁曾说他著《史记》是"厥协六经异传,整齐百家杂语""以拾遗补艺,成一家之言"(《史记》卷130《太史公自序》)的。

《史记》搜罗的资料究竟有多少?《史记会注考证》曾有《史记材料》一文,拙作《中国史学史》上册也有阐述,今仅就其采用《战国策》《楚汉春秋》的情况,略述于次。

《战国策》在儒者们的眼光里,实是一种捭阖诡辩,应该唾弃的异端邪说。如吴师道所谓"《战国策》,六经之所弃也"(《战国策校注·自序》)。陆贾说服南越,进说高祖,为陈平策划吕氏数事,固一口辩的说士,而他所述项羽和高祖起事以至惠、文二帝史事的《楚汉春秋》,又"非史策之正"(《隋书》卷33《经籍志二》),只是"子书杂记"(《史通·内篇·题目》)。

然而战国时代长达245年之久,其间"苏秦约六国为纵,强秦不敢窥兵于关外;张仪为横,六国不敢同攻于关内……当此之时,稷、契不能与之争计,禹、皋不能与之比效"(《论衡·答佞》),他们消弭战争之祸,安定中国各是10多年,再加上其他许多重要史事,哪能弃而不载?尽管他们这些策士,是搞诡辩之计的"诈人"(《法言·渊骞》),司马迁则不但认为"战国之权变,有颇可采者"(《史记》卷15《六国年表序》),而写苏秦、张仪、范雎、蔡泽,莫不逞辞流离,个个如生。而传刺客荆轲,既本之《燕策》,却又将怪诞过当的去之,辞气不全的补之,裁削填充,意义较然。所以《周氏涉笔》说:"今观《燕丹子》三篇,与《史记》所载皆相合,似是《史记》事本也。然'乌头白,马生角,机桥不发',《史记》则以

怪诞削之;'进金掷蛙,脍千里马肝,截美人手',《史记》则以过当削之……司马迁不独文字雄深,至于识见高明,超出战国以后,其书删削百家诬谬,亦岂可胜计哉!"(《文献通考》卷215《经籍考》)

"陆贾所作,皆书当时事,而所言多与史不合。"(《容斋三笔》卷3《绛灌》)司马迁撰《史记》述楚汉之事,却仍以之为主要资料,"亦以汉初之事,未有记载,故有取于此"(《史略》卷3《历代春秋》)。然却经严密审核,吸收其精华,扬弃其糟粕。以故"迁之所载,往往与旧不同。如郦生之初谒沛公,高祖之长歌鸿鹄,非唯文句有别,遂乃事理皆殊"(《史通·外篇·杂说》),务必使之"有以合乎轨辙"(同上《史略》)。

因此,尽管班固谓司马迁"是非颇谬于圣人",却又极力推美"其文直,其事核,不虚美,不隐善,故谓之实录"(《汉书》卷62《司马迁传》)。从而使我们知道,撰述史书,固当广采杂记稗史,然必严密审核,去伪求真才是。

2. 李焘的《续资治通鉴长编》。

李焘是一位"载籍群书,搜罗百氏,慨然以史自任,本朝典故,尤悉力研核"(《宋史》卷388《李焘传》)的史学名家。宋自开国伊始,统治阶级内部的矛盾,就是尖锐对立、斗争激烈的。因而往往国家一件大事,记载却有严重的分歧。"如建隆、开宝之禅授,涪陵岐魏之迁殁,景德、庆历之盟誓,曩宵谅祚之叛服,嘉祐之立子,治平之复辟,熙宁之更新,元祐之图旧。此最大事,家自为说。"李焘坚决地认为要"破巧说伪辨之纷纭",就必须"旁采异闻,补实录、正史之阙略,参求真是"(《文献通考》卷193《经籍考》)。他因之发奋,"自实录、正史、官府之书,以及家录、野纪,无不递相稽审,质验异同"(冯充豪《宋元学案补遗》),"使众说咸会于一",而求索出历史的真面目。别的不说,如果没有李焘的网罗收拾,采辑到那"目不睹炙手之势,身不履祸败之机,盱衡上下,安所顾忌"(刘绍攽《九畹集》)的草野僧文莹所著的《湘山野录》,则那被宋太宗及其后代捂住盖子将近百年的"烛影斧声"政变底细,终究不能大白于天下。无怪乎宋太祖的七世孙孝宗要表扬他记事真实,"无愧司马迁";并给他"大书《续资治通鉴长编》七字;且用神宗赐司马光故事,为序冠篇"(《宋史》卷388《李焘传》),以示对他特殊的荣宠。

我们知道,自古以来,一代之史,大都成于后人。即以司马光的《通鉴》来说,亦是收拾旧闻成书,所记也都不免人们的疑议。所以叶适说:"公(李焘)据变复之会,乘岁月之存,断自本朝。凡实录、正史、官文书,无不是正,就一律也。而又家录野记,旁互参审,毫发不使遗逸,邪正心迹,随卷较然。夫孔子所以正时,日月必取于春秋者,近而其书具也。今唯《续通鉴》为然耳。故余谓《春秋》

之后，才有此书，信之所聚也。"（《水心集》卷 12）对《续资治通鉴长编》评价很高。

3. 元朝所修的《金史》。

元修宋、辽、金三史，而以《金史》最为完密详核。这与英明特达的元世祖指令撰修《金史》采辑资料，不但实录，并宜向老年博学，访问遗闻逸事，小说"杂史，亦不可阙"（王恽《玉堂嘉话》卷 8《金史》），是分不开的。而采辑刘祁的《归潜志》，元好问的《壬辰杂编》《中州集》等野史，则更起了重大作用。

《金史》的编纂者曾说，刘祁"值金末丧乱，作《归潜志》以纪金事，修《金史》，多采用焉"。元好问"以著作自任，以金源氏有天下，典章法度，几及汉唐，国亡史作，己所当任……乃构亭于家，著述其上，因务曰'野史'……今所传者，有《中州集》及《壬辰杂编》若干卷……纂修《金史》，多本其所著云"（《金史》卷126《刘从益、元好问传》）。这就可见刘、元二氏所修的野史，对元修《金史》所起的作用是何等重大了。兹再阐述于下。

刘祁少从祖父宦游黄河之北，得向名士大夫问学，故而熟于金的掌故。壬辰（1232 年，金哀宗开兴元年）之变，蒙古军攻取金京开封，刘祁又耳闻目睹其真实情况。他"平生苦学"，有志于史，逃归乡里浑源，因作《归潜志》，记金一代人物事迹，国家盛衰兴亡原因。第一卷至七卷，全为诸贤立传；八卷，略记逸事；九至十三卷，载当时的得失；固皆翔实，足以传信。而《录大梁事》，更是"非所传不真，及所不见不闻者，皆不敢录""以备他日史官采"（以上均据《归潜志》）。

元好问元亡不仕，慨叹世上无真实的信史，乃以修史之责自任。筑野史亭而居其中撰述《金史》。所成《中州集》，大都附一小传于所录诗人姓名之下，以便"以诗存史"，而为研究金的文艺、官制以至撰修金史提供重要资料。《壬辰杂编》"杂录近事百余万言"（郝经《陵川集·遗山先生墓铭》），补救了金亡史事的空白。其所作碑铭，如《内翰王公（若虚）墓表》《内翰冯公（璧）神道碑铭》《内翰冯公（延登）神道碑铭》（见《遗山先生文集》卷 19），也都是撰修《金史》的珍贵的资料。

总之，元修《金史》，章宗以前，虽说实录具在，然而宣宗南迁汴京以后的事绩，则多取于刘祁、元好问的野史（《日知录集释》卷 26"金史"条）。尤其哀宗正太以来，金政权已临垮台边缘，救亡图存之不暇，还有什么史官所修的实录？如果真没有刘、元二氏的野史，为之填补空白，则金的一代全史，也就无法修成了。尽管撰修《金史》的都总裁脱脱批评了李焘《长编》不应摭拾野史，而《金史·艺文志》仍不得不承认，撰述《金史》曾多本于刘、元二氏的野史。

可见野史之中，往往记存了一代的典章文献，无野史，则一代国史也就难以修好修全了。

四、清代史家是如何对待小说与正史的

清政权自顺治入关统治全国以来,历经康熙、雍正、乾隆三朝,文字狱接连而起,销毁、篡改了大批对清统治不利的书籍,指责小说"有乖风化""真学术人心之大蠹"(琴川居士《皇清奏议》卷32),并三令五申,将编撰人议罪(清魏晋锡《学政全书》卷7《书坊禁例》)。在这种情况下,当时的史家,又是如何对待小说与正史的呢?兹且就钱大昕、赵翼二人阐述于下。

1. 关于钱大昕。

面对当时的专制淫威,史家钱大昕的一切,也都执中随时,以期"无咎"(《潜研堂文集》卷3《中庸说》)。他说:"小说专导人以恶,奸邪淫盗之事……以杀人为好汉,以渔色为风流,丧心病狂,无所忌惮! 子弟之逸居而无教者多矣,又有此等以诱之,曷怪其近于禽兽乎? 世人习而不察,辄怪刑狱之日繁,盗贼之日炽,岂知小说之中于人心风俗者,已非一朝一夕之故。有觉世牖民之责者,亟宜焚而弃之……有印刷鬻售者,科以违制之罪。行之数十年,必有弭盗省刑之效。"(《潜研堂文集》卷17《正俗》)

对以上钱大昕所说,可以指出两点。其一,诲淫诲盗毒害人心的小说,无疑应严加禁毁。其二,在清政权统治下,造成刑狱盗贼的主要原因,乃是由于阶级压迫、民族歧视所引起的尖锐矛盾。小说的诱惑,必须通过这些内部矛盾,才能起重大的作用。钱氏认为小说是制造盗贼刑狱的根本原因,显然是形而上学的观点,是为清政权服务的。

然而钱大昕毕竟是通贯群书,思虑周密的史学名家,对于信实可征的小说之史料价值,他还是给予高度的评价的。

第一,我国古代的历史地理,只载方域、山川、风俗、物产,至宋太宗时乐史撰《太平寰宇记》,采摭典籍,多至百有余种,增益了人物、文艺二门。钱大昕便称其书"更为详审,间采稗官小说,亦唯信而有征者取之。有宋一代志舆地者,当以乐氏为巨擘"(《十驾斋养新录》卷14《太平寰宇记》)。这就把那博通群籍,考据精密,而与王士禛齐名的康熙进士朱彝尊,批评乐史"取诸稗官小说居多,不若《九域志》(王存《元丰九域志》)《舆地记》(欧阳忞《舆地广记》)之简而有要"(《曝书亭集》卷44《太平寰宇记跋》)的说法都推倒了。

第二,洪迈博洽通儒,所撰《容斋随笔》,考核经史、典故以及诸子百家,无不足以祛疑去惑,而与沈括《梦溪笔谈》、王应麟《困学纪闻》并称宋代小说极有价值的著作。钱大昕对《三笔·周世宗好杀、朱梁轻赋》两条，更是推美备至。既称洪氏"读史有识，胜于欧阳(修)多矣"，又谓洪氏"恨朱温而又能知其善""谁谓小说无裨于正史哉!"(《十驾斋养新录》卷6《五代史》)可见他对清政权的严禁援引小说入于正史，也是有愤懑的。

钱大昕深悉考据精确、辨析审核的笔记小说，对于研习古事大有裨益。他感到《元史》脱略谬误，便"搜集元人诗文集、小说、笔记、金石、碑版，重修《元史》。后恐有违朝令，才改为《元诗纪事》"(江藩《汉学师承记》卷3《钱大昕》)，借以蒙混过关。这是因为清政权焚毁具有反清民族意识的书籍，是把宋人之言金事，明人之谈元事，都包括在内的。钱大昕唯恐"放言招罪"，不得不如此。

2. 关于赵翼。

赵翼才智优赡，学问渊深，以故思理精通，创造性地提出了书籍分类的新颖见解。他倡言我国古籍分类，并无经、史、子、集"四部"之称谓，至唐魏征修《隋书·经籍志》，才确定这种名称和顺序的。他认为，今日说部之书已多，要当分成经、史、子、集、说"五部"(《陔余丛考》卷20"经史子集"条)。然而他个性"中庸""既明且哲"，鉴于宦海风险，便绝意仕进，告老引退，"优游林下，寝馈于文史送老"(《廿二史札记·小引》)。他所倡导的书籍分为"五部"的说法，又只是偶尔一次从学术角度提出，而在寻常著述里，他是不敢重提的。甚至说他研究"历代史书……间有稗乘胜说，与正史歧互者，又不敢遽诧为得间之奇……据以驳正史之讹，不免贻讥有识。是以此编(《廿二史札记》)，多就正史纪、传、表、志中参互勘校"(《廿二史札记·小引》)。

但赵翼毕竟是一位史学通儒，每一论证，莫不探本究末，始有本源，继有因袭，终有流变，一五一十，曲尽其原委的。所以他的不敢采稗乘胜说以驳正史之言，不过是在当时严峻朝令之下的一种隐蔽手法，而在事实上他还是要广征转引而与正史相互稽考，明其抵牾，补其缺略，以存真实，以求完备的。

第一，博引稗官小说以补正史之所不足。赵翼以为撰修一代国史，是绝不可以不参稽杂史胜说，而全据旧史的(《陔余丛考》卷10"旧唐书多国史原文"条)。因而他对李延寿所撰《南北史》，以沈约《宋书》、肖子显《南齐书》、魏收《魏书》以及唐初所修梁、陈、周、北齐、隋诸书为底本，而又参考许多杂史，删去芜词，专叙事实，较原书事多而文省，则称之为良史。(同上卷8"南北史原委"条)

又认为《旧唐书》全抄国史的原文，致使许多必不可不载之事，也都隐讳不见，而《新唐书》则博考他书，便称宋"子京(祁)用功之深"(《陔余丛考》卷12"新唐书列传内所增事绩较旧唐书多至二千余条"条)，而为刘昫之所不及。

第二，博引稗乘脞说以证正史之不足信。如引《汉晋春秋》《魏晋春秋》《世说新语》和《魏末传》之言，以证成济的抽戈刺死高贵乡公，司马昭实是弑君的首恶，而陈寿《魏志》仅书高贵乡公卒，则是曲为回护。(《廿二史札记》卷6"三国志多回护"条)

又如《札记》卷36《权奸赎贿》引《续世余闻》所说严嵩家籍没时，金、银、珠、器物、田、房共估银是2,359,247两之多，以证《明史·严嵩传》所言黄金3万多两，白金百余万两，其他珍宝不可计数的不足。

再如引崇祯进士杨士聪《玉堂荟记》之言周延儒纵敌之说本属无稽，以明《明史》不应将周列入《奸臣传》。(《札记》卷31"周延儒传"条)

总之，赵翼认定稗官小说是撰修国史的重要资料，足以补原文的缺略，证原文的错谬的。他自己就曾本诸亲身经历，撰述《檐曝杂记》。其中不但推崇了吴梅村《绥寇纪略》记明末"流贼"之祸，广搜博采，记载详赡；权以衡《庚申外史》，叙元顺帝为宋德裕帝儿子之事，斟酌最为得宜，以明稗史之决不可弃置。至于他书中第一条所叙述的清代实行内阁重大改革的军机处，更是成了研究清史者必读的资料，那就更不用去说了。

总之，明代十三监察御史组织形式上归都察院统辖，实际上只有皇帝才有权直接指挥他们，他们办事也只对皇帝负责。这种名与实异的做法，目的是使十三道监察御史与都察院互相牵制，并使皇帝更直接地控制地方，从而达到皇权更高度的集中。

原载《华南师范大学学报》1986年第3期

《宋代兴亡史·序》

  愚承乏国立中正大学史学教席所授有宋、辽、金、元史一课程。顾以学者于宋代史事知之较悉，辽、金、元史史事知之较疏，故同为一课程，而以讲授谋便利，不容不分之为二。因此前者写成《宋代兴亡史》，以明一代之成败安危存亡理乱，后者写为《辽金元史略》，总括其事而明其梗概。先圣有言："学于古训，乃有获。"故于成此《宋代兴亡史》之余，尚不能已于言者：

  宋承五代之陋，士人唯知苟荣贪位。范文正公出，始励廉隅，振名节，由是士知廉耻，人怀自励，敝风陋俗，为之一变。今兹大乱之后，风俗靡然。倡言建国者，独于廉耻丧亡，贪污滋炽，似尚不以其为风化之所关，人心之所系，非等闲比！世之在高位者，有以风操自持，矫厉以明礼知耻，而变化人心，荡涤污俗，为全国倡者乎！此其一。

  宋儒设教，以风范自操，以天下自任，学者从之，蔚成风气，而分斋设科，尤切于事。以故士人笃信好学，守死善道。盛治之日，贤者满朝，危亡之秋，义士蜂起。今之教育，专授知识，有以风骨气节，楷模士类，而牧化育裁成之效，如宋之大师胡安定辈者乎！此其二。

  宋人议论意气，昧于大势，往往遂性狷忿，不肯从人，结党相攻，互相倾轧，王荆公高出时贤，有超远之见，而以执拗主之，元老旧德，亦务矫激。新法之行，遂以溃败。吾国值此积衰之余，各党允宜捐弃成见，泯绝猜忌，同心协力，共进于强。若复坚僻自私，专是排击，国即不亡，而去亡不能以寸矣！此其三。

  国无人不立，事无才不举，宋代人才，极称其盛，实缘人主慎于遴选，大臣乐于延誉，一秉至公，故竟臻此。今兹建国，需才孔殷，然尚派系，笃亲故，欲事有成，其得可乎？此其四。

  人心好奇，世固有便凿空，图聘臆，竞言古史，而为世人所喜诵者矣。独严复每劝人读宋元明史,以为"今日思想、风俗、政治,直接间接,可于宋元明史籀其因果律。"而独无为之者(本《古籍举要》),良可慨也！昔人每言秦为中国史中之上古与中古之一大关键,愚以宋为近古与近代之一大关键。举凡中古政治思想,社会伦理,风俗教化,莫不经赵宋廓而清之,矫而正之,而另示近代以规范。近代诚受其影响特深,而奉其一切为圭臬者也。中国今日之文化与实情,已为举世所关切,然不求其本,焉明其末;不采其源,焉知其流哉！兹于大战之余,书缺有间,仓促此稿,尚容补正于异日尔。

一九四七年三月二十日张孟伦于南昌国立中正大学

《中国史学史论丛·前言》

　　《中国史学史论丛》,内分十个专题,是我试为兰州大学历史系中国史学史研究生讲授中国史学史专题写的。其内容基本上分为两类:一为有关某一代撰修史书上的一些问题,一为某一代史学名家及其专著,从而也都又涉及了一些史学本身演变、发展的问题。

　　十个专题,虽然是我个人撰稿的,但撰稿的年岁有先后,因而有的篇章所引用之书,不但注明了篇目,而且注明了卷数;有的却只注明了篇目而未注及卷数,不曾划齐统一,阅者谅之。

　　十个专题,有些地方所要求于古史学名家的,如果有所偏颇,也都是力求"论从史出",不是"以论带史"的。

　　中国史学起源很早,史书之多,汗牛充栋,自是一种范围广泛,而较难研究的学科。加之我个人力量绵薄,学殖荒落,芜秽史部,实不敢以当达者。施之同学,聊省笔录之烦罢了。兹承兰大校党委、历史系总支大力支持,得以铅印成册,敬祈史界先进、读者,批评指教是幸。

张孟伦
1980 年 9 月 1 日

《中国史学史·序》

　　我于 1950 年来兰州大学历史系任教,所授历史文选一课,既经一段较长的岁月,备课当中,也就引起了对中国史学史钻研的一点兴趣。且于 1964 年开出了这一课程,写下了一些讲搞。继因"文化大革命"爆发,讲课写稿,也都停下来了。1978 年,开始招收史学史研究生,史学史得以重开,因而在原稿的基础上,进行修改补充,便得逐步撰成这部初稿。

　　中国史书,浩如烟海,提起笔来为之作史,实在有望洋兴叹,不知从何着手之感! 这部史学史初稿,先分先秦、秦汉、魏晋南北朝、隋唐五代……等编,再于每编中的第一章,将本时代的史学或有关史学的情况,作一概括性的总述,以说明其特点。然后在各章里,分别叙述各史学先贤的名著,而尤着重说明他们在撰修上的相因、流变、发展,以阐发其在中国史学上所起的作用。又因无征不信,无征则难于发现问题,分析问题,得出有理有据而较为可靠的结论。以故采辑史料较多,每一篇章,都写得较长、较专,因而与时贤立论,本来不敢立异。然见仁见智,终究在一些问题上,也又有所不同。

　　兹分上下两册撰稿,上册草成,暂先付印。然而独学无友,旧业就荒,愧不能"与人为善",唯祈"取人为善"而已。史学贤达,幸垂教焉!

张孟伦

1982 年 12 月 10 日于兰州大学

《汉魏饮食考·序》

著名的华裔美籍作家刘宜良撰《旅游开发》，说"食在中国"。这是中国菜馆在国际间获得的美誉。话虽不多，却已极尽其意。

1. "佳肴"是中国历史上由来已久的名词。

据《周礼·天官冢宰》所载，我国古代所设"膳夫"一官的职责，便是为国王主管食（饭）、饮（酒浆）、膳（牲肉）、馐（有滋味的）的。所谓膳馐，也就是"佳肴"。又复设有"饔人"，则是给国王主治割、烹、煎、和的"佳肴"厨司。

举例来说。商朝的开国名相伊尹，就是曾经"亲为庖人"（《墨子·尚贤》下），"负鼎俎，以滋味说汤"（《史记》卷3《殷本纪》），以"佳肴"奉汤的。春秋时的易牙也是烹饪"'佳肴'而以调和事（齐桓）公"（《管子·小称篇》）的著名厨司（参阅《左传》僖公十七年、《史记》卷32《齐世家》、《大戴礼·保傅》《论衡·谴告》）。到了元朝，韩奕仿效古代食经而著关于饮食的书，尚且名为《易牙遗意》，借以表示对这位历史上烹调"佳肴"大师的景仰。

西晋初年，以"禀性豪奢"著称的何曾，不但"厨膳滋味过于王者"，非"太官所设"可能相比（《晋书》卷33《何曾传》）。并且著有《食疏》，对于肴羞有极深的研究（《南齐书·虞悰传》）。

至于南齐的虞悰，则又是一位"善为滋味，和、齐皆有方法"，所烹调"佳肴""虽太官鼎位不及"（《南齐书》卷37《虞悰传》）的大师。这就足够证明"佳肴"一词，在中国历史上由来已久，不用再多申说了。

不过在新中国成立以前，有人以为"讲到吃，中国人是很有名的。吃的量多，吃的质精。……在西洋，他们注重卫生，中国人则是不重卫生的"。这种说法，实在是由于不了解中国饮食的历史情况而属于错误的。须知我国历代有关饮食卫生、保健、治病的食疗文献，确是不少的。第一部药物著作《神农本草经》，就收载了药方365种，其中大半既讲药物，又讲食物。如就汉、魏时代来说,刘安的《淮南王食经》,曹操的《魏王四时食制》,不都是讲饮食而注重卫生保健的吗!从而我国也就能够从食疗、食补以至发展到药膳。餐厅菜肴品种,有冷盘、热食;筵席有人参、熊掌。将苦味药物,变为美味奇珍,既可防病、疗疾,又可保健、延年,这实在是我国饮食史上一份宝贵的文化遗产。

再说,孔子是中国历史上伟大的教育家,他的思想在人民中是起了重大而又深远的影响。孔子不以恶衣恶食为耻,而是以粗衣恶食为乐(《论证·里仁》《述而》)教人的。他非常注重饮食卫生,诸凡生、熟食物,色、味有了变异,是不吃的;烹调食物,如果有不熟或过熟的,是不吃的。并且食有定时,非是朝、夕、日中时刻,是不用膳的(《论语·乡党》)。这就从身教、言教两方面教育人们注重饮食卫生。

汉代唯物主义的思想家王充说过,老鼠走进饭里,饭味没变,却弃掉不食,以其有害健康。(《论衡·累害》)这又说明中国很早时候就是讲究饮食卫生的。

世界上受中国烹调技术影响最深远、最普遍的,当无过于日本。日本有70年历史之久的龟甲公司,曾拍制影片《中国饮食的文化》,共分五部,其中之一,便是《从厨房看风味秘诀——烹调与医食同源》。日本的中国烹调研究家波多野须美写的《医食同源,精神旺盛的源泉——中国饭菜》一文,也说中国饭菜是讲求卫生,保持健康的。这都充分证明中国人之于饮食,并不是只图质精而不讲卫生的。

2. 中国菜在国际上获得"吃在中国"美誉的原因。

为什么中国菜在国际上享有极大的美名呢?有实方有名。这当然是有一定的原因的。

第一,中国菜馆的菜之所以烹调得精美无比,顾客一见垂涎欲滴,一吃齿颊留香,便是因为有技术高妙的著名厨师。比如:川菜名厨张国栋、吴云海,是政府在北京举行国宴的掌勺,他们曾为招待尼克松的宴会做菜。政府授予他们光荣的"特级厨师"职称。

曾在美国波士顿献艺的云南大厨师解德宽,原是龙云的厨师。新中国成立后除了为毛主席、周总理做菜,又曾为赫鲁晓夫、胡志明、西哈努克、金日成等贵宾掌过国宴之勺。

至于维特森·陈,则是以烹调经验驰名于马德里的中餐专家;王瑞曾则是以熟练的烘烤北京烤鸭而蜚声于日本的名手。

没有名厨,就做不出名菜。就是北京晋阳饭店的削面,巴黎唔哥饭店拉得像银丝细发的龙须面,以及广州泮溪饭店用萝卜削成,插在冷盘上栩栩如生的蝴蝶,又何尝不是出于名师之手,才成为欧美客人叹为观止的艺术杰作!

第二,佳肴盛馔要有好材料才能做成。比如,北京烤鸭之所以成为绝顶的美食,其色,红艳发光,易于引起食欲;其味,松脆细嫩,入口齿颊留香。这都因为北京鸭是用填食法养大的。如果让鸭自己吃食,则肉长得很慢,瘦肉又多,嫩度便差了。如果宰杀北京填鸭,速冻之后运去东京,又多了一道水冻,鲜美和原来就不一样了。又如肉香味美的大闸蟹,也只是长江下游地区的一种特产,他处是不曾有过的。

再就调味品来说,川菜、湘菜虽都以辣味著名,却也有所区别。四川椒,后劲很大;湖南椒,则辣劲来得快,食后便即发热。因而各以辣劲不同,而有它自己的独特辣味。像这种独特的风味,又哪里是别的地方、别的国家所产的辣椒所能具有的呢! 可见中国菜之蜚声国际,中国餐馆之遍于全球,绝不是偶然的。

3. 中国餐馆之遍于全世界。

近年来,中国餐馆已在全世界各国普遍地开设起来。

日本就兴起了"中国料理"(中国菜)热。从通都大邑到一般的城镇,莫不增设中国餐厅。甚至中国点心铺,也都如雨后的春笋纷纷出现。中国的佳肴、细点,不但能满足日本人的口福,而且能引起其他国家游客的浓厚兴趣。

在联邦德国,只就汉堡说,就有中国餐馆四百多家。尤其林兆祥所经营的"北京烤鸭店"于1982年开张时,简直就像一枝高出院墙的红杏,成了汉堡全城的特大新闻。所有报纸、广播电台、电视台,无不以极其醒目的标题,报道了它的盛况。从此,不但慕尼黑、法兰克福人,甚至所有来到汉堡的意大利、瑞士、丹麦、挪威、芬兰以及其他国家的人也都要光临一尝北京烤鸭的风味。他们有的很有风趣地说:"不到长城非好汉,不吃北京烤鸭真遗憾。"他们简直成了北京烤鸭迷。

中国餐馆在英国境内共有4000家左右,在伦敦,仅在大商业区的苏豪区就占了两条街的大范围。英国人是尚保守的,但也逐渐改变了他们的口味习惯,喜欢吃中国菜,尤其爱吃中餐馆里外卖的盒装中国热食,来取代他们的传统食品——鱼条和薯片。由此可见中国菜吸引力是如何强烈了。

谈到美国,则一切更不用去说。就是陈查礼快餐集团,都已遍布全美各州,而且荣获了不少奖状,包括美国大厨和烹饪专家奖状。

此外,中国餐馆在巴黎也有千家以上,在马德里已由10家发展到80家,甚而在人口仅有2万稍多一点的哥斯达黎加首都圣约瑟,也有了80多家。这到底是什么缘故呢?哥斯达黎加《共和国报》就曾刊文说:"中国菜令人生羡,因为它有独特的风格。"

总之,中国餐馆已遍布世界各国,中国佳肴早已誉满全球。然而当今新式炊具日新月异,"意大利叉烧方法"之用热风将老猪肉都吹得入口即行松化的时期,我们更应从事科学研究,来增进烹饪的技术。否则,"吃在中国"的这一光荣的美誉,将会有所褪色!

再则,美国餐馆品评家里奇曼所写的《吃在中国》说,"中国的烹调,只是恢复过去传统做法。"在东京开设的"京和"中国餐馆,也认为中国食品之所以做得特别美好,原是按照传统的方法制成的。因此,要办饮食杂志来阐发中国历史悠久的吃的文化。在今天"中国向西方开放的新途径是调味品加厨师"的时代,我们来研究汉、魏饮食,也就显得格外必要而有现实的意义了。

4.《汉魏饮食考》撰述始末。

汉代是我国历史上统一而强大的封建王朝。首先,经过"五世养民,天下殷富,财力有余",饮食生活,有了普遍的增进。武帝时开展对西南、西域的交通,促进了经济、文化的交流,许多异方食物,相继流入了中土。名医张机、华陀处方治病,研究食物的性质,又增进了饮食卫生的知识。再则,人生大事,莫过于食,《洪范》八政,第一就是食。然而在阶级社会里,尊卑有分,贵贱有别。就是在讲治天下大法的《洪范》里,也是强调只有天子才能备珍馐、治美食的。这就极其严厉地限制了饮食文化事业的发展。但是到了汉代,却出现了在衣、食方面的"造反"情况——"臣僭君服,下食上珍"(《后汉书》卷62《荀爽传》)。再加上食禄之家殖园种菜,与民争利,大大地打破了饮食上的严峻界限。总之,有了上述五大原因,也就促进了中国饮食文化的重大发展。这就激起了我在1934年学写这部《汉魏饮食考》的动机;并于1937年7月16日《大公报·史地周刊》刊出了《豆豉考略》一稿;复于1940年2月7、14、16、18等几天,相继由《中南日报》刊发了《于定国饮酒数石不乱考》一文。岁月悠悠,至今已是50有余年了!

我现年齿已老,再难进益,因而特将旧稿给予整理以便付印。如果稍能增进世人对汉魏饮食历史的了解和中国餐菜的兴趣,且有助中外饮食文化的交流,则甚幸矣。

张孟伦

1985年6月30日于兰州大学

《汉魏人名考·序》

　　先乎天地者,无由而思之;后乎天地者,固得而名之。故夫盈天地间者,皆实也。实之所存,名是丽焉。上之如日星,下之如山岳,大之如河海,小之如草木,凡目之所能及,口之所得言者,莫非实也,莫非名也。剖而析之,又各有其殊异者存焉。推其所以繁赜之由,一言以蔽之,曰,用相纪别取便指目而已。物既如此,人亦宜然。

　　《说文》云:"名,自命也。从口,从夕。夕者,冥也。冥不相见,故以口自名。"夫以口自名,即所以自别也。据此,则知名之所由起矣。

　　洎乎姬周,礼文大备。生子命名,必于祖庙;及其冠也,又必礼而字之。且名之与字,义须同符,以表其德,又非只纪别而已也。至若宣尼之力主正名,则崇正辟邪,意存定分,示天下后世以纲常之道。其微言大义,更广涉乎政理人伦之大,又非徒区区局囿于名字间也。

　　降及汉魏,名字孳乳,缛于前世。或以志怪,或以应瑞,或因慕古而名,或因标艳而称。甚至祖孙同名,亦恬不为怪。纷纭错杂,不可究诘。不有征验,何由窥其原委,察其世变,而觇其习俗耶?

　　今张生孟伦,以华年而究心考据,于此丧乱流离,典籍散佚之顷,而能出其教学余暇,凝神静虑,出入乎汉魏史乘之林,旁及乎遗闻轶事之微,发凡创例,一空倚旁,探赜索隐,成此传世之名著。使世之览者,于名字本末先后,时势升降,礼俗醇醨之际,了然于胸次而毫无所憾,则其大有造于学术也可知矣!犹忆黑格尔于拿破仑征战巨弹震响时,专力著术,雍容不迫,一如平昔,用能蜚声寰宇,楷式士类。而此书之成,属当敌机肆扰,风鹤频惊之际,其定力几与黑氏相仿佛。使异日海宇澄清,而能以此精诚钩稽国史,锲而不舍,则其所就,又安可限量乎?

　　抑又有进者,一民族之文化,其范围至广,其节目至繁,大而至于礼乐刑政,小而至于章句名物,皆必分部而研求之,连类而贯通之,以阐发经世致用之宏旨,而励进继往开来之大任,则是编之作,所系更巨,又不徒征名核字、有益于稽古之功也。是为序。

1939 年初夏怀宁王星拱

《汉魏人名考·序》

张君孟伦,颖悟好学,食古而化。始在樟树中学任教时,即承校方青眼,大力支持,得成《汉魏饮食考》《汉魏人名考》两部专著。

《人名考》以《四史》为纲,博采旧闻遗逸,广览经、子、集部。搜集证据,推勘事故,虽毫末细微,不肯稍事疏忽;措辞立论,则审慎权衡,平心察其是非,精意求其义旨。探究人名,而隐赜所及,上自政制,下至风尚,莫不囊括包举,慧眼见真,独创一家之言。成此体系完备之伟著,宜其荣获江西教厅学术审议会之奖金。岂可以其年少位下,不称甚其书耶? 真乃名山事业也。

1940 年立冬日,王易于中正大学文学院

《汉魏人名考·后记》

　　《汉魏人名考》，是我从 1933 至 1939 年在江西省立樟树中学任教时的习作。当时担任中学教学的任务，是较忙的。只以得承校长徐廷展的尽量照顾，给予买书、借书、抄稿等的方便，而承受校方意旨为我抄稿的优秀生章文焕、谢本良又非常热诚，也就终于完成了这部稿子。岁月如流，至今已过去半个世纪了。

　　现在又承蒙兰州大学出版社社长王森之同志、总编刘光华帮助，得以印行。这都和徐校长等一样，使我衷心感谢的！

张孟伦

1987 年国庆节

评张孟伦先生著《中国史学史》

朱仲云

近年来,中国史学史已成为历史科学领域里的一个热门学科,先后出版的有关专著和论文集,已有 10 多种。这 10 多种书,各有各的特色,有的遵循传统的目录学研究方法,对中国古代史学名著按顺序详加介绍;有的则试图运用新观点,对中国古代史家的史学思想进行剖析;有的则着力于中国史学史的分期研究,想要说明史学发展与社会发展的密切关系。这些各有侧重的中国史学史专著和论文集,已经初步形成了这门学科内部百花齐放的大好形势,是很值得我们高兴的。

张孟伦先生的《中国史学史》上、下册,最近已经出全,两册合计 50 余万言,是迄今为止篇幅最大的一部中国史学史,也是很有特色的一部中国史学史,是百花园中最新绽开的一朵奇葩。

本书共分 7 编,基本上以朝代作为分编标准,除宋、清两朝各为一编外,其余 5 编都包含了两个以上的朝代。各编根据不同情况分章,分得最细的是第三编魏晋南北朝史学,有 10 章。次为第六编元明史学,分 8 章。其余各编则大致分 6 章或 7 章。有的编,首章概述这一时期的史学发展情况和特点。有的编,不设这种概述性的首章。两种方法进行对比,觉得设概述性首章还是很有必要的,凡是设有概述性首章的几编,如第一编先秦史学,第三编魏晋南北朝史学,第五编宋代史学,第七编清代史学,读了首章就能对这一时期的史学发展情况和特点有一轮廓性认识,再读后面几章,印象也就更深刻了。反之,没有设概述性首章的几编,读后对这一时期的史学发展情况和特点就不易概括得起来,使人有零散之感。

本书著者力图说明历史上重要史著产生的政治背景,如对孔子为什么要删订《尚书》、著作《春秋》,袁宏为什么要撰修《后汉纪》,陈寿为什么要撰修《三国志》,唐代为什么要撰修多部前代史,宋代为什么要重修《唐书》,元代为什么要撰修辽、金、宋三史等等,都有专节讨论,从政治背景方面寻找答案。这样做是很有必要的。

本书与其他中国史学史专著不同的地方大致有三:

(一)详人之所略,略人之所详的不同。目前已出版的中国史学史专著,大都对刘知几及其《史通》,郑樵及其《通志》,章学诚及其《文史通义》给予较多篇幅论述。本书虽然也为这三大史家及其名著立有专章,但是从篇幅上看,在全书中的比例不算太大;反之,对其他中国史学史专著不够重视的秦的史学、隋的史学、唐的撰修国史,都立有专章论述。此外,在元明史学这一编,有"明修史书杂述"一章,论明代不修起居注,不修国史,实录不实,并介绍了《石匮藏书》《罪惟录》《国榷》等几部私修明史,和一些私修的典章制度史和名人传记。这一章所论和介绍的史书,也多是其他中国史学史专著中不见或少见的。

(二)论述角度和对某些史家史著的评价不同。一般的中国史学史专著,多从正面立论,着重阐扬古代史家史著值得肯定的方面,对其缺点与不足则往往只是附加一笔,轻轻带过。本书则大都从正反两个角度立论,对某些史家史著的评价,从小标题上就十分鲜明地标出其成就与不足,如论述沈约的《宋书》,有个小标题是"宣扬天人相应的唯心主义,详悉魏晋以来的志书",明确地对沈约史学思想进行批判,而对《宋书》的志书则加以肯定。又如论述刘知几的《史通》,一个小标题是"特殊的贡献",另一个小标题是"严重的错失"。读者一看小标题,就能知道著者对刘知几是既有肯定,又有否定,一点儿也不含糊。

(三)语言风格与叙述方法不同。大多数的中国史学史专著,采用讲义式的语言,用章节体的叙述方法。本书则采用谈话式的语言,侃侃而谈,叙述方法也比较自由,很少拘束。如上册第31页谈孔子的循环论,是这样写的:"孔子出生在一个没落了的贵族家庭,而所生活的现实世界又是很混乱的。因而主张复归到唐、虞、三代的盛世去——'祖述尧、舜,宪章文、武',就在梦里,也要见到周公。(《论语·述而》)并且说:'齐的政治虽然衰微,如果有好的国王,可以恢复到鲁的样子;鲁又可恢复到王道初行的时代'。(《论语·雍也》)这很明显的是认定世界并不是向前发展的,而是一种终而复始唯心主义理论的循环的闭锁过程。"这一段论述,语言犹如日常谈话,但是对孔子的循环论则讲清楚了。又如论李延寿的《南北史》,先从《南史》《北史》的断限讲起,又讲李延寿为什么要撰修《南北史》,然后立两个小标题,分别谈《南北史》的体例问题,《南北史》的"截浮辞,补缺略",但也指出李延寿"侈陈符瑞,好谈鬼神",因而有些地方补缺略补得不妥。最后一段又转变话题,谈了李延寿《南北史》尊北轻南的问题。这种叙述方法比较自由,读起来非常轻松。

本书为什么能具备这样与众不同的特点?这与著者的功力是有密切关系的。诚如为本书作序的辛安亭先生所说:本书著者"学问渊博,功力深厚""故能采缀百家之菁华,创成一己之旨趣,别开生面"。著者于长期主讲历史文选和中国史学史的过程中,积累了丰富的资料,所以能在详略、立论、侃侃而谈上,充分显示出与众不同的特点。我认为,同一种类的书,如果都用一种体系、一种格调,甚至语言风格也大致相近,那是很乏味的,读者花钱买了书,读后会大呼冤枉。如今大量的通史著作,就多少有这样的毛病,使人觉得某些书有互相抄袭的嫌疑。读张孟伦先生的《中国史学史》,则令人感到此书确是跳出了大多数人在不知不觉中形成的框框,充分显示了自己独特的风格,既不与别的同一类书相似,而别的书也很难与之相似。

自然,又如辛安亭先生所说,"任何著作,不无欠缺"。本书有若干地方也是值得改进或商榷的,今不揣冒昧,略举数端:

1. 本书于《二十四史》中未为两部《五代史》立标题或子目,而第五编宋代史学的第三章,却在"比较新旧《唐书》的不同之点"这个标题下,谈新旧《五代史》的不同点,这似乎不妥。(据查原稿"为比较《新、旧五代史》的不同之点"系排版之误——编者)如把这一章的标题改为"欧氏修史与前人不同之点",可能会更恰当一些。

2. 本书对某些重要史籍未加论述,不知是著者认为不值得提,还是因篇幅所限而割爱?如宋代未提李心传《建炎以来系年要录》、徐梦莘《三朝北盟会编》,而这两部书都是颇有特色的。又如清代史学"黄宗羲"的子目下,未提他的《明儒学案》,而这却是黄宗羲的一部重要史著,在学术史上是很有价值的。

3. 本书标题不够整齐,有些小标题字数过多,不能提纲挈领,显得拖沓;有些小标题则词意含混,不能显示题下要讲的是什么内容。前一种情况如第四编第四章的小标题"《旧唐书》署名刘昫撰修,是乃宰相监修的虚衔"。同编第五章的小标题"《通典》是杜佑承受前著,久经自己辛勤钻研撰成的"。这些都像是论述中的结论,不像是标题。后一种情况如第四编第六章的小标题"古今正史""八丈灯台"。第一个小标题是指"特殊的贡献",但易使人错解为刘知几著了一部名为《古今正史》的有价值的书。第二个小标题是指"严重的错失",读者光看小标题不知是何种错失。

4. 编章安排略有不妥,有些地方打乱了"史"的顺序。如第四编的第四章和第六章,位置应前后对调,因为刘知几的《史通》作于唐代前期,而刘昫监修的

《旧唐书》乃是五代后晋所修史书。

　　总起来说,本书是中国史学史这门学科中的一部最新著作,并且是著者的着力之作,虽然有些值得商榷的欠缺,但是瑕不掩瑜,具有特色的优长毕竟还是主要的。本书对于丰富和充实中国史学史这门学科是有所贡献的。

原载《兰州大学学报》1986 年第 3 期

史学史园地的一朵奇葩
——喜读《中国史学史》(上)

汪受宽

近年来,随着学术界百花齐放的兴盛勃发,沉寂多时的中国史学史园地也开始呈现出一派繁荣景象。由甘肃人民出版社出版、兰州大学张孟伦教授新著的《中国史学史》(上册)就是异花丛中的一朵奇葩,颇受史界同人的好评。

本书以古代为断限。分上、下两册出版。计约50万言,是迄今为止问世的同类著作中分量较大的一部。已出版的上册自上古至南北朝,即将出版的下册自隋至19世纪前期。

本书把综述各个时期史学发展的概况和专题研究有机地结合起来。史学史研究的对象,包括史家、史著、史作、史学思想、史学流派、编史制度、史学与社会的关系等多方面。本书并没有面面俱到地罗列内容,而是以史学著作为中心,通过对一系列典型史书的分析研究,借以阐明诸种史例的特点,历代编史制度的因革,各种史学流派的产生,各位名史家思想的特点,及以时代与史学的关系等史学史的基本问题。每一章节都有中心论题。分之,则是一篇篇专题论文,合之,又是一部全面系统的中国史学史。

本书上册大体是中国古代史学的产生和初步繁荣时期。其中,关于孔子史学、《左传》《史记》《汉书》的研究,都是重大的传统题材。本书没有泛泛介绍,而是以全书近一半的篇幅,对孔子史学和《左传》等三部史书,进行了深入探讨,有一定的深度和独到的见解,使人为之耳目一新。由于国内对史学史的研究起步较晚,至今有许多尚未涉足的领域。本书作者以其在历史文献研究方面的深厚功力,鉴空平衡,钩深擿玄,提出并研究了许多新的课题,填补了这方面的空白。例如第一编第一章第三节,先秦史家的优点;第二编第一章,秦的史家;第三编第三章第二节,《后汉纪》重笃名教的主导思想等选题,都颇具筚路蓝缕之功。征引宏富,持论精微独到。作者认为:"无征不信,无征则难于发现问题,分析问题,得出有理有据而较为可靠的结论。"(《自序》)所以,书中采撷史料较多,上册征引经史子集及时贤著述即达 300 余种。作者每论一事,都不袭用流行说法,而是披览群书,采缀百家精华,创成一己之旨趣。持论慎之又慎,力寻其奥藏微旨,决不苛求于古。以第三编第四章辨刘知几攻击陈寿谤诬诸葛亮的公案为例,旁征博引了《三国志》《容斋随笔》《廿二史札记》《沈寄簃先生遗书》等 18 种典籍,力辟刘氏谬论,证实"陈寿都口歌颂、推尊了诸葛亮,并没有谤议、诬蔑诸葛亮"。而陈寿所言"蜀不置史注记无官",也是千真万确的事实,刘知几的攻击所据材料则难以置信。

本书还特别注意考察特定时代的政治斗争和哲学思想对史学的影响,史学是上层建筑,它不仅决定于特定的经济基础,更受到当时政治斗争和统治思想的直接制约。本书在这方面给予了足够的重视。其中如第一编第四章,对东汉时《左传》的争执是两种解经方法和两种政治路线斗争的论述;第六章,对《竹书纪年》出土后的政治影响和遭受排斥原因的分析;第三编第一章,对魏晋南北朝史学兴盛原因的探讨;第六章,对沈约《宋书》特点的评价;第八章,对北朝魏的史学的概述,无不紧密结合当时政治斗争和思想斗争的实际,揭示了不同时期史学独特的时代色彩。

原载《甘肃版图书评论集》,甘肃人民出版社 1986 年